中华学人丛书

晚清学堂学生与社会变迁

◎ 桑 兵 著

北京师范大学出版集团
BEIJING NORMAL UNIVERSITY PUBLISHING GROUP
北京师范大学出版社

目 录

绪 论 ……………………………………………………………… 1

第一章 旧世纪中的新时代：早期新式学堂与学生 ……………… 18

一、文化分层与西式学堂的引进 ………………………………… 18

二、学堂发展的曲折历程 ………………………………………… 28

三、教育观与学生的局限 ………………………………………… 37

四、早期学生的社会作用 ………………………………………… 45

第二章 国内学生群体的兴起与学潮初盛 ……………………… 54

一、近代中国学生群体的形成及其属性动向 ………………… 54

二、学潮的爆发与高涨 …………………………………………… 61

三、以拒俄为中心的学潮高峰 ………………………………… 72

四、学潮缓退与学生运动的深入 ……………………………… 82

五、时代特征与发生原因 ………………………………………… 90

六、影响与历史地位 …………………………………………… 104

第三章 1905 年后的兴学热潮与学生状况 …………………… 120

一、举国相应的兴学呼声 ……………………………………… 120

二、急剧扩大的学生群及其结构形态 ………………………… 127

三、不相适应的社会环境——以教育背景为中心 ………… 136

四、群体趋向 …………………………………………………… 145

第四章 学堂风潮 ………………………………………………… 152

一、学堂风潮的时代新气息 …………………………………… 152

二、社会失调与心理失衡的激荡——个体心理行为分析 …… 166

三、以自由平等为核心的内在驱动意识——群体心态行为

分析 …………………………………………………………… 176

四、影响与局限 ……………………………………………… 188

第五章　爱国先锋与中坚

　　　——从"文明抵制"到"秩序革命" ………………… 201

一、学生与抵制外货运动 …………………………………… 201

二、"文明抵制"的功过是非 ……………………………… 212

三、收回利权运动中的自我突破 …………………………… 219

四、保路风云学生潮 ………………………………………… 233

第六章　学生与清末社会民主化进程 ……………………… 241

一、学生与近代中国民主化进程的关系 …………………… 241

二、学生自治 ………………………………………………… 247

三、国会请愿中异军突起 …………………………………… 260

四、和平斗争的激进民主派 ………………………………… 267

五、宝贵的经验教训 ………………………………………… 276

第七章　民主、爱国、尚武、革命的交响乐

　　　——国民会、国民捐与国民军 …………………… 283

一、溯源寻踪：1901—1903 年的国民会 ………………… 283

二、学生与国民捐 …………………………………………… 287

三、学生与国民会（军） …………………………………… 290

四、相互吸引与双向互动 …………………………………… 295

五、帷幕后的革命预演 ……………………………………… 299

第八章　学生与反清革命 …………………………………… 306

一、革命党的战略思想及其在学界的活动 ………………… 306

二、学界革命倾向的普遍化 ………………………………… 310

三、光复声中学生军 ………………………………………… 320

　　四、中流击楫　易水悲歌 ………………………………… 336

第九章　学生与清末社会变迁 …………………………………… 344

　　一、新型社会功能 ………………………………………… 344

　　二、反弹与约束 …………………………………………… 358

　　三、开风气之先 …………………………………………… 365

　　四、近代社会变革思辨 …………………………………… 381

征引书目举要 ……………………………………………………… 390

跋 …………………………………………………………………… 402

绪　论

近代中国的青年学生，是除旧布新的重要社会力量，在民主革命的各个阶段，在社会变迁的各个方面，常常起着先锋和桥梁的作用。1919年的五四运动，便是在青年学生运动的前奏曲中拉开序幕的。学生的行动不仅促使新文化运动与反帝爱国政治运动相结合，而且将少数先驱者的引吭高歌变奏为全国各阶层民众的雄浑合唱，产生了巨大的历史回响。

近代中国学生群体形成并登上社会舞台，并非自"五四"开始。但由于五四运动声势浩大，早期留学生作用突出，而国内学生的活动缺少中心与高潮，辛亥以后又一度沉寂，等等，"五四"以前半个多世纪，特别是辛亥革命时期国内学生群体形成、发展、活动的历史几乎湮没无闻。这样一来，"五四"全国性学生运动的出现不免显得突兀，从古代士子童生到现代学生的成熟形象之间，缺少过渡转变的历程。这一"断层"的存在，使我们在认识五四运动继承与创新的意义、作用方面，形成了盲点甚至误区。

创新的前提是继承，只有充分认识五四运动对近代民主革命的继承性，才能准确地估价它的开创性。事实上，在辛亥革命时期，不仅国内学生已经形成颇具规模的社会群体，开展了各种活动，发挥了重要影响，而且其中的先进分子还分担了政治指导者的重任，在中国这个大舞台上导演出一幕雄壮的历史剧，从而留下他们光彩照人的生动形象。

一

五四运动在开始阶段主要是学生的独立活动。全国性学生运动的出现，经历了长期的发展过程。从这个意义上讲，"五四"并不是近代中国学生运动的第一乐章，至少它的序曲不仅仅由留学生运动来谱写。

学生运动的规模是在这一新兴社会群体不断发展完善的基础上逐渐扩大的。1861 年京师同文馆和次年上海广方言馆的设立，标志着近代教育的发端。但总的说来，19 世纪的中国新式教育处在逆境中。据不完全统计，到甲午战争时，中国人开设的新学堂不过 25 处，维新浪潮在 1895—1899 年也仅仅推出 150 所学堂；义和团运动的爆发、惨败，震惊了世界，也警醒了国人，举国上下各阶层人士怀着不同的动机和目的在兴学问题上形成某种共识。特别是 1905 年正式废除科举制后，新式学堂一枝独秀，取得长足发展，学生人数从 1902 年的 6912人猛增到 1909 年的 1638884 人，1912 年更达到 2933387 人。① 加上未计算在内的教会学堂、军事学堂，日、德等国所办非教会学堂以及未经申报的公私立学堂的学生，学生总数超过 300 万人，成为一股重要的社会力量。辛亥以后，虽然政局动荡，教育颠踬，学生数量仍有大幅度增长。据 1916 年教育部刊布的统计，不包括川、黔、桂三省和未立案的私立学校，学生已达 3974454 人。1921—1922 年"中华基督教教育调查团"的报告表明，"五四"前夕中国学生总数为 5704254人。② 这个新兴群体把大批青年按一定序列组合成统一整体，在中国的社会舞台上起着举足轻重的作用。辛亥以来，学生群体的动向虽然不能决定政治斗争的成败，却影响和反映了人心向背，显示了社会变动的方向与矛盾起伏规律，成为政治生活中最活跃、最激进的因素。

数量增长达到一定的度，便会引起结构性变动。在传统四民社会中，处于官民之间的士对维系社会既定规范与秩序至关重要。庞大的学生群体不仅消化了百万正途士人中的相当部分，而且溶解了绝大部分作为士群后备军存在、总数达 300 万之众的童生，使这个旧群体不再发展延续，很快解体消亡。围绕专制统治向心运动的士子童生变成离异抗争的学生，新旧势力的对比在这一消一长中发生重大变动。学

---

① 《宣统元年份教育统计图表》；《全国各项学校学生数历年比较表》，教育部总务厅文书科编：《中华民国第四次教育统计图表，四年八月至五年七月》，93 页。
② 陈景磐编：《中国近代教育史》，271、305 页，北京，人民教育出版社，1979。

生群体的布局与内在结构也渐趋合理。1895 年以前，学堂仅仅分布于沿海的 7 个省，1899 年扩展到包括云、贵、川、陕等内陆地区的 17 个省。20 世纪以后，西藏、新疆等边远地区也纷纷创办学堂，新式教育覆盖全国。到 1909 年，在校注册学生达 10 万以上的有 3 个省（四川最多，达 34 万），5 万至 10 万的有 10 个省，2 万至 5 万的有 7 个省，最少的吉林、黑龙江和新疆也各有 7000 至 1 万余学生。1895 年以前，新式学堂仅存在于少数口岸城市。此后，府、州、县等基层行政区划也开始办学。1905 年后，基本形成了大学、高等专门——都市省垣，中学、师范——府治，高小——县城，初小——乡镇这样的学校与行政梯次配备的体系。

　　除普通教育系统外，学堂种类也不断增加，在原有的语言、工艺、军事学堂的基础上，大批开办师范、法政学堂，实业学堂在农、工、商之下又分出许多专科，而专门类学堂也日趋完整，不仅包括文、理、法、医、艺术等门，还有专为一些民族、阶层开设的学堂（如满蒙旗籍学堂、贵胄、贫民学堂等）。特别是女子教育不顾官方阻挠，顽强发展。到 1909 年，全国已有在校女学生 78376 人。辛亥后又增设女子中学和职业学校，还成立了北京女子高师。学生广泛分布并形成地方群体，是全国性学生运动出现的必要前提；结构体系的完备，则使学生由一个个孤立的小群组合为庞大有序的整体，聚集都市省垣的中高等学生对城镇乡村的学生具有凝聚力和辐射力，有利于发动响应。而学堂种类的增多，扩大了学生与其他群体的联系。有了这样的基础，北京学生登高一呼，才能促使全国 20 个省上百座城镇的大中小学生和各阶层民众迅起响应，掀起声势浩大的斗争浪潮。

　　辛亥以后，新式教育在全面发展的同时，着重提高中高等学堂的质量，并使之更加集中于大都市，特别是作为政治文化中心的北京，学生人数大幅度增长，层次明显提高，成为全国学界中心。但清末北京学务则一直受到限制，直到 1909 年，学生不过 12921 人，与许多地方城市相差无几。京师大学堂的名气，不仅远远不及留学国外，而且落在一些地方学堂之后。加上专制势力强大，京师学界的实力及其活动的声势影响，反而赶不上天津、南京、盛京（今沈阳）、武汉、西安、长沙、成都、昆明等地。而地方学生又不具备号令鼓动全国学界的地位声威。因此，单堂独校的学界风潮此起彼伏，绵延不断，而且出现了一省甚至数省范围的学生运动，却始终未能汇成全国性浪潮。1905 年抵制美货运动中，京师大学堂学生成立总汇处，刊发《北京学界同志敬告全国学生文》，试图号召全国学生一致行动，但未能如愿。"五四"前夕，北京聚集了中高等以上学生 25000 人，他们凭借群体实力，挟首都之威，终于掀起全国性学生运动，把统治中心变成民众运动的策源地。

二

群体的生理性生长不等于社会性成熟，作为这一新兴群体政治上成熟的重要标志，全国性学生运动是青年们充分发挥主观能动作用，在长期斗争中锻炼成长的结果。

近代中国严重的内忧外患，使学生的自发斗争不待群体形成便已发生。早在 19 世纪后半期，为数不多的国内学生除参与一般性的近代化活动外，开始用言论行动表达自己的意愿要求，但或是本能的宣泄，或是偏师配角。进入 20 世纪，学界风潮渐起。1901 年，上海南洋公学两度发生部分学生退学抗议校方压制的事件。次年春，浙江吴兴南浔镇浔溪公学因总理干涉学生成立自治团体，爆发了第一次全堂退学风潮。此后，苏州、杭州、广州、安庆、梧州及江西、河南等地相继发生学生退学和轰动事件。是年 11 月，南洋公学 8 个班 200 名学生反对当局专制而全体退学，引起普遍震动，报刊纷纷发表报道评论。在其影响下，十余省学生继起踵接，"而散学之风潮且风发泉涌而未有已矣"①。据不完全统计，1902—1911 年，全国共发生学潮 502 堂次，波及京师和 20 个省份的各级各类学堂，反映了学生普遍持续的不安与躁动。频繁的风潮加大了学界动向的社会影响，成为舆论传媒关注的热点。从 1902 年起，《苏报》《选报》《新世界学报》《中外日报》等已开始重视学界新闻与评论。1903 年，《苏报》特辟"学界风潮"专栏，

---

① 《驳百忧生书》，载《苏报》，1903 年 5 月 18 日。

海内外不少报刊都加大了学界新闻的比重。尽管它们态度各异，褒贬不一，但都反映出学生在社会生活中地位影响日益上升的趋势。

频率增长与规模扩大成正比，斗争中各校学生互相声援响应，形成区域性学潮。1903 年拒俄运动中，北京、上海、杭州、武昌、安庆、南京、开封等地出现了数百名各校学生共同举行的政治集会。稍后，福州、潮汕等地爆发了当地学生联合罢学事件。学生活动由一校扩及一地的学界，是向全国规模发展的过渡。1905 年，区域性学潮激增，声势越来越大，到 1911 年共发生了 34 次，其中省会级 21 次，中小城市 6 次，县镇 7 次。1906 年长沙学生公葬陈天华、姚洪业（亦名宏业），1907 年昆明学生保卫路矿权益，1909 年成都、南昌学生抗议军警行凶和无理开革同学，1911 年安庆学生反对审判厅滥施重刑，都激发了全城数千学生的大规模风潮，并导致同盟罢课。1908 年因蒲城学案而起的西安学潮更牵动全省 80 余州县学生群起响应。国会请愿时，天津、保定、盛京、成都等地学生相继联合罢课，互为声援，天津学界机关还呼吁全国总罢课。保路风潮中，成都、长沙学生也举行全城罢课。抵制美货、收回利权和 1911 年国民会等爱国运动中，大型地方学界联合集会频频出现。这些斗争和活动显示出学生运动从小到大、由分散到联合的发展历程，成为全国性学生运动的催生剂。

学生群体缺少共同的社会经济基础，只是在人生一定阶段的社会文化联系的基础上结成的松散集团，由于出身、年龄、地位、籍贯、民族等差异，又分化为许多小群体。这种小群体利益的近似性比较直观，开始往往比整体利益的一致性更为醒目，由此产生摩擦冲突，影响大群体内部的协调。经过连续斗争的洗礼，学生的群体意识得到升华，开始超越各种小群体的局限，法政、军事学堂中的官、绅、兵班学生相互支持，共同对敌，八旗学生参加抗议清廷的活动、地方性保卫利权斗争，得到其他地区学生的主动声援。

学界风潮的发展变化和群体意识的稳定提高，促进了组织联系的密切和扩展。学生联合结团首先从学堂内部开始。1903 年前后，各种名义的学生小团体纷纷涌现。是年 5 月，邹容鉴于各地学潮此起彼伏而不能持久，呼吁组建中国学生同盟会，使学界"成一绝大法团体，以鏖战于中国前途竞争逼拶之中"①。邹容的倡议成为学界长期奋斗的目标，学生团体逐渐超出学堂的狭小范围，逐级由下而上地向着区域性联合过渡。从 1904 年起，陆续出现了杭州全浙学生会馆（后为浙江全省学会）、南京群学会、广东岭南学会（后为广东全省学界公会）、福建学生自治会、山西全省学会、湖南全省学生自治会、吉林全省学会、陕西学生国民自治会、云南三迤总会、黑龙江学界联合会等省级学生团体；此外，江苏、河南、四川、江西、直隶等省学界在历次爱国运动中也成立了省级爱国救亡团体，有的还定型为常规组织，同时出现了警察协会，八旗学会，师范、法政学会及各地同乡会等以专业、民族、籍贯划分的大型学生联合体，从而加快了建立全国性学生组织的步伐。1905 年，上海成立了以国内外高等学堂毕业、在校生为对象的"环球中国学生会"，1906 年又组建"旅沪二十二省学生总会"。国会请愿时，天津成立了"在津全国学界国会请愿同志会"。1911 年 4 月，上海发起"中国学界联合会"，"以联合全国学界实践救亡之责任"为宗旨，计划"首具规模于上海，依次扩充于各行省，每省复设本会之支会数所"②，正式将邹容的理想付诸现实。五四运动能够迅速发动并长期坚持，从学校到中华民国学生联合会的各级学生团体起了重要作用。当然，五四学生团体并非辛亥学生的直接延续，但群体组织性由稚嫩走向成熟的历程却是一脉相承。辛亥学生的全国性组织从倡议到筹建，经历了整整 8 年的孕育发展。如果没有他们不懈的努力和经验教训，就很难设想中国学生能够在五四运动爆发后的短短几天内成立区域学联，40 天后合为全国大团体。

"五四"以前学生运动的历史，是学生脱离士子童生的依附地位，强化其独立性，同时在新基点上与其他群体重建协调关系的双重过程。19 世纪，中国学生的独立性仍被淹没于一般民众之中。随着群体的扩大和稳定，学生的独立意识日趋鲜明，学潮便是自我表现的重要形式。但分散的学潮在一定程度上是变革时代青年反常规心理的本能反应和非理性躁动，它强化了动荡氛围，也增加了能量损耗。要有更大的作

① 《论中国学生同盟会之发起》，载《苏报》，1903 年 5 月 30 日。
② 《学界联合会出现》，载《民立报》，1911 年 4 月 20 日。

为，这个作为旧秩序不和谐因素出现的新兴群体，必须在增强独立性的同时与其他阶层建立新的关系。而其他阶层的近代化调整，如师资的结构变动，商人的资产阶级化，工人自为程度的提高，开明士绅的增多等也促进了学生主观选择的变化。学潮在奏出反对旧秩序的异调之时，加入时代新声大合唱的行列，由早期四面出击逐渐变为与各阶层联合对敌。1905 年以前，顽固守旧的教职员是学生本能反抗的重要对象。1905 年以后，许多国内外新式学堂的毕业生出任教职，推动师生联合趋势的出现，教师发动或声援学生以及学生维护或争取教师的行动时有发生，使当局大为不安。学生运动与城镇商民日渐高涨的罢市斗争也逐渐汇合。

　　风起云涌的爱国运动更使学界先锋们意识到不能孤军作战，必须唤起人数众多的下层民众共同斗争，自觉勇敢地担负起"向导国民"和"社会准的"的历史重任。他们不仅深入城乡，用灵活多样、通俗易懂的形式宣传鼓动民众，而且身体力行，以为表率，"由学生办起，而后遍及各色人"①。他们的行动及其社会反响，引起进步人士的高度重视，他们认为斗争成败，"要皆仰赖我爱国爱乡之学界诸君登高一呼，为各界倡"②，"等而上之，由学生而教员而职员，推而广之，由学界而商界而农界而工界"③。保路运动中，学界不仅率先提出工农商学联合罢课、罢市、罢业、罢耕的"四罢"主张，而且很快付诸实践，以激励商界和广大市民。在省城的斗争受到压制后，他们又纷纷转向府州县各城镇乡村，广泛深入地发动民众，号召罢市抗租抗税。学生与城乡民众的结合，被当局视为"大可虑"三事中最头痛者。④ 这可以说是五四学生运动与民众运动相结合的前兆。辛亥革命时期的"四

---

① 《冀州学堂同人敬告冀属同志禁用美货抵制美人待遇华人之虐政公启》，载《大公报》，1905 年 7 月 6 日。

② 《江西铁路公司续开股东会记事》，载《东方杂志》第 7 年第 1 期，1910 年 3 月 6 日。

③ 《敬告苏浙人士劝入路股书》，载《江浙铁路风潮》第 1 期，1907 年 12 月 19 日。

④ 《湘省风潮种种》，载《民立报》，1911 年 7 月 10 日。其余二事为银根吃紧和罢市抗税。

罢"，当为五四运动时期"三罢"斗争的先声。学生社会政治活动从一般民众运动中分离出来，又以独立姿态加入其中，从而在完善群体性的道路上迈出重要的一步。同时，群众对学生的前驱意识产生理解和共鸣，表明了不安情绪与变革意识的普遍加强。人们认识到，学生夹杂着几分自负与狂傲的"破坏"言行，的确反映了深刻的社会危机，代表了他们的根本利益和意愿心声。先锋与大众的契合，成为专制统治总危机即将爆发的信号。

五四学生运动采用了集会、游行、请愿、罢课等各种斗争形式，成为后来学生运动的楷模典范。但中国学生并非天生就能将上述形式运用自如。1905 年以前，学生普遍采取的斗争形式是退学，这种方式冲击力强，但不能持久，无法争取社会同情与支持，而且遗留许多难以解决的善后问题，反映了学生群体力量不足和群体意识欠稳定，没有与其他阶层群体联系呼应的意向和准备。1905 年以后，罢课越来越上升为主要斗争形式，罢课增强和扩大了斗争的层次规模，产生了持续冲击力，对当局和社会形成了更大的压力，从而提高了获胜率。特别是大城市学生的联合罢课，影响巨大，成为学生干预重大社会政治问题的重型武器。从 1906 年长沙风潮起，直到国会请愿运动和保路运动，罢课才冲破省界，出现跨省乃至数省范围的呼应声援，并正式提出："学界唯一之手段日全国学界罢课，共谋对待。"① 而总罢课正是五四学生的一个重要斗争手段。学界独立的政治集会在 1903 年拒俄运动中业已出现，此后规模不断扩大，形式日趋完备。而游行示威、静坐请愿两种形式则产生较晚。清末学生的政治集会大多在封闭的建筑物内举行，很少有"五四"以后街头广场的敞开式，如果不与游行请愿相衔接，影响将大受局限。1910 年 12 月 4 日，奉天学生 5000 余人聚集督署请愿国会，是为近代中国第一次大规模的学生静坐行动；12 月 20 日，天津 3859 名学生举行声势浩大的示威游行，是为近代中国第一次大规模的抗议性学生游行（此前有过官方授意的提灯游行）。学生运动走出校园课堂，登上社会大舞台，直观地展示群体力量，表达

① 《津学生死要国会》，载《民立报》，1910 年 12 月 26 日。

意愿要求，产生了广泛而强烈的社会效应，也给后人以深刻启示。五四运动就是从天安门集会游行示威开始的。甚至在青年们火烧赵家楼的行动中，也依稀可见天津学生国会请愿游行时殴总办、毁马车之举的影子。

三

学生群体的成熟除了斗争方式、规模的完善扩大等外观表现，还进一步反映在群体意识的社会政治内涵方面。

五四运动具有广泛的群众性，而学生以其先进性、坚定性和自觉性而独具异彩。运动的发动及各地的响应几乎都以学生为先锋，他们思想活跃、反应敏锐、眼界开阔、充满激情，又聚集一堂，相互联结为统一整体，处于大都市和传媒中心，其敏捷的反应不仅很快形成舆论传向社会，而且迅速转化为大规模群体行动。坚定性主要是相对于城市绅商阶层而言，一方面，他们态度坚决，意志坚韧，不像后者那样观望犹疑，动摇妥协；另一方面，他们的情绪和手段比较激进，不像后者那样温和软弱。学生很少有既得利益，又怀抱牺牲精神，用不着瞻前顾后、畏首畏尾，因而在开始阶段义无反顾，相持阶段不畏高压，最后阶段坚韧不拔。自觉性是指学生具有近代先进思想的指导，能够保证运动沿着民主轨道发展，防止下层群众自发斗争的盲动破坏性。这三个特征在辛亥革命与五四学生运动间是连续贯通的。20 世纪以后，历次全国和地方性爱国运动往往由学生率先发动，他们既反抗清政府的压制、列强的破坏，又与绅商领导层的动摇妥协倾向进行斗争，并鼓动民众突破绅商限定的“合法”规范，用更加激烈的方式来解决已经激化的矛盾。更为重要的是，他们运用近代民族民主思想的武器，一面广泛发动民众，把爱国运动与启蒙教育结合起来，一面用崭新的政治意识和行为规范约束民众的自发盲动倾向和蒙昧排外情绪，把开明进步人士的爱国民主活动与民众的自发性反侵略斗争结合起来，形成严格意义上的近代群众性民主爱国运动。正是学生群体的出现，使得辛亥前后中国政治运动的格局发生了重大改变。鸦片战争以来，先进人士与民众这两股力量长期处于分离甚至抵牾状态，1900年中国出现的复杂政治格局，乃是其极端表现。拒俄运动时民众开始起而响应进步人士的呼吁，但高潮已过。直到1905年抵制美货运动，这两股力量才汇成洪流。究其原因，先进人士与下层民众之间有无一个承上启下的中介，实为重要的制约因素。而这个中介的主体只能由人数众多的学生来充当。他们既具有近代政治意识和民族精神，又有广泛的社会联系，是沟通知识精英和人民大众的天然桥梁。五四学生运动促成新文化运动与群众反帝爱国政治运动的结合，是这一过程的继续和发展。

五四运动的旗帜是爱国、民主、科学，而这也是辛亥学生始终高举的大旗和奋斗的目标。中国传统的爱国精神与忠君观念密不可分，君臣社稷成为难解的政治情结。五四青年的爱国主义则是国民社会主体意识的再现。学生的新型爱国思想是在辛亥革命的风云变幻中形成确立的。他们受梁启超国民思想的影响，用西方近代政治观念重新理解国家、社会、政府、君主、国民之间的关系，"爱中国不爱大清"，挣脱臣民奴隶的枷锁，以社会主人翁姿态捍卫国家民族利益和自己的天赋权利。学生爱国热情的高涨，表明他们认识到专制统治者非但不能维护国家民族利益，反而是丧权辱国的罪魁和民众自卫的障碍。近代学生的爱国行动，从来就是在反对列强和专制政府的双重阻力下顽强开展的。虽然他们并未与反动政府公开决裂，但那或是由于环境的逼迫，或是出于策略的考虑。这种以自我和民众为主体的爱国主义，显示出与统治者相离异、相抗衡的意向，因而从一开始就引起统治者的警觉和疑忌。拒俄运动中，湖南巡抚赵尔巽对学生说："彼知忠君爱国之本，何以我们学生动将上二字抛去，专讲爱国？甚至有排政府、排满之谈？"[1]

观念对立导致行动冲突，曾经作为爱国精神寄托的忠君，现在成了新型爱国主义的障碍。爱国与启蒙相统一的政治运动，强化了民众的主体意识，在打击列强侵略野心的同时，动摇了卖国政府的社会基

---

[1] 张篁溪：《沈祖燕、赵尔巽书信中所述清末湘籍留东学生的革命活动》，载《湖南历史资料》1959年第1期。

础。清政府正是在镇压爱国运动中丧失人心，一步步走向孤立，最终彻底垮台的。只有当政府与社会的对抗关系消除之后，政权与国家才能在新型爱国观中重新复合。辛亥学生与五四学生的爱国精神都证明了这一点。因此，可以说，辛亥革命时期爱国主义在精神和运动两方面都跃上一个新的高度：在观念上，把国家与君主、政府相区别，打破了忠君爱国的不解之结，改变了士大夫的传统爱国观；在实践上，将国家与国民相联系，使民众以爱乡卫里的地域观为体现形式的间接客观爱国，升华为主观上明确将个人、地方与国家相统一的直接爱国，从而使四民分离的爱国变成国民整体的爱国，由忠君、乡土观曲折展现的爱国变成国民主体的直接爱国，在中华民族的历史上，第一次出现了先驱与民众相结合、观念与运动相统一的近代新型爱国主义的思想与实践。而广大青年学生的努力，是实现这一转变和连接的要素之一。

　　近代中国的卖国政府无不实行专制独裁，而学生爱国主义的基调却是民主精神。从西方异质文化移植而来的民主思想和制度，代表着人类社会一定发展阶段上的普遍方向。它要在中国扎根，需要一定的社会文化土壤。新兴学生群体便是近代中国民主化进程的天然媒介和动力。青年前期和青春期的心理特征，使学生本能地具有反抗专制、要求自律的意向。而且他们掌握了一定的新学知识，能够接受和理解民主观念。本能与理性的交织，加强了学生民主追求的必然性和规范性，本能促使他们不断起而斗争，理性则保证斗争向着民主制度的目标发展。可以说，近代中国学生从独立开展社会活动之日起，就与民主化进程结下了不解之缘。辛亥学生的民主倾向表现在以下五个方面：

　　第一，执着的思想追求。学生们不顾当局的禁令，大量阅读有关民主思想的著述以及宣传这些思想的报刊。他们崇拜西方民主哲人斗士，向往自由平等天地，在课卷中公开批判三纲五常，所创作的诗词歌曲也充满自由民主新声。旧道德伦理规范和大大小小的专制权威在学界已经失效。风气所及，以至一举一动、一言一行都须加上民主色彩，"使弗与之党，将不可一日容"①。

---

　　①　《阅各报记兵警交哄事感言》，载《砭群丛报》第 1 期，1909 年 6 月。

第二，反对专制，争取民主成为触发学潮的主要原因。1902—1911 年的 500 多次学潮中，因反抗当局横暴或压制学生民主要求而起的占 2/3 以上，而且绝大多数发生在不到学生总数 1/3 的官办学堂。青年们由反对校方专制逐渐上升为反对政府专制，而对专制统治的总体认识又加剧了与学校当局的对抗情绪。

第三，积极争取自治权。学生的民主意向不单表现为对旧秩序的破坏，而且体现于他们为建立新型民主秩序做出的不懈努力。学潮的重要目标之一，就是争取和维护学生的自治权利。学生自治团体的普遍涌现，反映了他们迫切要求挣脱封建枷锁的渴望。他们无力立即改变专制政治，又不堪忍受其统治，于是力图摆脱专制权力的直接控制，以群体自治与当局抗衡，从统治权力的断裂中获得一定的独立性和自主权。在专制秩序下桀骜不驯、性情暴烈的热血青年，在自治的小环境中大都表现出了良好的自律性，两种对立的现象反映了同一趋向。自治体现了学生与当局政治权限的伸缩，因而不断引起双方激烈的冲突。学生们为此进行了顽强的斗争。

第四，为实现民主政治而奋斗。学生们并不以小群自治为满足，他们认识到，只有彻底改变专制制度，才能享有民主自由。因此，尽管立宪派的国会蓝图没有允诺学生任何权利（规定在校学生没有选举权和被选举权），他们还是挺身而出，以"流血生"的牺牲精神，在立宪派退却之后再掀高潮，并把活动的重心由伏阶跪求变为依靠自我，联合民众进行斗争。

第五，踊跃投身革命。当民主与专制的冲突导致学生与统治者矛盾激化时，他们便以革命的暴力方式作为实现民主理想的手段。辛亥后，学生的政治活动相对沉寂，思想文化活动却随着对民主化进程的深刻反思而日渐高涨。五四新文化运动以民主、科学为大旗，绝非少数先知天才的顿悟，而是群体反省精神的集中体现。学生把改造社会的支点建立于民主之上，虽然对以此相标榜许诺的政治权威一次次失望，但从未失去对民主理想的坚定信念和巨大热情。以民主反专制，是学生群体意识和社会政治活动的主旋律。压抑这种由本能和理性促成的定势，只能为新高潮的爆发积蓄更大的能量。可以说，学生民主运动是检验衡量近代中国民主化进程的范围、程度、真伪的重要标志。如果不能将本能追求纳入制度化的规范体系中，学生运动不断加剧加快的周期性爆发，便因此成为民主化进程的必然伴随物。学生强烈的民主意向和追求，表明近代中国的民智已经部分开启。要解决民智未开与民主运动频繁，以及民主意向强烈而制度化适应性差的尖锐矛盾，应当由民主意识最强的群体和层面入手，示范性地逐步推行民主制。

作为近代化的重要构项，民主化不能脱离近代化而孤立发展。掌握着一定新学知识的毕业学生进入社会各个领域，成为加速这些领域近代化进程的重要动力。如果说西方近代化的主要力源在工厂，那么由西学东渐而引发的中国近代化，便不得不在很大程度上依赖于学校。历史表明，学生进入各个行业、部门和区域的数量质量，与后者近代化的速度幅度成正比。而社会的近代化又为政治变革和文化更新提供了必要的前提和基础。

五四运动的科学精神，与传统彻底决裂的偏激情绪，强烈的妇女解放要求以及更新民族文化心理的呼声，无不是辛亥学生思想追求在更高层次上的发展和扩大。清政府以忠君尊孔为核心的教育宗旨，引起学生的极大反感，他们普遍厌弃经学课程，以各种方式加以抵制，考试成绩多半此科最差，使统治者视为维护中学根本的读经形同虚设。旧思想与新学问的矛盾冲突，使学生反专制的激进情绪影响到对传统文化的态度。专制和愚昧这对难兄难弟，是造成中国落后的两大基因。辛亥革命时期，学生已经开始致力于更新改造民族文化心理，提高国民素质，塑造新的民族形象。他们以改良社会为宗旨，广泛开展各种宣传活动，提倡改革蓄辫、缠足、赌博、纳妾、吸毒、风水迷信等劣习陋俗，反对宗法家长权威，破除旧的思维、行为方式，洗刷陈腐观念，对种种民族劣根性表现大张挞伐，呼吁男女平等平权、恋爱自由、婚姻自主，鼓吹标新立异，提倡新道德规范。同时，学生们身体力行，以为社会倡导。他们积极传播近代科学知识，破坏神权偶像，带头革新婚嫁礼仪。女学生踊跃参加社会活动，为了争取婚恋自主，与家庭社会进行坚决斗争，甚至以死相抗。学生们还成立了相应的组织，如体育会、剪发会、自由结婚演说会等，以便于活动，扩大影响。由于政治斗争形势紧迫，辛亥革命时期的文化启蒙与更新重建很不充分，但毕竟为继起者开辟了前进的基地。

五四新文化运动的旗手主将乃至整个近代史的伟人名流，大多是辛亥革命时期的学生或留学生，影响他们思维的，既有对民初黑暗现实的痛心疾首，也有此前个人经历的影响刺激。即使如蔡元培，虽然在五四学生风潮面前陷入极度矛盾，但他倡导的民主学风，却是培育出一代优秀青年的重要原因，使北大成为中国学生运动的策源地和新思想的摇篮。在他身上，我们仍然感到辛亥学界风潮的深刻烙印。早在 1902 年，任教于南洋公学的蔡元培就经历了本校和浔溪公学的两次退学风潮，是最早支持学生行动的少数教员之一。他还提出开办专门学校，培养富于反抗精神的退学生作为"我国革新之先导者"① 的设想，并在爱国学社中加以实践。1903 年爱国学社与教育会发生冲突而解体，使他尝到学生主体意识增强导致失控的甘苦，在培养与引导青年的问题上，理想与现实、感情与理智产生矛盾纠葛，成为五四运动中蔡元培出走的一个潜在原因。

四

五四学生在继承和发展辛亥学生传统的同时，也有一些难以超越的局限，其中最基本的一点，是缺乏自己所极力提倡的理性与科学精神。

从辛亥革命到五四运动，学生们虽然信奉和倡导科学，但由于教育水平低下，社会发展落后，以及文化环境不利于科学精神的生长，学生实际掌握的科学知识十分有限。他们能够批评迷信的荒谬，却无力显示科学的力量，口头宣讲的效力因而大为削弱。更为严重的是，学生受传统偏见的影响，重理论轻技艺，轻视手工劳动，热衷课堂实验而冷淡实地见习。当科学仅仅被用作反对迷信的武器时，并没有真正实现其独立价值。自身发育不良的科学精灵，非但不可能战胜主宰

---

① 《浔溪公学第二次冲突之原因》，载《选报》第 35 期，光绪二十八年十月二十一日，29 页。

社会的迷信怪物，甚至会在缺乏科学精神的社会氛围之中，畸变为一种神话力量。

科学精神短缺影响社会政治文化领域，形成综合缺乏症。人们将所追求的理想模式变成排斥性目标，实际上破坏了实现这些理想所必需的思想和社会机制。五四运动是以彻底的反帝反封建姿态被载入史册的，其彻底性在思想文化上表现为与传统决裂。然而，传统特有的思维方式从根本上制约着近代学生的反传统精神，他们的理性世界夹杂着太多的感情成分，缺少严谨的科学实证和逻辑推理，因而对旧事物的批判和理想追求，带有浓重的情绪化色彩。更新民族文化心理的愿望主要出于政治斗争的需求，对国民性的描述和对传统文化的认识过于笼统抽象，仅仅停留在思想表层和社会上层。对于具有决定意义的乡土社会，学生却没有什么认识，更提不出变革的方案。文化批判实际上从属于政治目的，没有树立社会文化领域本身要求的科学学术建设和价值评判系统。这样做最严重的消极后果是，尽管不断提出社会文化更新的使命，政治变动与社会改造却往往不能同步进行，政治风云的剧烈变幻掩盖了社会变动的迟缓滞重，轰动一时的政治事件到头来成为陈旧社会舞台上的匆匆过客，为政治的文化更新活动便有如蜻蜓点水。

民主是近代学生孜孜追求的目标，但学生的本能冲动大于理性指导，对民主理论、制度以及具体实施程序、操作方法的了解不够全面具体，更缺乏实际体验，因而主观欲望强烈，在实践中却对较高层次的民主政治活动手足无措。尤其是他们对东西文化间的差异缺乏科学认识，很容易产生倒错意识，即将非民主、伪民主，甚至反民主的东西视为民主，而不自觉地排斥真正的民主精神与原则。他们反对专制独裁，但并未消除权威崇拜，其不安与躁动，在很大程度上是旧的专制权威失去光彩，而新权威尚未成立，心理失衡所致。而恢复平衡的需求，使他们在反对专制的同时，逐渐产生对新文化英雄的信仰服从意识，从而埋下隐患，当文化英雄与政治领袖合二为一时，权力的集中化便乘势发端。随着近代民主化进程的推移，一方面引进了许多内容被严重阉割歪曲的虚假形式和观念，另一方面却是政权对社会的干预控制日益加强、扩大、深入，给后人留下了重大而棘手的政治难题。

辛亥学生有着明显的欧化倾向，他们厌弃中学课程，偏爱外国语言和各种西学课程，这似乎是"西化论"的先兆。然而，学生的西化倾向不过是异质文化间优势互补规律的表现，它将导致更新融合而非彼此取代。值得注意的是，教会学堂学生显示了与此相反的意向，一些教会学堂还发生了要求增设中文课程的学潮。从辛亥革命到五四运动，历次反帝爱国运动，教会学生都是积极参加者，并且常常率先发难，极少有局外旁观的事例。这无疑是促使"五四"后基督教教会提出使教会学校"更中国化"口号的重要原因。近代中国的民族文化更新与西学东渐、西制东侵、西俗东移是同一过程，阻碍这一进程的不是西化，而是包括学生在内的中国人对先进的外来文化缺乏全面深入的认识，并未找到它与本位文化的接点。语言障碍和文化隔膜，使得学生不能全面接触西方文化，他们甚至从字面上也未能完全弄懂西方近代思想，更不用说难以心领神会的种种言外之意。他们用既有观念理解或附会外来概念，形成许多似是而非的错解。辛亥学生与五四学生文化探讨的意义，并不在于他们成功地找到了解决问题的方案，而是在此推动之下，最终实现了本位文化的全面开放和与外部文化的全面接触，能够在真正弄懂、整体把握的前提下比较选择，正确运用外来先进文化的观念方法重新认识本位文化，为促进民族文化的更新重建奠定坚实的基础。

综上所述，清末十年，是中国学生形成群体，并对社会的变动发展日益产生巨大影响的开端。学生的出现及其活动，进一步加剧了社会结构的变动，政治局势、思想潮流、社会风尚，都处于更加频繁的动荡变化之中。就个人作用而言，这一时期的国内学生在其他新知识分子和留学生之下。但是，前者与学生互为影响，后者则大都经历了国内新式教育，由此开启一生的奋斗历程。由于数量对比的优势以及特殊的地位，国内学生具有其他社会集团无法替代的群体功能作用。辛亥后国内学界的政治表现一度处于低谷状态，五四学生运动在许多方面并非直接继承辛亥学生的成果，开始阶段不得不在短期内重演此前的发展经历。但这也正是历史螺旋式上升的典型现象，抽象掉螺旋的重复，变化的螺距便历历在目。而且学生活动的低谷仅仅出现在政治表层，它既反映了学生对辛亥革命结局的失望，又隐示着青年们的冷静反省，孕育着新的斗争风暴。五四学生能在短期内重演辛亥学生发展成熟的历史并迅速超越，是因为辛亥一代青年为学生群体的肌体注入了成熟的基因。而这是留学生运动所不能提供的。没有辛亥学生的努力、牺牲甚至失败挫折，五四学生运动就不可能以成熟的姿态跃入历史画卷。

还有三点需要强调：

其一，学生群体始终处于高度流动过程中，其分子通过不断的裂变向社会各个层面辐射，同时学生群体本身又具有一定的独立性。因此，学生生涯成为一代新人社会化过程的最重要阶段。而毕业后界域流动的千差万别，使之不同程度地发生分化，不再保持整体的有机联系。只有作为群体存在和活动时，学生群体才具有总体性质和趋势。考虑到学生的群体特性，为了避免因界定模糊导致对象的不可把握，本书的探讨仅限于国内在校学生，只是在论及社会流动时，才略加延伸。

其二，日益庞大的学生群体处于新旧、中西冲突碰撞的接点，其内部结构是复杂组合，其外在行为和潜在意识呈现纷乱状态。为理想奋斗的学生的高度能动性，受到内外双重结构性制约，具有多向发展的可能。为了避免以偏概全，把握住国内学生群体作用突出的特征，本书分析时尽量在揭示复杂趋向的前提下，以群体的普遍和主导动向为依据。

其三，学生的社会政治运动，只是学生与近代中国关系的突出表现，是浮上水面的冰山一角。而且考察社会政治运动，目的也在于说明社会变迁。为此，我努力扩展视野，全面观察学生的各种活动，特别是常态中的思想、行为与心态，并且把学生及其活动作为社会变迁的一个变数来看待，从而更加完整地从学生与社会的相关关系中多层次地把握其历史地位与作用。这些尝试的利弊得失，还有待于学术界的检验评判。

第一章　旧世纪中的新时代：早期新式学堂与学生

近代学生是随着新式学堂取代旧学书院出现的，而新式学堂又是伴随着西学东渐进程逐渐被引进和发展的。1840 年的鸦片战争，使中西文化正面相撞，刺激强化了西学东渐的趋势。迄今为止，对于这一过程的探讨有两个明显的局限：一是以先进中国人的主观意向勾勒发展变化的线索；二是用正统主导文化涵盖各个文化分层，而多少忽视了近代中西文化冲突融合的全面性体系化特征，对于不同层面、不同区域文化的实际规范功能、反应差异与互动关系，及其对西学东渐的影响制约作用，缺乏具体认识和完整把握。从文化分层角度重新检讨西学东渐的开端进程，可以更好地认识作为中西文化传统的主要载体之一的新式学堂如何被引进接受，以及学生的地位、作用与局限。

一、文化分层与西式学堂的引进

建立在发达农商经济上的中国社会，至少在宋明以后已经出现了官僚士绅的精英层、城镇市民的通俗层和乡土社会的民间层的文化分野日渐清晰的趋势，不同文化分层逐渐形成各自的规范功能，在大社会的共同性下表现出相异相悖的倾向特征。这种由社会分层决定的文化分层，在接触外来文化时，必然产生反应和作用的差异。

贵族官僚和士绅文化在社会中占据统治及主导地位。鸦片战争前后，面对西方殖民者咄咄逼人的攻势，以及异质文明巨大优势的猛烈冲击，一些经世派士人破除闭关锁国的心理障碍，承袭明清之际学习西学的先驱的精神主旨，睁眼看世界，提出师夷制夷。尽管战争是坚船利炮的冲击，而洋货是奇技淫巧的展现，但物质文明刺激了人们对西方文化的全面探索。他们不仅对传入中国、目睹身接的洋货、洋器、洋技表现出浓厚兴趣，而且试图通过片断的外来文化因子进一步观照外在母体文化的整体形态，寻找民富国强的源头秘诀。这种探索的目光也投向教育。例如，魏源等人就发现，美国广设学馆，"以教文字、地理、算法"，故其人"文质彬彬"，"且人才辈出，往往奇异"。不过，魏源只是觉得那些"上通天文，下察地理，旁彻物情，贯穿古今"的外国人，是"瀛寰之奇士，域外之良友"，不得再以"夷狄"视之。[①]在他看来，夷之所长在于技，即战舰、火器和养兵练兵之法，而没有认识到在理的层面西学可能优于中学，西方教育不仅使其人民普受教化，而且成为近代文明形成发展的重要基础。对西学的优越性缺乏足够的认识估价，使开明之士忽略了1623年艾儒略所撰《职方外纪》中对欧罗巴学制的系统介绍。

鸦片战争后，中外接触交涉逐渐展开。为了通晓"夷情"，国人开始注意西学，并逐步过渡到引进西式教育。一些开风气之先者在与外来之人、事、物的接触中，发觉泰西器利技精的原因，在于有大量专业书籍。例如，姚莹谈到他曾登上英国轮船，"见其酋室内，列架书籍殆数百册"，交谈之下，又得知"白夷泛海，习天文算法者甚众，似童而习之者"，而在中国，这些学问则"几成绝学"[②]，感到在科技理论方面中学逊于西学。19世纪60年代初冯桂芬、郑观应等人提出采西学、设学馆，重要原因之一，即在于认识到"彼西人所擅长者，推算之学，格物之理，制器尚象之法，无不专精务实，渺有成书，经译者十才一二，必能尽阅其未译之书，方可探赜索隐，由粗浅而入精微"[③]。他们不仅公开承认在自然科学的技与理两个层面上中不如西，而且明确指出，只有认真系统地学习，才能由浅入深、循序渐进地掌

---

① 魏源：《海国图志》卷六十、卷六十一、卷七十六，咸丰二年（1852）古微堂重刊本。

② 姚莹：《康輶纪行》卷五，3页，《中复堂全集东溟文集外集》，见沈云龙主编：《近代中国史料丛刊续编》第6辑，台北，文海出版社，1974。

③ 吴汝纶编：《李文忠公全书·奏稿》卷三，光绪三十四年（1908）本。

握。由制器之技而格物致知之理，构成对西学认识进展的一个重要环节，也提出了引进西式教育的必要性。

从鸦片战争到 19 世纪 60 年代，有 20 年的时间跨度，刚好是一代人的兴替。仔细考察一下，其间在官绅士人层面明显存在一个学习西方的断层。证据如下：首先，这 20 年中，清政府几乎没有任何趋新意向或变动，甚至已开五口的地方政权也很少有相应变化。其次，鸦片战争时期开眼看世界和学习西方的先驱们，到 19 世纪 50 年代初，大都已将其探索心得以著述形式做了总结，却鲜有人实际尝试。而后起之辈则到五六十年代之交才崭露头角，在认识和行动上接续并超越前辈，而且只有郭嵩焘、冯桂芬、郑观应等寥寥数人。19 世纪 50 年代，这方面的言行明显处于停滞沉寂的低谷状态。最后，一般士绅极少回应魏源等人的前驱主张。1859—1860 年，郭嵩焘一再愤激地批评士子官绅"通市二百余年，交兵议款又二十年，始终无一人通知夷情，熟悉其语言文字者"① 的保守惰性。这表明，第一次鸦片战争的冲击并未打开上流社会向西方学习的视野。如果没有此后及下层的变化，睁开的眼睛大有重新关闭之势。

如果说从镇压太平军发迹的洋务大员，是在与洋人的接触和对洋器的使用过程中认识到西文西学的重要，执掌朝纲的皇族亲贵则更主要是迫于对外交涉的压力，才认识到西学西文的重要。1862 年京师同文馆的开办便是明证。1858 年因战败而被迫签订的《中英天津条约》规定："嗣后英国文书俱用英字书写，暂时仍以汉文配送，俟中国选派学生学习英文，英语熟习，即不用配送汉文。自今以后，凡有文词辩论，总以英文作为正义。"② 1858 年 6 月 30 日，美国公使在《中美天津条约》上签字后，又提出学习外国语文等 4 项建议。清政府虽可敷衍搪塞于一时，但因列强长驱直入，对外交涉失去地方缓冲，故伎重演，难以奏效。据说英法联军两度迫临京津时，该地区唯一的中国翻

---

① "中央研究院"近代史研究所编：《四国新档·英国档》，854～855 页，台北，"中央研究院"近代史研究所，1966。

② 中国海关税务司编：《海关中外条约》第 1 卷，404～421 页，上海，1917。

译是一名因案收管的广东人。恭亲王奕䜣曾因无人认识巴夏礼一封中文信函的英文签名署期，在军情紧要之际耽搁数日。① 痛苦的外交经验以及外国公使驻京、总理衙门设置、直接交涉常规化的现实，使语言沟通成为当务之急。1859 年 2 月，郭嵩焘上《请广求谙通夷语人才折》，首次提出要培养外语人才，以通夷情，"推考诸夷嗜好忌讳"。② 奕䜣奏设同文馆时，只说："查与外国交涉事件，必先识其性情。今语言不通，文字难辨，一切隔膜，安望其能妥协！"③ 碍于面子，奕䜣未提条约规定，实际上清政府连对不平等条约订而不遵的本钱也丧失殆尽了。

只要稍微调整以官绅士人作为唯一尺度的观念，就不难发现，上述线索仅仅反映了西学东渐的一个层面。官绅士人作为正统主流文化的负载者，也具有本位文化异体排他性的主导功能，对外来文化的融汇内化力与抵拒排斥力适成正比。④ 而城乡的农工商民则内化力差，排斥力也弱。他们不会明确地概念化比较中西文化的优劣短长，却能从实际生活出发，对具体事物选择取舍。事实上，最先接触和接纳西方文化的，并不是主观上对西学西艺有所认识的开明士绅，而是外国商人、传教士足迹所至的沿海口岸地区的凡夫俗子。在鸦片与大炮之前，洋货与宗教是西方试图开启中国大门的两把钥匙。官僚士绅通过坚船利炮来认识西方文明，百姓则从洋货的质地价格以及传教士的表现活动加以感受。早在 1834 年，英国传教士古特拉富的夫人就在澳门设立女塾，不久又附收男生。此后，广州、香港等地的教士商人组织了玛礼逊教育协会，通过"设学校"等方式，"以促进中国之泰西教育"。⑤ 1839 年，布朗夫妇在澳门设立玛礼逊学堂。这些学堂开设了中英文、算学、地理等课程，象征着西式教育嫁接到中国本土。传教

---

① 苏精：《清季同文馆及其师生》，3～4 页，台北，作者自印，1985 年。

② "中央研究院"近代史研究所编：《四国新档·英国档》，854 页。

③ 贾桢等纂修：《筹办夷务始末（咸丰朝）》卷七十一，北京，故宫博物院影印本，1930。

④ 士绅对西学的态度也不尽相同。梁启超说，旧学的辞章、考据、掌故三派中，掌故一派"变而维新也极易"。（梁启超：《饮冰室合集·文集二》，2～4 页，上海，中华书局，1936。）

⑤ 玛礼逊：《教育会章程》，载《中国丛报》，1836 年 12 月，375～376 页。

士的活动与列强的殖民扩张相适应，《望厦条约》《黄埔条约》和《天津条约》的签订，使外国人在华办学变相合法化。1859 年以前，清政府和开明士人尚未提出办学设想，教会已在各地设立学堂 50 所，学生达 1000 人。① 其主办者虽是外国人，学生却是清一色的中国人，至少体现了一个文化层对西学东来的一种反应。

与官绅士人在夷夏之辨中艰难曲折的情感转变相比，乡土村民面对西学的心理负荷显然要轻得多。迷信习惯与乡绅导向抵挡不住本能需求与实利诱惑。由于早期教会学堂以培养神职人员为主要目的，面对士绅的道德伦理大防和崇尚祖先风水的下层社会的疑惧，为了冲破文化屏障，教会以免费提供食宿为条件，招徕贫家子弟。同时，沿海一些地区受中外交往的影响，出现社会变动，学西学可以增辟谋生之道。容闳家境贫寒，小社会环境的改变使其父母很快做出适应性选择，让他们的儿子或入旧塾，或入西学。对于后者，诚如布朗于 1877 年所说，是让他学点英文，将来好在英国人家里当仆人。② 容闳的确因略通西文而得以到印刷所做工。此外，贫苦乡民子弟没有士子童生的名誉负累，既可充当小贩，也就不怕与"番鬼"打交道而有辱斯文。而且小社会对于学习西文或为洋人办事者，并不加以特别的歧视排斥。容闳进西塾和到印刷所做工，均由于父母受在传教士处做事的同里邻居的影响。甚至田间老农也因容闳能背诵英文字母而奖禾数捆。这在当时的士大夫圈子里，起码要遭到耻笑唾弃。30 年后郭嵩焘出使英国，还被视为"未能事人，焉能事鬼"③ 的怪物，举国上下无人表示同情支持。适宜的心理和小环境氛围，使乡民子弟比较轻松地跨越了中西文化的道德障碍。

虽然乡村受到乡绅和宗族的规范引导，但在一些地方，乡绅的规

---

① 顾长声：《传教士与近代中国》，226 页，上海，上海人民出版社，1981。另据陈景磐的《中国近代教育史》，1852 年江南的耶稣会派已有学生 1260 人。

② 寿尔：《田凫号航行记》，见中国史学会主编：《洋务运动》（八），419 页，上海，上海人民出版社，1961。

③ 《使英郭嵩焘奏喀什噶尔剿抚事宜请饬左宗棠核办片》，见王亮编：《清季外交史料》卷十一，台北，文海出版社影印本，1963。

范引导力度不及城市士绅对市民的影响控制。与中世纪欧洲的情况不同，中国城市是士绅活动与生活的主要场所，加上地缘纽带把乡土社会的人际关系和社会组织引入城市，士绅商董凭借会馆、公所控制商帮、市民，使其支配作用更加常规化、体系化。教会学堂乍由乡村进城，遇到不少麻烦。1839 年，布朗的学校先是设在广州，但很快被当地居民赶走。鸦片战争后，传教士在各口岸城市陆续办学，也引起市民的反对抵制。例如，传教士在福州设立的男女学校，招生本已寥寥，开学后不久，许多学生又迫于舆论压力而自动退校，连介绍学生的教徒也因受四邻的攻击而被迫迁居①，曲折反映了士绅文化的排他性导向。

不过，与政治性都市不同，工商城市的士绅与商人早有互渗传统，进而仕宦，退有农商，成为明清以后士绅安身立命的不败之计。而清代实行捐纳制，更打开了商富与正途士绅交往的大门。士绅对西学初来的排斥，与商人对洋货乍到的抵拒是相通的。当唯利是图的商人转而接受洋货时，与之关系密切的士绅对西学的态度也开始松动。加上"学在四夷""有教无类"的教育民间化传统以及科举取士的影响，平民寒儒子弟长期以读书为升迁之道。对于这类贴近下层的士子童生，西学发展的势头显示了比狭窄崎岖的仕途更具现实意义的诱人前景。正如教会人士后来所说："当初基督教学校，虽供给饮食，而仍难诱掖教外之子弟入学。厥后外国在华之贸易，日渐推广，所用本地人才，皆须谙通外国语言，教会学校学生遂得为捷足者之先登。"② 市井子弟入学，起初或许纯为免费食宿计，但主导倾向很快转为谋生求职训练。到 1866 年，在华的基督教、天主教教会共设义学、学堂、书院 74 所，学生约 1300 人。其中全给衣食的义学及学生数，仅分别为只免学费的学堂及学生数的 41％和 28％。学堂的地区分布，也明显与各地对外交

---

① 李承恩：《教会学校的历史、现状与展望》，见《1890 年基督教在华传教士大会记录》（*Records of the General Conference of the Protestant Missionaries of China, held at Shanghai, May 7—20, 1890*），447～456 页，上海，美华书馆。

② 李天禄：《基督教教育之我见》，载《教育季刊》第 2 卷第 3 期，1926 年 10 月。

往的疏密程度相关（详见表1-1）①：

表 1-1　1866 年在华基督教义学、学堂，天主教书院及学生表

地区	义学数（所）	学生数（人）	学堂数（所）	学生数（人）	地区	书院数（所）	学生数（人）
广东	3	36	10	268	直隶	1	50
香港	4	60	4	60	山东	1	
汕头	1	15	1	22	陕甘	1	
厦门			7	70	苏皖	1	56
福州	4	46	3	63	湖北	1	35
宁波	2	40	7	84	湖南	1	35
上海	2	32	5	42	四川	1	10
烟台			1	6	江西	1	
登州	1	5	1	6	福建	1	20
天津	1	6	4	55	两广	1	25
北京	1	8	1	20	云贵	2	
总计	19	248	44	696	总计	12	231

　　市民的积极反应对本地官府士绅形成压力与威胁，促使后者加快接受西学的步伐。冯桂芬代李鸿章所拟设立上海广方言馆的奏稿中，明确表露了对这种压力的担忧，他说："查上海通事一途获利最厚，于士农工商之外别成一业。其人不外两种：一广东、宁波商伙子弟，佻达游闲，别无转移执事之路者，辄以通事为遁逃薮；一英法等国设立义学，招本地贫苦童稚，与以衣食而教肄之。"冯桂芬指责这些仅粗通西文、不知西学的"市儿村竖""皆资性蠢愚，心术卑鄙，货利声色之外不知其他"，而且"借洋人势力播弄挑唆以遂其利欲，蔑视官长，欺压平民，无所忌惮"，固然反映出事实真相的一面，但也显然带有士绅对平民的偏见，以及统治阶层对中外交涉要事为民间势力"假手其间"

----

① 《教会新报》第 1、3 期，1868 年。

的疑惧。① 西学地位的上升与市民对西学的掌握相呼应，已经到了使口岸城市的官绅士人非正视不可的程度了。

村夫商民接受西学对上流社会的影响不止于客观压力。平民子弟的中学根底虽浅，但毕竟受传统文化的感染熏陶，对于旧学有所了解体验，通过系统地学习和掌握西学，他们可以从与经世派士人不同的道路中形成革新中国的认识。容闳便是典型之一。经过完整的西学教育和本位文化的潜在影响，他超越了谋生赚钱的本能需求，成为一名爱国革新志士。还在美国求学之时，他就拒绝了进入孟松学校的有条件资助，决心"择其最有益于中国者为之"，"以西方之学术，灌输于中国，使中国日趋于文明富强之境"。② 归国返乡之际，母亲问以文凭学位可博奖金几何，他答称，此"非有金钱之效用。惟已造就一种品格高尚之人材，使其将来得有势力，以为他人之领袖耳"③。摆脱单纯逐利的褊狭，显示出从原有文化层的升华。而开关后的社会变迁及西学地位上升，则为这类人提供了接近和进入上流社会，直接施加影响的机遇。几经浮沉之后，容闳终于以译文优于洋员而蜚声上海商界，又通过商界而接触名士官绅，开始鼓吹其救国方案。

值得注意的是，第一，容闳完整地提出他的计划，是向太平天国的洪仁玕提出的；第二，所提七条建议包括设立实业和陆海军学校，颁定系统学制，是一份以西式教育为基础的根本性改革纲领，也是中国人第一次要求全面引进西学，建立新式教育制度。遗憾的是，容闳源自西方教育背景的主张，对于当时包括开明官绅在内的大多数中国人而言，都显得过于隔膜。冯桂芬后此提出的采西学，设学馆，与此相比，仍只触及西方文化的皮毛。容闳试图以文化排他性较弱，而与自己共同性较多的太平天国为依托，实现变革蓝图，还是反应平淡。前车之鉴，使他不得不小心翼翼地投石问路，即使对曾国藩，也未将计划和盘托出。中国实行类似变革，要待40年之后，至于主观上明确

---

① 吴汝纶编：《李文忠公全书·奏稿》卷三。

② 容闳：《西学东渐记》，徐凤石、恽铁恒原译，张叔方补译，19、23页，长沙，湖南人民出版社，1981。

③ 容闳：《西学东渐记》，28页。

认识中西学以及中西教育制度宗旨的根本区别，则是下一世纪的命题。不过，容闳绝非孤立的偶然例外，其同学中，至少还有唐廷枢、黄赛、黄胜等人在中国近代化进程中留下了足迹。只是由于记载缺漏或观念褊狭，下层文化乘西学之风浮升的现象，尚不为人们所普遍认识和重视罢了。

西学东渐与走向世界，是体现近代中西文化关系的双向互动过程。外来文化在沿海地区下层社会激起波澜，进一步改变了国人安土重迁的习惯取向，激发人们走出国门的欲望。由固定人口转变为流动人口，本来就是城乡贫民应付天灾人祸的习惯性调节方式。清代人口膨胀，土地资源日趋紧张，加上清中叶后战乱频仍，社会动荡，出海谋生者早已络绎不绝。随着西方殖民者的东进扩张，中国海外移民的走向逐渐由南洋伸展到欧美。1785—1841 年，当清政府及士绅阶层连美国的方位还茫然无知时，已有至少 24 位中国人到过或定居于美洲大陆，其中一位来自广州的王姓学生还进入了康威尔城的国外布道学校。到欧洲的人也日见增多，上述 24 位赴美华人中，有一些就是由欧洲辗转而至的。他们主要是沿海地区的贫民，也有少数仕途困厄的失意士绅和商人。1866 年，清政府首次派员游历欧洲，标志着官方向西方学习从睁开眼睛跃上举步出门的新阶段。出访者一路上不仅在西贡、新加坡等地看到数以万计的华人，而且在巴黎遇见"已侨寓十数年"，"又解英法言"① 的宁波商人。令人奇怪的是，李善兰为斌椿的《乘槎笔记》所作之序竟说："所历十余国，皆开辟以来，中国之人从未有至者。"这位中国当时首届一指的科学大师也不能免于文化偏见，对书中所载事实视而不见。当 1868 年清政府的第一个外交使团由外国人率领出访欧美时，同船赴美的广东"游民"竟有 800 余人，在旧金山定居者已达数万之众。② 这些名不见经传的平民百姓，才真正是近代中国走向世界的先锋前驱。他们虽然很少著书立说流传于世，产生广泛的社会影响，却依然在中西文化交流史上留下了不可磨灭的印记。

首先，他们的行为经历对亲朋邻里产生直观感应，潜移默化地使

---

① 张德彝：《航海述奇》，50～51 页，长沙，湖南人民出版社，1981。
② 志刚：《初使泰西记》，16 页，长沙，湖南人民出版社，1981。

之产生到泰西谋生的欲望追求。在一定条件下，其影响还作用于士绅阶层。例如，18、19 世纪之交"遍历海中诸国"① 的谢清高，当其经历见闻引起乡人杨炳南的注意时，就被录之成册，成为士绅认识世界的重要印证与补充，影响的时空范围大大扩展。

其次，他们把中国的工艺器物、风俗人情带往西方，引起异国人对东方文化的关注和交往需求。1868 年张德彝等人到旧金山时，只见当地唐人街"所有闾巷市廛、庙宇会馆、酒肆戏园，皆系华人布置，井井有条"，"远望之讶为羊城也"。一些宁波、广东籍商人在欧美经营中国货，所获颇丰，还有浙江民间艺人在欧洲各国巡回表演杂技多年。

再次，当东西方正式接触时，他们可以充当媒介。据说鸦片战争以前，美国政府曾让一位住在纽约的华人担任信使，希望向清政府传递信息。清政府的外交使团路经或抵达各国时，当地华侨纷纷前来拜见，除热情款待外，还介绍所在国的时政大事及风土人情，甚至亲任导游，有助于初出国门的官方代表更好地认识世界。1868 年的使团到美国华盛顿时，一位华籍传教士登门建言献策："公等旋归，可将西国风俗政事之善者以劝华人之不善，不数年间，华人必效西国矣。"此人言谈虽带宗教色彩，却是中国人向祖国发出的效法西方、变政革新的恳切呼吁。同文馆出身的张德彝用顽固派谩骂母校的语言斥责其剪发易服，数典忘祖，"取小利而乱大义"，反对"取彼数百年之善政，以易我数千年之善政"，反倒显得道学气太浓。②

最后，这些华侨中不少人学会了外文，有的还进入当地学校接受正规的西学教育。沿海地区也有人专程赴欧美学习语言文字。1872 年曾国藩奏报选送幼童留美事宜时便提到："前此闽粤宁波子弟，亦时有赴美学习者，但止图识粗浅洋文洋话，以便与洋人交易为衣食计。"③语言是文化沟通的工具。1868 年，张德彝在巴黎时曾与两位华侨和两

---

① 杨炳南：《海录》，序，上海，商务印书馆，1936。

② 张德彝：《欧美环游记》，45～46、66～67 页，长沙，湖南人民出版社，1981。

③ 曾国藩、李鸿章：《奏选派幼童赴美肄业办理章程折》，见《约章成案汇览》乙篇卷三十二上，1～6 页，上海，点石斋，光绪三十一年（1905）缩印本。

位俄国人用法、拉丁、俄、英、汉共"华洋五国言语,互为翻译交谈",这场中外联唱同时也是海内外中国官民、雅俗文化的和弦,成为学习西方进程中一段极具象征意义的插曲。此外,一些山西、四川籍落魄士人为欧洲汉学家担任记室,有的还参与翻译介绍中国古籍。例如,一位姓李的四川人,就曾为一"广览华书"的法国学者任记室,协助译出《离骚》《原道》等书。① 这些鲜为人知或被人视而不见的凡人小事,与士绅阶层在开关 20 年后无人通晓洋文夷情,以及 1867 年前京师增设天文算学馆的惨败形成鲜明对照。

二、学堂发展的曲折历程

市民社会的变化,直接推动了沿海官绅和士林风气的转变,并间接影响中央朝政,在开明之士鼓动、外强压力、地方洋务大员支持以及商民社会与西学相互促动的合力作用下,主张变通的一派占了上风。但是,朝政的转向却与闭塞耳目、坐而论道的京师士大夫发生了严重冲突。直到 1860 年,郭嵩焘仍在抱怨:"中国与西夷交接二十余年,至今懵然莫知其指要","京师知者独鄙人耳"。② 上海广方言馆的筹建虽然风平浪静,1866 年京师增设天文算学馆却引起轩然大波,显示出士风的区域性差异。与此前的同文馆相比,天文算学馆不仅增加西学课程,不再仿照乾隆年间的俄罗斯馆只习西文,招生对象也由八旗幼童改为举人、五贡、翰林及五品以下由进士出身的京、外各官等正途士人。奕䜣等人在那拉氏的支持下,挫败了以倭仁为首的守旧派所谓"矜奇好异,震于西人术数之学","以中国之人师法西人为深可耻"③的攻讦,却无法化解诸如"未同而言,斯文将丧","孔门弟子,鬼谷

① 张德彝:《欧美环游记》,156、216 页。
② 《郭嵩焘致曾国藩》,见《陶风楼藏名贤手札》第 5 册,南京,江苏省国立图书馆,1930。
③ 宝鋆等纂修:《筹办夷务始末(同治朝)》卷十六,北京,故宫博物院影印本,1930。

先生"，"军机无远略，诱佳子弟拜异类为师"① 等俚语对句满天飞的社会影响。旧学泰斗操纵着士林动向，"自倭仁倡议以来，京师各省士大夫聚党私议，约法阻拦，甚且以无稽谣言煽惑人心"，"或一省中并无一二人愿投考者，或一省中仅有一二人愿投考者，一有其人，遂为同乡同列所不齿"。② 结果，形式上获胜的奕䜣在次年招考时惨遭败绩，半年中只有98人报名，而且无一人出身正途。到考者减为72人。经初复试，录取30人。入学半载，因程度太差又斥退20人，剩下的10人，只得并入旧馆。所以有人说："中国学者中的优秀部分拒绝和它发生任何关系"，"只有一些才具较差的'骗子'之流才肯去接受新课程的利益"。③ 此后，同文馆中京师学生的水平一直不及沪穗两地的保送生。1872年，该馆的92名学生中，"成绩最好的都来自海口各校"④。到1899年，该馆先后从上述两地接收保送生74人，每届大考，各科头名几乎为他们所独占。天文算学馆的失败，反映出当权者与士大夫，以及京师与沿海士林间的差异分歧，同时标志着西学东渐进程在士大夫精英层的严重受挫。恰好同一年，教会学堂不仅在沿海城市有所发展，而且深入陕、甘、云、贵、川等内陆偏远省份。

相反相成为万物进化之理。天文算学馆遭挫折，京师士林核心也与西学东渐潮流正面撞击，陷入思想先驱鼓动、当权者倡导、沿海士风变化冲击以及下层文化借西学之力出现浮升趋势的围攻之中，内部出现分化苗头。当时名士领袖之一的李慈铭说，"以中华之儒臣而为丑夷之学子，稍有人心宜不肯就，而又群焉趋之。盖学术不明，礼义尽丧，士习卑污，遂至于此"⑤，间接反映出一些士人心欲归之而顾虑重重的矛盾心境。这比丝毫未染欧风美雨的一潭死水之地，又要略胜

---

① 翁同龢：《文恭公日记》，同治六年二月十三日、二十四日，上海，商务印书馆影印本，1926。

② 中国史学会主编：《洋务运动》（二），39～40页，上海，上海人民出版社，1961。

③ 高斯特：《中国在进步中》，见中国史学会主编：《洋务运动》（八），432页。

④ 毕乃德：《同文馆考》注21，见朱有瓛主编《中国近代学制史料》第1辑上册，211页，上海，华东师范大学出版社，1983。

⑤ 徐一士：《一士谭荟》，136页，台北，文海出版社影印本，1966。

一筹。

洋务新政推行，中外交往扩大，以及中西学地位此升彼降的变动，使教会学堂得到加速发展的良机。到 1876 年，新教学校达 350 所，学生有 5975 人。而天主教教会 1877—1878 年仅在江南一带就有学校 558 所，学生 9013 人。① 鉴于毕业生的社会需求量大于供给，而面向下层的方针见效较缓，早期利用贫民文化排他性弱的特点来打破心理氛围障碍的积极作用已经减少，下层社会文化内化力和辐射力差，潜在制约作用又更多体现于惰性的弱点相对突出，从 19 世纪 60 年代中期起，教会开始调整对策，一方面淡化宗教色彩，首先以扩大西学影响改善社会文化环境，为宗教传播提供便利，教学内容逐渐世俗化，另一方面改变招生对象的层次，由贫民转向商贾富家，最后达到吸引官绅子弟的目的。1865 年，上海英华书院"考虑到英语教育将是高度有利的，有许多人表示为此目的希望能学习英语"②，率先收费招收商界子弟，以提高学校的质量、地位。到 1887 年同文书会成立大会和 1890 年基督教在华传教士大会上，这已成为普遍共识。教会人士认为："往往在北京的高级官员和开通的官员已准备接受外国人的建议，而地方上的士大夫们却进行干涉，并且会有效地阻害一切进程。这般士大夫们充斥在帝国各地而且受到高度的尊敬，事实上他们乃是这个帝国的真正的灵魂，并实际地统治着中国。""如果我们要影响整个中国，就必须从他们下手。只有当我们愈是博得士大夫的尊敬，我们在中国的事业才愈能顺利进行。"③ 为达此目的，办法之一，是培养富有聪明的人"担任领袖、先生和司令官"，以取代士绅阶层的地位④；办法之二，是直接影响并改变士绅。后者更能收到一举两得、事半功倍之效。李提摩太任广学会总干事时，便计划将 10000 名正式、候补官

---

① 陈景磐编：《中国近代教育史》，75 页。

② 《北华捷报》，1865 年 7 月 12 日。

③ 《同文书院章程、职员名单、发起书和司库报告》，1887 年。

④ 《1890 年基督教在华传教士大会记录》，457～459 页。

员和 34000 名士子童生作为经常施加影响，进行系统教育的对象。①

教会学堂方针的适时调整与社会变化趋势相合。19 世纪 80 年代中期，美国教会计划在广州设立一所大学，当地的官绅士商 400 余人联名请愿，要求将学校设在广州，其中 1/4 是政府官员，10 人是翰林。② 上海中西书院由于规定"肄业生不论何局办事，何堂习学，悉听自便，进教与不进教，亦不勉强"，到 1892 年共有在校生 161 人，只有 17 人系教徒子弟。其历年毕业生"或至各海关，或至电报官商各局，以及招商铁路等局办事者已有二百余人，再各处设立电报、水师等学堂，由本书院去学习者，亦有数十人"，财政收入也大于支出，反映出对殷实人家子弟有较强吸引力。③ 到 1889 年，新教学堂共 1086 所，学生 16836 人，1895 年更增至 21353 人。④ 1892 年天主教学堂有 633 所，学生 10917 人⑤，为同期中国人所办学堂学生人数的 16 倍。教会学堂不仅数量大幅度增长，程度也明显提高。新教学堂的中学有 114 所，占 10％。不少传教士到 19 世纪 80 年代末提出兴建大学的计划，上海圣约翰书院于 1891 年正式开设大学课程。

当然，由于清政府对教会学堂采取排斥态度，不承认其毕业生的资历，在科举制根本废止前，教会学堂对士子童生的吸引力毕竟有限。但教会学堂的商富—贵族化趋向及其毕业生在就业、升学等方面的竞争优势，对士群产生了进一步的刺激。特别是教会学生投考官办学堂时具有优越条件，如 1890 年江南水师招考，科目为英文、翻译、地理、算学，第一案及所取精通洋文者"皆出自中西书院、万航渡虹口

① 江文汉：《广学会是怎样一个机构》，见中国人民政治协商会议全国委员会文史资料研究委员会编：《文史资料选辑》第 43 辑，5～9 页，北京，文史资料出版社，1981。

② ［美］杰西·格·卢茨：《中国教会大学史（1850—1950）》，曾钜生译，29～30 页，杭州，浙江教育出版社，1987。

③ 《中西书院报单》，载《中西教会报》第 2 卷第 16 期，1892 年 5 月。

④ 《中国基督教会差会手册》，1898 年第二部分，326 页。

⑤ 《海关十年报告之二》，见徐雪筠、陈曾年、许维雍等译编：《上海近代社会经济发展概况（1882～1931）——〈海关十年报告〉译编》，115 页，上海，上海社会科学院出版社，1985。

英文书院、麦家圈诸学堂"。由于"西师教法精勤，人才备出"，还免去 4 个月的试习期。① 士人有围绕朝廷主政派向心运转的惯性，又面临仕途僧多粥少的困境，在世风变幻、西潮涌起的鼓荡下，逐渐打破心理禁锢，转变取向。据不完全统计，到甲午战争前，中国共自办学堂 25 所，其中语言学堂 5 所，军事学堂 9 所，普通学堂 5 所，工艺等学堂 6 所，在校学生约 2000 人。② 除武备学堂外，其余学堂均已转向招考士子童生。19 世纪 60 年代上海、广州设学堂时，虽未引起强烈反对，但主要招收对象并非士绅，而且定额长期不满。例如，上海广方言馆成立初期，40 名文童正额实收 24 人，而"候补佐杂及本地绅士附额十名"，则"从未有来馆者"③，反映了士绅态度的消极。广东同文馆中的民籍正附各生"来去无常"，"始愿不过希图月间膏火，迨学习一二年后，稍知语言文字，每有托词告病出馆，自谋生理"。④1871 年，容闳受命在沪、宁、闽、粤挑选幼童赴美留学，预备学校虽设在风气开通的上海，但首次招考仍不满额，容闳不得不到香港的学校选拔数人补足。全部 120 人中，籍贯北方者仅山东 1 人，其余均为南方人，有江苏 21 人，浙江 9 人，安徽 4 人，福建 2 人，而广东占 82人，其中仅香山一县就有 39 人。⑤ 19 世纪 70—80 年代设立的福州电气学塾和天津医学馆，各有 28 名和 16 名学生来自香港，分别占总人数的3/4和2/3。⑥ 据说这时广东香山、浙江宁波等地"不乏熟习欧洲

①　《加惠英才》，载《万国公报》第 22 册，1890 年 11 月，"中国近事"，21 页。

②　此数据据朱有瓛主编《中国近代学制史料》（华东师范大学出版社 1983年版）第 1 辑上册辑录。

③　吴宗濂：《上海广方言馆始末记》，见《京师同文馆学友会第一次报告书》，1～2 页，转引自高时良编：《中国近代教育史资料汇编·洋务运动时期教育》，上海，上海教育出版社，208～209 页，1992。

④　《同治十年十月二十一日文渊阁大学士两广总督瑞麟等折》，见中国史学会主编：《洋务运动》（二），117～119 页。

⑤　温秉忠：《最先留美同学录》，载《近代史资料》1981 年第 3 期。

⑥　《福州新设电气学塾》，载《万国公报》第 393 卷，1876 年 6 月 24 日。K. Biggerstaff, *The Earliest Modern Government Schools in China*, New York：Cornell University Press, 1961, pp. 68-69.

情事之人"，但清政府认为"流品太杂。又未经历试"，不敢"轻信而用之"。①

到 19 世纪 80 年代中期，京师与各地士风明显转变。1885 年京师同文馆第 4 次招考，额设 108 人，对象为满汉举贡生监及平日讲求天文算学化学洋文者，出示后有 394 人投考，经过初试，150 人达到文理通顺，并粗通天文算学化学洋文的程度。② 1881 年天津水师学堂招考时，因"初次挑选，恐读书世家子弟，尚多观望迟疑，不肯应试者"，预先规定："倘届时报名人数不多，拟先尽数挑选存记，再展一个月后另行示期补考一二次，以期足额。"③ 而 1890 年江南水师学堂招生，要求"年在未冠，经书已熟，体健无病，业通英文"，比天津水师学堂所定"良家子弟""文理通顺"的条件严格得多，到考者却有数百，合格者也超过百人。④ 1887 年，刘铭传在台湾设西学馆，原只想"造就一二良才，以资任用，讵一时闻风兴起，胶庠俊秀，接踵而来"，最后录取"年轻质美之士二十余人"。⑤ 而这时上海青年士子为入广方言馆，甚至要向总教习纳资行贿。

士林风气的普遍转变，为维新思潮的兴起和戊戌变法提供了一定的社会条件。1887 年，西学终于被正式列入科考，第二年乡试时有 32 人报考，1 人中举。公车上书（1895）后的一年半左右的时间里，主张兴学的奏折至少有 20 份。报纸杂志也以鼓吹兴学为重要内容。据统计，《时务报》发表这类文章 53 篇，《湘学新报》35 篇，《利济学堂报》49 篇，《集成报》127 篇，《知新报》139 篇。而百日维新期间，

①　《同治十三年正月二十三日南洋通商大臣李宗义致总理各国事务衙门函》，见《海防档（乙）·神话船厂（二）》，498～499 页，台北，"中央研究院"近代史研究所，1957。

②　《光绪十一年十二月二十五日总理各国事务奕劻等奏》，见中国史学会主编：《洋务运动》（二），65～66 页。

③　《新设水师学堂章程》，载《万国公报》第 631 卷，1881 年 3 月 19 日，"各国近事·大清国"，276 页。

④　《南洋水师学堂考试纪略》，载《格致汇编》第 7 卷第 4 期，1892 年，47～48 页。

⑤　《光绪十四年六月初六日刘铭传折》，见陈澹然编：《刘壮肃公奏议》卷六，15 页，光绪三十二年（1906）排印本。

有关教育改革的谕旨占总数的 1/3 以上。颁布改书院为学堂的谕旨，标志着正统文化中西学观念的根本掀转。由于朝野上下的一致呼声，19 世纪最后 5 年间，新式学堂有了长足的发展。1895—1899 年，全国共兴办学堂约 150 所，其中 1895 年 3 所，1896 年 14 所，1897 年 17 所，1898 年 5 月以前 14 所，戊戌变法期间达 106 所，估计全盛期学生总数达到万人。早期官办学堂的学生虽然也有士子童生，但多属家境拮据者，被指为"名为向学，实图膏火"。1897 年，湖北自强学堂率先废止膏火，以俾吸引真正"有志求益之士"①。1899 年，该堂各班 75 名学生中，有两湖及苏、闽、鲁等省生员 32 人，特别是各科新班的 23 名学生，全是生员。② 这表明学堂已成为士人向往之地。尽管政变后一度出现倒退，但趋势已定，不可逆转。1899 年，仍增设了 7 所官办公立学堂。

维新思潮推动西学骤然兴盛，显示出士文化层强劲的影响和导向力度。湖南时务学堂招考时，投考诸生达 4000 余人。③ 1900 年上海南洋公学招生，70 个名额，却有 1000 人应试。据同文会报告书说：1895 年以后，"全国各地的中国学生纷纷要求传教士教他们英语、法语、德语或一些西学"④。传教士与各地士绅间的友谊代替了传统的憎恨与敌对；关于西方学校的消息经常出现在内地通讯者的信件中，来人或来函请教以及聘请教师者络绎不绝。戊戌兴学的意义，不在于直接招收了多少学生，而是最终以朝廷名义正式确立西式教育的趋向，向社会预示了学堂科学取代旧学教化的前景，从而进一步增强士林对科举制的离心力。受此影响，神学色彩日趋淡薄的教会学堂更受世人瞩目。1895—1900 年，上海、福州、苏州等地的教会学堂在所在地筹募基金，得到官商各界的捐赠。许多学校申请入学的人数大为增加，尤其是富商家庭子弟。汇文、文华等校还有十几位达官显宦的亲戚和

---

① 许同莘编：《张文襄公公牍稿》卷二十八，1920 年排印本。
② 苏云峰：《张之洞与湖北教育改革》，附录五，台北，"中央研究院"近代史研究所，1976。
③ 《时务杂志》，载《知新报》第 38 册，1897 年 11 月 24 日。
④ ［美］杰西·格·卢茨：《中国教会大学史（1180—1950）》，80、84 页。

正途士人入学。虽然政变后科考恢复，不少人又要求退出，但 1899 年圣约翰书院的报考者还是超过招生数的 50%。① 截至 1901 年年底，山东境内的基督教学堂共 221 所，学生 2844 人，天主教学堂 67 所，学生 239 人。② 到 1898 年，美国教会在华创办中小学 1106 所，学生有 20129 人。天主教系统有学生 16571 人。③ 1901 年，天主教学堂为 975 所，学生 18057 人。④ 加上中国人自办的官办、公立、私立学堂，接受新式教育的学生总数达到 50000 人左右。

文化分层对于西学内化和学堂的发展也有重要影响。经验型的俗文化对于异质文化的看法带有直观片断性，接受或排斥具体事物，很少做一般性的概念判断。哲理型的雅文化则抽象系统，从一开始就把夷夏、中西文化的整体价值评判作为前提，这就造成了二者在接受与内化阶段上难易程度的反差。乡村、市民社会对外来文化反应的区域差异要大于士绅。道咸后日渐增多的教案及反对敷设铁路电线的风潮，常被论者引为民众排斥外来文明的例证。然而，教案中一部分为官洋冲突，一部分受士绅操纵，真正的民教冲突以及反对铁路电报的骚动，又有相当部分是因为生计财产受到侵害。只有维护风水坟茔之举属于文化冲突。当时一些来华的外国人也承认："老百姓对坟墓极端尊敬，这不是不合乎人情。"⑤ 当年英国出现第一条铁路时，"各阶级的知识人士所提出的反对，比今天中国人所表示的厌恶可笑得多了"。并且他们指出：有钱有势的墓主态度更加顽固，反对对坟墓权利的任何侵犯，官府则常常出自私的动机，"但是我们应该承认，中国一般的人民群众的举动是有理而适中的。当人们的生计受到威胁的时候，愤怒的示威再加上暴动，是不可避免的"。只要处置得当，学堂、铁路等洋新事物并不会遭到抵拒。天津敷设第一条电报线时，在未经出示通告及派

---

①　[美] 杰西·格·卢茨：《中国教会大学史（1850—1950）》，80、84 页。

②　青岛市档案馆编：《帝国主义与胶海关》，96～97 页，北京，档案出版社，1986。

③　陈景磐编：《中国近代教育史》，74～75 页。

④　徐雪筠、陈曾年、许维雍等译编：《上海近代社会经济发展概况（1882～1931）——〈海关十年报告〉译编》，115 页。

⑤　寿尔：《田凫号航行记》，见中国史学会主编：《洋务运动》（八），393 页。

兵保护的情况下，"所通过的土地的所有人未曾有任何敌意或反对的表示"。① 不过，下层社会接纳西学洋货多属文化适应而非转变，当习惯于经验规范的下层文化的惰性被守旧官绅加以利用时，更会成为社会发展的严重障碍。同时，下层社会的文化取舍以实利为准绳，而清政府的求新活动，多少都触犯了他们的利益，或把由此增加的负荷转嫁到他们身上。新政以后各地普遍刮起的毁学风潮，半是文化隔膜作祟，半是由于切身利害冲突。士绅与平民、官府与百姓的分歧对抗，和革新与保守、西化与传统的矛盾扭成一团，在强制性行政干预下不断激发社会冲突，这是造成近代中国表面变化频繁，动荡剧烈，其实却螺旋大螺距小、外形多内涵少的重要原因。

不少人认为，中国传统文化重义理轻技艺的观念阻碍了引进吸收西学。但这一论断主要适用于士大夫层面。1867 年奕䜣等人为天文算学馆之事批驳反对派"制造乃工匠之事，儒者不屑为之"的论调时，竟也声称："盖匠人习其事，儒者明其理，理明而用宏焉。今日之学，学其理也，乃儒者格物致知之事，并非强学士大夫以亲执艺事也，又何疑乎？"② 这显然有违西学本旨。然而，"君子喻于义，小人喻于利"，下层社会关怀的并非义理，而是实利与技艺。这也是乡间市井之人比士绅更容易接纳洋器西学的原因之一。当时一些外国有识之士指出：中国的手工工人不仅观念上比工业革命时期的西方工人更容易接受机器生产，而且他们过去所受本地手工业的综合训练，使之更能适应各种细致复杂的工厂工作。③ 当然，西学讲究理与艺融会贯通，所谓"学以业而有征，业以学而愈进"，要求接受者本身的统一。而 19世纪，不同阶层的中国人却各执一端，士大夫学理而不习艺，平民百姓又很难由艺上升为理，所以始终不得要领。对此，来自异域者感受更加分明。一位传教士评论道："近数十年，中国亦知泰西实学为要，而所以不能专心致志，抵于精深者，亦非无故，盖因中西俗尚不同，中国宦乡子弟，断不屑于诵诗读书而外，兼习百工，手艺生徒又岂能

---

① 《中国在进步中》，见中国史学会主编：《洋务运动》（八），394、428 页。
② 宝鋆等纂修：《筹办夷务始末（同治朝）》卷四十六。
③ 《中国在进步中》，见中国史学会主编：《洋务运动》（八），427～429 页。

于终朝操作之余，讲求文学。"① 不同的文化取向，无疑会影响上学读书的少年子弟。

雅俗文化的女性规范差异，也产生了不同的结果。士绅阶层重礼教大防，提倡三从四德，所以女学一直没有合法地位。甚至 20 世纪初清政府正式颁布学制时，仍然排斥女学。直到 1907 年，才勉强允许女子接受初等教育。而下层社会约束较松，对女子入学的态度要宽容得多。中国最早设立的西塾便是女塾。1869 年，新教女学生已有 576 人，1876 年为 2100 人，1895 年达 6798 人。② 而天主教 1878—1879 年有女校 213 所，学生 2791 人。估计女生占教会学生总数的 1/3。这对官府士绅放松对女学的禁令戒律，当是有力的冲击。

三、教育观与学生的局限

与 20 世纪相比，19 世纪的中国学生尚不能与其他阶层群体相分离，缺乏主体意识和独立性格，其活动基本从属于各式各样的教育目的。而社会人士也未将他们视为一种独立的社会力量。造成这一局限的原因最为明显的是：第一，办学者对于新旧教育宗旨的误识，导致教育方针的偏差和学堂体制的严重缺陷；第二，士群长期游离于新式学堂之外，而从下层再造一个新知识群，又很难取代其地位作用。

西方近代教育与中国传统教育趋向不同，功能相异。前者以全体社会成员为主体，目的在于通过不同层次的教育，发挥每一个人的潜能，使之找到各自的最佳社会位置，并培养其社会主体意识和国民精神。而后者以统治者为中心，以造就少数出类拔萃的仕宦人才为目的，并教化民众接受统治。对于包括先进人士在内的近代中国人而言，要真正认识其间的差别，极为困难。20 世纪以后，虽已全面实行新学制，但许多人对此依然混淆不清。而教育的民间化趋势以及科举取士制度使文化分层的教育界限相对模糊，增加了将近代西方教育与古代传统相混淆的可能性。教育观的错位又与对西学认识的偏差相联系，

① 安保罗：《崇实学》，载《中西教会报》第 2 卷第 1 期，1896 年 10 月。
② 《中国基督教会差会手册》，326 页，1898 年。

人们长期将西学视为技、艺、用，尽管后来维新派将其提升到政学层面，也还是用得变形，因此无法认识到科学不仅打开了通向全部知识的大门，而且包括关于宇宙本质的哲学观点。这些错解都对学制及学生状况产生了严重影响。

近代中国人达到对西方近代教育本质的认识，是通过两条线逐渐实现的，一是人才观方面专才范围的扩展，二是政治观方面国民教育的提出。

洋务运动时期，包括早期维新思想家在内，主要是从培养储备专门人才的角度来接受西方教育。最早设立的京师同文馆是为了训练外语人才以利交涉，到 1886 年，奕劻仍称该馆"系为边务储才之地"，学生"高者可备行人摈介之班，下者亦充象胥舌官之选"。① 上海广方言馆的设立是为学习西方算学格致制器之学，以便翻译有关西书，掌握轮船火器等技巧。到福州船政学堂及京师增设天文算学馆时，虽然认识到"若不从根本上用着实功夫，即学习皮毛，仍无裨于实用"，目的还在仿效"洋人制造机器火器等件，以及行船行军"之法。② 随着近代社会的发展，分工日趋细密，新事物不断涌现，投向外部世界的视野也逐渐展开，于是不仅陆续开办电报、操炮、水师、矿务、工程、医学、武备等学堂，而且察觉到，西方人才之盛，并不限于少数领域，而是在各个方面皆有优秀人才。进一步探究，人们则又发现，泰西之所以人才辈出，一方面是由于"各精一艺，各专一业"③，另一方面，则有普遍的基础教育以培养大量备选之才。因而国人认识到，欲得良才，必先广泛育才储才。1881 年马建忠提出水师建设要双管齐下，"分设小学以广收罗"，"设立大学院以专造就"④，注意到专业与基础

---

① 《同文馆题名录》，1898 年，30～31 页，转引自朱有瓛主编：《中国近代学制史料》第 1 辑上册，48～49 页。

② 《同治五年十一月初五日总理各国事务奕䜣等折》，见宝鋆等纂修：《筹办夷务始末（同治朝）》卷四十六。

③ 郑观应：《考试上》，《盛世危言》卷一，12 页，上海，上海书局石印，光绪戊戌孟冬。

④ 《上李伯相复议何学士如璋奏设水师书（辛巳冬）》，见马建忠：《适可斋记言》卷三，50～51 页，北京，中华书局，1960。

教育的结合。1892 年，郑观应在《盛世危言》中提出，应变通原有学宫书院，仿照泰西，在州县、府省、京师分设小学、中学、大学。甲午战争后，士大夫要求变法的呼声骤然高涨，直接冲击了当朝执政。1896 年 1 月，御史陈其璋上疏请依据泰西制度，广设大中小学，并以 100 万人设学堂 1295 所的比例，具体提出设学 40 万所的规划。[①] 戊戌变法期间开办的学堂，有的已分出头等、二等或上院、中院。

康梁等维新思想家则是从开民智的角度来接近西方近代教育宗旨，他们批评洋务学堂只袭取西学皮毛，从救亡振兴、广育人才出发，主张以政学为主，艺学为附，以行政之才振兴艺事。维新派的目的，是在短期内培养大批拥护变法维新的社会力量，造就新国民，改变人文环境，为革新事业奠定基础，改变局限于少数专才的洋务教育，大大提高学堂的普及率。

不过，洋务派、维新派对近代教育功能的追求都源自对中西教育外观的简单类比，范围虽有扩大，但还是集中在养育"异才"之上，区别只在于或是培养掌握外语工艺的洋务之才，或是培养掌握政务变法的维新之才。这种精英至上的观念，与西方近代教育宗旨有很大距离。例如，洋务学堂始终没有普通基础教育，各种专科学堂对达不到专才标准的学生予以排斥，所以洋务学堂的淘汰率往往很高。福州船政学堂初期有 105 名学生，到 1873 年仅剩 39 人，淘汰学生中除 6 人亡故外，均系开除。而维新派的思想尽管朝着国民教育发展，当务之急却是培养一批能够承担鼓动领导革新重任的"异才"。康梁等人教育观中的"泰西近古说"也反映了他们认识的错位，梁启超所谓"学校之制，惟吾三代为最备，家有塾，党有庠，术有序，国有学"[②]，以及康有为"及于士""逮于民""立于国""遍于乡"[③] 的主张，便是由传统的养士、教化而立论。

当然，这些有识之士对中西教育的本质区别也有所领悟。康有为

① 于宝轩纂：《皇朝蓄艾文编》卷十四，上海，上海官书局，光绪二十九年（1903）。

② 梁启超：《学校总论》，见《饮冰室合集·文集二》，14～21 页。

③ 《杰士上书汇录》卷二，内府抄本。

在 1891 年所撰《大同书》中，用憧憬的笔调描绘了无论长幼，无人不学，学有等秩分类的构想。郑观应则凭借对泰西学制的考察了解，特别是从德国国民教育中得到启示。他在《盛世危言》中说："德国尤为明备，学之大小，各有次第，乡塾散置民间，由贫家子弟而设，由地方官集资经理，无论贵贱，男女自五岁后皆须入学；不入学者，罪其父母。即下至聋瞽喑哑残疾之人，亦莫不有学，使习一艺以自养其天刑之躯。"① 徐勤也认为："泰西之所以富强横绝地球者，不在其炮械军兵，而在其学校也；凡仆缘大地之上，号称文教之国，圆颅方趾牡牝之民，莫不有学。""故举国无不识字之人。非惟识字而已，举国无不粗通天文、诸星、地球、万国物产、图算、历史之人，夫而后举其才秀，以升之郡学大学。其不能升者，退而为农、为工、为商、为兵，亦皆学有本原，而足以考植物之学，制造之书，万货之源，武备之事，乃至聋哑废疾，皆有新法以教之，而后国家欲有措施指挥，乃能应其意而趋其功以集其事。"②

值得注意的是，接受过系统西方科学教育的爱国人士，从亲身体验中确切地把握了第二文化的宗旨底蕴。1894 年孙中山的《上李鸿章书》提出"人尽其才"，便改变了传统教育的异才取向，认为泰西"庠序学校遍布国中，人无贵贱皆奋于学。凡天地万物之理，人生日用之事，皆列于学之中，使通国之人，童而习之，各就性质之所近而肆力焉"。③ 仔细体察，孙中山至少在以下方面超越了前人和同辈：其一，以人人皆应学改变士子精英独占教育地位的局面；其二，以一切理与事皆有成才之道改变重理轻事或重政轻艺的偏见；其三，以人人发挥潜能即人人尽其才取代选拔异才的标准。显然，人尽其才是精当而且内化了的全新教育观。可惜当时它难以为人们所普遍理解，更无法贯彻。

教会学堂的实践为中国人体会西式教育宗旨起了一定的示范作用，日益完善的普通教育程序体制和包括慈善性残疾人学堂及女子学堂在

---

① 郑观应：《盛世危言》卷一。
② 《中国除害议》，见中国史学会主编：《戊戌变法》（三），121～122 页，上海，神州国光社，1953。
③ 《孙中山全集》，9 页，北京，中华书局，1981。

内的多种分类，客观上显示出一切社会成员都有权接受教育，而教育应面向不同人群并适应多方面多层次的社会需求。不过，其示范效益在 19 世纪尚不够普遍深入。教会办学的目的并非为中国发展健全的教育体制，来华传教士的积极主张又未得到所属教会的认可支持，加上缺少高层次的典范，这些都削弱或扭曲了教会学校的社会影响。

教育观的错解以及由此产生的决策误导，给学堂和学生带来了严重的消极影响，造成了量少质低、群体松散、特征模糊等弊端。

首先，从来源看，由于文化排他性作用和学堂长期处于非正统的异己地位，新式学堂对士绅缺乏吸引力。尽管清政府采取过若干措施，以及风尚变化的客观作用，但直到戊戌变法时期，士风才有普遍明显的转变。在官方的观念与体制没有根本变动之前，士绅不大重视新学，其子弟及一般童生也不愿入学堂。梁启超曾批评道："科举不变，荣途不出，士夫之家聪颖子弟皆以入学为耻，能得高才乎？"[1] 同文馆毕业生出任的各种洋务职位，在士人眼中成为耻辱的象征。不仅如此，士大夫们还攻讦那些敢于入学的童生为贪图膏火而来，甚至维新人士也指责道："良以上不重之故，下亦不好，世家子弟皆不屑就，恒招募篁人子弟及舆台贱役之子弟人充学生。"[2] 教会学堂的学生则大都为平民子弟，"入学后，为父母者，总不查问其子弟之工夫如何，先生之训诲如何，直知一味节俭其费用"[3]。家庭对教学内容的冷漠，影响了其子弟在西学造诣上登堂入室。而士绅及广大童生远离学堂，客观上减缓了学生群体结构与性格的发展完善。

其次，学堂缺乏独立性，学生也成为社会附属品。官办学堂大都隶属于一定的政府机构，学生相当于候补官员，教会学堂则由宗教团体所控制，学生或为谋生，或为殉道。当时官办学堂学生待遇优厚，

[1]　梁启超：《戊戌政变记》，见《饮冰室合集·专集一》，81～84 页，上海，中华书局，1936。

[2]　郑观应：《西学》，见陈忠倚辑：《皇朝经世文三编》卷二，杭州，浙省书局，光绪二十四年（1898）。

[3]　明恩溥：《更正学校之缺点》，载《中西教会报》第 6 卷第 65 期，1890 年 5 月。

除提供免费食宿外，还发给膏火。如获官职，按品秩领取薪俸，另加与俸银相当的米石折银。京师天文算学馆为了吸引科甲人员，月薪达10两，高于五品外官和七品翰林院编修的俸银。据同文馆光绪五年（1879）题名录，领膏火学生共82人，其中上等8人，每月各15两，二等20人，各10两，三等17人，各6两，四等37人，各3两。另外依据考试等级，还有花红奖励。该馆学生不仅饮食丰盛，还派有多名苏拉、皂役伺应洒扫、茶水、灯烛等事，不少学生又自带家丁随从。1890年馆方因"跟随之人太多"，出入杂乱，屡有失窃之事，才略加限制。① 所以外籍教师称之为世界上待遇最高的学生。② 湖北自强学堂虽然废止膏火，仍免交学费，提供食宿及生活用品，并按月考试给奖，实际上这只是鼓励竞争的变通办法。同时，由于未规定毕业期限，不少人长期滞留校内，准备科考，等待实缺。学生毕业后得到官职，仍可继续留校为官学生。据说京师同文馆学生大都有品秩，上课时也戴着显示等级的帽子。官场积习、头巾恶风、纨绔气息、洋场怪味相混杂，冲淡甚至淹没了学生的特性。

再次，教学内容与方式受旧学影响，接受西学带有明显的片面性。与前人和同辈相比，学生的西学知识大为扩展，但还不能脱胎换骨。学堂不分程度等级，缺乏系统性。除史地、公法外，社会人文学科课程多数是甲午甚至戊戌后才开设的，这就限制了学生的知识结构和思想性格的发展。日本的教育改革与中国几乎同时起步，但到19世纪70年代，日本派往欧洲的留学生"学律法者为多"③。他们归国后，改变了初期以少数学堂育取专才的偏差，遍设大中小学，建立起系统完整的教育体制，走上迅速发展的轨道。80年代郑观应撰写《盛世危言》时，已经明确指出两国的教育变革体制不同，结果各异，仅各种专才数日本就超过中国一倍以上。丁韪良在总结同文馆的利弊得失时也认为：

---

① 《同文馆章程及续增条规》，10～54页，转引自高时良编：《中国近代教育史资料汇编·洋务运动时期教育》，98～125页，上海，上海教育出版社，1992。

② 《齐如山自传》，载《中国一周》第237期，1954年，23页。亦可参见《齐如山回忆录》，30页，北京，宝文堂书店，1989。

③ 郭嵩焘：《伦敦与巴黎日记》，166页，长沙，湖南人民出版社，1984。

"日本采用西方教育制度，下起幼稚园，上迄大学，是一脉相承的；中国则不然，安于旧制，从来不想加以大规模的改革或补充。"同文馆的目的"只在养成定量的官吏，并不想把整个的员吏制度加以改革"。①

即使在自然科学方面，学生也偏重书本，轻视实验和实地见习。福州船政学生"不喜欢体力劳动，因为怕弄脏手指"；在船上实习时不愿操演，以至于人们怀疑"这些年青绅士实际上是否真正可以成为良好的水手"。② 此外，忽视体育是普遍现象。福州船政学堂学生的智力与西方学生不相上下，勤勉与专心甚至超过英国学生，但其他方面远逊于后者。"他们是虚弱屡小的角色，一点精神或雄心也没有，在某种程度上有些巾帼气味。""下完课，他们只是各处走走发呆，或是做他们的功课，从来不运动，而且不懂得娱乐。"③ 京师同文馆学生也"不愿习体育，认为有失尊严，他们只能慢慢地踱方步"④。这种情形到19世纪90年代才有所改善，江南水师学堂已要求学生傍晚放学后到习艺场"操习泰西跳跃攀跻各种武艺以壮筋骨"⑤。学生的偏废与官方倡导有关。官办学堂委派专员管理学生的起居生活，并制定了详尽规则，要求学生学习礼仪，将外在的礼内化于心。例如，京师同文馆据说要研究包含三千条礼仪的书，学生掌握后，"一切行动自有一定的格式可以遵守"⑥。福州船政学堂学生学习绘画、音韵，却被御史举报，说是"有荒本业"。⑦

双体并行及学堂的依附地位严重妨碍了教学。由于科举仍为正途，而学堂尚未与科考挂钩，所以学校允许学生参加科考。许多学生视学堂为学宫书院，对西学敷衍了事，全力准备科考。上海广方言馆学生口读外语而心在八股，有时干脆抛弃英语专攻制艺。林乐知说，1867年夏，该馆已是附生的学生正把他们的时间和精力专用于准备不久将

---

① 丁韪良：《同文馆记》下篇，载《教育杂志》第 27 卷第 4 号。

② 寿尔：《田凫号航行记》，见中国史学会主编：《洋务运动》（八），390 页。

③ 寿尔：《田凫号航行记》，见中国史学会主编：《洋务运动》（八），386 页。

④ 丁韪良：《同文馆记》下篇，载《教育杂志》第 27 卷第 4 号。

⑤ 《江南水师学堂简明章程》，载《万国公报》第 22 册。

⑥ 丁韪良：《同文馆记》下篇，载《教育杂志》第 27 卷第 4 号。

⑦ 《光绪七年一月十九日闽浙总督何璟等奏》，见中国史学会主编：《洋务运动》（五），250～251 页，上海，上海人民出版社，1961。

在南京举行的乡试，因此几乎没学什么英文。江南制造局总办指光绪百年以前该馆有一批学生"敷衍岁月，多攻制艺，不复用心西学，故中学尚有可观，西学几同墙面，此何异内地书院"？后虽经整顿，改招幼童，但1894年的《简明章程》仍强调"仅习中学、偏废西学者，应令赴各处书院肄业，不得住馆"①，表明此弊仍未除尽。况且学生选课有很大任意性。例如，京师同文馆从光绪四年（1878）到二十二年（1896）的四次大考，均有1/2到1/3的学生未考西学科目，其余也只应一二科。而该馆到1898年已有13人考取举人进士。直到19世纪90年代张之洞创设自强学堂时，作为全面改革的措施之一，还明确规定"学生宜专心致志，习学堂讲授诸课，不准在堂兼作时文试帖，亦不准并应各书院课试，以致两误"，同时网开一面，"准其请假以应乡试，其一切岁科小试，概不准请假"。②

最后，由于生源芜杂，学堂无等秩之分，所招学生或长或幼。成年者大都成家立业，有的甚至已是祖父，稳健有余，激情不足，而幼童则年少无知，彼此间缺少交往共识，难以滋生结团意向。另外，学生的流动性较大，一些官办学堂学生视社会需求，任意去留，教会学生也不断进退。为了防止流失，校方要求学生及其父兄具结担保，"在肄业期内决不请长假，或改习他业"③，并明文规定：学生未毕业前"若借端求去，改习卑下之业，甚或不自爱惜，受洋行雇充翻译，须将其历年薪水火食及本身一切用费追缴"④。这些情况妨碍了学生群体结构的稳定和群体意识的形成，他们很少有竞争自主精神，更没有参与社会政治活动的意向。丁家立说他在京师同文馆任职25年之久，从未遇过风潮。在19世纪的风云变幻中，几乎见不到学生的身影，这与20世纪学生的活跃形象有着明显反差。

---

① 熊月之：《上海广方言馆史略》，见上海市文史馆、上海市人民政府参事室文史资料工作委员会：《上海地方史资料》（四），80页，上海，上海社会科学院出版社，1986。

② 许同莘编：《张文襄公公牍稿》卷二十八。

③ 许同莘编：《张文襄公公牍稿》卷二十八。

④ 王信忠：《福州船厂之沿革》，载《清华学报》第8卷第1期，1932年。

四、早期学生的社会作用

对 19 世纪中国学堂学生的批评，有三个参照坐标，一是学理，二是西方原型，三是 20 世纪的成熟类型。从历史发展的连续性看，这一时期的教育变革在许多方面是前无古人的创举。它结束了旧学的独占地位，开始中西并举的时代。由此制约，这个时期的学生也有不同于前人来者的功能作用。

第一，造就了一批学兼中西的专业学习西方的人才，从而扩展加深了中国人认识西方与西学的广度深度。在此之前，向西方学习的中国人，包括郭嵩焘、冯桂芬等，大都不懂外文，只能通过翻译或实物来认识和感受西方文化。他们间接获得世界知识的来源，一是传教士的译著言论，一是出国华人的记述，局限性很大。正如后来张之洞所说："若非精晓洋文，即不能自读西书，不广阅西书，必无从会通博采。"缺少文化沟通的工具，即使睁开眼睛，视野也十分狭窄。另外，担任买办通事的商民以及进入教会学堂的贫民子弟，虽然掌握了外语甚至基础西学，却缺少中学根底，只有少数人能够通过个人努力加以弥补。在社会变动缓慢的情况下，他们中的不少人成为游离于母体文化的边缘人，难以将所得异质文化内化升华为民族新文化。这是鸦片战争后 20 年间学习西方的步伐几乎停滞不前的重要原因。官办学堂的设立和教会学堂的改进，增强了对士子童生的吸引力，学生略具中学根基，在着重学习西语西文的基础上，对西学也有一定程度的了解。从同文馆、广方言馆及湖北自强学堂的试题看，学生不但自然科学水准大大超过前辈和同时代士人，公法、世界地理等方面的知识也大为扩展充实。

在朝廷官府的扶掖支持和士风日开的鼓荡呼应下，学生凭借中西学基础和地位优势，成为沟通中外文化的新型群体媒介。他们能够直接阅读西方的报刊书籍，广泛接触和准确理解西方文化。京师同文馆藏书阁存有汉洋文书籍 3700 本，其中外文书籍为 1900 本，占一半以上。这些存书除作为课本分往各馆外，其余听任学生借阅。① 其内容涉及许多方面，如法国巴黎一所大学赠送该馆图书 188 册，包括化学、医学、格物、算学、地理、农业、兵法、字典、诗史等书籍。② 学生随使出洋之际，利用所掌握的外文西学知识，广泛接触社会，博览书报，扩大了眼界。同时，学生还可将所吸收的外来文化内化后向社会推广。由于早期洋务官员和驻外使节大都不会外语，同文馆学生无论是留馆还是在使署当差，均须选择各国洋文新报刊"有关风俗政令者逐日详译，定期进呈，以俾当朝及使节了解世界情势"。戊戌变法期间，朝廷还特意指定该馆每周将所译书报进呈一次。③ 总理衙门接收的洋文各件，也由该馆学生负责翻译。1891 年，两名同文馆毕业生奉旨进内廷教授光绪帝英文，一时间掀起一场学习英文的热潮，"亲王大臣都去读书受教"④。这使此前无人通晓夷文夷情，以致对外交往中盲目闭塞的状况有所改善。

此外，学生在校期间还须练习翻译西书，京师同文馆至迟到光绪五年（1879）已将译书作为规定教学内容，该馆历年出版的 35 种图书中，全由学生翻译的有 10 种，师生合译的有 9 种。⑤ 上海广方言馆学生也参与了江南制造局几十种西书的翻译。这些译著涉及政法、经济、军事、历史、地理、外交、数学、化学、格致、冶炼、外文语法等方面，如《星轺指掌》《公法便览》《公法会通》《中国古世公法论略》《富国策》《各国史略》《西美战史》《中西合历》《四裔编年表》《新加坡刑律》《化学阐原》《格物测算》以及英、美、法等国水师考，或为同类书籍之发轫，或为佳本，或比前人有所增益，颇得人们的好评和

---

① 《同文馆题名录》，1896 年，61～62 页，转引自朱有瓛主编：《中国近代学制史料》第 1 辑上册，157 页。

② 《照录管理同文馆事务总教习丁韪良申呈》，见中国史学会主编：《洋务运动》（二），57～59 页。

③ 《同文馆章程及续增条规》，10～54 页。

④ 丁韪良：《同文馆记》下篇，载《教育杂志》第 27 卷第 4 号，1937 年 4 月 10 日，228 页。

⑤ 《同文馆题名录》，1898 年，转引自朱有瓛主编：《中国近代学制史料》第 1 辑上册，153～154 页。

欢迎。出版后，除为本馆教学所用，还免费分发给全国官吏。作为第一代"学贯中西"的中国人，他们以本位文化为基础，以外部文化为工具和参照，既避免了传教士以宗教为目的的局限隔膜，又减少了不懂西文的前辈们观望世界的盲目性，使近代中国人对世界的认识大为扩展深化。例如，京师同文馆虽然禁止教授神学，但外籍教师常常和学生讨论宗教问题，照丁韪良的看法，一位游历过西方并在其游记中谈到美国教会的华人，"比起文馆学生对于耶教的见解来，那就差得多了"①。在文化交流中，全面接触是准确认识和有效吸收的前提，至少在这方面，学生大大超越了前人。学生还为派遣留学人员提供了相对合格的选才。京师同文馆先后派出两批共 32 人到英、法、德、俄等国留学，福州船政学堂分四批派出留欧学生 81 人。他们已具备一定的西文西学基础，因而适应较易，收效较快。

　　第二，为洋务新政提供了一批人才，不仅减轻了借才异域的压力与麻烦，使趋新事业得以进行，更重要的是形成了一种趋新的社会力量，推动社会加速变动，削弱了停滞的惰力和倒退的阻力。这一时期学生毕业后的走向，除一部分教会学生担任神职外，主要是到外交、军事、教育、行政、实业、商务等部门。据京师同文馆历次题名录，到 1879 年，学生随使出洋（到英、法、德、俄、美、日）共 16 人，升迁出馆 4 人（1 人任知县，1 人任内阁中书，2 人任翻译），分部留馆 15 人。到 1898 年，分配范围明显扩大，为各种行政官 24 人，教育界 15 人，翻译 15 人，军械、电报部门 5 人。特别是外交界，1894—1898 年，仅该馆学生任职驻外机构者即达 39 人。由于学堂多系对口设置，学生大都对口培养使用，尤其是工艺、军事学生。南北洋水师的管带、大副等职，几乎全由福州船政学堂及各水师学堂毕业生担任。到 1874 年，福州船政学堂已提供了三批共 54 名毕业生，其中 16 人成为管轮、大副，14 人任船上工程师，7 人为船舶工程师。船政局原定 5 年内（即 1874 年 2 月 16 日以前）实现独立经营管理，在由该学堂培养的技术人员和领班的带领下，提前达到这一目标，"在没有任何外

————————

　　①　丁韪良：《同文馆记》下篇，载《教育杂志》第 27 卷第 4 号。

国人到场的情况下进行全面的操练，据报每次的成绩都令人满意"。1869—1874 年 2 月，该厂造出 15 条船，其中许多部件由毕业学生设计制造装配。①

在教会学堂转向社会性教育后，其毕业生也大批进入各新领域，如医疗方面，到 1895 年，教会学堂已培养医学生 179 人，其中女性 28 人。② 而早年从事电报业的学生，也"强半取裁"于教会学堂。③ 截至 1892 年，仅上海中西书院一校的历年毕业生供职于海关、电报局、招商局、铁路局者，累计即达 200 余人。山东文会馆毕业生争供南北，轰热一时。该省境内潍县、登州、青州、济南、济宁、沂州等地的教会中学，虽然程度高低不齐，水平优劣有别，但"一般来说这些学校毕业的学生可以找到良好的工作，如秘书、书记员、翻译、电报员、教师等等，并可得到较高的工资"④。

不仅如此，新式学堂毕业生还长期保持趋新方向。以京师同文馆为例，1898 年以前，其毕业生担任过教育职务者共 35 人，1898 年以后，增为 44 人。而担任总领事以上驻外使节及国内重要外交职务者，清末为 36 人次，民国时期为 53 人次。⑤ 到 20 世纪 20 年代，该馆历年毕业、有资料可考的 171 名学生中，任职外交界 69 人，行政官员 45 人，实业界 20 人，军警 13 人，教育界 11 人，翻译 5 人，医疗部门 4 人，经商 3 人，宗教界 1 人。上海广方言馆毕业生可考者为外交界 24 人，行政界 15 人，教育界 11 人，铁路 6 人，工商业 4 人，翻译 3 人，电话业 2 人，银行 2 人，宗教界 1 人。尽管其中一些人政治态度保守，但相对于全社会而言，他们仍是推动接受趋新变动的势力。

第三，引起社会旧结构开始发生松动变化。1887 年，科举制有所

①　朱有瓛主编：《中国近代学制史料》第 1 辑上册，467 页。

②　刘广京：《美国传教士在中国》（*American missionaries in China*，Cambridge，Harvard Univ. Pr.），109 页。

③　林乐知：《治安新策》，1897，转引自朱有瓛、高时良主编：《中国近代学制史料》第 4 辑，，139 页，上海，华东师范大学出版社，1993。

④　青岛市档案馆编：《帝国主义与胶海关》，97 页。

⑤　苏精：《清季同文馆及其师生》，143～149 页，表 21—28。

变通，候补官职者可以西学应试，丁韪良说这"一半即系同文馆的影响"①。毕业生进入各界，由懂西文西学的学生替代语言不通、技法不晓的庸吏，增强了中国与外部世界沟通的能力。从 19 世纪的中西并举到 20 世纪的新学压倒旧学，一个本身兼学中西，处于上升趋势的新兴群体，无疑发挥了巨大的同步影响。学生的现身说法，对转变士林风气，改变旧的教育方式具有最佳的示范作用。根据科学教育的需要，不少学校购置实验仪器，增加实习操作以及实地观摩。教会学堂还注重课余教育，组织各种业余研究会、演讲会、辩论会，鼓励学生探讨科学、文学，并增设音乐、体育课程，倡导全面发展。1890 年 5 月 20日，上海圣约翰书院首次举行运动会，以后定例为春、秋两次，包括棒球、网球、足球、赛跑、跳高等项目。学生毕业后走向社会，又将其体验感受传播扩散，对于求新好奇的士子童生产生吸引力。新学生的走向打破了旧士人出路的狭隘界域，西式教育的梯次结构和专业划分，为他们开拓了较宽广的职业选择面，不必在崎岖的仕途上拥挤竞逐。小学毕业生除继续升学外，还能"胜任练习生、服务员、听差等工作"②。教育的目的不再单纯是培养官僚，而是面向社会。甚至残疾人经过学习也能获得一技之长，自食其力，成为有用之才。更为重要的是，学生的出现改变了以往士大夫不重技艺，而平民百姓无心文学的隔绝状态，将技艺不断提升为学理，从而使士人逐渐形成独立自主意识，摆脱对官的依赖，在野的批判性转化为对立的反抗性。

甲午战败和维新思潮兴起后，在抨击洋务运动的同时，不少人对学堂学生也予以激烈批评。特别是梁启超，斥责"学堂之中，不事德育，不讲爱国，故堂中生徒，但染欧西下等人之恶风，不复知有本国。贤者则为洋佣以求衣食，不肖者且为汉奸以倾国基"③。而包括教会学生在内的"所论西学者，彝其语，彝其服，彝其举动，彝其议论，动曰：中国之弱由于教之不善，经之无用也。推其意直欲举中国文字悉付之一炬。而问其于西学格致之精微有所得乎？无有也。问其于西政

①　丁韪良：《同文馆记》下篇，载《教育杂志》第 27 卷第 4 号。

②　青岛市档案馆编：《帝国主义与胶海关》，95 页。

③　梁启超：《戊戌政变记》，见《饮冰室合集·专集一》，81～84 页。

富强之本未有所得乎？无有也。之人也，上之可以为洋行之买办，下之可以为通事之西奴，如此而已"①。将纷纷扬扬的非议贬词归纳起来，大致有三点：其一，指责学生文化上的民族虚无主义倾向，即从中体西用出发，认为学生"名为中西兼习，实则有西而无中"，视中学如赘疣，"既不讲义理，绝无根底，则浮慕西学，必无心得，只增习气"②，或虽于西文西学稍有成就，但"多不明大体，先厌华风"③；其二，指责学生西文西学的浅显，认为洋务学堂或只习西文，触及西学皮毛，或督导不力，"学生等平时在馆，亦多任意酣嬉，年少气浮，从不潜心学习"④，或只言艺事，不讲政教，不懂治国之道，富强之原，因此，30 年来空耗人力资财，而制器、译书、商务、海战者均告乏人，尤其缺少治天下的"政才"，无济于国事；其三，指责学生临敌怯弱，避战投降，非但不能救国，反而误国害国。

诚然，官办学堂存在种种弊端，而教会学堂也有神学化、殖民化倾向，但上述批评，确为空穴来风。尽管出现了少数败类，但是学生的实际主导倾向，不能用"仅为洋人广蓄买办之才，糜救于国，糜造于民"⑤ 一语全盘抹杀。开明士绅的看法，受甲午战败的刺激和文化偏见的影响，难免偏颇。特别是关于学生爱国立场的评论，显然是误判，歪曲了学生的群体形象。

事实胜于雄辩。最早一批西学生中的容闳，就是著名的爱国者。京师同文馆学生虽然同情基督教，但对孔子也极为崇拜，其毕业生中出国较多的张德彝，在国外无论遇到来自任何方面对中国文化的批评贬抑，都要反唇相讥。他认为："天下万国，各有所长，取长补短，彼此有益。"在对外交往中，他非但没有卖国媚外之嫌，反倒不时流露出

---

① 梁启超：《西学书目表后序》，《饮冰室合集·文集一》，126 页。

② 《光绪二十四年五月军机大臣总理衙门筹议京师大学堂章程》，见舒新城编：《近代中国教育史料》第 1 册，137 页，上海，中华书局，1928。

③ 《光绪二十四年七月孙家鼐议复开办京师大学堂折》，见沈桐生辑：《光绪政要》卷二十二，上海，崇义堂刊本，1909。

④ 《光绪二十一年十九日御史陈其璋请整顿同文馆疏》，见于宝轩纂：《皇朝蓄艾文编》卷十四。

⑤ 梁启超：《学校余论》，见《饮冰室合集·文集一》，61～64 页。

自大虚骄之气。他告诫日本人要学习西方的"轮机火器之类"，否则"祸患之来，将指不胜屈"，而批评法国人对日本不唯国政多从西法，民间亦多改西俗的赞赏，并且认为："天下各国政教，咸有所本，固当不失本来面目。至火器车船等，因西国多以战争为心，在他国自不得已而仿行之；其他似不必然，因无事更改也。"一位曾驻中国8年的英国人问其何以来泰西三次，"不将各国有用之物，详细记载，归告众人，令其励学前进"？他则反诘英人为何不将中国有用之物遍告本国朝野。① 当然，他的爱国精神与忠君观及本位文化至上倾向不可分离，但并没有任何民族虚无主义迹象。福州船政学堂1871届的23名毕业生在致总教习的联名信中，对于中国"不注意西方国家所高度推崇的实用原则"有所不满，感激外籍教师的文化恩泽，同时表示："我们为政府服务之心甚切，是以不能不把个人的意愿放于次要地位。我们的爱国心将不减少。"② 他们后来以行动实践了自己的诺言。池仲祐《甲申甲午海战海军阵亡死难群公事略》所记29位将士中，福州船政学堂和天津、威海水师学堂毕业生18人，留学生6人，行伍出身4人，士人出身1人，而留学生也是由国内学生选派。这些学生军官在敌强我弱、统帅避战、指挥不力的情况下，临危不惧，浴血奋战，誓与船舰共存亡，表现了极大的爱国赤忱和牺牲精神。其中刘步蟾、邓世昌等人的事迹已广为世人所知，其余诸人也无不可歌可泣。例如，先后在上海英华书院和福州船政学堂就读的吕翰，甲申海战时带领两艘炮艇，仓促应战，炮火弹雨中"流血被面，裹首以帛，督战如故，有凫水逃者，挥剑砍之。驶船近敌，复中其弹，身碎船沉"。他们当中不少人战前函告家人，"以身许国，尽忠不能尽孝"。③ 这些为国捐躯的英勇将士，才真正代表学生的主流。

作为新式教育的结果，学生虽然尚未脱离旧群体，却也显露出独

① 张德彝：《随使法国记》，65、72、112、117页，长沙，湖南人民出版社，1982。

② 寿尔：《田凫号航行记》，见中国史学会主编：《洋务运动》（八），388页。

③ 张侠、杨志本、罗澍伟等合编：《清末海军史料》（上），351～375页，北京，海洋出版社，1982。

立的倾向。当时不少学堂的管理近乎苛刻，不仅官办学堂订有各种条规，教会学堂也要订立契约，并利用宗教严格控制学生身心。尽管如此，还是有零星的学生反抗事件发生。同治末年，上海广方言馆学生因要求与龙门书院学生享有同等待遇未获允准而罢考。① 广东同文馆因提调"贪鄙嗜利，擅作威福"，滥索规费，各生纷纷告退。② 军事学堂管制更严。北洋武备学堂规定：课余时间，"闲书小说，除《三国演义》外，一概不准偷看"③。江南水师学堂严禁"借众滋事"，并将条规榜悬堂中，如有违犯，"轻则由教习监督随时惩责，重则立予革退"。④ 但1898年该校还是因饮食问题发生骚动，迫使总办革退厨役，风潮才告平息。⑤ 就连30余年无风潮的京师同文馆，在1898年改为译学馆后，也出现学生"不安本分""喧哗滋闹"事件。⑥ 由于学生人数少，冲突往往比较孤立，没有引起社会反响。所谓罢考，也不过是跑到一间茶馆坐了一天，带有士子童生本能泄愤的印记，但毕竟显示出一些叛逆精神。至于维新派的万木草堂、时务学堂等，本来就是为培养革新人才而设，所教学生大都成为近代中国的革新先锋，对社会产生广泛、强烈的冲击作用。

将问题提到一定的历史阶段上来看，19世纪中国新式学生的许多开创性作用的确不可低估。当然，总的看来，清政府长期没有全面变革的准备和措施，对学生的重视必然是片面有限而且不得要领。它排斥教会学堂，维护科举制度，只为西学开一侧门，等于将学堂置于旁支地位。既然西学是修补之器，学生也就成了点缀之物。他们所学的专业及其所从事的职业，在社会相应更新之前很难显出重要意义。教

---

① 吴宗濂：《自述》，载《人文月刊》，第2卷第2号，1931年3月15日。

② 《光绪九年六月二十一旧掌广东道监察御史陈锦奏》，见中国史学会主编：《洋务运动》（二），59～61页。

③ 中国社会科学院近代史研究所中华民国史组篇：《中华民国史资料丛稿·专题资料选辑》第2辑《清末新军编练沿革》，297～298页，北京，中华书局，1918。

④ 《江南水师学堂简明章程》，载《万国公报》第22册，1890年11月，16页。

⑤ 《大闹学堂》，载《集成报》第34册，1898年5月15日。

⑥ 《同文馆章程及续增条规》。

育发展及学生作用的差异，极大地影响了中日两国的社会变革进程。1896 年闽浙总督边宝泉对中日归国留学生境遇迥异的评论，可以借鉴。他说："日本现在执政大臣，多与我第一届出洋学生同堂肄业，岂中国学生资质尽出人下哉？盖用之则奋发有为，人人有自靖自献之思；不用则日就颓落，人人有自暴自弃之心。闻船政学生学成回华后，皆散处无事，饥寒所迫，甘为人役。上焉者或被外国聘往办事，其次亦多在各国领事署及各洋行充当翻译，我才弃为彼用，我用转需彼才。"[①] 新学生成了旧肌体上的异物。即使像严复这样的大思想家、大学问家，对于清王朝而言也不过是可资驱遣的兵卒。而日本留学生则受命为革新事业的统帅。变革的目标结构不同，造成学生地位的差异。领导决策层的区别，又进一步扩大了发展间距。经过数十年的无形竞赛，中日两国终于用铁与血分出胜负。甲午之战，直接交锋的是战舰军队，清王朝倾国之力组建起来的水师与日本海军相比，还勉强算是旗鼓相当，但武力的后盾基础则相差甚远。这时日本全国已有大中小学 31000 余所，"力行西法，遂启维新，有实学即有真材，故能勃然以兴，屡耀其武"。[②] 难怪有人称甲午之战是"日本的教师在兵士的制服之后为国家取得了胜利"[③]。在这场较量中，比异国同行们并不逊色的中国教师学生，是败在本国官僚的争权夺利之下。况且，日本如日方升，中国则已成强弩之末。戊戌政变后当朝者意气用事，尽废新法，更暴露出他们出于一己之私，将求新当作呼来挥去的玩物。尽管一些洋务派督抚对复旧有所抵制，却很难在自保的同时力挽狂澜。如果不是庚子之变使当朝旧势力意外遭受重创，那种不死不活的局面或许还会旷日持久地延续下去。

---

① 朱寿朋编：《光绪朝东华录》（四），3823～3824 页，北京，中华书局，1958。

② 《湘乡东山精舍章程》（光绪二十一年十二月），见舒新城编：《近代中国教育史料》第 1 册，16～21 页。

③ 丁韪良：《同文馆记》下篇，载《教育杂志》第 27 卷第 4 号。

第二章　国内学生群体的兴起与学潮初盛

　　从 1861 年京师同文馆设立到 1905 年，将近半个世纪过去，中国学生群体才艰难曲折地走完从孕育到成形的历程。而且是在 1901 年以后，新式学堂教育才最终得到正式肯定和大力发展。由于内忧外患的逼迫，新生的学生群还在筚路蓝缕之际，就不得不以稚嫩的身躯，担负起救亡革新的重任。1902—1905 年的国内学潮，以南洋公学退学风潮为正式开端，以拒俄运动为高峰，直到抵制美货运动爆发，经历了从发生到高涨、高峰和表面缓退实际深入三个各具特点的发展阶段，形成以长江中下游和华南地区为中心，波及全国十几个省份的学生运动，和留学生运动一样，为革命高潮的到来做了思想和组织准备，成为近代中国学生运动的开端。

一、近代中国学生群体的形成及其属性动向

　　在中国漫长的古代历史上，也曾发生过"学生运动"，如东汉末年的太学生请愿，明朝万历、天启年间东林党的政治活动。然而，与近代学生不同，士人的活动虽有反抗暴政、清廉吏治的积极意义，但仍是统治阶级内部不同集团的斗争，而不是站在专制的对立面来根本否定它的统治，其目的显然是"补天"而非"拆庙"。

　　鸦片战争以后，随着西学的传播和近代经济的产生发展，旧士人中的一部分逐渐转化为开明士绅，他们不满清朝的颠顶腐败，放眼世界，开始用西方民主思想武器冲击专制制度；同时，一些士人在传统经世致用思想的引导下，也在探索解决中国内忧外患的途径。新式知识分子在要求改革时利用了传统的变法形式，使其政治主张在一定程

度上得到了士人的支持，开创了近代知识分子活动的新阶段。1895 年的"公车上书"，就是以士人为主体，以开明士绅为领导进行的一场颇有声势的斗争。

此后，以国内外新式学堂学生为代表的近代知识分子运动逐渐兴起。戊戌变法期间，湖南时务学堂学生成为当地维新运动的骨干。1900 年自立军起义时，留日学生和湖北武备学堂、两湖书院的学生起了重要作用。湖广总督张之洞惊呼："该省武备学堂肄业学生流入富有票会拿获正法者已不乏人，而事发在逃者尚复不少。"① 被捕的武备学生临刑前"同声以大义责张，张尤羞怒，特押往该学堂门外行刑，欲以警其余也"②。不过，这些活动还没有形成独立的学生运动。

近代中国的学生运动，是随着学生群的初步形成而展开的。戊戌变法以前，国内新式教育主要是清政府在洋务活动中举办的一些学堂和传教士办的教会学校，不仅数量少，而且体制极不完备，只限于语言、工程、军事等学科。一些维新思想家，特别是康有为、梁启超对此曾予以猛烈抨击，他们主张"今日之学校，当以政学为主义，以艺学为附庸"③，并参照欧美和日本的学制，提出了一整套近代教育思想和规划，还创办了一批学堂，以为其政治活动服务。由于各方面的压力和自身需要，一些洋务派官僚也创办了一批教授普通学问的新式学堂，并且改造和兴建了一批具有学堂性质的新式书院。这些都为近代中国学生群体的孕育提供了基地。

百日维新将变法运动推向高潮。维新派鉴于朝野内外顽固势力的拼死反对，不敢奢望维新大业能够一朝成功，想把变法的重点放在兴学育才上面，为进一步的改革做准备。南学会为此还专设"学战公司"④。光绪帝对教育也十分关注，在"诏定国是"时，强调培养"通经济变之才"和兴办学堂的重要性，在此推动下，新式教育骤然出现

---

① 《汉事余闻》，载《中国旬报》第 27 期。
② 《湖北近事颠末志》，载《知新报》第 126 册。
③ 梁启超：《与林迪臣太守论浙中学堂课程应提倡实学书》，见《饮冰室合集·文集二》。
④ 《湘报》第 91 号，告白。

迅猛发展的势头。就兴学育才而论，洋务派与光绪帝没有根本分歧。所以，当政变后慈禧太后下令尽废新法时，一些重权在握的封疆大吏就站出来表示反对。曾因敷衍抵制变法受到光绪帝严旨申斥的两江总督刘坤一明确提出，"书院不必改，学堂不必停，兼收并蓄，以广造就而育真才"①，要求继续坚持兴学方针，并在自己的辖区内赶办中西、储材等学堂。湖广总督张之洞也抗拒慈禧太后裁撤学堂的旨意。这些矛盾分歧有利于新式教育的延续发展。

《辛丑条约》签订后，清政府推行新政，兴学又成为重要内容。1901 年 6 月，张之洞、刘坤一在著名的"江楚会奏"中提出设文武学堂、酌改文科、停罢武科、奖励游学四条建议。1901 年 9 月，清政府下令将"所有书院，于省城改设大学堂，各府及直隶州均改设中学堂，各州县改设小学堂，并多设蒙养学堂"②，兴学成为正式国策。山东巡抚袁世凯率先奉行，11 月即设立山东大学堂，"为各省学堂之先"。到 1903 年年初，已有 11 个省设立了高等学堂。③ 与此同时，国内舆论也竞相鼓吹以发展教育为救亡图存的重要手段，掀起办学热潮。许多进步人士指责"疆吏之办学堂也，不过借此以聊博维新之名誉，逃外人之滋议，且可以多一安置私人之所"④，主张自己培养有用之才。1902 年后，江苏、浙江、江西、山东、广东等省的进步人士相继成立教育会，大声疾呼"近今所最亲最爱最重最可期望为中国前途生色者，万口同声，金曰：教育"⑤，并着手创建了一批民办学堂；一些革命志士组建学校，以聚集和培养革命力量；官商士绅以维护地方公益之名，兴建公立学堂；家道殷实者则出资私立学堂；教会方面也加紧了兴学等文化渗透活动。早在 1901 年，林乐知就声称：中国的"第一要务，在兴学校"⑥。尽管各自动机、目的不同，但这些活动客观上都有利于

①　刘坤一：《书院学堂并行以广造就折》，见《刘坤一遗集》卷二十八，奏疏，北京，中华书局，1959。

②　朱寿朋编：《光绪朝东华录》（四），4717 页。

③　《论各省学堂情形》，载《中外日报》，1903 年 1 月 16 日。

④　杜士珍：《学生潮》，载《新世界学报》第 12 期。

⑤　朱鹏：《敬告教育诸公》，载《新世界学报》第 14 期。

⑥　《广教兴学以救华策》，载《万国公报》第 146 卷。

新式教育的发展。到 1905 年，中国的新式教育体系已经初具规模，学生人数从 1902 年的 6912 人猛增到 1905 年的 258876 人（详见表 2-1）①：

表 2-1　1902—1905 年新式教育体系的学生人数

年份	学生总数	小学生数
1902	6912 人	5000 余人
1903	31428 人	20000 余人
1904	99475 人	80000 余人
1905	258876 人	230000 余人

同时在一些重要城市分别聚集了数千学生，形成一股不可忽视的社会力量（详见表 2-2）②：

表 2-2　一些重要城市的学堂数与学生数

城市	统计年月	中学以上		中学以下		备注
		学堂数（所）	学生数（人）	学堂数（所）	学生数（人）	
北京	1904 年年底	12		15		
天津	1905 年 2 月	9	756	30	3516	
南京	1904 年 9 月	8		6		
苏州	1904 年	3		40		
武汉	1904 年春	18		71	3000	
长沙	1904 年	25	1620	32	1367	另有民办学堂 19 所

---

①　吴研因、翁之达：《三十五年来中国之小学教育》，见庄俞、贺圣鼐编：《最近三十五年之中国教育》，26～27 页，上海，商务印书馆，1931。

②　本表依据资料：《天津学堂调查表》，载《大公报》第 938 号；《两江总督魏奏现办江宁省城并各府厅州县学堂大概情形折》，载《东方杂志》第 1 年第 10 号；《湖北学堂纪数》，载《南洋官报》第 14 期，甲辰年（1904）；夏立士：《光绪三十年长沙口华洋贸易情形论略》，见《湖南历史资料》编辑室编：《湖南历史资料》第 1 辑，203 页，长沙，湖南人民出版社，1980；《学务近况》，载《汇报》第 636 号；《浙江省会学校一览表》，载《浙江潮》第 8 期；其余均参见 1904—1905 年《警钟日报》所刊各地学堂调查表。

续表

城市	统计年月	中学以上		中学以下		备注
		学堂数（所）	学生数（人）	学堂数（所）	学生数（人）	
保定	1904 年 12 月	5	1509	14		
杭州	1903 年 10 月	7	631	19	800	
福州	1904 年 9 月	10		43		
南昌	1904 年 9 月	8		13		

中小城镇同样反映出兴学盛况。以江浙一带为例，1903 年号称中国教育之最的无锡，城内有学堂 7 所，学生各 50～60 人，所属堰桥一镇也有 7 所小学。[1] 其他如嵊县有学堂 31 所，嘉兴 16 所，吴江 12 所，高邮 12 所，扬州 8 所，南浔 6 所，金山 5 所，南翔 3 所。一些偏远地区有学生 1228 人。[2]

在此期间，官办武备学堂加速发展。据直隶等 17 省的 22 所陆军武备学堂统计，学生即达 3048 人。[3] 另外还设有参谋、水师、鱼雷、军医、测绘、警察等专门学堂。由于军事学堂大量增加及其水平不断提高，生源由抽调将士改为招考士子童生。当时军国民主义风潮渐起，争学武备成为时尚。例如，1904 年年初浙江武备学堂招考时，"只数日间，报名者已有一百余人之多"。是年该省处州府青田县到杭州及邻近各省投考者共 100 多人，"尽属有志陆军"。[4] 这就大大改变了军校学生的成分，使之成为近代中国学生群体的重要成员，在学生运动中发挥了积极作用。

教会学校在这一阶段所占比重较大，据统计，到 1906 年，仅基督教系统的学生就有 57683 人（其中小学生 42546 人，中高等学生

---

① 《考察无锡学堂记》，载《汇报》第 568 号。
② 《永绥厅吴丞遵札考察地方利弊逐一缕陈禀》，载《湖南官报》第 870 号。
③ 《各省武备学生人数表》，载《汇报》第 645 号。
④ 《陆军主义之发达》，载《警钟日报》，1904 年 3 月 28 日。

15137 人）。①

综上所述，随着新式教育的发展，中国的学生队伍迅速扩大，虽然当时主要还是初等教育，但学生一般年龄较大。同时，这一时期学堂的发展打破了过去局限于军事、工艺等学科的状况，普通、师范等基础教育占了较大比重，而专科学校也有所增加，兴办了不少农林、蚕桑、路矿、商业、实业、钢铁、农工、医学学堂，这不仅充实了学生队伍，而且有利于促进学生的思想变化。在此基础上，一个分布全国，拥有一定数量质量的近代中国学生群体初步形成了。

这个学生群体与旧士人不同，他们受教育的形式是新式学堂，而不是私塾书院，所学内容包含或主要是西方近代社会科学和自然科学知识。学堂无论官立私立，一般都设有中外历史、中外地理、外文和数理化等课程，学生可以阅读各种学科的西学书籍，了解世界大势。因此，他们对于亡国危机的感受，是一心只读圣贤书的秀才举子们所无法比拟的。他们虽然受过旧学教育，但在西学的冲击下，没有旧士人观念上的迂腐和政治上的保守。时代及他们自己，都处于除旧布新的转变过程之中。正如蒋维乔（南菁学堂学生）所说："盖中国现势在过渡时代……而余之学［问］新旧交换，亦在过渡时代也，故则有动力。"②"喜将新桃换旧符"，是他们对待新旧学和社会变革的普遍态度的生动写照。近代学生群体的地位与前途，以带来社会化大生产和工业文明的近代化变革发展为前提和基础。从这一趋势看，他们大都不是依附于旧的阶级，而是追随进步势力的旗帜，政治上要求变革专制制度，经济上要求发展工商业，使国家走上近代化的轨道，实现独立、民主、富强的理想。

学生群体的出现，是近代中国社会关系变动的重要方面。在此之前，一批刚刚脱胎于旧士群体的维新人物如康有为、梁启超和一些在香港及海外接受西方教育的知识分子如孙中山、容闳、严复等，已经

① 《全国基督教会学生历年增进表》，载《新教育》第5卷第4期，1922年11月。
② 瘦山道人：《鹪居日记》，壬寅十二月除夕（1903年1月28日），上海图书馆藏稿本。

举着维新革命的旗帜登上历史舞台。但人们对他们的政治主张和活动往往持怀疑观望甚至反对的态度。阶级力量严重不足，无法进行广泛的社会动员和组织，是造成革命党人活动困难和戊戌变法骤起骤败的重要原因。近代学生群体的崛起，使这种状况得以改观，在进步势力的队伍里平添了一股生气勃勃的生力军，加强了它的行动力量。

就学生群体的主要成分而言，与由旧士人转化而来的知识分子也不同。他们和统治集团上层人物的联系不那么密切，受旧礼教的束缚和旧学的影响较少较浅，而接受西学新学则较系统，思想激进，斗争性较强；同时学生来自不同的社会阶层，群居学校，容易形成团体，其群体的活动能量和对社会影响的广度深度，往往大于知识分子中的其他集团。随着学生群体逐渐取代旧士人在知识分子阶层中占据主导地位，其活动也逐渐纳入社会革新政治运动的轨道。

应当指出，这个时期的学生群体在政治上是很不成熟的，他们大都出身封建家庭，从小受过传统旧学教育，许多人入学前还得过功名，不肯轻易摘下头上的旧标记。当时不少学堂新瓶装旧酒，官办者犹如衙门，私立者无异私塾，这种客观条件也有碍于学生萌发群体意识。学生主要分为三种类型。"其最下者，无宗旨，无思想，所谓公等碌碌，因人成事者。"第二种入学前已经"学问深，见解高"。二者都只占少数。而"占学生之最多数者"，是那些年幼学浅的少年，入学后"略读西书，稍及报章，其脑筋渐活泼焉。而又得一二通达精进学术之议论，其心之所期者，日以发达，其身之所受者，日以促逼"。他们闹风潮，"由其屈于抑制者半，由其得于学问者半"。① 在斗争中，第二种类型的学生成为领导核心，影响和引导大多数人；有时斗争也因第一种类型学生的动摇干扰而失败。可见，学生群体中有些人在素质上与旧士人没有多大区别，有些则刚刚开始转化，他们并不能成为学生群体的引导，在风潮高涨之时，他们也往往被推着跟在大多数人的后面走。决定学生群体社会属性与政治动向的，不是它的落后部分，而是能够左右其主体动向的先进代表，后者又往往有着激烈的反抗情绪、

---

① 《破坏之教育》，载《选报》第 35 期。

浓厚的主体意识、执着的自由追求和明显的革命倾向。这使得学生群体以及学生运动，不仅从属于开明进步势力，而且逐渐成为革命运动的重要社会基础和组成部分。

二、学潮的爆发与高涨

义和团运动从燎原烈火般地兴起到悲壮地失败，以及在列强刺刀威逼下签订的屈辱和约，像千斤重锤，震碎了人心。痛定思痛的国人在深刻的反思中，很自然地会把国耻与变法维新的兴衰成败联系起来，从而强化他们对扼杀民族生机的清政府的不满与愤怒。然而，农民群众刚刚经历了惨痛的失败，新的救亡革新浪潮能否很快涌现，靠什么力量来实现？在"扶清灭洋"和"勤王拥帝"的悲剧之后，斗争将沿着什么轨道前进？这些必须立即做出明确回答的问题，直接摆到了青年学生面前。

当列强还在为争夺侵略权益大声吵嚷，而疲惫的东方巨人含愤沉默之时，迸突的地火已经开始在学界孕育发生。1900 年，杭州求是书院外院第一班、第二班学生组织了励志社。自立军起义的消息传到这里，学生蒋方震作诗悼念汉口死难志士，几乎酿成大狱。次年夏，教员孙翼中以"罪辩文"命题，学生们借机发挥，被人告密，激成轰动一时的"罪辩文案"。与此同时，南洋公学学生在教习吴稚晖等人的影响下，"思想日以浚，意气日以壮"，认为"学生社会一日不立，则新党一日不能结，中国一日无望"，于 1901 年 4 月发起成立公会。总理张元济闻知，开除首事诸生。"学中有志之士，因是去者十七八人。"①同年 12 月，因反对校方无理开除学生，该校二班又有 6 人退学，东渡日本。湖北自强学堂学生也"叠次滋事"。1901 年 8 月，又因不满督

① 爱国青年：《教育界之风潮》，第二章，上海，1903。该会名称，蒋慎吾《兴中会时代上海革命党人的活动》一文记为"卫学会"。吴稚晖的《回忆蒋竹庄先生之回忆》则说，是"主张校长教员应与学生同组一会，处理校务"。

抚派来的教习，学生将牌示毁弃，以示抗议。①

第一次全体学生退学风潮于 1902 年春发生在浙江吴兴南浔镇的浔溪公学。该校学生在民主思想的影响下，组织自治团体，设置议长，"凡总理或教习有何命令，彼等皆得集众公议服从或反对之"②。他们因经常集会演说，遭到总理庞清臣的干涉，十分愤慨，"以致相约解散"。学生们"事前则以火以剑"③，表现出反对专制压迫的强烈情绪。此后，杭州、苏州、广州、安庆、梧州、南昌、开封等地，都相继发生了零星的学生退学或轰动事件。广东大学堂学生因总办禁阅《新民丛报》、处分阅报学生并焚毁报纸，纷纷退学，转赴日本、欧美或香港。④ 河南高等学堂和杭州武备学堂学生反对阅读《小学》《孝经》或他们认为是"不急之务"的性理书，哄堂罢课。⑤ 杭州中学堂风潮声势较大。1902 年 5 月 3 日，该堂全体学生 80 余人，在汤槚等人的带领下，群起反对校方无理斥退学生，并联名控革监督。浙江巡抚任道镕反诬学生"挟嫌诬捏，结群成党"⑥。在高压之下，多数学生被迫回堂复学，只有汤槚等 6 人退学到上海，创办《新世界学报》，鼓吹学潮和民主思想。

浙江嘉兴秀水学堂风潮，除了反对专制、追求民主外，还带有反帝爱国的性质。该堂学生在进步教习宣传自由平等、国民独立的启发下，民主意识与日俱增，曾因同学黄大镏被学校以"昌言"罪名斥退一事酝酿过退学。"卒以一二性质未化之人，暗中掣肘，好事遂虚。"1902 年 9 月 22 日，终因外国传教士裴来仪来堂参观时戏击号钟，激起风潮。学生们郑重声明："号钟是全学堂的主权，以主权把外人做玩

---

① 《批自强学堂详学生滋事各节》，光绪二十七年七月初九日（1901 年 8 月 23 日），见许同莘编：《张文襄公公牍稿》卷二十六，20 页。

② 陶贻勋：《论学生本分》，载《万国公报》第 168 卷。

③ 《南洋公学退学生意见书》，载《选报》第 35 期。

④ 《广东大学堂纪闻》，载《选报》第 32 期。

⑤ 《河南高等学堂》，载《国民日日报汇编》（三），上海，东大陆图书译印局。

⑥ 《委员查察》，载《中外日报》，1902 年 5 月 17 日。

弄，就是以学生把外人玩弄。"①　"非特坏学堂体统，实坏全国体统也。"②　因总理煽诱家长来堂胁迫学生，退学行动又遭破坏。但在复课之后，仍有人挺身而出，与总理辩论，其中"最持公理"的龚宝铨等8人，因此以"聚众魁首"之名被开除或自行告退。这次斗争成为学潮反对帝国主义文化侵略的先声。

这些事件规模较小，孤立分散，基本是自发斗争，往往直接起因于非政治性事件，且随起随散，因此社会舆论反响并不强烈。不过，它们已经表现出了后来学潮的一些重要特征。从规模和形式上看，这些事件虽然只是点点火星，但从一开始就散布于7个省区。学生们以哄堂、罢课和退学作为主要斗争手段。从内容上看，学生的直接目标是反对校方压迫，同时受民主思想的影响，把自己与国家民族相联系，以主人翁的姿态站出来维护国家尊严。他们反抗专制压迫的行动和自治要求，反映出对于民主政治的向往。这些事件交织成学界风潮的序曲。南洋公学退学生曾明确把浔溪公学和杭州中学堂退学风潮称为"我国学生革命之举"③，将其看成自己行动的前驱。《新民丛报》评论道："两年以来，若杭州，若广州，若其他诸省，此等小小骚动，既已屡见不一见，虽其间团体不坚，辄被挫折失败，而其机固已大动矣。"④　这些斗争表明，国内学生正"骎骎乎挟文明之气而渐种而渐动之"⑤，预示着更大规模的学界风潮即将来临。

1902年11月16日，南洋公学8个班200余名学生一齐退学，标志着学界风潮的正式爆发。

这次风潮是该校学生民主思想不断膨胀和学校当局专制压迫日益加重的必然结果。早在1901年年初，民主空气就开始在该校滋长起来，学生们竞相传阅《国民报》《译书汇编》和《新民丛报》，并在蔡元培的引导支持下，于1902年8月成立了演说会。该会以爱国为宗

① 《秀水县学的腐败》，载《童子世界》第13号。
② 爱国青年：《教育界之风潮》，第十章。
③ 《南洋公学退学生意见书》，载《选报》第35期。
④ 《南洋公学学生退学事件》，载《新民丛报》第21号。
⑤ 杜士珍：《学生大进步》，载《新世界学报》第10期。

旨，同时宣称，"惟现在之国不必爱，而未来之国良可爱也；老大帝国奚足爱，新中国则必爱"，明显表现出否定清朝统治的意向。会员很快由 10 人发展到 35 人，成为学生的组织核心，被同学视为"向导"和"前旌"，"举一切事物之关于革命者，皆于此会发其端焉"。不久，学生们又组织了书会，以研讨如何"担此代表新中国人物新社会事业之大责任"，并有 13 位具有革命思想的同学暗中联络，建立秘密团体"任会"，作为演说会的中坚，准备应付各种突然事变。在演说会上，同学们张贴"爱国"和"少年中国之革命军"的标语口号，"慷慨指陈当世事"，"倡自由革命英风"。在高涨的政治热情的驱使下，他们益发不满于公学的专制束缚。校方禁阅新书新报，诬诋"《国民报》等目无王法，肆口作犬吠"，规定阅者记大过；又严禁结会，声称："会者，天下之大患也。"① 学生不止一次因结会或阅读散发进步书报而被开除。管理人视学生如奴仆，动辄记过斥退，学生们为此曾与校方多次发生冲突。

风潮的大爆发起源于一次小小的墨水瓶事件。该校第五班教习郭镇瀛一贯顽固守旧，欺压学生。11 月 5 日，郭上课时发现师座上放有一个墨水瓶，借机施威，要求校方开除学生伍正钧。11 月 14 日，该班学生因反对校方开革令无效，决定全班退学，得到其他各班的响应。次日，全校学生集体抗争不成，决定一齐退学。在冲突过程中，学生两度举行演说会，争相登台，指陈时弊，鼓吹民主自由，相互激励，鼓舞斗志。由于校方态度强硬，而学生立场坚定，双方矛盾越来越尖锐，经蔡元培等教习调解无效，全校学生于 11 月 16 日三呼"祖国万岁"，整队离校。

这次风潮立即引起进步舆论的强烈反响和社会人士的普遍关注，《选报》《苏报》《政艺通报》《新民丛报》《文言报》等纷纷刊登报道评论，欢呼"今日之事，为我学生脱离专制学校之新纪元"②，"举数十年陋儒浅士厄言曲说，一举而廓清之，以伸独立之权"③，强调此"实

---

① 以上引文均引自爱国青年：《教育界之风潮》，第四、五章。
② 《南洋公学学生出学始末记》，载《政艺通报》第 20 期，壬寅年（1902）。
③ 《破坏之教育》，载《选报》第 35 期。

中国国民前途关系第一重要事件也"①。广东教育会公开致书，赞扬这些青年"为学生辄能抵抗腐败之总办"，"为国民必能抵抗顽固之政府"，"办外交必能抵抗彼强大之列国"，希望他们"亟图所以自立自强之道"，"速创学堂"。② 以蔡元培为代表的中国教育会中的激进派，早就有召集宜于作为"爆裂之材料"的激进学生结为学社的主张，计划"延其所心服若吉田松荫、西乡南洲之流而师之，不拘拘于学科之常例，而要以淬厉其志气，增长其识见为主义，则他日必当为我国革新之先导者"。1902 年 7 月，留日学生因成城学校入学事件与清驻日公使蔡钧大起冲突，"中国教育会拟函劝留学者归国，而于上海设一学校以待之"③，未能实现，这时便积极支持南洋公学退学生。在该会赞助下，除少数人在各种压力下散归故里或返校外，145 名退学生很快组成了爱国学社，"师日本吉田氏松下讲社、西乡氏鹿儿私学之意，重精神教育"④。《苏报》对此大唱赞歌，称颂学生们"解脱羁绊，排斥专制，创立共和，五日之间，焕然成一维新学校，虽华盛顿之抗英，维廉之抗法，巴西之争自立，神效捷速，殆为过之"⑤。爱国学社的成立还得到海外华侨和留学生的关注，"仿佛像这个学堂可以造就出来许多拿破仑、华盛顿、加富尔、玛志尼、加里波的、西乡隆盛的一般人才出来"，"敬重得了不得，盼望得了不得"。⑥ 有人赋诗赞道，"青年爱国怀奇气，义塾巍然瞰大江"，称它为"国民表率"⑦，祝愿它像倡导日本维新变法的九州学塾和庆应、大江义塾那样，成为中国革新事业的摇篮。

南洋公学风潮使国内学界受到强烈震动，"随其后者不下十处，而散学之风潮且风发泉涌而未有已矣"⑧。最早起来响应的是浔溪公学。

① 《南洋公学学生退学事件》，载《新民丛报》第 21 号。

② 《致南洋公学退学诸君书》，载《文言报》第 15 号。

③ 《浔溪公学第二次冲突之原因》，载《选报》第 35 期。

④ 《爱国学社章程》，载《政艺通报》第 22 期。

⑤ 《南洋公学学生一朝而同心退学者二百人》，载《选报》第 35 期。

⑥ 《教育会会员蒋君性才由日本寄来演说稿》，载《苏报》，1903 年 5 月 12 日。

⑦ 《渡美纪行诗》，载《湖北学生界》第 4 期。

⑧ 《驳百忧生书》，载《苏报》，1903 年 5 月 18 日。

该校学生曾首先吹响学潮序曲的号角，重新招入者仍然感受到余波的震荡。他们闻讯后公议刊登告白，"敬贺南洋公学学生脱离专制学校"，遭到总教杜亚泉的干涉，29 名学生遂一致退学，并且"相庆相贺，谓自今以后，脱离专制学校，与南洋公学退学生不妨方轨齐驱矣"。① 风潮迅速波及江、浙、粤、鄂、闽、直、豫、赣等十余省和北京，出现蓬勃高涨的局面。

这一阶段的学潮有几种类型。第一种类型反对校方压制学生民主追求。北京五城学堂学生在课卷中畅言自由，"语多犯上"，校方批以"迹近叛类，倡同异说"，开除 4 名学生，并报官"欲将学生正法"。学生群起力争，"方有不准复入之谕"②。北京、广东、福建、江苏、湖北等地的 6 所大、中学堂管理人顽固守旧，"《新民丛报》等之新书不许阅，自由民权不许言，新词新理不许见于文字"③，而且课程陈腐，"言史学则御批通鉴辑览，言时务则泰西新史揽要"，教习"日以国家深仁厚泽为口头禅，以平等自由民权等字眼为眼中钉，要以闭塞学生知识，锢蔽学生聪明为唯一之目的"④。学生们往往因为阅读报章、讨论时事、切磋新学而受到处罚。他们愤而表示："我等以阅报而获过，过如日月，何足为羞？"⑤ "学生为中国未来之主人翁，何辜受此奇辱？"⑥ 于是毅然罢课退学。江西大学堂学生则"由压力生出种种文明思想"，在进步教习的引导下，"颇知自立"，"皆喜自由平等之说"⑦，集资购买新书，订阅《新民丛报》等刊物。"总办欲设法阻之，众皆不应。"他们作诗抒怀——"沉沉大陆意如何，眷我黄人感慨多，从此学生争自立，不教烟草蔓铜驼"⑧，决心以自立为救亡先机。

---

① 爱国青年：《教育界之风潮》，第十章。

② 《散学汇闻》，载《选报》第 50 期。

③ 《记苏州中学堂江邑六生告退事》，载《苏报》，1903 年 4 月 30 日。

④ 《福建大学堂腐败之真相》，载《国民日日报汇编》（二）。

⑤ 《散学汇闻》，载《选报》第 50 期。

⑥ 《录湖北来函述桃花岭普通中学校学生散班事》，载《苏报》，1903 年 3 月 15 日。

⑦ 《江西大学堂之历史》，载《国民日日报汇编》（一）。

⑧ 《记江西大学堂改良事》，载《苏报》，1903 年 4 月 4 日。

　　南京陆师学堂风潮在这一类型的学潮中颇具代表性。俞明震任该堂总办时，曾一度改良章程，允许阅读新书报，学生仅购阅《新民丛报》就达百余份之多。因此，"四方有志者，颇多投入陆师"①，学生"皆虎虎有生气"②。但校方不久即更订章程，将学生权利一律取消，并咒骂新书报"最易坏人心术"，严令"除武备课程不得旁阅一字"③，派人搜查学生宿舍，欲将书报统统烧毁。学生群情激愤，纷纷要求改良堂规，章士钊则以退学表示抗议。1903 年 4 月 2 日，校方借故开除因要求改良堂规与监院有过冲突的学生徐大纯，并令兵丁将其立即驱赶出堂。学生们郁积心中的怒火猛地喷发出来，"阖堂鼓噪"，"有张拳声言打者"，接着又聚会演说，大呼："吾辈服国民之义务，奔国民之首途，何等关系？而今食蛮寝野，任此辈鱼肉至此，将来恐求一完全之奴隶而不可得。既不自爱，何以爱国？"在与俞明震进行面对面斗争时，学生们"众口一声，声震屋角"。因校方拒绝接受革除监院的要求，31 名学生联名告退。陆师学堂学生大都是当年 3 月下旬才入堂，许多人还互不相识，组织上远不如南洋公学稳固，但仍然齐心协力地挫败了校方的种种阴谋。为了破坏退学，俞明震先是宣布开除章士钊、林懿均等 4 人，企图迫使学生屈服。不料"学生见之，愈为不平，退志益决"。后俞明震又变换手法，指使委员、教习分别拉拢，"诳以此时无出，总办必有格外相待之恩"。而退学生"皆掩耳顿足以走，无少动者"。俞乃将其余学生"悉骗入讲堂，请两洋教习守其门，令内外不得出"。然而，这些学生也"皆有去志"，"自谓在堂一日，实惭愧一日也"。④ 学生们退学后，"拟仿南洋公学之例，组织一学校共和办法"。因俞明震指控其主张革命排满，"欲锄其首谋而解遣之"⑤，学生们在南京无法立足，乃与中国教育会筹商，到上海加入爱国学社。

---

　　① 《江南陆师学堂之霉垢》，载《苏报》，1903 年 4 月 16 日。

　　② 公奴：《金陵贩书记》，载《中国现代出版史料》甲编，393 页，北京，中华书局，1954。

　　③ 《南洋陆师学堂退学生公函照录》，见张静庐辑注：《苏报》，1903 年 4 月 11 日。

　　④ 《江南陆师学堂散学之原因》，载《苏报》，1903 年 4 月 10 日。

　　⑤ 《江南陆师学堂学生退学始末记》，载《苏报》，1903 年 4 月 24 日至 5 月 6 日。

第二种类型是反抗体罚和学校专制制度的束缚压迫。在发生此类学潮的江苏、直隶、广东、福建、陕西、云南、江西等省的 14 所学堂中，官吏和顽固教习专横跋扈的嚣张气焰遭到严厉打击，使之"自后不敢再专制"①。四川算学馆委员在学生斗争声势下狼狈不堪，"托人再三说情，又遍向学生磕头，始得了事"②，往日威风扫地殆尽。河南高等学堂学生提出总办须向学生赔礼、撤换收支委员等项复学条件，浙江大学堂学生更进而要求堂中各事及用人须由学生公议施行，决心更新"此种野蛮压制之地"③，建立民主自治制度。

反对外强侵略的杭州蕙兰书院风潮，是另一类型的代表。主持该院的美国浸礼教会"反客为主，握我教育权"，不仅管理腐败专制，而且一再强迫学生入教，激起学生的强烈不满。1903 年 4 月 28 日，50余人一致退学。他们呼吁社会起来"反抗异种人压制之手段，迫辱之伎俩"，愿以退学"为我浙江学生与宗教竞争、种族竞争开幕之第一日"。④ 进步人士对这次斗争评价很高。《浙江潮》誉之为"中国教会学堂惊天动地第一次革命"⑤。《苏报》则指出："教会学堂，宗教压制之小影也。"学生们"处教会势力极炽之时而毅然为此"，不愧是"我国民之一大纪念"。⑥ 学生反帝爱国斗争的兴起，使近代以来的民众反侵略斗争步入新阶段。肩负吸收文明、抵御干涉双重重任的学生，不仅实现了这一复杂历史使命的统一，而且使之落实在了社会群体力量之上。

这几种类型不仅展现了学潮的外观，而且反映了促使学潮兴起的内在动力。追求民主，反对专制，是推动学潮不断高涨的根本动因。在 26 次退学和冲突事件中，因校方禁阅新书报和压制剥夺学生权利而起的 14 次事件，反映出民主思潮在学界发展的势头。扬州仪董学堂学

---

① 《福州学界之蠹》，载《国民日日报》，1903 年 8 月 13 日。

② 《时事要闻》，载《大公报》，1903 年 2 月 14 日。

③ 《浙江大学堂学生退学始末记》，载《浙江潮》第 3 期。

④ 《改进学社全体学生公函》，载《苏报》，1903 年 6 月 8 日。

⑤ 《杭州美国浸礼会蕙兰书院学生退校始末记》，载《浙江潮》第 4 期。

⑥ 《读〈杭州蕙兰书院学生退校始末记〉书所感》，载《苏报》，1903 年 5 月 11 日。

生在 1902 年 6 月还相当守旧，总教习主张停拜孔子，"堂内诸生哗然不服"①。时隔不到一年，学生的精神面貌焕然一新。他们喜欢用新词、看新书，甚至公开以新型功利观反对虚伪的仁义道德。当顽固守旧的副总教训斥学生"读书不可存名利心"时，有人挺身反驳道："生等进堂肄业，皆为名利，惟名利有公私之别。"② 由于和学堂当局的矛盾日趋激化，反对专制，渴望民主自由，成为学生思想的主导。南洋公学学生就是突出代表。他们在演说中大声呼唤革命，宣称 20 世纪为"民族主义普行之时代"，"君主专制一物，诚二十世纪全世界所屏斥者矣"。而"专制弊不以共和继之，逆天也"。因此他们断言："顺天者，共和也，非专制也；道者，共和也，非专制也。惟共和能久存于世界，惟共和能深得夫人心。"他们把退学看成是与专制政府决裂，实现民主自由独立的起点，认为"公学者，专制君主国之小影也，专制君主国者，公学之放大照相也"③，把自己组建的学校称为"共和"学校，并准备创办《共和报》④。南京陆师学堂、浙江大学堂、杭州蕙兰书院和扬州仪董学堂退学生都欲步南洋公学的"后尘"⑤，组建类似学校。有些学生还以"共和""自由""人权"为自己的名号。无怪乎《苏报》说："呜呼！共和学校制度，岂惟是南洋公学二百余人之思想有之，合中国通达士类脑筋步位，无不有之也。"⑥ 显然，学生们的思想已不仅限于爱国，而是在与专制主义的激烈冲突中，朝着彻底否定专制制度的革命方向突飞猛进了。

反对专制、追求民主自由成为学生思想的主导，是由中国社会矛盾的发展演变所决定的。20 世纪初，专制皇权的统治已经走到了历史的尽头。帝国主义侵略加剧，清政府软弱腐败，民主思潮广泛传播，都促使人民大众与清政府的矛盾加剧。清廷推行新政，主观上是想巩

① 《纪扬州学堂》，载《大公报》，1902 年 6 月 20 日。
② 《扬州学界中人来函》，载《苏报》，1903 年 4 月 24 日。
③ 爱国青年：《教育界之风潮》，第三章。
④ 《南洋公学退学生意见书》，载《选报》第 35 期。
⑤ 《浙江大学堂退学生致爱国学社诸君书》，载《童子世界》第 22 号。
⑥ 《南洋公学学生一朝而同心退学者二百人》，载《选报》第 35 期。

固统治，而客观效果却是打开了缺口，使反专制力量凝聚起来进突而出，矛盾冲突被公之于世。对社会脉搏的跳动反应极为敏感的青年学生的思想，正是尖锐矛盾急剧发展的集中表现。所以，虽然学潮往往直接起因于学生与学校当局的冲突，其实质则反映了民主与专制的根本对立。

随着风潮的发展，学生们逐渐意识到建立团体的重要性。他们说："革命之不成，无团也"，"必特结一大团体"，以"团与团相争"，"革命始成"。[1] 在浔溪公学、南洋公学和浙江大学堂中，出现了小型学生团体，它们在斗争中成为组织核心，在一定程度上克服了学生情绪波动起伏和思想参差不齐的局限弱点，增强了群体力量，有利于挫败校方分化瓦解的阴谋。同时还出现了一些区域性学生组织。例如，江苏武（进）（丹）阳学生会计划"设本部于武阳，设支部于海内外各地，凡武阳学生均联为一气"[2]。南洋公学退学生殷次伊、南菁学堂退学生蒋维乔分别在常熟、常州设立教学同盟会和修学社，"组织学界同盟，以立国民同盟之基础"[3]。专制制度建立在统治者掌握着组织严密的政治军事机器和被统治者的无组织状态之上，民众与专制政府对抗，并打破其政治垄断权的唯一有效手段，就是广泛动员起来，组成有机的整体。斗争的体验使学生敏锐地把握住这一关键。不过，这一阶段学生组织还比较少，许多学堂学生因此不能统一行动，导致斗争失败。

这个时期学生们大都还不能把激进民主思想立即转化为直接的反清革命行动。他们一方面认识到，"中国而二千年之专制帝国也，则血战终不可免"；另一方面又说："使中国而立宪或共和也，则今日非血战之时代也。"[4] 他们以共和反对专制，直接目的却只是要求在学校管理方面实行民主自治，争取平等待遇和若干自由权利。从接受革命思想到参加反清活动，他们还要经历一番刺激磨炼。学生们在斗争中特别强调"文明""秩序"，不允许过火行为。当风潮兴起时，南洋公学、

---

① 爱国青年：《教育界之风潮》，第一章。
② 《武阳学生会拟章》，载《苏报》，1903 年 3 月 27 日。
③ 《苏报》，1903 年 4 月 6 日。
④ 爱国青年：《教育界之风潮》，第五章。

南京陆师学堂和浙江大学堂学生都"相戒无嚣张",认为"文明人固不宜作野蛮事也"。有的还订立规则,出堂前施行谒圣礼,并向校方辞行,然后列队离校。这些言论和举动,正是进步势力的政治代表提倡"文明排外""秩序革命"的表现,反映出新兴社会力量正力图塑造新的民族形象,与下层民众的自发斗争区别开来,向世界显示古老民族的光明未来。

学潮的兴起与扩大,引起社会舆论广泛而密切的关注。以中国教育会为代表的进步人士对学潮予以热情支持和积极赞助。1903 年 2 月,《苏报》特辟"学界风潮"专栏,发表有关的报道评论,对学潮起了很大的推动作用。其他许多报刊也增加了对学界活动报道的比重,进一步扩大了学潮的社会影响。一些卫道士则指责学生"恃群滋事","真是可恨"①!《大公报》的一篇论说甚至咒骂学生为"丧失人格"的"学魔",攻击学潮是"无裨于时艰,适以伤国脉"的"伪维新之运动"。② 顽固势力想方设法企图阻止民主主义在学界传播。福州高等小学堂进步教习以"朝廷与国家之界说"命题作文,顽固教习指为"革命党语",把题目改成"论自由之害"。③ 北洋大臣袁世凯 1902 年年初还装出一副开通的模样说:"自由民权实为世界文明之大势","苟中央政府能确立不拔,所谓自由民权者不特不足误国,且可利用之而得国家活泼之气象"。④ 到这一年年底,他却心有余悸地向清廷奏道:"大学堂聘用各教习,皆平素主张民权自由之人,若以此化导后生,则将来之祸,必更甚于戊戌!"⑤ 张之洞审查三江师范学堂师资时,也严格剔除主张民权自由的教习。有人还诅咒《苏报》学界风潮专栏"莠言乱政,在可杀之例"⑥。《中外日报》也一反常态,对学潮大加诋毁,引起进步人士的强烈不满。《苏报》专门撰文,针对其谬论逐条痛加驳

---

① 陶贻勋:《论学生本分》,载《万国公报》第 168 卷。
② 《学魔》,载《大公报》,1903 年 4 月 19 日。
③ 《福州蒙学堂小历史》,载《国民日日报汇编》(一)。
④ 《大臣谠论》,载《选报》第 14 期。
⑤ 《论袁慰师诋京师大学堂事》,载《中外日报》,1902 年 12 月 30 日。
⑥ 《记浙江大学堂戴氏情形》,载《苏报》,1903 年 4 月 21 日。

斥，批评该报"以最顽固最无公理之积习，一括而有之"①。学界风潮像是巨石入水，激起层层波澜，表明它在当时已经对社会产生了重大影响，使民主与专制的政治较量愈演愈烈，加速了各种政治力量的分化组合。

三、以拒俄为中心的学潮高峰

正当学界风潮沿着反专制的方向持续高涨之际，帝国主义再次把武装侵略的魔爪公开伸向中国，使得一度形势上呈现出缓和状态的尖锐民族矛盾迅速表面化。青年学生立刻察觉到亡国危机迫在眉睫的严重性，把斗争锋芒疾指侵略者，成为拒俄运动的先锋。在反帝爱国的旗帜下，学生们有了统一的斗争目标，北京、上海、杭州、武昌、安庆、南京等地出现了规模较大的学生联合集会；各地学界通电联络，互相呼应，协调行动；在一些地方，学生还成为运动的领导组织者。与此同时，反对专制、追求民主的学潮继续高涨，范围更加扩大，并且逐渐由反抗学堂专制上升为反对国家专制统治。在斗争中，还出现了建立全国性学生团体，以加强斗争领导的要求和计划。爱国与革命相互激荡，显示出高潮阶段的蓬勃景象和显著特征，形成以拒俄为中心的学潮高峰。

1903 年 4 月，国内学界曾因日本报刊哄传广西巡抚王之春拟借法国军队镇压会党起义而大起风潮。上海各校学生踊跃参加进步人士召集的张园大会，仅南洋公学一校就有数十人之多。在杭州，中学堂等九校学生联名电争，并四处散发传单，进行鼓动。广东时敏学堂学生接到上海通电，也立即发电响应，决心"舍弃己之身家性命，誓以保国。无论何国侵吾国土，夺吾主权，罔不极力抗拒"②，誓与列强斗争到底。这成为拒俄运动的预演。

拒法风波未平，沙俄拒不按约撤兵，妄图永远霸占中国东北的警

① 《书〈中外日报〉记南洋公学学生出学事后》，见爱国青年：《教育界之风潮》，第十一章。

② 《南洋公学学生王君怀沂启》，载《苏报》，1903 年 4 月 30 日。

报又接踵而至，血气方刚的青年学生获悉这一切实消息，更加怒不可遏。他们与留日学生相呼应，与国内进步人士相配合，把运动急速推向高潮。北京、武昌、安庆等地学生召开数百人大会，"各学堂魁杰均有演词"①。革命分子乘机宣传"排满"革命。学生们停课告假，奔走串联，呼吁"全国学堂合力奋争"②。安庆学生还成立了爱国会，签名者达 126 人。河南高等学堂学生计划在二曾祠开会演说，"提倡内地昏顽之民族，一变化其性质"③。广东武备学堂学生则设立精神学会，"以激励爱国热心，养成军国民资格"④。上海各校学生在拒俄大会后组成了义勇队，呼吁学界"结成团体，请于当道，练（为）劲兵"⑤。江西大学堂、南京水师学堂学生闻风响应，要求"列入队中，以备奔赴国难"⑥。浙江吴兴乌青镇小学学生致函东京军国民教育会，愿全体为支部会员。福建、湖南等地学生分别编队操练。一场反帝爱国运动迅速在国内学界蓬勃兴起。

然而，对于学生们的爱国行动，清政府却百般阻挠，一面指使各电报局拒不收发抗争电，一面诬诋学生"名为拒俄，实则革命"。6 月 21 日，外务部致电直隶等十余省督抚，传旨要他们"严密查拿，随时惩办"⑦。参加运动的学生分别受到记过、扣分以至于开除的处分。在正义的爱国行动得不到合法保障的情况下，学生们奋起反抗。京师大学堂学生打坏了禁止拒俄活动的牌示。安庆的大学堂、武备学堂、桐城学堂和上海南洋公学，湖南师范馆，河南高等学堂的学生掀起退学风潮。南洋公学学生义正词严地驳斥提调所谓"欲爱国至爱国学社去"的谬论道："一国之事，一国之人共谋之。今政府既不能为民平乱，则

---

① 《安徽爱国会之成就》，载《苏报》，1903 年 5 月 25 日。
② 《湖北学生议阻俄谋》，载《苏报》，1903 年 5 月 18 日。
③ 《河南高等学堂》，载《国民日日报汇编》（三）。
④ 《武学纪闻》，载《苏报》，1903 年 5 月 6 日。
⑤ 《陆师退学生与陆师毕业诸君函》，载《苏报》，1903 年 5 月 3 日。
⑥ 《记江南水师学堂胡君侠耕事》，载《苏报》，1903 年 5 月 31 日。
⑦ 杨天石、王学庄编：《拒俄运动》，267 页，北京，中国社会科学出版社，1979。

国民起而自平之，乃吾侪之天职。"① 安庆大学堂学生痛斥反对演说的教习，高呼"老师甘为亡国之老师，学生万不甘为亡国之学生！"②，表现了对统治阶级卖国行为的极大愤怒。

1903 年年底，沙俄派兵强占奉天的清行宫和将军衙门，拒俄运动再度高涨。在原来相对沉寂的南京学界，各学堂学生 500 余人大会于北极阁，章士钊、赵声等人乘机公开演说革命。清政府故伎重施，一面下令缉捕章、赵二人，一面阻挠学生活动。南京陆师学堂和京师大学堂学生因反对校方禁止爱国活动掀起退学风潮。

在拒俄运动高涨的同时，反对学堂专制的风潮仍方兴未艾，而且在爱国运动的激荡下，范围进一步扩大。浙江、江苏、直隶、广东、安徽、江西、河南、广西、四川、贵州等省和北京的 16 所学堂学生反对校方压迫以及禁止演说阅报，要求"天赋自由之权"③，或是维护"素具文明思想"④ 的进步教习，反对顽固势力，争取自治权利，发动了退学风潮。梧州中学堂学生先是全体罢课，推举代表到广州请愿，继而又一致退学，两广为之震动。广东武备学堂风潮持续了近一年时间，使地方官吏大为头痛。⑤ 此外，北京大学堂学生还发动了驱逐张之洞的爪牙杨模的斗争。杨是张之洞侦知该堂学生喜欢谈论自由革命，特意派来进行监视的。他不仅暗中查探学生言行向张密报，还在课堂上信口胡说："自由革命俱是叛逆"，"我们江苏就是吃了《苏报》的亏"。⑥ 学生们对他十分厌恶，上书揭露其不学无术，"尸居讲席"⑦，要求撤换，代之以进步教习。

值得注意的是，由于学生们紧密团结，学界风潮形成强大压力，有些斗争在一定程度上取得了胜利。湖南师范馆学生以退学抵制馆长

---

① 《南洋公学学生王君怀沂启》，载《苏报》，1903 年 4 月 30 日。
② 《安徽大学堂阻止学生拒俄情形》，载《中外日报》，1903 年 5 月 29 日。
③ 《呜呼乐群学堂》，载《国民日日报》，1903 年 8 月 18 日。
④ 《武备改良历史》，载《广东日报》，1904 年 7 月 6 日。
⑤ 《武备学堂新风潮》，载《岭东日报》，1903 年 11 月 16 日。
⑥ 《大学堂特别演说》，载《国民日日报》，1903 年 10 月 1 日。
⑦ 《北京大学堂学生会上管学大臣请辞退舆地历史教习杨模书》，载《国民日日报汇编》（三）。

王先谦委派"学界之蠹"刘佐辑充任监督，王斥逐其中 4 人，"同学四十余人，皆大愤麻（即王先谦）之无状，复控之"①。巡抚赵尔巽不得不改派他人，并招回被开除的学生。江苏清江江北大学堂、上海广方言馆和南京陆师学堂学生在斗争中坚决顶住了当局的阴谋破坏，甚至武力镇压，"务期忘私利明公理，求合天演之旨"②，提出改良规章、课程、撤换监督等议案，"誓以去留争之"，并且表示："如改章不良，则破坏益烈矣。"③ 当局尽管调来军警弹压，但"慑于学生之动力"④，被迫同意"一切章程，权从学生之议"⑤。这表明，在运动高涨的形势下，学潮冲击了学校一级的专制秩序。

随着学潮的深入，退学本身也经历了一个发展变化过程，起初只是作为反抗压迫的应战手段，后来被有目的地用来改革旧的管理制度，争取合法权利。这样，退学也就由自发的反抗变成自觉进攻的武器。一些学生还有意识地鼓吹以退学冲击旧秩序。江苏吴江江震学堂风潮中，有 3 名原浔溪公学学生声言自己"尝呼吸自由之空气"，不愿"伈伈伣伣屈服野蛮专制之下"，"但见种种衰败之象犹不即去者，亦欲招昔年浔溪同学，济济人校，合群力群智，移浔溪之手段于江震，以为江震光，且为支那学界光也"⑥。有的退学生还通过书信鼓动在校同学发动退学。南京陆师学堂退学生林蚴致书水师学生张兆宣，要他联合同学驱逐顽固监督，"不获则必冲决此奴隶之奴隶之范围，以图独立"⑦。爱国学社每当听说发生退学风潮，"必发电贺之"⑧。一时间各地有志青年纷纷退学来投，"校舍为之不容"⑨。

① 《湖南学界风云》，载《国民日日报汇编》（二）。
② 《广方言馆风潮始末记》，载《苏报》，1903 年 5 月 10 日。
③ 《广方言馆风潮》，载《选报》第 50 期。
④ 《陆师学堂之进步》，载《俄事警闻》，1903 年 12 月 22 日。
⑤ 《江北高等学堂大冲突记》，载《国民日日报汇编》（三）。
⑥ 《江震学堂学生退校始末记》，载《国民日日报汇编》（二）。
⑦ 《苏报》，1903 年 6 月 3 日。
⑧ 蒋维乔：《中国教育会之回忆》，见中国史学会主编：《辛亥革命》（一），488 页，上海，上海人民出版社，1957。
⑨ 参见《苏报》，1903 年 5 月 3 日所刊爱国学社特别告白。

　　拒俄运动的兴起凸显出学潮的反帝性质，引起帝国主义分子的恐慌。《万国公报》攻击学生的爱国行为是"蠢动"，诬蔑其"不但害教，亦足以害国"。① 在北洋大学堂任总教习的美国传教士上堂训话，要学生"勿涉国是，致干位卑言高之讥"②。学生们用实际行动给予迎头痛击，"乃至教会中之青年亦为风潮所鼓荡，有倡编军队之说"③。上海梵王渡约翰书院学生"夙锢于见闻"，"不知平等自由为何义"，"革命独立为何事"，这时也有人"以新书新报提倡风气"，使学生"如拨云翳而见青天，眼帘为之一明"。④ 福州东文学堂是日本东亚同文会在福建的重要据点，经费和师资主要来自日本，社会进步人士说它"实欲笼络吾民以为爪牙之用"⑤，学生们把它比作"第二等之奴隶圈"，发誓"不得脱，无宁死耳"。拒俄运动中，日本代理监院桑田丰藏指使人暗中破坏学生组织的海滨公会，又阻挠学生开会悼念蹈海死事的同学陈鲲（即仇满生），开除为此事请愿的学生代表。学生们大为愤慨，"各议退校"，并提出裁止为"养佟而设"的同文会款，改聘教习等项条件，要求摆脱外来势力的控制。"总董不得已，毕如所请。"⑥ 杭州蕙兰书院退学风潮在很大程度上还是出于反抗压迫的自发行动，而福州东文学堂学生公开要求收回教育权，反对为侵略者培养洋奴，已经含有自觉抵抗侵略的意义了。这次斗争的胜利发生在被日本视为禁脔的福建，狠狠打击了它的侵略野心。

　　1903 年 6 月，《苏报》由新任主笔的南京陆师学堂退学生章士钊等人大加改良，公开提出"排满"革命口号，把在清政府压制之下濒临绝境的拒俄运动引向革命轨道。不久，爱国学社脱离教育会，为解

---

① 《学生军之平议》，载《万国公报》第 173 卷。
② 《教习名言》，载《江西官报》，癸卯年（1903）七月。
③ 《学生军之平议》，载《万国公报》第 173 卷。
④ 《蕙兰书院学生退校始末记本志附志》，载《浙江潮》第 4 期。
⑤ 《福建之现势》，见黄藻编：《黄帝魂》，197～198 页，台北，1968 年影印。
⑥ 《福州东文学堂学生退校及入校事件》，载《国民日日报》，1903 年 8 月 8 日。

决经费问题，"将《苏报》全行归其编辑，日日倡言革命"①，号召国民"乘是而流一点万世不磨之鲜血，造一个完全美备之政体，荡清胡氛，强我种类"②。《苏报》改革以及由此引发的《苏报》案，成为拒俄运动从爱国走向革命的转捩点。

不少论者认为，拒俄运动同时也是青年学生由爱国转向革命的关键，这是值得讨论的。

毫无疑问，拒俄运动是一次反帝爱国运动，其斗争矛头主要指向帝国主义而不是清政府，学生们甚至宣称服从清政府的统制。然而，公开表态并不足以体现许多人的内在思想。在此之前，一批激进分子就已经开始或实现了思想上由爱国到革命的转变。第一阶段的学潮表明，学生们充满了对皇权专制的仇恨和对民权共和的向往，他们正在激进民主思潮的推动下，朝着革命的方向迅跑。南洋公学学生大声疾呼："昔日者不过爱国！爱国！！爱国！！！而已，今者靡不曰革命！革命！！革命！！！"他们还断然宣称："行革命则国存，不行革命则国亡。"③ 他们的爱国也是以反对专制和追求民主为核心的，因而不能以此概括其思想全貌。拒俄运动兴起后，学生们发扬民族大义，委曲求全，希望清政府能以国家民族的生死存亡为重，抵御外侮。爱国学社中的陆师学堂退学生甚至表示："以国仇为重"，"义旗所指，志在勤王，与从前各省团练之兵殆无二致"。④ 安徽爱国会章程也规定"遵守国家秩序"⑤。但追根寻源，学生们的主要目的还在于广泛吸引群众，争取开展爱国活动的合法权利。正如安庆学生所说："一切办法，务要妥贴，不要那些大官说我们是造反，是康党，不生枝节，于事方能有济。"⑥ 他们的言论和行动，在不同的场合有着明显的变化。运动初期，爱国学社学生坚持革命立场，在报刊和演讲中宣传革命，批评保

① 《鹪居日记》，癸卯年闰五月二十九日（1903 年 7 月 23 日）。
② 无名氏：《杂感》，载《苏报》，1903 年 6 月 11 日。
③ 爱国青年：《教育界之风潮》，第四章。
④ 《陆师退学生与陆师毕业诸君函》，载《苏报》，1903 年 5 月 3 日。
⑤ 《安徽爱国会拟章》，载《苏报》，1903 年 6 月 7 日。
⑥ 《安徽爱国会演说》，载《苏报》，1903 年 5 月 27 日。

皇派和东京军国民教育会的上层路线，但是对上书请愿活动，则又采取了默许的态度，在公开的呼吁书中还附和了接受清廷统制的论调。

此外，清政府对于外强压迫历来奴颜婢膝，而学生们对于专制制度则充满仇恨，因此他们对清政府始终持有戒备之心，不把救亡的希望寄托在统治者身上。在学生们的爱国呼声和行动中，处处显示出与清政府相离异的倾向。20 世纪初，国内学生对于民族危机高度敏感，有时甚至带有几分焦躁情绪，来源于他们已经清楚地认识到清政府根本不能抵御外侮，相反，正是它的专制腐败，造成了中国的落后软弱。清政府为了一己之私，往往不惜牺牲民族权益，因此学生们并不奢望它能够站出来领导斗争，而是力图排除其干扰，由自己来担负爱国的重任。这一点统治阶级中的某些人也有所察觉。湖南巡抚赵尔巽对学生说："彼知忠君爱国之本，何以我们学生动将上二字抛去，专讲爱国？甚至有排政府、排满之谈？"① 学生们起来关心国家民族的安危存亡，并且争取国民代表的地位，使得统治者大为恐惧，拼命压制。在争取合法斗争权利已成泡影的情况下，学生中的革命分子很自然地抛开温和的外衣，与改良派分道扬镳，打出革命的旗帜。

由此可见，拒俄运动转变为革命运动与参加拒俄运动的学生转向革命，是两个相互交叉但不能等同的过程，在时间上，后者的发端早于前者，不少学生在"拒法""抗俄"前已经进入倡言革命"排满"的新阶段，整个学界也出现了革命化的趋势；在原因方面，许多学生是在学潮过程中由反对学堂专制上升到反对国家专制政权的，民主与专制的尖锐矛盾以及学生们对专制制度的深恶痛绝，是促使他们走向革命的内在原因。拒俄运动有别于此前一切爱国运动之处，就在于学生们对清政府名义上尊奉，而实际上则不依赖，甚至离异排斥。清廷镇压爱国运动，只是加速和扩大了学界的革命化，并且促使他们从一般地反对专制、追求民主逐渐转向"排满"革命。当然，由于环境的限制，学生的思想转化不可能立刻在行动上普遍直接地体现出来，但这种潜移默化的变动使他们成为共和革命的重要社会基础。

---

① 张篁溪：《沈祖燕、赵尔巽书信中所述清末湘籍留东学生的革命活动》，载《湖南历史资料》1959 年第 1 期。

这一阶段共发生各种类型的学潮 43 堂次，南洋公学、南京陆师学堂和广东大学堂的学生虽一再更换，斗争仍延续不断，广东武备学堂风潮也经久不息。不少学生对于当局用来威胁恫吓他们的"革命""自由"等罪名，不仅坦然受之，而且引为自豪。南洋公学学生王怀沂面对提调"革命自有朝廷否决，不容尔等革命"，"慎无蹈谭、唐之覆辙"的威吓，坚定地回答，"今日中国内乱外患，无时或息，政府因循苟且，难以图存，非革命无以自立。欲以改革属之朝廷，则吾恐地为人割，民为人奴，彼犹文恬武嬉歌舞于小朝廷之上尔。南宋其事也"，并且表示："苟牺牲吾一身吾一家而有利于我四万万同胞者，则沂唯知有国不知有身家。"① 江北高等学堂监督指责学生为"自由"，学生们齐声答道："说我们自由就是自由。"② 爱国学社附属蒙学学生发表《革命书》，公开声言，就是"要劝人革命"③。有的学生还高唱："青年儿辈倡革命，不能破坏非英雄。"④ 显然，学潮的这个高峰阶段虽然以拒俄为中心，其特征却是爱国与革命相互激荡，相互推动。

随着运动的发展，国内学界对于统一领导、协调组织的要求也愈加迫切。各地斗争表明，学生团体的有无强弱，与学潮成败息息相关，因此学生团体越建越多，仅据江苏、浙江、江西、广东、福建、河南等省的不完全统计，就有各种名目的小型学生团体 20 多个。此外，苏、浙、闽、湘等地学生还与进步人士联合组织团体。随着斗争的发展，学生进一步提出了建立全国性组织的要求。安徽爱国会成立时，"拟与上海爱国学社通成一气，并连络东南各省志士，创一国民同盟会"⑤。1903 年 5 月，邹容鉴于各地学潮此伏彼起而不能持久，发起创立中国学生同盟会，计划各省设总部，各府、县设分部，"其目的在于学界成一绝大法团体，以鏖战于中国前途竞争逼拶之中者也"，得到国内外学生的热烈响应，"全体学生皆要求入会"，欢呼"同盟会其成立

---

① 《南洋公学学生王君怀沂启》，载《苏报》，1903 年 4 月 30 日。
② 《江北高等学堂大冲突记》，载《国民日日报汇编》（三）。
③ 《童子世界》第 23 号。
④ 亚侠：《苦学生》，载《国民日日报汇编》（二）。
⑤ 《安徽爱国会之成就》，载《苏报》，1903 年 5 月 25 日。

矣，而中国兴矣！"① 虽然这个计划未能付诸实现，但它反映出了国内学界的共同愿望。后来，不少地方出现了跨学堂的学生团体，显示了强劲的趋势。

学界风潮日益高涨，民主主义广泛传播，以及学生们以天下为己任的爱国热忱和反抗专制的无畏精神，使统治者大为震惊。1903 年 6月，张之洞视察京师大学堂，"在座中所论，深以学界风潮为忧，谓庚子时此风尚不过汉沪一隅，乃不过三年，已遍大陆，可畏实甚！"②《苏报》案后，清政府四处缉捕爱国学社学生，张之洞派人到京师大学堂检查学生有无与爱国学社来往信件，翻箱倒箧达 6 小时之久。两江总督魏光焘"严禁诸生阅看新报新书，以免思想发达，致肇祸端"，购阅者"以会党匪人例重治其罪"。③ 浙江大学堂总理劳乃宣密报护理浙江巡抚翁曾桂，"谓各学堂中学生惑于平权自由诸邪说，致谋不轨，往往结党，自立私会，民间不肖少年踵而行之，上中下城，所在皆是"④。于是翁下令查禁。江西大学堂闭门搜查学生所购《饮冰室文集》《苏报》《新民丛报》等，付之一炬。风声远扬，连西南亦受波及。四川各级官府"于防范上海爱国会党持共和主义入川运动者，甚形骚扰"，邻近七省官员也纷纷致函询问，并下令本属州县"严密查访各学生行为"，特别注意"外客之来堂者"，"遇有形迹可疑者，即当拿办"。⑤

各省官员还采取措施，对学堂严加整顿。安庆、福建大学堂以"渐染习气"的罪名，勒令"稍明公理"的学生退学；招考新生时，又将那些流露出新思想的考生一律剔除。更有甚者，南京陆师学堂总办钱德培不仅将"稍微有点智识的学生都斥退了"，还设立发审所，"专审问学生"。⑥ 湖北则把思想激进的学生送去留学，企图以此消弭民主

---

① 《论中国学生同盟会之发起》，载《苏报》，1903 年 5 月 30 日。

② 《筹论停科》，载《新民丛报》第 34 号。

③ 《江督仇视新学》，载《国民日日报》，1903 年 8 月 16 日。

④ 《杭州来函照录》，载《苏报》，1903 年 5 月 27 日。

⑤ 《党狱事件》，载《国民日日报汇编》（一）。

⑥ 《把学生当牛马》，载《新白话报》第 7 期。

思潮。清廷的《学务纲要》规定：须将被开除学生的"姓名籍贯事由，呈报本省学务处，详请督抚咨行本省外省各学堂存案"，"概不准更名改籍，另投别处学堂"。①

　　另一些督抚采取貌似温和、实则更为狡诈的手段。张之洞为朝廷筹划"消弭之法"，提出"拔擢一二人，以塞喁喁者之望"②，企图诱以利禄。湖南巡抚赵尔巽的表现最为老到。他一直做出"开明"姿态，拒俄运动中，曾到各学堂演说，并将陈天华的血书公之于众，允许学生领枪习武，以至于两湖和上海的革命党人也一度为其所迷惑，不无颂词。然而，他骨子里对民主主义却充满恐惧，认为既然"铁血"政策难以奏效，"若操之过急，则转遂其为渊驱鱼之计"。因此，他主张"暗加防范，明为开导，细为分别，庶期消患于无形"。③ 1903 年 6 月，他见高等学堂学生在文章中畅言民权自由，于是撰文对民权大加攻击，诬蔑"自由"二字，指出"天下古今之罪恶，皆假之以行"，并且以社会达尔文主义来否定民权的现实意义，声称西方社会已由"平权"进入"强权"时代，因此，民权自由之说"在今日为陈言"，还公然叫嚷："以今之时，行今之政，正宜利用专制。"④ 赵尔巽的这篇奇文，代表了统治阶级中一批人的思想，一些官报也刊出类似文章。⑤ 这表明，在学界民主浪潮的冲击下，统治阶级已经不能仅仅用传统思想武器与民主力量正面交锋，而帝国主义的强权政治和侵略理论，成为反对殖民地半殖民地人民革命的重炮。统治阶级的代表从西方搜罗反民

---

　　① 舒新城编：《中国近代教育史资料》上册，216 页，北京，人民教育出版社，1961。

　　② 《筹论停科》，载《新民丛报》第 34 号。

　　③ 张篁溪：《沈祖燕、赵尔巽书信中所述清末湘籍留东学生的革命活动》，载《湖南历史资料》1959 年第 1 期。

　　④ 《抚院赵晓谕高等学堂学生告示》，载《湖南演说通俗报》第 5 期。

　　⑤ 如《南洋官报》的《东译〈民约论〉书后》《自由界说》，《江西官报》的《读南皮尚书建置存古学堂札文》等。

主的思想武器①，清楚地显示出《辛丑条约》后列强与清政府关系的反动本质。学生们从西方搬来的武器，不仅打不垮帝国主义，也不能从根本上打垮紧紧依附于它的本国专制主义。

这一时期进步舆论对待学潮的态度也有所变化。一些激进人士从反专制角度出发，继续支持鼓励退学。但是，退学不能从根本上动摇专制统治，没有统一领导和中心目标，带有很大的自发性和被动性。随着斗争的深入扩大，其消极面逐渐显露出来。由于清政府的严厉镇压和自建学堂遇到经费、校舍、师资等严重困难，退学生又存在种种弱点，爱国学社与教育会分裂，杭州蕙兰书院退学生的改进学社与浙江大学堂退学生的励志学社也发生摩擦，因而不少人从热烈赞颂中冷静下来，开始对退学提出异议。《苏报》改良后，集中力量宣传"排满"革命，放松了对学潮的鼓动，其他报刊在这方面的调门也渐趋缓和。这样，舆论对以退学为主要形式的学界风潮的支持明显减弱。

四、学潮缓退与学生运动的深入

1903 年年底，拒俄运动高潮结束后，学潮并未戛然而止。正如当时人所说："现今学界之风潮，既由浮动而趋静穆，学界之事业，复由言论而进实行。"② 其表面缓退、实际深入表现在四个方面：第一，各地退学风潮余波未尽，此起彼伏，有些地方声势更盛，频率更快，但就全国而言，声势已不及前一阶段；第二，学生运动开始与收回利权运动相结合；第三，学生团体增多，并出现一批跨学堂组织；第四，"排满"革命思想在学界蔓延传播，在一些地方已发展为具体行动。

这一阶段在苏、浙、皖、赣、鄂、湘、粤、闽、豫等省和北京，

① 据李伯元《南亭笔记》卷十四载："赵巡抚湖南，一日，命驾至高等学堂，演说民权自由之理。诸生有驳之者。越宿，颁手书一道，洋洋数千言，其中引用华盛顿、拿破仑、卢梭、孟德师鸠、达尔文、斯宾塞尔、赫胥黎、玛志尼、克林威尔、林肯、加富尔、西乡隆盛等人名，填塞满纸。后其幕友告人曰：这位东家真是聪明，他买了二十六本《新民丛报》，看了半个月，就记得住许多疙里疙瘩的人名，我们可真赶他不上。"

② 初我：《记常熟公立校发起音乐科事》，载《女子世界》第 8 期。

因反对学校专制腐败或压抑学生民主倾向而起的学潮仍有数十次之多。在广东水师、鱼雷学堂，浙江大学堂和江西大学堂，由于学生们齐心协力的斗争，与之为敌的总办、总教、监督等或辞职，或革退，或遁逃。常熟官立学堂因风潮屡兴，无力管束，只得让学生立会自治。湖南临湘小学堂学生退学后，地方官为了卸责，诡称学堂停办。① 广东武备学堂总办也不敢奉行上司严办学生的旨意，让学生自请留学了事。

福建大学堂的退学风潮声势较盛。该堂向称"福建学界之最黑暗者"，其"教育之方针，在使学生无粘合之性，而益以摧折其志气，使之英锐潜消，易服从于其肘腋之下"。头班监督黄运昭对学生"临之以狱吏之尊，畜之以奴隶之礼，恫喝凌侮之状，无所不至"，甚至污蔑学生团体为"扁体"。学生们对此十分愤慨，遂因黄无理斥逐学生而全班退学。二班、三班同学闻讯响应，表示："吾辈所贵，能养成坚健不屈之血气，将来为国民出力耳。公等受辱，吾宁独荣，公等皆去，吾宁独留！"一致决定退学，并提出改良教则，实行自治，撤换监督，学生可以随时演说，不得以退学故刁难学生等7项复学条件，总办被迫全部接受。消息传开，福州各学堂学生"多有跃然兴起者"②，有力地促进了福建学界的民主自治运动。

学潮趋于区域性联合，是这个时期出现的重要现象。1904年，福州各校学生因武备学堂招考作弊，录取大批程度甚低的官场子弟，"有聚议散学之说"③。同年春，广东潮汕因同文学堂事爆发了全潮学生联合罢学事件，广东官府大为震惊，委派专人进行查办。④ 这反映出学界力量正在进一步凝聚，孕育着更大规模的风潮。

反对教会和洋教习、洋奴的斗争显著增多，是这一阶段学潮的重要特征。清政府在办学过程中大量聘用外国人，到1904年6月，仅在

① 《学务处批临湘县禀小学堂学生无理取闹教习辞退及拟暂行停讲改修寝室各情形由》，载《湖南官报》第838号。

② 《投函》，载《警钟日报》，1904年5月29日、6月15日。

③ 《福建武备学堂》，载《萃新报》第4期。

④ 《论南海小唐埠商文》，见刘士骥：《刘征君演说汇编》，24页，广东，1905。

中国省立各学堂任教的日本教习就有 159 人。① 其中一些人不仅政治上为帝国主义侵略服务，而且凭借列强的势力，在学堂中兜揽大权，庇护洋奴，压迫学生。受到军国民主义熏陶，经历过拒俄运动洗礼的学生对此进行了坚决斗争。保定大学堂洋教习丁家立"视学生如奴隶牛马，唾骂凌辱，无所不至"②，学生与之大起争执。教会主办的湖北文华书院和苏州东吴学堂学生因反抗体罚及饮食恶劣而退学。上海震旦学院学生反对法国教会干预校务，全体退学。该院学生"大半都是通人志士"，1904 年后，"东京的留学生，多有跑回上海，进入震旦学院"。③ 1905 年 3 月，因法国耶稣会调教士南从周任教务长，"尽变以前定章，学生大喧，相率离校"，另组复旦学校，"表示脱离震旦的独立精神"，"以谋脱离教会束缚"。④ 福州师范学堂的日本教习用日本语课本授课，讲到中日甲午战争时，"语意骤侮，学生愤激，立将课本扯坏"。该教习大为恐惧，赶紧辩解道："此书系日本学校原本，曾经陈总理认可应用，并非有意敢伤诸君之感情也。"⑤ 说罢他匆匆下堂，狼狈溜走。日俄战争中，日军在辽阳大败俄军，任教于贵阳师范的日籍教习闻讯，强迫学生与之宴饮同庆。学生们认为，"此正我等学生饮泣之时，非饮酒之时也"⑥，表示拒绝，不料竟遭到日籍教习的殴打侮辱，大家义愤填膺，于是一齐退学，以示抗议。这些斗争有力地显示了中国人民不甘屈辱的决心和意志，维护了民族的尊严。

《辛丑条约》以后，清王朝媚外日峻，学生们特别憎恶那些卖国求荣、为虎作伥的洋奴，多次发动反洋奴斗争。保定大学堂学生谴责洋教习在堂中揽权太重，反对甘愿为洋人充当走狗的教习蓝道生，总办被迫"假学生以改良堂章之权利，风潮始息"⑦。天津北洋大学堂体育

① 哈达拉：《论日本在华之教育势力》，载《万国公报》第 201 卷。
② 《投函》，载《警钟日报》，1904 年 6 月 4 日。
③ 《文明介绍》，载《中国白话报》第 6 期。
④ 《二十世纪之支那》第 1 期，"时事"。上海通社编：《上海研究资料续集》，344～345 页，上海，中华书局，1939。
⑤ 《日本教习之肆侮》，载《警钟日报》，1904 年 5 月 27 日。
⑥ 《贵阳师范学堂日本教习殴辱学生事件》，载《新民丛报》第 61 号。
⑦ 《学界蟊贼》，载《警钟日报》，1904 年 5 月 26 日。

教习王文楷和南京格致学堂教习冯阅模曾分别为英、日侵略者效力，参与镇压中国人民的反帝斗争，学生们斥之"为汉奸之尤，深痛恶之，而以受其号令为耻"。北洋大学堂学生要求撤换未准，"相率点名不到"①，并自行设立体操会，推举学生任教习。后王文楷被新学堂书院（教会学校）聘为教习，也遭到学生反对而被辞退。南京格致学堂学生逐冯不成，毅然全体退学。北京实业学堂学生在讲堂上公开质问谬论迭出的人伦教习道："吾见中国官怕外国人如严父，此人伦学上有乎不有？教习之父可是外国人乎？"② 该教习瞠目结舌，无言以对。学生反对教会、洋教习和洋奴的斗争，坚持了拒俄运动反帝爱国的方向。

　　湖南的学潮在一定程度上起到了反抗清政府绞杀革命力量的作用。华兴会起义失败后，湘抚陆元鼎以血腥手段进行镇压，妄图根除革命火种。因为华兴会以学界为机关和依托，所以他首先从学堂下手。1904 年 12 月 12 日，陆向清廷提出全省学堂整肃方案，特别注意受华兴会影响很深、以长沙为中心的中路，说这里的学生"以激烈为宗旨"，"空谈盛而实学衰"，下令学务处严加稽查，"改良办法，树立风声"，以求"补偏救蔽""杜渐防微"。③ 在他的亲自主持下，湖南的顽固势力杀气腾腾地向学界大举进攻，遣散师范学生，压制明德、修业等民办学堂，并削夺周震鳞教育长的职权，企图把他挤出高等学堂。革命党因新败受挫，元气大伤，不得不退避锋芒。高等学堂学生闻知此事，"乃群商议保全之法，一律签名停课"④。经过反复较量，学生将王先谦的心腹、高等学堂监督彭绍宗赶走，使一部分革命火种得以保存，为革命力量的恢复和发展创造了条件。

　　这一阶段的学潮共有 85 堂次，显示出学生与专制制度的矛盾仍处于持续不断的激化过程中。不过，除少数地区外，学潮缺少高峰期那种一呼百应的声势，影响也大为减弱。虽然 1904 年学潮在总量上仍有

---

① 《汉奸为教授》，载《警钟日报》，1904 年 11 月 25 日。
② 《谑骂教习》，载《警钟日报》，1904 年 11 月 29 日。
③ 朱寿朋编：《光绪朝东华录》（五），5257～5258 页。
④ 《湖南来函论现今学界之险状》，载《警钟日报》，1905 年 1 月 19 日。

增长，但增幅较上年度减小，而且到 1905 年更出现下降趋势（参见表 2-3）：

表 2-3　1902—1905 年学潮发生次数

年份＼堂次＼省份	江苏	浙江	湖北	广东	直隶	安徽	北京	湖南	福建	江西	河南	广西	贵州	四川	云南	陕西	甘肃	总计
1902	4	5		2		1				1	1				1			16
1903	20	6	5	5	2	4	4	1	2	3	2	1	1	2		1		59
1904	18	8	10	4	7	3	3	5	5	1	1			1			1	67
1905	6		1	2	1	2		2	1									18
总计	48	19	16	13	10	9	8	9	8	6	5	2	2	2	1	1	1	160

　　然而，风潮的平缓并不等于学生运动停滞不前，相反，它正在向纵深发展。其表现之一，是各地出现了一批跨学堂的学生团体，加强和扩大了学界的团结与联系。1904 年 6 月，保定大学堂学生因堂内新旧两班素不融洽，筹建演说会，以联络感情。校方暗中阻挠，事遂中辍。但到是年底，保定城内就出现了由师范、高等、将弁、武备等学堂学生共同组织的茶话所。在杭州，学生们"以工商社会皆有会馆公所，以为集合团体之地，惟士社会散漫无纪，故创议欲于省城建立全浙学生会馆"①，作为联络机关，并负责招待外省外府来杭学生。南京的育志、溪山等学堂学生组建了群学会。广东学生成立了岭南学会，"以统一全省学人，结成一秩序巩固之大团体，以洗从前涣散凌乱之习为宗旨"，"目的专在联合大群"。② 湖南益阳学生亦设立自治会，不少学生签名加入，表示："种种烦恼，皆为我练心之助，种种危险，皆为我练胆之助，种种艰大，皆为我练智练力之助。"③ 江苏青浦各学堂学生联合成立演说会，"发达民族主义，另求自治之进步"④。常熟、无锡也组建了学生自治会。

① 《学生会馆之建议》，载《警钟日报》，1904 年 6 月 12 日。
② 《祝岭南学会之成立》，载《新民丛报》，第 46～48 号合本。
③ 《论湖南学务处严禁自治会》，载《汇报》第 8 册第 46 号。
④ 《青浦学堂之现象》，载《警钟日报》，1904 年 10 月 28 日。

福建学界的自治团体规模较大，活动也很有声色。几年来，该省学生团体一直延续不断。早在 1901 年，福建就成立了开智学会，使当时处于"昏黑之域"的学界"风气为之顿开"。① 1902 年，林獬等人又创设女学会。次年 8 月，侯官学堂首创学生自治会，成效甚著。特别是 1904 年，福建大学堂学生以退学争得成立自治会的合法权利，给福州学界以极大鼓舞。很快，除闽县学堂等 3 所学校为当局所压制外，其余各校都组成自治团体。不久，又联合成立福建学生自治会，各校正式入会者达 100 余人，每月开常会一次，遇事则举行特别会议。该会与福州进步人士的教育会、魁辅里书报社、西城书报社，以及上海的福建学生会保持着密切联系。因此，它不但是福建学界的中心，而且成为与其他进步人士以及国内外学界联络的总机关。由于学生们的"程度思想，亦颇发达"②，以至于闽浙总督李兴锐也不得不佯为赞叹。学生自治团体出现并争得合法地位，在专制统治秩序中打开了一个缺口，导致其紊乱失序，为民主力量的发展提供了便利。由于组织比较完善，福建学生在这一阶段十分活跃。学生团体的发展扩大，增强了学界的团结，使之在此后国内的公开斗争中，成为一支相对独立的激进力量。

学生运动深入的另一表现，是它开始与国内正在兴起的收回利权运动相汇合。福建华裕公司龚铭义盗卖三府矿产给法商，事发后，他所开办的矿务学堂学生纷纷告退，以示决裂。浙绅高尔伊出卖衢州等四府煤铁矿产，该省进步人士集会反对，各学堂学生闻风响应，风潮大起。京师学生也上书声讨盛宣怀渎职卖路的罪行。福建学界成为 1904 年年底该省争路权斗争的先锋和中坚。当时高等学堂学生获悉魏池洋行买办翁松村出卖路权事，立即与福建学生自治会筹商，召开各校学生与进步社团代表及其他各界人士大会，推举林觉民等 16 人组成争路机关，有力地促进了福建的保卫与收回利权运动。学生的加入，使国内公开斗争一开始就存在一股激进力量，推动它朝着有利于共和革命的方向发展。

---

① 《开智学会之中兴》，载《警钟日报》，1904 年 9 月 25 日。

② 《闽督奖励学生》，载《萃新报》第 6 期。

　　革命思想迅速广泛地传播，是学生运动深入的一个突出表现，促使学生由一般地反对专制定向为反清革命。1903年以后，一批宣传"排满"革命的书刊在国内流传开来，到了1904年更加风行，仅湖南一地就有数十种之多，不仅书肆大量销售，而且有人暗中输送。常德中学堂学生"皆能持民族主义"，他们集资刊刻留日学生寄来的《死里逃生》稿，"言瓜分后之惨状及劝湘人独立"，"以期造成国民资格"。①浙江严州府中学堂学生积极购阅《萃新报》，因"该报大都采取《江苏》杂志、《浙江潮》杂志及各种提倡民族主义诸日报而成，学生以为此种报章，实为吾汉族所必读"。②江西营学堂中购阅《警世钟》《种界魂》等书籍的学生络绎不绝。福建大学堂学生也公开阅读《警钟日报》等革命报刊，并认真加以圈点。赵声的《保国歌》写出后，章士钊在上海印刷数十万份，湖北学生曹亚伯"且为麻鞋负囊，走数千里散之"；南京各学堂学生则在长江航船上"向各船客一一分送"，使长江上下游一带，"人手一纸"。③革命书刊在地处偏远的云南学界也很受欢迎。1904年年底，李根源、庚恩赐等人赴日途中一到上海，就赶往《警钟日报》社，"陆续购报数十份，手携各报馆定报单百数纸"④。清政府为此屡下禁令，军机处还专门驰函各地学堂，查禁革命书刊，务使"士林无购阅之人"⑤，并且声称："各处学堂学生如有购阅者，除拿禁外，并该总办及教习等是问。"⑥湖北地方官"以书肆售革命排满之书，力不能禁"，挖空心思，也设立一座图书馆，"专办学堂应用图书，以码价八折发售，一切杂用拨公款津贴"，以为这样一来，"书贾无从获利，必尽歇闭，则排满革命之书不禁自绝矣"。⑦然而，政治高压固属无效，经济竞争同样枉费心机。

----

① 《禁止出版自由》，载《警钟日报》，1904年5月23日。

② 《严禁逆说》，载《警钟日报》，1904年10月18日。

③ 《在湖南革命之气运》，载《中国日报》，1904年4月9日。中国史学会主编：《辛亥革命》（四），312页，上海，上海人民出版社，1957。

④ 《云南学生抵沪述闻》，载《警钟日报》，1904年10月26日。

⑤ 《札饬禁书》，载《汇报》第590号。

⑥ 《政府严禁书报》，载《大陆报》第2年第3号。

⑦ 《官设图书馆之目的》，载《警钟日报》，1904年11月5日。

　　革命党人的口头演讲也有助于加强学界的革命倾向。有人在安庆城中阅报处演说，门上大书一联："自由钟动，革命旗开"。大学堂学生"闻风逖听"①，备受感染。在浙江埭溪，革命党人蔡绿农演讲鼓吹反清革命的小说《玫瑰花》，"演说光复之乐及指明此书之隐情，以鼓动其光复之观念"，听者欢声震壁，"更有一班蒙学生齐声大呼：'起！起！！起！！！'"② 在江浙、湖南等地任教的志士，还利用讲堂直接向学生灌输革命思想。

　　有些学生则是被逼上反抗道路的。襄阳府中学堂学生陈铭彝因抗议校方无理开除申请赴日留学的同学，被当局褫夺功名，他愤然摘下顶珠扔进厕所，大呼"亡国之功名，有之何荣，无之何辱！"③，表示与清朝统治相决绝。

　　由于各方面的推动，国内学界革命思潮不断高涨。浙江学生"平时皆满口革命，诩诩然以国民自豪"④。湖北方言学堂学生痛斥伦理课程"颠倒错谬"，教人以"奴隶之行"，在讲堂黑板上大书："安得千枝万枝毛瑟枪，尽杀此种无噍类。"⑤ 福建学生自治会会员"咸富有民族主义自治精神"，会场入口处高悬楹联"痛谈黄梨洲，结客顾炎武；独立华盛顿，仗义玛志尼"，以中国追求民主精神的思想先驱和欧美革命伟人为号召，时人誉之为"新党言自由者之母"。⑥ 保定学生茶话所演说万福华刺王之春案，"每讲一则，必加以极当之断语，洵为开发民智之大关键也"⑦。南京高等学堂学生以汇文书院为机关，演讲革命，购买军火，密谋起义。常州学生高唱"排满"革命，地方官吏大有朝不保夕之虑。

　　学界的革命化在湖南尤为明显。公开以胡元倓、周震鳞为首，实

① 《阅报处被封》，载《汇报》第 562 号。
② 《讲演小说之盛举》，载《警钟日报》，1904 年 12 月 30 日。
③ 《投函》，载《警钟日报》，1904 年 12 月 20 日。
④ 《大学生之现状》，载《警钟日报》，1904 年 6 月 6 日。
⑤ 《伦理课程之评判》，载《警钟日报》，1904 年 5 月 13 日。
⑥ 《学生送别》，载《警钟日报》，1904 年 9 月 11 日。《学生自治会之成立》，载《警钟日报》，1904 年 9 月 28 日。
⑦ 《茶话所之成立》，载《警钟日报》，1904 年 12 月 12 日。

际上以华兴会为核心的革新党，立足学界，以明德、经正、修业、敬业、高等学堂以及一些州县的中小学堂为基地，人数达到 1000 以上，与王先谦的顽固党，张祖同、俞诰庆的游移党形成鼎足之势。社会上广泛流传着"欲知新旧谁称霸，胡九王三不相下"① 的说法。华兴会起义失败后，学生们在清政府的残酷镇压下坚持斗争，有人筹划刺杀王先谦，以儆其余，使顽固势力胆战心惊。湖南益阳的学生自治会会员"相率思想秘密，言论秘密，举动秘密"，"思于政界上多干预"。② 湖北学界同人建立了科学补习所，以胡瑛为经理，吕大森为干事，表面是为"学界同志于正课毕时，思补习未完之课"而设，以"集各省同志取长补短以期知识发达"③ 为宗旨，实际是一个联络学界革命分子的机关。1904 年年底，黄兴等人在上海成立爱国协会，以青年学社（原丽泽书院）为机关，不少学生参与活动。此外，云南学生成立了誓死会，江西学生成立了易知社，江浙学生成立了若干小团体。统治者惊呼："近来各省之革命党，蠢蠢遍地，而尤以学堂中为渊薮。"④ 国内学界革命思潮不断高涨，为同盟会成立后迅速在全国开展活动创造了有利条件。一方面，它为国内进步人士接受同盟会的政治领导提供了思想基因，另一方面，它造就了一批活动骨干，从而有力地推动了国内革命形势的发展。

　　1905 年，抵制美货运动爆发，孙中山又组织汇聚东京的中国学生精英成立同盟会，国内学生运动走向新的高潮。

五、时代特征与发生原因

　　发生于 20 世纪初的国内学潮，有其鲜明的时代特征。从形式上看，相继卷入斗争的有 16 个省和北京的学界，形成了以长江中下游和

---

① 《新劣党争执之一斑》，载《警钟日报》，1905 年 1 月 15 日。
② 《论湖南学务处严禁自治会》，载《汇报》第 8 年第 46 号。
③ 《补习所章程》，载《警钟日报》，1904 年 7 月 26 日。
④ 张篁溪：《沈祖燕、赵尔巽书信中所述清末湘籍留东学生的革命活动》，载《湖南历史资料》1959 年第 1 期。

华南地区为中心，初具全国规模的学生运动。这个运动总体上存在有机联系，却以分散的外观展现出来。表面上看，风潮只是一个个孤立的偶然事件。然而，它们同时发生在相同的时代背景之下，反映了社会矛盾的发展变化。每一次学潮的偶然性，都成为导致其爆发的内在必然性的表现形式。以分散形式表现总体联系，是这个时期国内学潮所独具的显著特征。

1901—1905年，中国学生群体尚处于形成时期。但是，列强虎视眈眈，清廷专制媚外，种种内忧外患，一齐向着这个初生的婴儿袭来；农民和维新、革命两大政治派别都刚刚经历了痛苦的失败，需要重新积聚力量；而欧风东渐，美雨西侵，冲刷震荡着热血青年的头脑神经，历史新纪元的开启，更向他们招手呼唤。特别是学习西方的历史进程有了日本这个东方的中介与典范，仿佛打开一扇宽敞的大门，更具形象化和立体感。加上戊戌、庚子的连续刺激和新政引起的心理变向，知识界中"排满"情绪骤然高涨。学生们等不及组织上成熟，甚至没有完成必要的启蒙，就拔剑而起。这既反映出中国社会亟待变革的迫切性，又暴露了学生群体明显的稚拙。他们往往被"逼而有退学之举"，"铤而走险"①，缺乏思想和组织准备，压迫太甚，则一哄而起，退学后又一哄而散。被"逼"走"险"，就是自发性的生动写照。而且中国社会发展不平衡，各地各校学生的程度水准相距甚远，导致学潮的分散性，在专制势力压制下旋起旋落。

从内容上看，学潮的反帝反专制色彩十分鲜明，而且主导方向朝着革命的轨道发展，构成从属于武装革命的反清辅助战线，并具有近代中国学生运动的共同主要特征。诚然，学生们主要以和平方式进行斗争，但暴力方式的武装斗争与和平方式的公开斗争，是革命的两种形式，前者为主导，后者为辅助，都是为了推翻清朝专制统治，建立独立强盛的民主国家。在清朝统治下，学潮虽然是和平的，却不是合法的，同样要冒坐牢杀头的危险。因此，学生们自己也往往把这种反抗行动称为"革命"。

---

① 《浙江大学堂退学生致爱国学社诸君书》，载《童子世界》第22号。

　　学生的思想倾向也显示了学潮的性质。参加学潮的学生不少具有激进民主精神，有些则充满强烈的革命"排满"情绪。毋庸讳言，梁启超的文章言论当时在国内青年学生中是脍炙人口、振聋发聩的，特别在第一阶段，其影响几乎占据了统治地位。学生们尊之为"中国匡时济世倡立民政之英雄"①，开口则称引"新民子""梁任公"。《新民丛报》的发行量高达近万份，在国内学界的销售数在进步报刊中首屈一指，不少学潮就直接起因于当局禁读该报。然而，梁启超和《新民丛报》的巨大影响，并不等同于维新派的政治主张在学生中占据主导地位。一方面，梁启超声望日增与他在一定程度上顺应时势和学生的思想潮流密切相关。1902 年至 1903 年年初，梁启超被汹涌澎湃的革命浪潮所推动，脚步踉跄地向前走了一阵子，思想上的激进倾向多少有违保皇派的初衷和康有为划定的旧轨，而与青年学生反对专制、追求民主的趋向基本吻合。另一方面，学生们是从接受"公理"的角度来接受梁启超的政治宣传的，他们从中汲取的，主要是其"倡主民政"、揭露列强侵略和抨击黑暗朝政的精华。梁启超所舞动的，不过是从西方资产阶级那里搬来的现成武器。这一点，早在 1901 年已为留日学生所明确指出。《苏报》更进一步评论道：如果《新民丛报》"为梁一家之私说，一人之杜撰"，则不待清政府厉禁，"海内学士早有屏弃而不屑者矣"；"盖名虽日报，实则取东西之书，掇要输纳于本国……不过熔铸之功稍异于他译耳"。② 可见这一时期梁启超身上的绚丽光彩，已经半是西方落日的余晖，半是革命朝阳的折光了。正因如此，他对光绪帝那种依依不舍的眷恋之情，以及由此而来的保皇主张和对革命的疑惧心理，就很少引起学生的共鸣。学生们在赞美梁启超的同时，态度鲜明地宣称："学生所好者自由，所言者革命，所恨者专制，所弃者陈臭，所乐者共和。"③ 青年学生政治敏感，喜欢标新立异，以及本能地向往自由平等的思想特点，使他们充满反对专制的激情，热切地追求民主，因而更倾向于接受排斥皇权的共和制度而不是保留皇

---

① 爱国青年：《教育界之风潮》，第五章。
② 《张之洞介绍丛报杂志》，转引自《选报》第 45 期。
③ 爱国青年：《教育界之风潮》，第五章。

帝的君主立宪政体。对于许多学生来说，不一定必须经历从维新到革命的转变。

正当国内学界沿着革命的轨道突飞猛进时，梁启超却背道而驰。1903 年年初，他宣称自己"鉴于近日少年风气之大坏"，"内地学校因革命思想传播之故，频闹风潮"，因而"极知革之不可行，且劝人勿言"①。后来更公然鼓吹"自美国归来而梦俄罗斯"。这种逆流而动的行径，不仅使他自己在政治上从中兴走向末路，也把《新民丛报》拖入窘境，其印数骤然跌到 2000 册。②

受梁启超影响的一代青年学生，其思想发展的主流是革命民主主义。所以，尽管国内学生多次参加和平斗争，但一旦革命爆发，他们大都由衷地欢呼拥护。这表明学潮本质上是为革命活动增色，而不是为维新—立宪运动助威。

近代以来，中国人民一次又一次掀起反侵略斗争。学潮与此前爱国行动的不同之处，就在于学生们是受民主主义的鼓舞，他们不仅反对腐朽卖国的清王朝，而且反对专制制度。正如南洋公学学生所说："噫！老大帝国之可恨也久矣。专制可恨，酷暴可恨，崇奉外人可恨，自残黄种可恨，夷视平民可恨。推其可恨之结果，必易专制而为共和，易酷暴而为颐养，易崇奉而为仇视，易自残而为力保，易夷视而为平等。"③ 一句话，他们就是要用民主政治制度取代皇权专制统治。学生们不仅崇拜西方革命家、思想家，而且把黄宗羲"视如泰斗，奉为圭臬"，认为"黄梨洲之在中国，不啻卢梭之于法，约翰弥勒之于英，吉田松阴之于日，为学界之大功臣，民权之倡导"。④ 这表明，在中国延续了 2000 年的皇权专制已经走到了历史的尽头。政治斗争的焦点由如何完善、巩固和调整这一制度，转向以新型民主制度来取而代之。早

---

① 丁文江：《梁任公先生年谱长编初稿》（油印本）第 1 册，170 页。《高山致康有为书》（1903 年 2 月 16 日），见上海市文物保管委员会编：《康有为与保皇会》，218 页，上海，上海人民出版社，1982。
② 《〈新民丛报〉之末路》，载《广东日报》，1904 年 7 月 18 日。
③ 爱国青年：《教育界之风潮》，第五章。
④ 爱国青年：《教育界之风潮》，第六章。

在明末清初，就闪现过冲击君主专制的思想火花。到了近代，特别是19世纪末20世纪初，摧毁旧制度以至建立新制度的物质力量逐步形成（尽管除旧的能力强于布新），结束其历史成为势所必然。民族危机更加彻底地暴露了专制制度的丑恶，加深了人民大众对它的仇恨。学生们的言行反映出他们的爱国是以民主主义为内核的，这正是有别于此前爱国思想和行动的关键所在。

在斗争方式上，这个时期的学潮也有明显特点。学生群体主要成分的社会地位和政治动向，决定了他们既不像士大夫那样一味以清谈讥评时政，也不像维新—立宪派等开明士绅那样伏阙叩头，上书请愿，以爱国呼声和亡国警报打动统治者，而是从正面对专制统治发起冲击。但他们的活动又不同于革命派的军事活动，一般没有直接发动武装起义，甚至不像后来的学生运动那样展开大规模的罢课和示威游行，除了集会、哄堂外，学生们主要以退学进行斗争。这与当时学生的状况以及客观条件相适应，成为群体结构及意识尚不稳定的中国早期学生群体的特殊斗争形式。青年学生以激情热血写下近代中国学生运动史的第一章，这一光辉历史功绩将永远彪炳史册。

20世纪初年中国发生持续不断的学潮，原因还需进一步深究。1902年11月，浔溪公学发生第二次风潮时，应邀前往调解的蔡元培，以他对社会、教育和学生独具慧眼、广泛深刻的了解，对学潮做了一番全面公正、鞭辟入里的综合分析，很有普遍意义。他说，其时学校冲突之事，唯中俄两国屡见之，学校不完备并非主要原因。中俄两国均未实行共和立宪，"专制之国，则其学理之所阐，与夫政界之所涉，乃无一不反对"。学生觉得毕业后"必无实现理想之一日"，所以不惜牺牲学业，追求自由之幸福。而且，中国外交疲茶，社会腐败，朝不保暮，当此危急关头，学生行动起来无暇熟虑，不计后果。对于学生，蔡元培也有三派之分。甲派"多过时而学，则自以己负国民之义务。彼又日染于译书之理论，日激于新闻之记载，则愤叱狂咤，血涌技痒，不知其所由"。"其性质喜理论恶实验，喜涉猎恶记诵，喜顿悟恶训致，喜自检束，不喜受人检束，喜自鞭辟，不喜受人鞭辟。"乙派"则其人稳炼而坚忍，以为世界强权，必当在学问家之手，我辈惟当以学问为目的。诚知吾学之成，不保不在国墟人奴之后，然吾之不学，则决非可以救此墟焉奴焉者。是故我孜孜为学而已，外界之冲因，苟非于我目的之学问有直接大关系者，或应之而反于我所目的之学问有障碍者，我皆慎避之而不为所动"。至于丙派，"无目的无意志，盲从而动，盲从而静，凡各学校伖出伖人者皆是也"。各校往往有甲派学生若干人，不满意于学校程度，"日日以其政治思想、权利思想，欲小试之于学校之中"，夺取校方权力。"其人必工文词，长舌辩，能鼓动非甲派之学生以盲从之。而政界之影响，即非甲派之学生亦受之，而不能不微动者也，以故恒不免为所鼓动。此各处学校冲突之大原因也。"① 尽管蔡元培最后归结为学校与学生程度不合，未免以偏概全，大事化小，但基本上提供了一幅剖析透视学潮的全息图像。概括说来，学潮的发生有以下几方面原因。

第一，严重民族危机的刺激和神圣使命感的激励。义和团运动的惨败和列强大举入侵的教训，一方面普遍激发了中国各阶层民众，特别是知识阶层的强烈民族情绪，另一方面促使他们反省戊戌变法失败与庚子国变的内在联系，在变革图存的问题上形成共识，产生了亟起求变的迫切情绪。1901 年后，列强表面上维持对华共管局面，实际上在政治、经济、文化、军事各方面，加紧争夺渗透。因此，20 世纪一开始，稍有智识的中国人都痛切感到亡国灭种的危机正日益迫近。革命派说："和议既成，则四百兆之黄种，必无将安将乐之一日。"② 维新派说："和议成矣，而彼广索利源，遍踞要口，其实无以异于瓜分。且彼踞我政权，吸我精液，使我屈伏而不能奋，枯瘠而不自觉，则其害尤甚于瓜分。"③《外交报》的一番话，尤其形象地道出了当时中国人对于民族危难的沉痛感觉："今日至大之问题，则中国之兴亡是矣。""此二者之机，自甲午以前观之，虽数十年而后决定可也；自庚子以前观之，则十年八年而后决定可也；自庚子至癸卯之象观之，则非但数十年必不可待，即数年亦不可，直如佛教所谓人命在呼吸间，出息不

---

① 《浔溪公学第二次冲突之原因》，载《选报》第 35 期。
② 《论议和后之中国》，载《中国旬报》第 32 期。
③ 伤心人稿：《论议和》，载《清议报》第 61 册。

保人息矣。"① 青年学生对此感受更为深刻，他们尖锐地指出，"支那之兴也，二十世纪也；支那之亡也，二十世纪也，吾并知存亡之机，已藏眉睫"，因而沉痛呼吁："中国而果大发其民族之精神也，则国犹可以永存；不然者，其必终为白人之鱼肉土芥矣。"② 他们把个人命运与民族存亡紧紧联系在一起，称"吾不爱祖国，则祖国亡而吾辈死，爱之而行之，则祖国存而吾辈生"③，坚定地表示"不受野蛮君主之压制"，也"不受文明异族之驱使"④，并且认为，当此"燃眉之急""朝不保暮"之时，"国魂惟赖书生唤，物竞都从学界争"⑤，"如待学之成，则已国墟而人奴矣"⑥！于是他们一次又一次发动斗争，以警醒国人，挽救危机。

第二，反对专制的内在驱动。清王朝专制媚外，在学生心目中丧失了民族代表的资格。他们谴责清廷对列强"畏之如虎，媚之如狐"，声言："政府不可冀其复振，同胞不可任其涂炭。"⑦ 许多人清楚地把"国家"与"朝廷"区别开来，提出"民者，国之主人翁"⑧ 的观念。既然"政府因循苟且，难以图存"⑨，则"今之国家存亡系于庶民，不在政府"，"必吾国民群起为支那之主人，然后支那不亡"⑩。学生们对扼杀变法导致国难的清政府强烈不满，将之视为窒息民族生机的祸根。他们认为中国是"中国人之中国，而非异族之中国，外国人之中国也"⑪，鼓吹"外拒白种，内覆满洲"⑫，并进一步揭示中国积弱不振的原因，就在于几千年的君主专制统治，"我中国二千余年溺于尊君贱

---

① 《论中国兴亡决于今日》，载《外交报》第 67 期。
② 杜士珍：《横议（二）》，载《新世界学报》第 9 期。
③ 爱国青年：《教育界之风潮》，第五章。
④ 《为外人之奴隶与为满洲政府之奴隶无别》，载《童子世界》第 24 号。
⑤ 《记江西大学堂改良事》，载《苏报》，1903 年 4 月 4 日。
⑥ 《浔溪公学第二次冲突之原因》，载《选报》第 35 期。
⑦ 翁筱印：《有强权无公理论》，载《童子世界》第 24 号。
⑧ 陈君衍：《论中国是谁之中国》，载《童子世界》第 27 号。
⑨ 《南洋公学学生王君怀沂启》，载《苏报》，1903 年 4 月 30 日。
⑩ 爱国青年：《教育界之风潮》，第五章。
⑪ 陈君衍：《论中国是谁之中国》，载《童子世界》第 27 号。
⑫ 《为外人之奴隶与为满洲政府之奴隶无别》，载《童子世界》第 24 号。

民之谬见，沉于扶阳抑阴之荒词，以至积弱于斯"①。面对列强侵略，"当局者非特不筹因应之方，反压制吾民以快其忿，政府病，中国病，一国之民，无不病于此焉"②。造成恶果的罪魁祸首，正是"前日之所谓皇帝，今日之所谓民贼"的专制君主。他们据国土为"私产"，民众以"战争非卫己矣"，"何乐而为之"？学生们还斥责那些"诩诩然以忠勇相励"的所谓"忠臣烈士"，不过是为专制君主卖命的"奴隶"③，对统治者吹捧为"中国之英雄"，而实则是"误国"罪人的李鸿章之流大加鞭挞，指出："不举数千载破碎混乱之政而毁裂之、改革之，使前此之国贼民贼群贼人贼悉无所凭借，以存积重腐之窠臼绪余，则不可与言爱国。"他们认为，只有推翻清朝，结束专制统治，才能"完全吾爱国之观念，施行吾爱国之实事"④，并把革命"排满"作为实现爱国宏愿的前提条件。

第三，民主主义的广泛传播。1901—1905 年，中国出现了一个办报热潮，在国内及海外出版发行的报刊达 200 种。仅据杭州、南京、武汉、南昌、镇江、扬州、常熟、泰州、衢州、埭溪、海盐等 12 个城镇的调查统计，主要由学生订阅的报刊就有 51 种，总销数达 8200 份。⑤ 同时中国还刊行了数百种革命宣传品以及近代东西方社会、政治、历史、文化译著。这些书刊受到普遍欢迎，《江苏》《浙江潮》《童子世界》等激进刊物都一版再版，供不应求。《猛回头》初版 5000 部，"不及兼旬，销罄无余"⑥，再版 5000 部，很快又被订购大半。清政府曾屡下禁令，规定"学堂如有购阅此等报章，及为寄售传播者，学生即时驱逐出堂，并加以惩治；堂中委员不事先禁阻，亦一律记过撤

---

① 《伦理课程之评判》，载《警钟日报》，1904 年 5 月 13 日。
② 爱国青年：《教育界之风潮》，第一章。
③ 钱瑞香：《论中国民族无尚武精神之原因》，载《童子世界》第 23 号。
④ 爱国青年：《教育界之风潮》，第五章。
⑤ 杭州调查表见《东浙杂志》第 4 期，常熟、扬州调查表见 1903 年 9 月 22 日、30 日的《国民日日报》，海盐调查表见《浙江潮》第 7 期，其余均见《警钟日报》。
⑥ 《再版〈猛回头〉广告》，见《游学译编》第 11 册。

差"①，并禁止学生将学部准置以外的书籍带入学堂。1904 年，军机处又开列《革命军》等 20 种书刊，通令严禁。不料禁令越严，流传越广。例如，《湖北学生界》开始并不引人注目，张之洞禁令一下，数千部立即售尽，"各处投函购阅者纷纷不绝"②，于是再印数千部，还准备印三版、四版。一些报刊书籍还开辟专栏或编出专辑，有针对性地对学界进行宣传，以多种形式，从各个方面积极鼓动学潮。

集会演说是学生接受民主思想的另一途径。当时各地进步人士广开演说会，多以学堂为会场，学生则成为主要听众。有人还以课堂为宣传阵地。周震鳞所编教科书专设"人种"一章，论"黄种中以汉族为最多最贵"③；蔡元培出题让学生论述"春秋战国时代的爱国者"；浙江台州黄岩县学堂以梁启超所撰《中国魂》为课本；湖南浏阳小学教员则通过重新解释旧观念，向学生灌输新思想④。

新式学堂客观上对转变学生思想也有显著作用。学生们聚居一处，不仅更加团结，而且互相影响促进，有助于提高自身素质。蒋维乔曾深有感触地把自己入学前后的思想做了一个比较："余昔从事学问，无一定之目的。今岁南菁改设学堂，既到堂后，与诸教习及同学志士相处，乃大悟新学界之别开生面。自顾平昔所讲求者，普通之学尚缺如也。堂中设理化、测绘、东文、西文、体操五科，余鼓其余勇兼习之，虽未能久，而余之思想发达，实始于此。""故余今岁之动力，为生平未有，"余乘此动力，颇窥新学径途，又多识沪上志士，而恨南菁学堂之腐败，去之"。离校后，他到常州开办修学社，联络同志结成团体，"以邑民同盟为国民同盟之基础"，从此，"学识始有所归宿，而抱定变革宗旨矣"。⑤

---

① 戈公振：《中国报学史》，167 页，上海，商务印书馆，1935。
② 《再版广告》，载《湖北学生界》第 4 期。
③ 《湖南学界之风云》，载《国民日日报汇编》（二）。
④ 《浏阳小学堂教员曹典球开学讲义》，载《湖南官报》第 404 号。
⑤ 蒋维乔：《鹪居日记》，壬寅十二月除夕（1903 年 1 月 28 日），稿本，上海图书馆藏。

给学生以极大影响的，还有当时人"用以济目前倒悬之急"的"社会教育"，即革新革命的政治斗争。正如《苏报》所指出的："十年之间，闽严氏、浙章氏、楚谭氏、粤孙氏、梁氏，唱民权言革命，已大影响于学子之脑海。戊戌政变，谭浏阳以为国流血自命，而汉口、广东接踵并起，社会教育之势力，明效大验。"①

民主主义的传播，使学生们"既睹世界外之风潮，大非生而盲昧、沉醉于经史中者可比"②。任教于京师大学堂的外籍教习说该堂学生自称是将来主人翁，对当局和外籍教习表现出一种桀骜不驯的态度，使得敢于弹劾奕劻、载振等重臣亲贵的校长，"却可怜巴巴地惧怕这些不守规则的年轻人"。③ 学生们对于专制政府、学校乃至家庭的压制，都坚决反抗，"以为不自由，毋宁死"④，因而稍有刺激，则一触即发。在这一点上，对学潮持否定态度的《中外日报》倒是抓住了关键，它认为，"学生之滋事，实出于新旧思想之不同，非关于办理之不善也"，"新学无论何自而来，均足使自由平等之道入其脑筋……致粗鲁未化之新思想一得新学即行暴涨"⑤，一语道破学潮动因。

第四，与学堂专制当局的冲突为直接导因。1901 年以后，进步人士普遍把救亡振兴的希望寄予学生，称之为"中国未来主人翁"。学生们也以加富尔、马志尼、加里波第、西乡隆盛、克伦威尔，甚至拿破仑、华盛顿、林肯等东西方革命伟人自比。他们说，甲午战后，中国犹有"一线生机，实隐伏于学生社会之中"。然而，社会期望、学生自诩与实际境遇反差极大。当时官办学堂犹如"制造奴隶之大工厂"⑥，民立者则多为山长塾师所把持，学生没有丝毫权利。《苏报》曾列举十

---

① 《说社会教育》，载《苏报》，1903 年 5 月 24 日。

② 爱国青年：《教育界之风潮》，第三章。

③ 《埃·巴克斯来函》（1903 年 12 月 20 日），见［澳］骆惠敏编：《清末民初政情内幕——〈泰晤士报〉驻北京记者、袁世凯政治顾问乔·厄·莫理循书信集》上卷，刘桂梁、邹震、张广学等译，298 页，北京，知识出版社，1986。

④ 《常熟殷次伊传》，载《江苏》第 4 期。

⑤ 《论南洋公学事》，载《中外日报》，1902 年 11 月 25 日。

⑥ 《无锡东林学堂之腐败》，载《苏报》，1903 年 7 月 6 日。

二大弊端，揭露学堂黑幕。① 学堂把整个社会民主与专制的矛盾浓缩在一起，成为冲突焦点。身历其境的柳亚子说："盖教育专制，万方同慨，而青年子弟，苟非奴性独深，必不敢长居于黑暗，此破坏之原因也。"② 学生们认识到，"欲自立于国家，不得不先求自立于学界，将由学界而发现而膨胀"；"惟有先长动力于学界，继长动力于政界，终则长动力于外界，三界均达，而后可实行而收其效"。因此，他们首先力争成为"一堂之主人翁"③，借以"培养独立自主之品格"，然后"发达其民族主义，与欧美名强国争存于二十世纪之中"。然而，这一正当要求触犯了校方的利益和统治者的大忌，横遭压制。在严峻的现实面前，学生们怒指专制学校为专制国家的缩影，毅然掀起退学风潮，把脱离学校压制的"直接之苦"，作为洗刷奴性，摆脱专制国家压制的"间接之苦"甚至"外人之羁缚"④ 的起点。南京陆师学堂退学生自豪地将自己比作北美独立战争的抗英先驱，称"将来新中国之事业，即基础于吾辈陆军第一番冲突"⑤。讲步舆论也形象地称退学为"摆脱旧中国建立新中国之小舞台"⑥。

第五，留日学生的支持和欧洲学生运动的影响。1902 年，东京留学生举行新年团拜大会，称会场为美国独立厅。国内学生闻讯，对此"艳羡万分"⑦。同年夏，留日学界发生成城学校入学风潮，为了抗议日本警方的干涉和驻日公使蔡钧的丧权辱国行为，100 多名学生弃学

---

① 《南洋公学一朝而同心退学者二百人》，载《选报》第 35 期。详为："一擅出法令；二威力束缚人；三教育不如法；四禁阅新书，禁止演说；五禁人在法律之自由，以自便其非法律之自由；六任用私人；七喜听谗言；八视教习为门客，无敬礼意；九视学生为奴隶，无体恤意；十此用人送脩敬为私恩；十一克减汉学薪水；十二侵及学生教习应有权利。"

② 中国少年之少年：《中国灭亡小史》，第四章"戊、学界风潮"，载《复报》第 8 号。

③ 一学生来稿：《此之谓改良》，载《中国日报》，1904 年 3 月 26 日。

④ 爱国青年：《教育界之风潮》，第五、七、八、十二章。

⑤ 《江南陆师学堂学生退学始末记》，载《苏报》，1903 年 5 月 6 日。

⑥ 《敬告浙江志士》，载《苏报》，1903 年 4 月 19 日。

⑦ 爱国青年：《教育界之风潮》，第五、七、八、十二章。

归国。当时"全国志士皆东望愤怒，目皆眦裂"①，"而东南学界相继起革命"②。南洋公学退学生明确地把这次斗争视为自己行动的先导之一，广东大学堂学生则把总办比作"蔡和甫（钧）之警察"③。留日学生还向国内学界提供了具体支持。浙江留日学生获悉本省大学堂学生退学，开临时特别会捐款 300 元。其时"留学生官费者仅能自给，自费者大半称贷"，其捐款"虽一元半元之微，而其中有斑斑点点之血泪在"。④ 南京陆师学堂退学风潮前后，留日学生写信痛责总办俞明震，正在日本留学的俞大纯也指责其父"任人不明，是非颠倒"，"若不改良，必将身败名裂"。⑤ 湖北留日学生监督陈曾寿，在鄂时"所办方言学堂伦理课程专驳民权自由"，又开除鼓吹民主思想的学生田桐、宋教仁等人，"留学生大为哗议，并有欲攒殴泄忿者"。⑥ 陈不安于位，借词遁归。1902 年，胡衍鸿等 5 人因成城学校入学风潮"大辱国体，愤而退学归国"⑦，应邀到广州时敏学堂演说，揭露日本侵华野心，鼓吹强种爱国。另外 4 名浙籍留学生在杭州安庆学堂演说达两小时之久。在爱国学社以及由浙江大学堂和蕙兰书院退学生组成的两浙公学中，还有留日学生担任教员。

在宣传方面，邹容、陈天华、杨笃生等人撰写的《革命军》《警世钟》《新湖南》等书籍，深受国内学界欢迎。苏、浙、湘、闽等省留日学生组织编译社，翻译出版了大量西学著作（包括由日文转译及日本人的著述），输入国内。由留日学界以及归国学生主办或参与编辑的 20 种报刊，在国内学界广泛流传。苏、浙、闽、鄂、湘、皖、滇、黔、川等省留学生分别发布告同乡书，有人还主动向国内学界寄送革

① 蒋维乔：《鹪居日记》，壬寅年七月初七日（1902 年 8 月 10 日）。

② 中国少年之少年：《中国灭亡小史》，载《复报》第 8 期。

③ 《散学汇闻》，载《选报》第 50 期。

④ 孙籽耕：《记改进学社向励志学社借款事》，载《苏报》，1903 年 7 月 1 日。

⑤ 《江宁近事汇录》，载《苏报》，1903 年 4 月 19 日。

⑥ 《留学界报告》，载《警钟日报》，1904 年 9 月 2 日。

⑦ 《演说略述》，载《汇报》第 421 号。

命书刊信函，"凡以输入文明、扶助进步者，至殷且挚也"①。胡衍鸿、陈由己、黄兴、吴禄贞、秦毓鎏等一大批留日学生在全国各地任教，传播民主思想。由他们执教的学堂往往成为当地学界的中心，其中梧州中学堂、长沙明德学堂、安徽芜湖公学、上海丽泽学堂还是重要的革命活动基地。拒俄运动中，留日学界派遣黄兴等7名学生专程归国，发动和联络国内学界，许多人还主动回国开展宣传鼓动和联络工作。在两湖、江浙和安徽，留日学生更成为学界领导的重要成员，云南学界也由留学生策动成立团体。

欧洲的学生运动给中国学界以深远影响。在曾经把成打的王冠扫落尘埃的欧洲资产阶级革命中，学生起了披荆斩棘的先锋作用。中国学生在学习西方历史时，对此产生强烈共鸣。他们说："英法各国之革王政改民主也，掀天揭地大风潮，其动力实发起于蒙塾之教长，学校之青年。"②"巴黎之学生，维也纳之学生，柏林之学生，圣彼得堡之学生，撞自由钟矣，树独立旗矣，杀皇帝矣，倒政府矣，世界革命之大风潮，该学生等所造出者也。""学生为革命之原动力……是世界所公认者也。"③"充学生之势力，无论内忧，无论外患，殆无不可摧陷而廓清之。"④ 自信自负中充满着责任使命感。

从书本上回顾历史，毕竟缺少形象的感召，对学潮直接起鼓舞作用的，是1902年上半年席卷俄国的学生斗争风暴。以莫斯科和圣彼得堡为中心的俄国学生，长期进行反对沙皇和文部制定的学制、校规的斗争，到1902年年初，冲突趋于激烈。学生们散发传单，举行集会和示威游行，并与前来弹压的军警展开殊死搏斗，不少人惨遭杀害，大批学生被监禁或流放充军。然而，学生们并不因此而畏缩，又将屠杀学生的刽子手、沙皇的内务大臣刺死。中国学界对此反应十分强烈。

① 《〈湖北学生界〉及〈浙江潮〉之发刊》，载《政法学报》第1期，癸卯年（1903）。

② 共和生稿：《论中国士习腐败之现象》，载《警钟日报》，1905年1月1日。

③ 《祝北京大学堂学生》，载《苏报》，1903年6月6日。

④ 《论中国学生同盟会之发起》，载《苏报》，1903年5月31日。

当时沙皇政府害怕国际舆论的谴责，严密封锁消息。中国新闻界通过各种渠道了解事件真相，加以披露，使学生们了解到，俄国学生拼死斗争，是因为"不满于现在俄国之政体，而常倡兴起自由破坏专制之说"①。俄国学生当街高唱"灭除专制政，人人各自由"② 的壮烈场面，使中国学生大为感奋，他们说："大陆专制国，惟我国与露西亚国，（露国）酷待学生之事，实为一部惨淡之历史，而学生至于流无限之鲜血以争之，将断断造成他日共和之新露国。呜呼！我同学之担负，岂不重哉！"③ 正如唐·普赖斯所指出的，南洋公学风潮"至少部分地为俄国学生的罢课所鼓动"④。

在对学潮的认识和斗争信心方面，学生们以"俄君主也，全国之风涛已震动矣"，证明反对专制乃是人类社会的普遍要求，自己的行动具有正义性，进而指出，"俄罗斯学生之风潮披靡全国，以俄皇之专制，至不能不降心以从之"⑤，从中看到了学生运动的威力和希望。在组织方面，他们认识到俄国学生力量的根源，在于"学生之相结"。"彼二三千学生，分焉则弥于六合，散处四方，几如海滨乱石，各不相知。乃一合焉，而其势如是，至动俄皇之心，团体又曷可少哉？"从中他们进一步感受到了"自组团体"的重要性。在俄国学生斗争的鼓舞下，他们表示，"虽不足方轨齐驱，其精神则一也"⑥，决心发扬其英勇气概和牺牲精神，迎头赶上，"不使露西亚之学生专美于世界"⑦。进步人士也以"俄罗斯学生谈自由，创革命，风发泉涌，政府震慑"⑧为据，肯定学潮的正义性。蔡元培在调解浔溪公学第二次风潮时，正是抓住了中俄实行专制，学理与政治相反的要害，比较共和立宪诸国

---

① 《中外日报》，1902 年 4 月 28 日。

② 《中外日报》，1902 年 4 月 24 日。

③ 《南洋公学学生出学始末记》，载《政艺通报》第 20 期，壬寅年（1902）。

④ Don. C. Price, *Russia and the Roots of the Chinese Revolution，1896—1911*，Harvard，Harvard Vnirersity Press，1974，p. 129.

⑤ 《论中国学生同盟会之发起》，载《苏报》，1903 年 5 月 31 日。

⑥ 爱国青年：《教育界之风潮》，第七、十二章。

⑦ 《破坏之教育》，载《选报》第 35 期。

⑧ 《论学生本分》，载《万国公报》第 168 卷。

学理与政治密合，学生专心向学的事实，指出学潮频繁的原因，在于学生毕业后不能实现其理想，不得不于在校期间被迫起而斗争。

六、影响与历史地位

1902—1905 年的国内学潮，对近代中国产生了深远的影响。在此之前，进步势力发动过变法维新和反清起义，冲击了清王朝的统治，但因力量对比悬殊，前者在付诸实践时不能直接贯彻政治宗旨，后者则存在着影响范围的局限。由于近代机器工业在中国发展存在严重障碍，士绅商群体的分化转变比较缓慢，而到国外接受新式教育的人数毕竟有限，进步势力的政治代表长期苦于缺少有组织的社会力量，活动起来十分困难。学潮使新兴学生群体在政治上迅速崛起，不仅提供了一支重要的行动力量，而且加速了各个领域的近代化进程，推动了社会关系的演变。学界风潮从沿海到内陆，从都市到中小城镇，以武器的批判的形式，广泛地冲击了旧的统治秩序，促使新的革命高潮接踵而来。

首先，学潮打击了帝国主义和专制皇权。学生们反对教会以及洋教习、洋奴的斗争，向社会揭露了列强的侵略本质，激励人们起来抵制和反抗其政治、经济、文化渗透。在一些省份，由于学生"鼓吹排外热潮，煽动普通民众"，出现了"排外热潮蓬勃兴起的景象"。[1] 面对武装侵略，学生们不仅集会请愿，通电抗争，而且编队请缨，甚至亲赴前线，发动和组织民众，武力抗敌。[2] 这即使在后来革命党人的活动中亦属罕见。他们所倡导并身体力行的军国民主义，要求在反侵略的同时改变社会制度，以政治民主求富强，使一盘散沙的"东亚病夫"成为体魄强健、训练有素、组织有方的军国民，给中国人民的反帝斗争注入了新的活力。

---

① 《中国排外说遍布及南方暴动蜂起》，外务省文书，见〔日〕中村义：《辛亥革命研究》，124～125 页，东京，未来社，1979。

② 例如，京师大学堂学生丁开嶂、朱锡麟，译学馆学生张榕到东北组织抗俄铁血会、东亚义勇队和关东保卫军。

学潮使清政府的求新努力由主观上以巩固其统治为目的，变为客观上以动摇其权威为结果。被它当作救命良方以图苟延残喘的新政，却造就了自身的掘墓人，成为置它于死地的绝命丹。为民主思潮所鼓荡激励的近代学生群体的崛起，使清王朝陷入窘境。1905 年《汇报》第 650 号上一篇题为《论近日政府弭患当定方针》的文章，淋漓尽致地反映出统治者的惶恐心理："横览我国目下现形，于外侮外有极可危者三：饥民也，游勇也，学界之青年也。""散学抗上之风，盛行各省，革命自由之党，遍布中原，甚至鞫票布之匪徒，姓氏牵连教习，捕华兴之丑类，羽党掺杂学生……学界之狂风恶浪，恐将横溢于支那片土而不能捍御矣，危乎否乎！"饥民、游勇是统治者长期以来的心腹之患，对此他们无外乎采取剿抚兼施的惯用伎俩。但是对于学生运动，却无"祖训"可遵。清政府从中央到地方，议论歧出，莫衷一是。湘抚赵尔巽、闽督李兴锐伪装开明，甚至允许学生拒俄自治；湘抚陆元鼎、皖抚聂缉椝、粤抚张人骏、陕抚升允、护理浙抚翁曾桂则主张严厉镇压；学务大臣张百熙、湖广总督张之洞、署理鄂督端方、直隶总督袁世凯则大耍滑头，声称"亦不守旧，亦不维新，守着一个极中极正的道理做去"①，实则是以自己的利害为准绳。统治集团内部意见分歧，使大权独揽、老谋深算的慈禧太后也感到束手无策，举棋不定。因为学潮多与新政牵连，地方官吏为了免究干系，往往愿意息事宁人。《苏报》案后，国内学生纷纷走避日本，端方还致电蔡钧，声明"于学堂学生毫不干涉"，要他"将此意遍告学生"。② 这些分歧暴露出统治集团内部的裂痕，给学生留下了争取合法斗争权利的机会；同时反映出在皇权大厦将倾之际，清政府日益丧失其驾驭能力。学潮破坏了清王朝实行局部调节以增强统治机能的企图，使其内部的分崩离析不断加深扩大，出现了树倒猢狲散的征兆。一些官僚暗中营造狡兔之窟，不肯出死力镇压学潮，加速了清朝的覆亡。

---

① 《已亡〈汉口日报〉主笔吴沃尧致武昌知府梁鼎芬书》，载《苏报》，1903 年 6 月 21 日。

② 《苏报》鼓吹革命清方档案》，见中国史学会主编：《辛亥革命》（一），467～468 页。

其次，学潮有力地推动了启蒙民主宣传。在学潮作为政治运动冲击专制统治的同时，学生们还充分利用各种形式的批判武器进行斗争。他们说："甲午以前，西人谓中国为睡狮；甲午以后，则视为死狮。"要让死狮复苏，成为东方的雄狮，就必须"造魂"。① 因此学生们认为，"学者不在斗室蓬庐，而在梯山航海"，决心跳出学堂的狭小圈子，走向社会，以造国民之魂为"天职"，"尽吾力，竭吾能，焦吾唇，敝吾舌，洒吾血泪，拼吾斗颅，以唤醒国民也"。② 各地学生阅读了进步书报后，"无不广演其说"③。上海、安庆、保定、杭州、开封、南京、武昌、长沙、南昌等地学生学毕纷纷成立演说会。爱国学社学生除在张园定期演说外，还经常应邀到其他学堂演讲。学生们特别注重对下层民众的启蒙。上海补余学堂的文学会，"专以开通下等社会，激发他的爱国心，使他晓得国耻国仇，力图恢复"④ 为宗旨，还绘制印刷了《明耻图》，很受下层群众的欢迎，一月之内销售数千张。许多学生利用假期返里之机，对家乡父老展开宣传。在无锡、常州、南汇、黄岩等地，爱国学社、南京水师学堂、南洋公学、浙江大学堂的学生相互结合，并与放假归来的留日学生及当地进步人士联系，组成演说会，或固定会场，连续"大兴演说"，"入座听讲者，上自士林，下至贩夫走卒，每日有五六七百人，座为之不容"⑤，或巡回流动演讲，如南汇讲学会"由新场而周浦而大团而川沙，每会上下流社会环而听者辄数百人"⑥。青浦、嵊县、海盐、兰溪、嘉兴等地学生也和进步人士一起，组织演说会，以"唤起国民思想，开通下流社会"⑦ 为宗旨，有的还计划到四乡巡回演讲。这些演讲受到民众的普遍欢迎，"演说到慷慨悲愤之处，四座拍掌之声如雷"⑧，同时也促进了学生自己的思想转

---

① 爱国青年：《教育界之风潮》，第七章。
② 《曹君梁厦致同里李某书》，载《童子世界》第 15 号。
③ 绿意轩稿：《民权问答编》，载《东浙杂志》第 4 期。
④ 《文明介绍》，载《中国白话报》第 8 期。
⑤ 《论常州武阳两县令之荒谬》，载《苏报》，1903 年 5 月 30 日。
⑥ 《南汇县党狱始末记》，载《江苏》第 5 期。
⑦ 《练习演说会之发达》，载《警钟日报》，1904 年 11 月 9 日。
⑧ 《纪常州演说会事》，载《苏报》，1903 年 3 月 23 日。

变，"平日不敢谈自由，至演说而文明之谈竞进矣；平日不喜言激裂，至演说而革命之论蜂拥矣"①。因而各地官府每每以"倡言革命"② 为由，加以阻挠。学生们注意对下层民众的启蒙教育，说明他们在寻找和试图发动广大的同盟军。尽管学生们以蒙师自诩，思想感情不能与民众完全沟通，但毕竟起到了启迪民智、开通风气的作用，推动先进代表自觉的革新救亡活动与下层民众自发的反抗斗争走向结合。

除演说外，有些退学生回乡担任教职或创办学堂，以开启民智，如浙江嵊县学堂教员中有 4 人是浙江大学堂退学生，江苏山阳韦财学塾体操教习由南京陆师学堂退学生担任，南洋公学退学生殷次伊在常熟创设城西小学等。同时，学生们积极利用大众传播工具，由他们主编或参与编辑的一批报刊，如《译林》《新世界学报》《江西白话报》《湖南演说通俗报》《童子世界》《苏报》《国民日日报》《中国白话报》《杭州白话报》《萃新报》《女子世界》《醒世歌词》等，在国内销路很广。《新世界学报》和《苏报》的精辟政论，使当时以中国报界魁首自居的《新民丛报》也不能不表示钦佩。学生们还主动承担发行义务，许多报刊以各地学堂为派报处。《中国白话报》发刊后，湖南学生集资订购数百份，"以分送其乡人"③。成都学生"创设学会，撰报译书著论，通行于四乡，推及于全省"④。安徽大学堂学生则每人订购一份《安徽俗话报》，寄归乡里。

学生的民主宣传遭到地方顽固势力的拼命反对。浙江大学堂退学生在黄岩鼓动当地蒙学生"割辫革命""削发归宗"，使之"合群独立自由平等之公例皆热于胸中"。⑤ 拒俄运动兴起时，他们在顽固派的巢穴城隍庙召开特别演说会，公开向旧势力挑战。地方劣绅一面怂恿知县封禁教育社，拘捕演讲人，一面四处造谣，煽动无知者哄闹滋事。在南汇，黄炎培等人演说顾炎武和西乡隆盛的事迹，带头破除迷信，

① 爱国青年：《教育界之风潮》，第四章。
② 《密拿新党连志》，载《苏报》，1903 年 7 月 4 日。
③ 《中国白话报〉广告》，载《警钟日报》，1904 年 4 月 8 日。
④ 李德夫人自成都来函：《成都天足会近状》，载《万国公报》第 186 卷。
⑤ 《黄岩学界》，载《苏报》，1903 年 6 月 17 日。

恶霸黄德渊纠众 300 余人哄砸讲学会，并指控学生"亵渎神明"，"聚众演说"，"异说惑人"①，于是知县下令逮捕，酿成党狱。常州劣绅散布谣言，指"演说会会员皆系悖逆之士"②，要地方官出示严禁。嘉兴、海盐等地的演说会也遭到地方官绅的破坏。旧势力的暂时嚣张，使斗争出现了曲折。但重要的是，这些斗争把民主主义与专制蒙昧主义的冲突由都市引向城镇乡村，触动了基层的专制与教化权力，使各阶层群众受到民主思潮勃兴的感染，引起了社会风气的变革。当时有人举目神州，满怀希望地赞叹道："今吾国各省之同胞，幸各能汲汲以播布文明于其乡土为己任，故亦渐觉駸駸日上，城野改观。而其进步之速者，则已见教学之校相望于郊畿，阅报之人遍及于妇孺，有藏书之楼，有俱乐之部，有体操之场，有演说之坛，有议政之会，'死守祖国，誓抗异族'之言，喧传于里巷，'自由不死，民权万岁'之声，圜溢于道途，足使西人见之而生其钦敬之心，戢其鸥张之念。盖皆求以智力角胜于外人，使之敛手而不敢干犯者也。"③ 包括学生们的努力在内的民间启蒙革新活动，使东方巨人从昏睡中逐渐觉醒，显示出巨大潜力。

随着斗争的深入，各种形式的批判武器也不断完善。学生们除宣传爱国救亡、军国民主义和民主自治外，还突出地用共和革命批判君主专制，对于高级形式的武器的批判——武装起义，起到了积极的推动配合作用。一些学生对皇帝展开猛烈抨击，斥责其为"民贼""罪魁"，公开声称"欲免恶果，必先除恶因，必先除造此恶因之祸首"④，并大张旗鼓地为革命正名。他们说：什么是革命？"革命两个字的意思，就是改改好"，"我们国度里政事从前很坏，官吏从前很不好，如拿他改好变好，这就是叫一国的革命"。统治阶级指革命为"造反"，是因为"奸诈的皇帝从百姓手里夺了天下去，他又怕百姓夺回去，所

---

① 《新场讲学会之历史》，载《国民日日报》，1903 年 9 月 29 日。
② 《记常州演说会事》，载《苏报》，1903 年 3 月 23 日。
③ 《福建之现势》，见黄藻编：《黄帝魂》，201 页。
④ 钱瑞香：《论中国民族无尚武精神之原因》，载《童子世界》第 23 号。

以立出造反的名目，不过禁住百姓，不敢再去夺回罢了"。① 因此他们郑重宣告，"独立革命者，特复仇之代名词而已，义之至，仁之尽也"②，并高声呐喊："革命哉！革命哉！非仁人君子不能为革命"，"亦惟革命而后为仁人君子"③，呼唤革命的暴风骤雨，为堂堂正正的革命之师鸣锣开道。章士钊的《孙逸仙》《沈荩》，赵声的《保国歌》，敖嘉熊的《新山歌》，南洋公学退学生的《教育界之风潮》和《新世界学报》《苏报》《童子世界》《国民日日报》《警钟日报》等书刊，宣传"排满"革命，批判立宪保皇，在革命派与保皇派的初期论战中起了重要作用。

　　学生们在斗争中逐渐锻炼成长起来。正如《中国日报》所说："有造风潮之腐败学堂，然后有起风潮之强硬学生，故经一度之风潮，即有多数之进步。"④ 蔡元培也曾预言："吾意学校冲突之风潮既起，学生社会之公德渐明，手段渐高，其后冲突之事，将不可胜纪。"⑤ 民主主义风行于学界，"在学堂学生应试策论，其词激昂而郁勃，无不感其说而起"⑥。张之洞等人在奏折中不无惊惧地提到，学生最喜欢使用团体、国魂、膨胀、代表、牺牲、社会、组织、冲突、运动等新名词。⑦ 民主思潮的蓬勃高涨，猛烈地冲击着封建意识形态，引起统治阶级的极度恐慌，他们惊呼，"自由之说至于今日，误人甚矣。父不能束其子，师不能课其弟，甚至刑威文教亦几几乎不能化愚妄之人心，诚世道之大忧也"⑧，发出了面临灭顶之灾的悲泣哀鸣。

　　辛亥革命的思想准备首先是以民权反对皇权，以民主反对专制。革命派与保皇派的论战，是其中的重要组成部分。但是，由于论战围绕斗争的方式、道路和目的等问题展开，在一定程度上影响和冲淡了

---

① 陈君衍：《革命书》，载《童子世界》第 23 号。
② 杜士珍：《复仇篇》，载《新世界学报》第 15 期。
③ 汤调鼎：《菲律宾战史独断》，载《新世界学报》第 14 期。
④ 《痛哉武备惜哉武备》，载《中国日报》，1904 年 3 月 14 日。
⑤ 《浔溪公学第二次冲突之原因》，载《选报》第 35 期。
⑥ 《民权问答篇》，载《东浙杂志》第 4 期。
⑦ 《学务纲要》，见舒新城编：《中国近代教育史资料》上册，205 页。
⑧ 三乘槎客撰：《自由界说》，载《南洋官报》第 19 期，甲辰年（1904）。

从正面系统批判封建主义、传播民主思想的主题，而后者为革命所不可或缺。在此期间，除了革命派与保皇派的论战外，围绕学界风潮，封建阶级与进步力量之间也展开了激烈论战。在民主阵营方面，继承和发展了戊戌以来，特别是《清议报》以后梁启超等人批判专制、鼓吹民权的旗帜主旨①，并且这一主旨由于学界风潮的兴起而迅速扩大、深入与激化。为了阻遏民主思想的传播，清政府一面颁布各种禁令，一面相继举办南北洋、秦中、济南以及湘、赣、川、皖等省官报，在推行新政的同时，展开旨在反对民权自由的舆论进攻。然而，统治者的顽抗反扑无法阻挡民主巨浪的冲击。学生们以自己的言行宣告于世：民主自由是天下公理，民众是国家的真正主人，专制统治人人可以反对。皇权失去了昔日的神圣灵光，这就在意识形态领域为推翻皇权、建立共和扫除了障碍。

再次，学潮锻炼和造就了一大批革命骨干，给国内的和平斗争注入了激进民主主义因素，为同盟会等革命团体的成立与发展，做了组织上的准备。留学界是革命派的重要基地，国内学潮的兴起则有助于加速留学生的革命化。第一，许多具有激进思想的学生在风潮中退学东渡，如广东大学堂的胡毅生，浙江嘉兴秀水学堂的龚宝铨，杭州中学堂的汤栖，浙江大学堂的蒋方震，湖南方言学堂的田桐，福建东文学堂的林志均、程树德，上海广方言馆的赵世瑄，南洋公学的张肇桐，以及宋教仁、戴季陶等。他们把退校看作脱离"野蛮之牢笼"②，而以赴东为"入自由之域"③。这在当时成为一种普遍现象。1901 年至1902 年年初，留日学界一度比较沉闷，秦力山等人多方设法，均未打开局面。而"是岁国内风气大开，学生之新至者数百，又加之以上海南洋公学之风潮，其中退学以自费来者，尤为铮铮铁铁"④，同时受到

---

① 正如主张君主立宪的伏尔泰和孟德斯鸠与鼓吹主权在民的卢梭同样是法国大革命的启蒙思想家一样，梁启超的君主立宪主张不改变他作为辛亥革命启蒙思想家的历史地位。

② 《东京留学生赵君世瑄与曾君鹏云书》，载《苏报》，1903 年 5 月 26 日。

③ 爱国青年：《教育界之风潮》，第三章。

④ 秦力山：《说革命》，载《中兴日报》，1909 年 8 月。在南洋公学风潮前后，该校共有 18 人赴日。

成城学校入学事件的刺激，遂一扫阴霾，留日学生的政治热情猛涨。第二，湖北、浙江、广东等省官吏害怕学生民主思想膨胀危及自己的地位，把激进学生送去留学。例如，端方派朱和中、胡秉柯等人到欧洲学习实业，结果他们成为孙中山组建欧洲革命团体的依靠力量，仅派往比利时的 24 人中，加入革命团体、有名可查的就达 14 人。杭州求是书院 1901 年冬有学生 75 人，到 1903 年，陆续东渡者达 57 人。该院及杭州中学堂赴日留学的叶澜、王嘉榘、董鸿祎、蒋尊簋、许寿裳等，后来成为革命骨干。第三，学潮暴露了国内学堂的腐败，"有志之士，是以多不愿入学堂"①，纷纷东渡。他们公开宣称，"我辈到东，非为学而来，为我国民而来也。若第拘之于学业，则令学成归国，不过养成奴隶性质，以备受人驱使而已"②，因此把主要精力用于探讨救国方略。例如，陆规亮到日本后，"孜孜焉求其革命之起点，维新之初步，适与我邦时势相合，而足为邦人之师资者"③。赵世瑄也说："来游海外，取彼之长，补我之短，庶几乎将来可以独立于竞争最烈之大舞台也。"④ 拒俄运动中，南洋公学退学生殷次伊、福建东文学堂学生陈鲲、扬州学生陈韶唐皆以瓜分在即，决心以死惊醒同胞，在赴日途中或筹划赴日时投水死事。陈鲲"生平持民族主义，立志倒满洲政府"，他欲以一死为留日学生"倡导"，希望他们"闻吾事有所感奋"，"他日能竟吾未竟之志"。"东京同人闻之大感动"⑤，很快抛开温和的外衣。爱国学社更从一开始就反对东京军国民教育会的上层路线。国内革命分子东渡加速了留日学生的革命化，为同盟会的成立奠定了基础。

　　学潮还促进了国内革命力量的积聚。上海形成国内革命活动的一个中心，与学潮有着密切关系。由退学生组成的爱国学社或学堂以及由他们编辑的报刊，成为革命派的重要据点和喉舌。浙江大学堂退学

① 《高等学堂之现状》，载《警钟日报》，1904 年 5 月 6 日。
② 《刘云龙》，载《湖北学生界》第 4 期。
③ 云间陆规亮：《译〈日本维新之活历史〉序》，载《政艺通报》第 20 期。
④ 《东京留学生赵君世瑄与曾君鹏云书》，载《苏报》，1903 年 5 月 26 日。
⑤ 《记仇满生》，载《浙江潮》第 6 期。

生马宗汉回到家乡余姚，与同志创立三山蒙学堂，"诏以亡国之痛，异族之祸，弟子皆泣下，莫能仰视"，并经常"购求近人言光复书散之乡里"。章炳麟推许道："浙江所以多义旅者，宗汉力也。"① 爱国学社学生敖嘉熊设立温台处会馆，联络各地志士。湖南学生在同顽固势力的冲突中，更加靠拢华兴会，不少人退学后转入明德学校。各地退学生改入进步学堂成为普遍现象。湖北的科学补习所、云南的誓死会、四川的公强会、上海的福建学生会、福建的益闻社、江西的易知社等，均以学生为主体。这些革命小团体的力量后来大都汇入了同盟会。

国内学界革命风气盛行，与孙中山在美洲扫荡保皇派的斗争遥相呼应。孙中山美洲之行的目的，是恢复和巩固海外阵地，为组建新的革命大团体做一铺垫。国内学潮客观上成为这一行动的强劲声援。旧金山致公堂为孙中山活动事向美洲各埠洪门发布的公启说："近者各省读书士子游学生徒，目击满清政府之腐败，心伤中华种族之沦亡，莫不大声疾呼，以排满革命为救汉种独一无二之大法门。"② 在国内"民族主义日高万丈"的形势感召下，华侨逐渐认清了保皇派的真面目，"不再为彼辈所愚"③，一些地方的保皇会开始动摇瓦解。孙中山正是看到"中国各省，已造成士大夫豪俊革命气象"，知识分子迫切要求建立统一组织，于是"谋设同盟会，指挥事业"。④

学潮加强了学界内部的团结以及学界与其他各界的联系。学生自治团体增多，局部地区出现了统一组织。不少学生还与当地进步人士共组团体，如江西大学堂退学生钱风翠的德育会，福建东文学堂学生的崇实讲会、海浜公会，南洋公学退学生殷次伊在常熟组织的开智会、通学会、爱国学社和浙江大学堂退学生参与组织的黄岩教育社、台学社，京师大学堂学生丁开嶂等人的抗俄铁血会等。同时，学生在学潮中经历了锻炼考验，掌握了斗争策略和方式，有助于他们在之后和平

---

① 《徐锡麟陈伯平马宗汉传》，见中国史学会主编：《辛亥革命》（三），181页，上海，上海人民出版社，1957。

② 《警钟日报》，1904 年 7 月 2 日。

③ 《檀山通信》，载《广东日报》，1905 年 3 月 9 日。

④ 刘成禺：《先总理旧德录》，载《国史馆馆刊》创刊号，47 页。

方式的斗争中充分发挥作用。这在 1905 年抵制美货运动中已有显著表现。当时十分活跃的上海梵王渡约翰学堂学生，就是通过学潮由消极转为激进的。正如拒俄运动一样，民主倾向促使学生积极投身于国内和平方式的运动，成为中坚力量或激进的一翼，使之与武装反清衔接为有机的整体。

最后，学潮推动学生向旧礼教和迷信观念发起冲击，在思想文化方面革故鼎新，成为新文化运动的先声。

学习和掌握了一定的自然科学知识，使学生们十分痛恨封建迷信的误人害人，特别厌恶偶像崇拜，而风潮的激荡令青年们无所禁忌。常熟育志学堂学生"既扫除迷信，则有一发不可遏之势"，"见偶像咸欲破坏之"，因此"屡有毁坏偶像之举动"。[1] 浙江黄岩学生占据文昌祠，将偶像砸碎烧毁。江苏南汇学生把以迷信骗人的永宁寺视为"文明进化之蠹"，"苟不去之，其碍于进步非浅"，由 65 人共同签名，提倡扫除。当地风俗尚鬼，有所谓装鬼的"鬼瓮"，学生们"以为愚妄，共相毁碎"。[2] 这些寺庙偶像往往是地方顽固势力的巢穴和权力象征，学生破除迷信的活动与之发生了激烈冲突。反对迷信也是演讲和学界报刊的重要论题之一。此外，学生们还大力提倡剪辫、放足，革除恶习陋俗，反对腐败，维护公德，在世人心目中，逐渐成为善的化身，与代表恶势力的清政府相抗衡。

孔孟儒学"以宗法为根据，忠孝为本原，立君父为至尊无上之体"[3]，是中国专制制度的精神支柱。学生们痛恨专制，势必导致对儒学的鄙弃批判，"鉴于中国政治之弊，以为中国之政治，皆受孔教之影响也，而革教之问题以起"。他们指出，孔教在三方面对社会产生了恶劣影响，"一则区等级而判尊卑"，"一则薄事功而尚迂阔"，"一则重家族而轻国家"。[4] 孔教的政略只有"趋逐劣种侵陵之法，无抵拒文明种人之策"，因此，必须"去其辅王室之积习，而改为国民参政之资格，

---

① 蒋维乔：《鹪居日记》，甲辰年正月初二日（1904 年 2 月 17 日）。
② 《新场讲学会之历史》，载《国民日日报》，1903 年 9 月 25—29 日。
③ 邓实：《国学微论》，载《国粹学报》第 2 期，1905 年。
④ 警钟：《论孔教与中国政治无涉》，载《萃新报》第 4 期。

国民自治之主义"，否则"无以对内而望国步之改良，亦无能对外而为独立自尊国民之望"。① 他们进一步揭露孔教与皇权的关系，说"那些民贼为什么这样尊敬孔子呢？因为孔子专门叫人忠君服从这些话，都是很有益于君的，所以那些独夫民贼喜欢他的了不得，叫百姓都尊敬他"，并告诫人们不要被统治者尊孔子为"至圣""那种放屁的话惑住"，号召国民"做现在革命的圣贤，不要做那忠君法古的圣贤"②，以革命英雄观反对封建忠孝观。他们把孔子从神坛上赶下来，宣称只要是追求真理，"即孔子亦可背焉"③。众所周知，戊戌变法期间维新派在思想上以孔子为护身符，这种利用传统思想的外壳来宣传新型政治主张的做法，虽然减少了一些阻力，却给封建内核留下存身之地。学生们从正面展开对孔子的批判，并且深入儒学的社会本质，在中国历史上具有深远意义。

学生们对于经史辞章等旧学也表示轻蔑，认为"学必求其有用"，如果"终日呻唔，绞耗脑汁，以治博士家言"，则"转妨吾业"。这使卫道士们如丧考妣，惊呼："经也，史也，词章也，中国数千年学界之精华，毕萃于此，学者一旦顾轻蔑乃尔！"④ 为了开通下层，学生们还注重应用白话文，提倡"文言革命"，指出："今日变法，以开民智为先，开民智莫若文言革命。""以中国今日而论，文言革命一事，乃一最要关键。"⑤ 直隶大学堂学生编写官话字母书数册，"一则可为教育普及之基，一则可为语言统一之助"⑥。这些都有助于文学形式的变革。

提倡女权，兴办女学，在这时也蔚然成风。由原南菁学堂学生丁初我等人创办的《女子世界》，成为宣传女权的重要阵地。他们反对封

① 《论中国普通教育之基础》，载《苏报》，1903 年 3 月 10 日。

② 君衍：《革命书——法古》，载《童子世界》第 31 号。

③ 《黄岩学界》，载《苏报》，1903 年 6 月 17 日。

④ 《读南皮尚书建置存古学堂札文》，载《江西官报》第 1 期，乙巳年（1905）。

⑤ 《教育学会演说》，载《文言报》第 2 号。

⑥ 《直隶学务处呈复核议官话字母请实力推行文并批》，载《湖南官报》第 842 号。

建宗法制度，倡言"革命！革命！！家庭先革命！！！"①，号召发起"女界革命军"，"脱男子的羁绊，复女界的权利"②。各地学生与开明人士一道，组织"不缠足会"，把解除束缚视为"光复故体"③。他们说："欲再造吾中国，必自改造新世界始；改造新世界，必自改造女子新世界始。"④ 作为国民之母，妇女只有首先获得解放，具备国民资格，才能强健民心国魂。他们进而把家庭革命与政治革命相联系，指出："今日非处专制压制下不必言革命，非处再重专制下更不必言女子家庭革命。""政治之革命由君主法律直接之压制而起，女子家庭之革命由君主法律直接之压制而起，其原因同。"⑤

在这些宣传的鼓动下，青年女子踊跃入学。杭州、长沙女学堂均因报名人数大大超过招生数而增加名额。湖北女学堂原设保姆、师范两班，张之洞以"教育青年妇女，易启背逆之端"⑥ 为由，下令裁撤师范。学生们另立公学，以相抵制。上海务本女校女生不少已年近三十，"有一个嘉兴学生，年纪四十多了，领着女儿媳妇，也到上海读书"⑦。1905 年，该校学生达 155 人。蒋维乔参观务本女校后，不禁赞道："美哉！中国女权当于是兴起乎！"⑧ 许多男生相约不娶缠足女子，并动员自己的妻子姊妹及亲属入学读书。

一些女生接受了民主思想，高唱："爱国争悬三色旗，女儿岂肯让男儿。"广东女学堂几位十几岁的学生分别撰文论述"朝廷与国家之异""欲倡平等，先兴女学""侵人自由与放弃自由之罪"，精辟地指出：国家不是君主私产，"实吾民之公共产业"；"故一国之民，当有国家思想，当尽国民之责任"。⑨ 女学生们自豪地说，"纳此二万万女子

---

① 初我：《女子家庭革命论》，载《女子世界》第 4 期。

② 天醉生：《敬告一般女子》，载《女子世界》第 1 期。

③ 《放足纪念》，载《女子世界》第 11 期。

④ 初我：《〈女子世界〉颂词》，载《女子世界》第 1 期。

⑤ 初我：《女子家庭革命论》，载《女子世界》第 4 期。

⑥ 《女学裁撤》，载《女子世界》第 3 期。

⑦ 常州女士张罗兰：《图书馆演说》，载《女子世界》第 3 期。

⑧ 蒋维乔：《鹪居日记》，壬寅年十月十一日（1902 年 11 月 10 日）。

⑨ 《女子世界》第 2 期。

于文明之中，而使能操平等自由之权利，各竭才智以济国家之用，则同心御侮而列强无敢欺凌，激励全国之精神，庶一雪四万万同胞之耻辱，而挽此千钧一发之危局矣"，呼唤巾帼出英雄，"声名震于全球，共列传于万世"。① 上海的爱国、务本、宗孟等校女生与男生一起集会演说，戎装操练，并组织拒俄同志女会。务本女校学生丁志先因国事忧愤成疾，"临终前大声呼曰：'余无他系念，最不能忘者，国事耳。此生不能死国，我死实有憾。'"一片爱国赤诚，催人泪下。她曾作诗道："世态离奇起大波，强邻四逼日操戈。纷开口岸客商集，互进轮帆异教多。旧政稍更徒粉饰，新机欲发早销磨。寸心但愿开民智，到处同听爱国歌。"② 诗中表达了强烈的忧患意识和对清政府的失望与谴责，呼吁民众亟起救国。1904 年春，拒俄同志女会改为慈航社，鼓吹"排满"革命。她们公开征集史料，为反清义士立传，欲将"二百六十年来志士仁人杀身成仁者"，"集具事迹，编辑一书，名之曰《成仁录》，以表彰潜德，以阐发幽光，以默慰毅魄贞魂于天上"。入选者有唐才常、林圭、史坚如、贺金声、沈荩等数十人。该社还发布广告，悬重赏"访求侠客，实行暗杀"③，并声明："凡志士遭卖国误国诸贼陷害，有性命出人者"，该社可设法保护，"或送往外洋，或寄匿密友处，务使其脱离苦海，竟登彼岸而后已"。④ 该社取名慈航，显然是要普度众生脱离专制苦海。

学潮对新文化运动的深远影响还表现在，新文化运动的许多重要人物，都是从这个时期开始成长起来的。当然，他们的许多思想因素这时还只是刚刚发萌。学生们比较强调以民主反专制，但对于专制制度赖以存身的封建经济，则很少触及。一些人对自由的理解和使用，有着明显偏差，鼓吹"自由者何？凡吾心所欲为之事，吾皆得而为之，而人断不能禁止吾压制吾也"⑤。就反专制而言，这无疑具有积极意

---

① 《湘乡张淑芬女士自金陵致其妹书》，见《游学译编》第 2 册。
② 《因花集》，载《女子世界》第 2 期。
③ 《女子义侠》，载《女子世界》第 4 期。
④ 《警钟日报》，1904 年 4 月 18 日、23 日。
⑤ 钱瑞香：《论自由》，载《童子世界》第 10 号。

义。但极端个人主义的恶性膨胀，即使对于反清革命也产生了严重的消极影响。这在爱国学社向中国教育会闹独立而导致分裂的事件中表现得十分明显。

由于燃眉之急是救亡与变革，学生们对自然科学知识未给予充分注意，"闻卢骚、达尔文之学而遗其自然科学"①，是比较普遍的偏向。加上大量西方思想学术著作由日文转译而来，"其影响于吾国学界者，唯政论为有力焉，而吾国学界青年之思潮亦唯喜政论而不喜科学"②。这就在很大程度上削弱了破除迷信的效力。扫不清愚昧的迷雾，扳不倒天上的神权，就很难消除人们对尘世皇权的盲从。学生们的反孔言论不仅遭到封建阶级的攻击咒骂，而且受到保皇派崇儒宣传的干扰。革命派中的一些人如章炳麟、刘师培、黄节、邓实等，也把儒学看成与西方文化相抗衡的中国传统文化的代表。1904 年冬，他们发刊《国粹学报》，想扭转青年学生片面追求西学、厌弃国学的偏向，以保存国粹来延续和发扬民族精神，结果干扰了刚刚开始的儒学批判。这个时期提倡白话文，主要是从对下层民众的启蒙着眼，文学形式本身的改革还在其次。而女权运动也是从政治上提出男女平等和妇女参政的要求，没有触及改变妇女经济地位低下状况的根本问题。所以，尽管它开风气之先，也仅仅是发萌。新文化运动中，首先从这时的学潮里成长起来的一代知识分子，在新的高度上向专制主义和礼教观念发动全面猛攻，其规模与深度，都为学潮所难与相埒。

当 1902—1905 年的学潮还在兴起高涨之际，就已经引起国内外人士的关注。1903 年，日本人田野橘次编写《最近支那革命运动》一书，专列"学生界最近之运动"一章。同年，柳亚子撰写《中国灭亡小史》，也有一节为"学界风潮"。然而，随着岁月的流逝，曾经风行一时的学潮，却仿佛被淡忘了。后来孙中山还提到"留东学生提倡于先，内地学生附和于后，各省风潮，从此渐作"③ 的概况，至于详情，除南洋公学风潮尚为人们所记忆外，已日渐模糊。对这一时期国内学

①　钟观光：《科学世界〉祝词》，载《科学世界》第 1 编。
②　《政论与科学之关系》，载《政艺通报》第 23 期。
③　中国史学会主编：《辛亥革命》（一），10 页。

潮进行全面探讨，可以得到一些有益的启示。

在欧美和日本学者中间，曾经有一种对辛亥革命性质的不同看法，即认为在此期间，中国资产阶级尚未形成；以孙中山为首的革命派前靠华侨，后靠留学生，在国内缺少基础，其活动不过是西方的舶来品，国内政治运动主要由立宪派和地方士绅所鼓动领导；由于中国内部不具备发动一场近代革命的社会条件，1911—1912 年的事件本身，不足以标名为革命。对此，除了理论上有待于进一步阐明外，学术界长期偏重华侨和留学生的活动，而把国内合法斗争完全归于立宪派，不能不说是导致认识偏差的客观原因。

1902—1905 年的国内学潮，展示了全然不同的景象。首先，学潮表明，早在 20 世纪初，国内就出现了一个政治主导倾向激进的学生群体，他们要求推翻专制皇权，建立民主共和，以挽救亡国灭种危机。留学生在推动革命形势发展，特别是促进同盟会活动方面居功至伟。不过，第一，许多留学生的革命思想发端甚至形成于国内；第二，留学生的革命宣传能够引起国内的广泛反响，重要原因在于国内具有接受的基因和媒介。国内外学生的革命化进程互为动力，时间上也同时并进。辛亥之际，国内学生群体达 300 万之众，成为革命派深厚的社会基础。

其次，中国革命所必需的内部社会条件，不是简单地从外部搬进中国，而是国内因素生长与外部影响相互作用的结果。由士子童生转化而来的学生，本已具有抗争不驯的性格，外部影响则使之增强并形成政治导向。学潮的锋芒一开始就指向专制制度，学生们从反抗校方专制上升到反对君主专制。这说明，尽管西方政治学说和革命思想的传播起了重大作用，但中国的共和革命绝不是西方政治变革的机械模仿和革命力量的直接输入。中国接受消化外部影响，使其固有的内在矛盾冲突不断强化，最终导致共和与专制的决战。

最后，学潮揭示了晚清时期，特别是 1905 年以后的一种复杂历史现象，即参加国内和平斗争的各种势力有着不同的政治态度，我们不能笼统称之为立宪派。学生作为国内合法斗争的激进力量，其政治倾向本质上符合革命派的宗旨。他们参加爱国救亡和民主运动，是为了打击清王朝，争取合法权利，履行国民义务，拯救民族危机，而不是追随立宪派的旗帜。他们的行动与国内革命党人的活动紧密配合，与海外革命力量遥相呼应，只有打击专制的进步意义，没有抵制革命的消极意向。只看到海外华侨和留学生的活动，或仅仅以国内同盟会会员的人数及其对新军、会党、士绅、商人的影响来估量革命派的社会基础，而把国内一大批赞同支持革命的进步知识分子和在很大程度上受其影响的民众划到立宪派一边，不符合历史实际。学潮表明，学生不仅客观上是革命派的基础，主观上也倾向于接受拥护革命纲领。因此，他们不断投身革命运动，武昌枪声一响，又由衷地欢呼和踊跃参加起义。他们不是从立宪转向革命，更不是投机革命。立宪派在唤起组织群众，领导国内合法斗争方面有功可居，但多少怀有对革命的恐惧心理和抵制意向，不能全面反映和代表参加合法斗争的广大民众的意愿，更不能左右其政治动向。不仅如此，当革命高涨之际，一方面由于形势逼迫和革命派斗争的激励，另一方面受到内部激进力量的推动，一些立宪派人士转向革命，另一些则被迫拥护共和。学生参加合法斗争，不仅没有被动地为立宪派所颐指，而且影响带动了群众，迫使立宪派跟着他们走，使合法斗争成为武装革命的辅助战线，促成压倒一切的共和呼声。因此，我们非但不能笼统地说立宪派担负辛亥革命的领导权，也不能将之简单归结为革命派领导武装斗争、立宪派领导合法斗争的双重领导。

　　当然，激烈的"反满"情绪不等于明确的革命宗旨。随着清廷允行预备立宪及学生群体急剧膨胀下成分日趋混杂，其政治倾向更加复杂多样。这种以整体扩大为前提的缓和降调，乃是发展过渡的伴随表现。

第三章 1905年后的兴学热潮与学生状况

清季新式教育，经历了洋务运动、维新变法和清末新政三个发展阶段，到1905年，由于正式废除科举制，旧学书院作为正统教育形式的地位被根本动摇，新式学堂一枝独秀，成为举国关注的一个热点。数以万计的"洋"学堂和数以百万计的"洋"学生，出现在都市城镇，甚至穷乡僻壤，对社会产生有力撞击，强制性地改变了社会的既有结构，引起剧烈震动。

一、举国相应的兴学呼声

在经历了2000多年君主专制统治的中国，国家政权对社会具有决定性支配力。新式教育前三个阶段的发展，均与统治集团内部的调整及其态度变化密切相关。1905年后涌起的兴学热潮，仍在很大程度上受权力杠杆的推动与控制。

清政府主要从两方面促成学堂的勃兴。第一，正式废止科举制。从隋炀帝大业二年（606）起，科举制度在中国实行了1300年，虽然曾经起过积极作用，但时过境迁，早已失去活力，成为束缚士林、禁锢思想、僵化社会的桎梏。维新派变法的要旨之一，就是变通科考内容，废八股试帖楷法，改试策论，希望以此为救急之策，逐步过渡到学校育才，以代替科举取士。义和团运动暴涨惨败的严酷事实，使人们意识到由原始本能的反抗情绪鼓动起来的民气，不能救中国于危亡，从而更加感到启迪民智、开通风气的重要与迫切。1902—1911年的上海海关报告称："自义和团动乱以来，包括政府官员、知识界、绅士以及商人阶级在内的人士，几乎普遍地确认，向西方学习是十分必要的，反对西式教育的人几乎不见了。"① 本来就对慈禧太后尽废新法有所抵制的张之洞、刘坤一等人，在著名的《江楚会奏变法三折》中建议："按科递减科举取士之额，为学堂取士之额。"1903 年，张百熙、张之洞、荣庆等又奏请"从下届丙午科起，每科递减中额三分之一"②，预期"十年之后，取士概归学堂"。

然而，"科举一日不停，士人皆有侥幸得第之心"，"民间更相率观望，私立学堂者绝少；又断非公家财力所能普及，学堂决无大兴之望"③，新式教育步履艰难。每临科考，"师生相率而下场，官立学堂一律停课"④。山西大学堂中斋于 1902 年开办时共招生 200 人，经壬寅、癸卯两届科考，中试举人 70 余名，均退学入仕，加上留学、病退等，空额过巨，只得另行招补。⑤ 为了摆脱困境，袁世凯、张之洞、赵尔巽、周馥、岑春煊、端方等新实力派联合奏请停科举兴学校。经历了 40 年洋务活动的兴衰成败，他们终于认识到："科举不停，学校不广，士心既莫能坚定，民智复无由大开，求其进化日新也难矣。故欲补救时艰，必自推广学校始，而欲推广学校，必先自停科举始。"科举既废，"广学育才，化民成俗，内定国势，外服强邻，转危为安，胥基于此"。⑥ 他们将科举存废、学堂兴衰视为新政成败的关键。由于科考取士根本不能满足新政各项事业的需求，光绪三十一年（1905）八月，清廷正式诏令，自丙午科起，停止一切乡试岁考。

废科举是中国教育史上的重大转折和社会变迁的重要契机。对此了解中国的外籍人士感受更加深刻。《泰晤士报》驻北京记者莫理循

① 徐雪筠、陈曾年、许维雍等译编：《上海近代社会经济发展概况（1882～1931）》，164 页。

② 《奏请递减科举注重学堂折》，见许同莘编：《张文襄公奏稿》卷三十七，1920 年排印本。

③ 沈桐生辑：《光绪政要》卷二十七，57～59 页。

④ 公奴：《金陵贩书记》，见张静庐辑注：《中国现代出版史料》甲编，393 页，北京，中华书局，1954。

⑤ 王家驹：《山西大学堂初创十年间》，见《山西文史资料选辑》第 5 辑，93～102 页，转引自朱有瓛主编：《中国近代学制史料》第 2 辑上册，1012～1018 页，上海，华东师范大学出版社，1987。

⑥ 沈桐生辑：《光绪政要》卷二十七，57～59 页。

说："中国能够不激起任何骚动便废除了建立那么久的科举制度，中国就能实现无论多么激烈的改革。"① 这既是反映社会趋势的征兆，又是有效的刺激。其最直接的结果，是断绝了数以百万计的童生士子为追求功名利禄而竞争角逐的天路历程，迫使他们怀着忐忑不安的心情大批涌入学堂，从而将新式教育发展的巨大障碍转化为强劲动力。在中国，士的社会地位十分特殊，它高居四民之首，属于民却不以民为结果，而以官为皈依。"学以居位曰士"②，他们兼有士、仕双重身份，并与在野官僚士绅息息相通。尽管士人有为民请命的传统，对官有所批评和抗争，但那也只是为了防止官方的出格行为破坏既定的规范秩序。因此，从根本上说，士在官民对峙中以仰势为主导，力图使官民双方的行为符合皇权政治的规范，形成对皇权统治的向心运动。士由民到官的社会流动是君主专制顺利运行的重要条件，不仅保证官僚阶层源源不断地吸收民间社会精英，而且通过士的影响维系礼教和社会秩序。而为之沟通官民的桥梁就是科举制度。桥断路绝，士人失去传统趋向与重心，不得不改弦易辙，寻求新的出路与平衡。清政府试图以学堂为替代，重新接续。但两种从形式到内容根本对立的制度，效应与作用实难契合。当时开明人士曾一针见血地指出："盖科举与学校有一最异之点，科举之责望子弟也，在人人使尽为人才，作秀才时便以宰辅相期许，故卯而角者，格致之字义未明，而治国平天下固已卒读矣。学校之责望子弟也，在人人使尽具人格，自幼稚园以至强迫之学龄，有荒而嬉者，国家之科条有必及，在其父兄或保护人且加罪矣。一言蔽之，科举思想务富少数人之学识，以博少数人之荣誉，而仍在不可知之数。其思想也，但为个人，非为国家也。学校思想务普全国人之知识，以巩全国人之能力，而不容有一夫之不获。其思想也，视吾个人即国家之一分子也。科举之义狭，学校之义广，科举之道私，

---

① 《致瓦·姬乐尔函》（1906 年 11 月 1 日），见［澳］骆惠敏编：《清末民初政情内幕——〈泰晤士报〉驻北京记者、袁世凯政治顾问乔·厄·莫理循书信集》上卷，473 页。

② 班固：《汉书·食货志上》。

学校之道公。"① 两种教育制度体现了两种不同的人才观。前者造成越高越窄的金字塔形升官图，后者则养成各尽其能、人人自主的新国民。学生的民官之路尚未沟通，清政府已被它自己放出的魔瓶的精灵送上历史的断头台。

第二，积极推行学堂教育。清政府要向洋人和国人做出求新姿态，对外打消列强的"不信之心"，"化群疑而消积愤"，对内"显收有用之才俊，隐戢不虞之诡谋"②，同时的确感到人才匮乏和民智不开给新政造成诸多滞碍，所以对兴学一事极为关注，在废科举之际，责成地方督抚切实统筹，严饬各府厅州县赶紧于城乡各处遍设学堂。1905 年，成立学部为统辖全国的中央教育行政机关；设置视学官，巡视各省学务。次年，又设提学使司，以学务公所为机关，统辖各该省学务；于府厅州县设劝学所，掌管地方教育；以下再划分若干学区；并吸收地方士绅参与省、府厅州县和学区三级教育行政事务，以利推广。同时，省和府厅州县正式成立教育会，"以辅助教育行政，图教育之普及"③。1907 年，学部决定试行强迫教育，由直隶开始，从劝导入手，要求各省会至少设蒙学堂 100 处，每堂至少 50 人；各府州县至少设 40 处，学童至少 2000 人；幼童最迟到 10 岁必须入学，如一年后尚有未入学者，按荒学律惩其父兄。④

地方督抚对兴学的态度冷热不一，比较开通务实者，承袭洋务衣钵，十分热衷。袁世凯先后督抚鲁、直，在他的积极推动下，两个基础条件平平的省份学务取得长足发展。特别是他长期经营的直隶，学堂数量竟大大超过经济文化发达的苏、浙、鄂、粤，仅次于人口众多的四川，居全国第二位。在清廷的严词督责下，顽固守旧大员也不能不敷衍塞责。这样，官办学堂数量逐年递增，从 1905 年的 2770 所猛

---

① 《光绪三十四年江苏教育总会上学部请明降谕旨勿复科举书》，见《江苏教育总会文牍》第 3 编，1～3 页，中国图书公司本，1911。

② 沈桐生辑：《光绪政要》卷二十七，57～58 页。

③ 《教育会章程》，见商务印书馆编印：《大清教育新法令》第 1 编第 2 册，9 页，1906。

④ 《议定强迫教育办法十款》，载《中国日报》，1907 年 4 月 3 日。

增到 1909 年的 14344 所。①

　　清政府热衷兴学，主要是从维护改善其统治出发的。面对超负荷恶性循环的财政状况和维持庞大国家机器的巨额开支，权衡轻重得失后，它不可能也不愿意牺牲一己之私，去满足社会需求，把主观上看重新式教育变为对学堂的切实扶持。据 1911 年度财政预算，总岁出 298448365 两，其中国家行政经费 260745003 两，而学部和各省教育经费合计不过 2747477 两，只占 1％。② 据学堂和学生数高居全国之冠的四川省 1908 年的统计，总岁出为库平银 14964926 两，其中解款、协款分别占 43％和 13％，余下 6663179 两本省支款中，行政、军政费用各为 2239634 两和 3773004 两，共占 91％，而教育经费仅 289749 两，分别占本省支款的 4％和总岁出的 1.9％。③ 另一兴学成绩卓著的省份直隶，官办的 11 所大学堂、高等学堂、专门学堂和 21 所中学堂，共开支经费 462911 两，其中最多的北洋大学堂为 68000 两，而最少的曲阳县中学仅 96 两。④ 河南 18 所官立中学的开办经费分别为本金 7000 两的 1 所，5000 两 2 所，4000 两 3 所，3000 两 4 所，2000 两 3 所，2000 两以下 5 所。⑤ 就连学务比较扎实的湖北，到 1910 年调查，14 所官立中学的常年经费，除普通中学堂达 56784 两，荆州驻防中学堂 32811 两外，大都在 2000 两至 7000 两之间。其中入不敷出的 4 所，勉强应付的 4 所。⑥ 为了缓和矛盾，清政府只得允许并提倡私办学堂，规定绅士有成立蒙学 10 处，教育学生 500 名以上者，派为绅士长，得享一切绅士权益；成立 20 处以上者，请旨奖给"乐善好施"匾。⑦ 清

　　① 《宣统元年份教育统计图表》。

　　② 《中国大事纪》，载《东方杂志》第 8 卷第 1 号，1911 年 3 月 25 日，6～7 页。

　　③ 《宪督致度支部电文》，载《四川官报》第 35 册，己酉年（1909）。另有民政费 360792 两。

　　④ 《直隶大学高等及专门各学堂经费一览表》《直隶官立中学堂经费一览表》，载《大公报》，1908 年 6 月 12 日。

　　⑤ 《河南全省中学一览表》，载《学部官报》第 28 期。

　　⑥ 《宣统二年湖北全省中学堂一览表》，见《湖北全省学堂统计图表》，转引自朱有瓛主编：《中国近代学制史料》第 2 辑上册，525～527 页。

　　⑦ 《议定强迫教育办法十款》，载《中国日报》，1907 年 4 月 3 日。

王朝不乏兴学愿望，但其阶级集团利益与国家民族利益异多同少，利害冲突时又以前者为取舍准绳，这就决定了它为国家民族振兴所能投入的力量极为有限，难以真正收效。

进步人士对兴学倾注了更多的物质精神力量。他们十分注重"兴学救亡之策"，声称"中国今日之现象黑暗已极，其稍放一线光明者，惟此学堂日增一日耳"①，把普及学堂教育视为救中国于大难垂死的良药、"握胜的左券"，认为能否免遭"奴隶牛马的惨祸，全看能兴学及不能兴学为断"②。革命党人为了揭露新政的虚伪，处处针锋相对地抨击鞭挞，但也不乏对兴学寄予厚望之人，认为"学堂多设一所，即中国多一分生机；学生增加一人，即中国多一主人翁"，以"教育普及为解决存亡问题之唯一不二法门"。所以，"热心之士，爱国之子，无不馨香顶祝，以望学堂林立，教育普及也"。③ 同时，进步人士忿于官办学堂的腐败，主张大力发展公立私立学堂，以消除弊端，并通过控制教育权来谱养新国民，养成地方自治风气，以达到支配地方乃至于国家未来命运的目的。同盟会成立后，加强国内革命活动，学堂是其赖以立足和发展的重要基地。除任教于既有学堂外，同盟会会员还设法自办学堂。多方努力之下，新式教育的结构发生了重大改变（参见表 3-1)④：

表 3-1　1904—1909 年各类学堂数

年份＼类别	总堂数	学堂分类					
		官办		公立		私立	
		堂数	百分比	堂数	百分比	堂数	百分比
1904	4222	3605	85.4%	393	9.3%	224	5.3%
1905	8277	2770	33.5%	4829	58.3%	678	8.2%
1906	19830	5224	26%	12310	62%	2296	12%

---

① 《痛哭中国学界之前途》，载《大公报》，1905 年 2 月 26 日。
② 《捐巨资兴学之可嘉》，载《豫报》第 1 号，1906 年 11 月。
③ 适生：《论云南宜实行强迫教育》，载《竞业旬报》第 4 期，1906 年 8 月。
④ 《宣统元年份教育统计图表》。

续表

类别 年份	总堂数	学堂分类					
		官办		公立		私立	
		堂数	百分比	堂数	百分比	堂数	百分比
1907	35913	11546	32%	20321	57%	4046	11%
1908	43083	12883	30%	25688	60%	4512	10%
1909	52348	14301	27%	32254	62%	5793	11%

1904 年以前，官办学堂占绝对优势。从 1905 年开始，公私立学堂一跃而上，特别是公立学堂，一般占总数的 2/3 左右。个别地方私立学堂取得优势。1909 年京师督学局所属官办、公立、私立学堂分别为 43、46、183 所，百分比分别为 15%、15%、70%。① 当然，等级较高的学堂仍多由官办，但名义归属实际上也有所变化。有的地方督抚鉴于"官立各学堂自总办以次名目繁多，此辈毫不知教育管理之法，而俱坐厚薪，徒为学界之蠹。欲扫除而廓清之，非革除官立之性质不可"，提出并逐步实行"无论文武大中小学堂，一律不用候补道充总办，急择绅士中素负物望者，畀以监督、总理之任务，而受节制于提学使"，以图"合法""省费"。② 这样，教育权从朝廷官府的直接控制下逐渐游离出来，地方开明绅商和进步知识分子成为掌握学堂、影响学生的支配力量。教育的民间化趋势，不仅是春秋战国以来"天子失官，学在四夷"③，即形式上"六经"由贵族下移民间的继续，更重要的是同时伴以内容宗旨的民间化。这一趋势作为近代化过程中的权力分化转移，削弱了专制政权的社会干预力，对此后学界的成长活动乃至于整个政治格局的变化具有重要意义。

---

① 《宣统元年份教育统计图表》。

② 《官学堂将改归绅士办理》，载《大公报》，1906 年 12 月 15 日。

③ 《左传·昭公十七年》。

二、急剧扩大的学生群及其结构形态

随着新式教育的发展，形成了一个规模可观的近代学生群体，并产生了巨大的社会能量和影响。

学堂数量直线上升，使学生群体急剧扩大。1905 年以前，学生增长率虽高，但基数较小，最多不过 258873 人（不含军事、教会学堂，下同）。此后两年，学生人数成倍递增，达到 1024988 人。1908 年至 1909 年，在高基数上，学生群体仍以每年净增 30 万人的速度扩大，达 1638884 人。[1] 到 1912 年，学生人数跃升为 2933387 人。[2] 除官方正式统计的学堂外，还有四类学堂。第一类是未经申报立案的公私立学堂。第二类是军事学堂。据法国和美国军事情报部门报告，1908 年中国陆军学堂共有学生 10000 人。到 1911 年 10 月，各类军事学堂约 70 所。[3] 第三类是教会学堂。辛亥前，教会在华学校共 3145 所，学生 102583 人。[4] 1912 年，仅新教学生即达 138937 人。[5] 天主教和东正教估计有 5 万至 10 万学生。第四类是日本、德国在东北、山东、福建、江宁等地开办的非教会学校。仅"南满"一地，就有日本人所办

①　《宣统元年份教育统计图表》。1910 年和 1911 年无统计数。有人据 1911 年第 2 期《国风报》和 3 月 3 日《北华捷报》的记载，确定 1910 年的学生数为 1284965 人。但这实际是 1908 年《光绪三十四年份第二次教育统计图表》中《各省学务统计总表》的数字。该统计于 1911 年公布。参见 1911 年 2 月 28 日《民立报》的《学部之教育统计》。

②　《全国各项学校学生数历年比较表》，教育部总务厅文书科编：《中华民国第四次教育统计图表，四年八月至五年七月》，93 页。

③　[美] 拉尔夫·尔·鲍威尔：《1895—1912 年中国军事力量的兴起》，陈泽宪、陈霞飞译，211 页，北京，中国社会科学出版社，1979。

④　[美] 阿瑟·贾德森·布朗：《中国革命 1911——一位传教士眼中的辛亥镜像》，季我努译，71 页，重庆，重庆出版社，2018。缪秋笙等：《中等教育的过去与现在》，载《中华基督教教育季刊》第 5 卷第 4 期。

⑤　《全国基督教会学生历年增进表》，载《新教育》第 5 卷第 4 期，1922 年 11 月。

学堂 28 所，学生 5551 人。① 总计辛亥时国内学生在 300 万人左右，几乎是 1905 年的 12 倍。

如此庞大的新型社会群体的出现，必然引起旧社会体系的结构性变动。传统士人的广泛社会联系和超自重能量，使其在围绕专制权力向心运动的同时，成为协调稳定全社会的重要因素。明清以降，出现了以思想异端为代表的离异倾向，但并未改变整个士林的基本动向。1905 年以前学生绝对数量增长虽快，也不足以导致士群的全面解体。而社会变革，不能仅仅依靠旧势力的缓慢分化。据统计，19 世纪后半叶中国的正途士绅约为 910000 人②，而童生数量更多。康有为说："若童生者，士之初基。吾国凡为县千五百，大县童生数千，小县亦复数百，但每县通以七百计之，几近百万人矣。""录取者百之一，而新试者不止百之一，故多有总角应试，耄耋犹未青其衿者。或十年就试，已乃易业，假三十年之通，则为三百万人矣。"③ 学堂激增，不仅具备了直接吸收士群主干与后备的容积（散入其他群体的差额与学生中的幼童数抵消），而且阻断了它继续增补扩大的可能，使之自然消亡。清末广东正途士绅入学堂者约占 10%，其余多为童生。官民联系环节脱钩，传统社会的牢固结构出现断裂，社会垂直流动性降低而对立性增强。由士子童生到学生的集团式转变，在此消彼长中迅速改变了新旧力量对比过于悬殊的态势。

考察学堂与学生的总体规模及地位作用，还需进一步分析其内存结构。数量关系与空间位置，是最基本的存在形态。以 1909 年学备区域分布为例，按学生数量多少，可分为四等，10 万人以上的 3 省，5 万至 10 万人的 10 省，2 万至 5 万人的 7 省，2 万人以下的 3 省（见表 3-2）：

---

① 《南满洲日本学堂一览表》，载《大公报》，1910 年 11 月 23—25 日。

② Chung-li Chang, *The Chinese Gentry*, Seattle, Washingtion University, 1974, p. 100.

③ 康有为：《请废八股试帖楷法试士改用策论折》，见中国史学会主编：《戊戌变法》（二），210 页，上海，神州国光社，1953。

表 3-2　1909 年学备区城分布

省份或地区	学堂数（所）	职员数（人）	教员数（人）	学生数（人）
四川	10661	7176	13072	345383
直隶	11201	13508	11921	242247
奉天	2708	5849	4123	106867
湖北	2886	2162	5315	99064
河南	3773	6591	5196	90824
广东	1794	5304	5039	86437
浙江	2165	6039	5983	76114
山东	4396	6196	4685	60765
陕西	2953	4911	2962	59196
云南	1944	2440	2489	57808
山西	2333	4627	2986	57291
湖南	1437	2877	4069	52229
广西	1328	3667	2651	51097
江苏	1357	1905	4336	44708
江宁	1105	7449	3166	36239
江西	1262	4413	2618	30426
福建	678	1468	2304	29653
贵州	1811	2346	1243	2703
安徽	865	4164	2346	24674
甘肃	1243	1594	1490	22996
吉林	338	648	641	11745
京师	274	315	733	10912
黑龙江	196	148	351	7009
新疆	462	318	376	6910
总计	59170	96115	90095	1613297

　　一定的量体现了一定的质。教育是经济文化的体现，又推动经济文化的发展，近代中国新式教育对社会发展的推动制约作用尤为明显。由于学务数量、规模、程度的差异，基础条件相似的地区在发展进程

中逐渐分出高下，若干后进省份还显示出加速追赶的趋势。直隶、广东、云南、湖北等省之所以拥有稳固的区域性政治经济文化中心的地位，教育发展优于邻近诸省当为重要原因。而在洋务运动中一度崭露头角的甘肃，学务发展却十分迟缓，虽挟政治中心之便，还是很快落在陕西之后。

学生活动的区域性强弱涨落，成为影响各地政治变迁、风尚变革等社会启蒙与社会运动的重要因素。而各省学生活动的规模与影响，在一定程度上受到数量的制约。四川、奉天、陕西、云南、湖南等省的经济文化不算发达，学界风潮的声势影响却十分显著。相比之下，江浙一带学生活动虽频繁，规模则略显逊色，远不及实业界和开明士绅。京师学生群体相对弱小，这不仅限制了它在当地的社会影响，而且使全国学生陷入群龙无首的状态。天津、西安、成都、昆明、长沙、盛京等地方性学界风潮此起彼伏，气势规模超过京师，却不能号令四方。国会请愿运动和保路运动中，数省学生同时掀起斗争浪潮，互为声援呼应，但仍不能形成五四运动时京畿动而天下应的宏大声势。

兴学热潮不仅席卷都市，而且涌向广阔的乡村。学部规定，凡5000 户以上的村镇，至少须设蒙学堂 1 处，每堂至少 40 人。到 1909年，县以下学生数量猛增。直隶 155 个县中，学生数达 5000 人以上的1 个，1000～5000 人的 52 个，500～1000 人的 51 个。① 学堂深入乡镇，引起各种新旧势力间错综复杂的矛盾冲突，兴学热浪、学界风潮和毁学骚动交相作用，表明清王朝正失去凌驾于社会之上的威慑力，进退失据。学堂在凝固的旧机体上楔入接收、传导外部信息的媒介，形成对农业社会封闭状态的有力冲击，加剧了社会基层组织的变动。

学堂改变了旧式教育的空间位置和受教育者的存在形态，从而导致教育功能与受教育者职能的变更。在科举时代，以国学、地方学为主干，书院、社学（义学）为支派的儒学教育体系，数量容积十分有限。国子监定额不足 300 人②；府州县学到 1886 年统计共 1810 所，

---

① 《宣统元年份教育统计图表》。
② 《清会典》卷七十六《国子监》。

生员 30113 人①；书院、社学、义学情况，据广东、福建等七省及畿辅的统计，详见表 3-3②：

表 3-3 七省及畿辅书院、社学、义学的学生数 单位：人

省份或地区	广东	福建	湖北	湖南	江苏	浙江	山东	畿辅	总计
书院	411	277	155	277	132	224	255	237	1968
社学、义学	764	645	252	246		428		1127	3462

由以上数字推算，估计入学者约占童生士子总数的 1/10，多数人靠自修或到私塾附读，只在科考时汇聚应试。而学生则一开始就大批离家走向府州县城，乃至上省进京出洋，形成班、级、校、地方、区域各个层次大小不等的群体。除少数落后地区外，南北方各省的都市省垣分别聚集了万人左右的学生队伍，中等城市学生也往往达数千人。在分散状态下，士人相互砥砺影响缺乏经常性、连续性和稳定性，加上单一向上的心理定式，对现存社会凝聚有余，震动不足。而学堂使学生聚居一处，空间距离缩短，相互联系密切，彼此激励制约，养成团结之心和群体意识，围绕小群体轴心的自转，产生和加强了对朝廷官府的离心力，使其逐渐脱离围绕国家政权的向心运动轨道。

学堂扩大了青年的认知空间。一则学堂以综合性科学教育取代经验传承，学生知识面与知识结构大为优化，改变了单一纵向比较的传统价值评判准则。二则学生来自四面八方的各个社会层面，他们相互交流信息，拓宽了眼界。京师大学堂由各省不等额分配生源。高等学堂、专门学堂虽因地域关系，规定客籍不得超过本地，但实际上等于要求必须保留外省名额。例如，北洋大学堂提出，学额"应以直隶为

① 张仲礼：《中国绅士》，图表 15、图表 16。
② 本表据《广东通志》《湖北通志》《湖南通志》《山东通志》《浙江通志》《畿辅通志》《福建通志》、刘伯骥的《广东书院制度沿革》（上海，商务印书馆，1939），并参照台北"中央研究院"近代史研究所《中国现代化的区域研究》已出分省各卷的有关章节编制。

主，北洋各省为辅，而南洋各省附之"①。但该校 1905—1911 年所招 11 个班的学生中，直隶籍 98 人，山东、山西、察哈尔共 8 人，而南方 7 省有 74 人之多。② 公办私办中小学除本地正额外，也有外府外省附额。例如，通州师范招生章程规定：生额为通州 30 人，泰兴、如皋各 16 人，海门、静海各 10 人，外府外省 36 人。五属中不足额，可由外府外省借补。③ 该校 1903—1912 年毕业生籍贯分布详见表 3-4④：

表 3-4　通州师范 1903—1912 年毕业生籍贯分布　　　单位：人

总数	南通	海门	如皋	泰兴	泰州	东海	东台	无锡	江阴	武进	元和	崇明	赣榆	宝应	镇洋	甘泉	江都	清河	溧水	外省
439	247	46	46	20	9	1	4	1	6	1	1	10	2	2	2	1	1	1	1	37

三则学生掌握了一定的语言文字工具，处于信息中心带，直接面向大众传播媒介。四则儒学书院求其僻静清幽，让学生两耳不闻窗外事，而新式学堂则趋向便利迅捷。政治文化性地理位置的改变对学生产生了积极影响，这可以从一些人的担忧中得到反证。有人鉴于"都市地方见闻太广，集会结社之事多，学生每当干涉政治，多生事端"，提出："学堂宜设置于乡僻之地，不应密迩都市，使学生易染恶习"；"而穷乡僻壤，则不便交通，可以专以向学矣"。⑤ 聚集于大都市和中小城镇的学生群体，其接受外界信息的速度容量与影响社会的能量质量，远非昔日那些"秀才不出门，便知天下事"的士子所能企及。由于认知空间的大幅度扩展，他们对政治风云变幻异常敏感，容易期望、接受和努力推动社会变革。

---

　　① 《光绪三十二年正月代理北洋大学堂监督丁条呈改良北洋大学堂事宜禀并批》，载《直隶教育杂志》第 2 年第 4 期，1906 年 4 月 8 日。
　　② 《国立北洋大学三十七年班毕业纪念刊》，朱有瓛主编：《中国近代学制史料》第 2 辑上册，982～989 页。
　　③ 《通州师范学校章程》，朱有瓛主编：《中国近代学制史料》第 2 辑下册，289～291 页。
　　④ 《本校历年毕业生统计表》，载《南通师范学校校友会杂志》第 2 期。
　　⑤ 林万里：《论学校设于都市与乡间之利害》，载《教育杂志》第 1 年第 7 期，1909 年 11 月 7 日，120 页。

不可否认，数量增长与质量提高并非同步实现，而后者对前者具有制约作用。清末新式教育是由上而下、由外向内地强制推行，缺乏必要的基础，整个系统结构松散，程度低下。以 1909 年为例，专门学堂（含大学、高等、文、理、法、医、艺术）、实业学堂（含农、工、商各级各类）、师范学堂（含优、初级、传习所、讲习科）和中学四项相加，只有学生 99113 人，占总数的 6%。① 这种状况限制了该群体内在张力和社会作用的发挥。

不过，学堂的分布结构从两方面部分弥补了程度不足的缺陷。其一，学堂布局的梯次体系有利于彼此间的互动。依据清政府的规划和办学的条件，专门学堂集中于省会等通都大邑，府、县及乡镇依次为中学、高小、两等小学、初小、蒙学。到 1906 年，直隶的专门学堂全部设在津、保两地，中学多设于各府治，县设中学的只有枣强、乐亭（此校为私立）。② 这种大中小、省府县的梯次配备，形成自下而上和自上而下的双向互动机制。一方面，聚集于都市的大专学生密度大、程度高，对新事物异常敏感，而以城镇中小学堂作为向社会传导信息的中介，克服了都市士群的活动浮在上层的局限。另一方面，城镇中小学生以都市大专学生为准的和趋向，形成有规律的群体运动，在一定程度上抑制了童生活动散漫无序的低效空耗。

其二，这一体系刚好与近代中国社会结构的变化合拍。市、镇、乡三级市场联系枢纽，成为政治、经济、文化的辐射和反馈中心，学生因势利导，接收传播两便，能量倍增。同时，学生还通过家庭、地缘、地位三条联系渠道影响社会，他们既袭取了士为四民之首的位置功能，又因来自各阶层各地方而接触层面较广，可同步施加影响，其社会号召力往往大于自身的实力。在此基础上，不仅形成了奉天、直隶、陕西、湖南、云南、四川等地以省垣为中心、府县齐响应的区域性学潮，还发展了广泛普遍持久的学界联系和活动，政治斗争的社会性和社会活动的导向性相得益彰。

---

① 《宣统元年份教育统计图表》。

② 《直隶全省各学堂学生名数全单》，载《大公报》，1906 年 6 月 26 日至 7 月 18 日。

宏观把握须证以微观考察，学生结构的重要方面还体现在学堂内部。一是年龄普遍较大。依据清廷癸卯学制，初小至高小为 6～15 岁，中学 15～20 岁，高等、大学为 20～28 岁。但这只是纸面蓝图。为解决科举停减后举贡生员的出路问题，又规定年在 30 岁以下者，皆可入学堂肄业，30～50 岁者，可入师范简易科。这样，所有年龄限制均须调整变通，如蒙学展至 10 岁，寻常小学、高小、中学、高等分别延至 15 岁、20 岁、25 岁、30 岁。后来虽有所缩减，仍比定章放宽 2～5 年。而在实办过程中，还要突破已经放宽的年限。据 1906 年后各省学务调查，不少地方初小以 17 岁为限，甚至"三十岁上下的成年要占过半数以上"，14 岁"算是最幼的一起"。① 有的小学 15 名学生中，年过三十者竟有 7 人，闻查学者将至，才临时裁汰。直到辛亥年（1911），石梅公校 81 名学生中，15～20 岁者仍占 57 人。② 1907 年河南全省 21 所中学从第一至第五学级共 1018 名学生，大都在 18 岁和 25 岁之间，而以 20 岁以上最占多数。③ 通州师范从 1904 年至 1907 年送往日本留学的 13 名学生中，年龄最大的 45 岁，最小的 18 岁，以 25 岁左右最多。④ 徐州初级师范、广东法政学堂和山东师范传习所的招生年限分别为 20～30 岁、20～40 岁和 30～50 岁。1907 年京师大学堂 98 位师范毕业生中，年龄最大的 40 岁，最小的 22 岁。⑤ 可见清末学生年纪偏大的现象十分普遍。这虽使传统因袭色彩加重，但读书识字等启蒙教育多已完成，学生新学知识贫乏，国学却有一定根基，而且阅历见识较广。青年前期以否定倾向为特点的逆反心理，附从着青年期通过形成思维和自我发展形式的独立价值观，逐渐孕育出弃旧图新的群体心理定式，并迅速升华为新理性。其积极意义在于避免了思想迷茫和政治紊乱，消极作用则是感性活动不充分，新旧理性之间易于移花接木。

---

① 郭沫若：《少年时代》，62～63 页，北京，人民文学出版社，1979。

② 《同学录》，载《石梅公校杂志》第 1 期，庚戌年（1910）冬。

③ 《河南提学使孔祥霖造送河南全省学务调查表》，载《学部官报》第 28 期。

④ 《南通师范学校校友会杂志》第 2 期，1912 年。

⑤ 《大学堂师范生毕业照章给奖折》，载《学部官报》第 19 期。

二为身份。清末学生由士人脱胎而来，小学以童生为主，中高等学堂则生员居多。京师大学堂师范馆至1906年共有学生321人，其中243人有功名（举人43人，贡生36人，生员164人）。① 该馆1906年毕业的22名广东籍优级师范生中，18人原有功名②；1907年的98名毕业生中，举人14名，其余皆为监生、附生、贡生、廪生、增生。1907—1908年，四川高等学堂普通甲、乙、丙一、丙二、丁、戊、己7班学生中，除丁班有8名永川达用学堂毕业生外，其余均为生员。该省高等、师范若干科班学生身份详情见表3-5③：

表3-5 四川高等、师范若干科班学生身份 单位：人

堂班	学生总数	监生	廪生	增生	附生	廪贡生	附贡生	文生
高等学堂普通甲班	48	10	7	4	25	1	1	
高等学堂普通乙班	33	4	5	2	21			1
优级理科师范	20	8			3			
高等正科第一类	16	8	1	1	6			
高等正科第二类	13	2			10		1	
总　计	130	32	13	10	71	1	2	1

另据两广学务处对广州所办各类师范科毕业的681名广东籍学生的统计，正途士绅占50.4％。④ 而1907年设立的广东巡警学堂的367名学生，"均系贡监生员"⑤。中学情况类此。川督锡良曾以"科举既停，旧有之贡廪增附生，年龄尚少而文理素优者，既不能抑之于高等小学，即或选入师范，仍不足以相容，听其废学，殊为可惜"为由，

---

① 房兆楹：《清末民初洋学学生题名录初辑》，78~136页，台北，"中央研究院"近代史研究所，1962。

② 《学部咨大学堂优级师范毕业生请奖服务原折》，见广东学务公所编印：《清季学务文牍》第2册。

③ 据1907—1908年《四川教育官报》。

④ 《两广优级师范学堂一览》，119~158页。

⑤ 《政治官报》，1909年4月16日。

奏请推广中学，以资容纳，使学堂与科举相衔接。① 离开旧轨的士子童生虽逐渐淡化了功名利禄之心，但早年的经历和文化熏陶，使他们还有几分恋旧之情。

三为出身。当时人说："目下在学堂的学生，每百人之中，真正家道殷实的，未必有三家；勉强支持架弄的，约有五六十家；架弄不了半途而废的，总有三四十家。"② 家境拮据的实际感受加深了他们对社会落后腐败的不满，而出身的复杂多样又丰富了他们对现实的认识。官绅商富子弟追求民主、崇尚西学，在与家庭不断发生矛盾冲突的过程中，也影响和促使后者分化转变。一旦在重大问题上利益趋于一致，就可以通过家庭的社会关系，扩大影响。种种因素使清末学生成为举足轻重的社会力量，即使是小学生的能量，后来发蒙的幼童也难以望其项背。

三、不相适应的社会环境——以教育背景为中心

数以百万计的学生横空出世，却劈头遇上了逆态的社会环境。从教育背景进行比较，既可形成具体量度，又更贴近学生的生活体验，增加可比度和精确性。

1905 年后，学堂的绝对数量虽有惊人增长，但在 4 亿人口的大国，仍为杯水车薪。1906 年罗振玉估计，中国应受学之人约 1 亿，其中学龄儿童至少 5000 万，"若每州县立小学堂三百所，则一千六百八十一州县共设小学堂五十万零四千三百所；以每所学生百人计，共计学生五千零四十万三千人，教育乃可普及"③，而实际数仅为 6％。以适龄儿童就学率最高的北京城为例，1909 年 7 岁至 15 岁儿童共 31789 人，就学者 13411 人，不过 42％。④ 有人对兴学成绩斐然的直隶进行

① 《总督部堂锡奏陈学务情形并推广办法折》，载《四川学报》第 13 期，1905 年。

② 竹园：《学生宜立爱群会》，载《爱国报》第 161 期，1907 年 5 月 5 日。

③ 《各省十年间教育之计画》，载《东方杂志》第 3 年第 9 期，1906 年 10 月 12 日。

④ 《宣统元年份教育统计图表》。

深入剖析，1903 年至 1908 年，学生从 6000 人增加到 18 万余人，但相对于 570 万学龄儿童，就学率只有 3.2%（参见表 3-6）：

表 3-6 直隶 1903—1908 年学生数与就学率

年份	1903	1904	1905	1906	1907	1908
学生数（人）	6000	36344	68000	109467	148397	189489
就学率（%）	0.1043	0.6320	1.1826	1.9037	2.5808	3.2081

"每年增加之数最多者为千分之七强，平均千分之五强。如由是以往，毫无阻力，亦无殊进，则每年以千分之五之速度增加，约二百年可达无人不学之目的。"其他省份犹不及直隶。例如，广东"人口总数与直隶仿佛，初小学生不过二万五千，以直隶就学儿童比之，尚不及七分之一也。广东夙称富庶开通，尚且如是，他省情形当更何如"。"他省不逮直隶省，如以千分之二点五之速度增加，则须四百年；如以千分之一之速度增加，则须一千年；如以千分之零点五之速度增加，则须二千年。"① 真可谓遥遥无期。在竞争激烈的时代，这几乎等于束手待毙。

专门人才培养的速度远远赶不上社会变革的需求。以师范、法政学堂为例，据罗振玉估计，以每堂教习 3 人计，全国共需 1512900 人。直隶辖 140 余州县，平均每县四五百村，如每村设学堂 1 所，每堂有教习 1 人，亦需六七万人。而天津、保定两地的师范学生统共不过 2000 人，5 年一届，须 150 年才足敷用。② 该省需法政学生 3000 人，而定额仅 500 人，5 年一届，亦需 30 年。而且司法独立之初，还须借重外人，缓不济急。有人怅然道："是则领事裁判权必在四十年后乃能议收回，中国不既亡乎？"③ 沉重的危机感使人们在学务日新月异的发展中仍然不满于清王朝未尽全力振兴图强。

纸面数字实际上还要大打折扣。由于春秋战国以来官学下移，四

---

① 冥飞：《教育普及至速须二百年》，载《教育杂志》第 2 年第 3 期，1910 年 4 月 19 日。

② 《扩充师范学堂》，载《大公报》，1909 年 10 月 28 日。

③ 《扩充法政学堂》，载《大公报》，1909 年 11 月 10 日。

民社会承托着民间教育体制，因此，中国的传统教育不像中世纪西方那样，在于保障贵族、僧侣垄断文化的特权，而是吸引民间对官方的依附力。这使得中西、新旧教育在形式上容易移位。清末学堂的高速发展，便在一定程度上得益于这种便利性。但这同时又留下许多空隙，地方官吏敷衍塞责、贪功冒进者比比皆是，学堂成了私塾书院的改头换面。一位外国人谈其在华观感道："尝见中国北部某城，其广袤仅与吾英典地城相埒，乃五六年间，所谓学堂骤达二十七所，初高等、两等小学而外，如农业，如法律，如方言，如陆军，如巡警，如女学，固无不应有尽有。乃办理之法，无一适宜。曾无几时，相继闭歇，其硕果仅存者，亦只余五六所而已。"① 四川学堂平均不足 30 人，普查学务时，多数名不副实。河南开封所属各小学情况同样很糟。1906 年密县的 29 所公立小学共有学生 131 人，平均每堂不到 5 人。② 顺天府学务的黑暗内幕更令人触目惊心："各州县连一个真正的学堂都没有。某县立有蒙学堂十余处，其中的学生多半是花钱雇了来的小工，教习大概也都开过学房铺。在城内立有高等小学堂一所，学生共有四五人。前几天南路厅下乡查办事件，要到学堂里头去参观，赶紧连司事的全扮做了学生，对付着凑了十来个人，敷衍了敷衍。"③

尽管如此，清政府在财政窘促的情况下，还屡屡企图剜肉补疮，削减教育经费。进步人士对此极为不满，认为："以一万万待学之儿童，使人人得就学之所，非有二十万万元之岁入，其事将无以办。"而据 1907 年的统计，"全国岁入教育费仅一千四百七十八万余，以较二十万万元之数，才百三十五分之一耳"④。巧妇难为无米之炊，教育立国等于空谈。经费短缺不仅影响了学堂发展的速度，更严重的是制约了质量的改善。学生人数增长与素质提高不协调，使得社会的进化变

---

① 《论中国学务》，载《外交报》第 273 期，宣统二年三月十五日，译自英国 1910 年 1 月 5 日《格剌斯哥报》。

② 《请看四五名学生之学堂》，载《盛京时报》，1906 年 12 月 23 日。

③ 忧时子：《顺属各州县的新政可哭》，载《爱国报》第 155 期，1907 年 3 月 18 日。

④ 沈颐：《论教育费不当裁减》，载《教育杂志》第 2 年第 8 期，1910 年 9 月 13 日。

革缺少成功的基因，成为导致近代中国不断发生周期性痉挛阵痛，却总是难产或结出怪胎的重要症结。

将教育置于社会大环境中比较，更加能感到反差的强烈。清政府财政收入高达数亿两，而 1907 年学部管收两项仅 229.8 万两。① 四川学务在全国首屈一指，到 1910 年，共有男女学堂 11400 所，学生 34 万人。② 而同年该省有大小庙宇 30777 座，僧道尼 67000 余人，看习杂役尚不计在内。③ 1908 年四川教育经费为 289749 两，学生人均仅 1 两。可是该省每年仅敬神做会的开销即不下 100 余万两。④ 经费短缺的症结除了总量过少外，更主要的是投向。旧秩序未变，新式教育如同晚到的食客，只能分一杯残羹剩肴，社会变革如果不能良性地改变利益分配结构，必然只开花不结果。

近代以来，习惯于自我比较的中国人越来越放眼世界，观念上也由反顾变为前瞻。清末新政的有限改革虽未能缩小中国与世界的差距，但在中国进入世界体系的同时，增强了具体领域的可比度。进步人士在亡国灭种危机日益迫近的形势下，更加注重于用世界眼光考察本民族的国际地位，以横向比较的强烈反差激励自我，警醒社会。他们视教育为国家强弱兴衰的指针和救亡图存的要津，因而尤其注意这方面的比较。1908 年，《东方杂志》刊出日本文部省据 1905—1906 年各国《政治年鉴》编制的《各国小学教育统计表》，从学校、学生、教员的数量，就学人数，教育经费及其与总岁出之比例等方面对世界上 20 个国家的初等教育概况依次排序（见表 3-7）⑤：

————————

　　① 《学部奏核明三十三年份本部收支各款折并单》，载《教育杂志》第 1 年第 2 期，1909 年 3 月 16 日。

　　② 《全川学务之调查》，载《四川官报》，第 22 册，庚戌年（1910）。

　　③ 《通省庙宇之调查》，载《四川官报》第 25 册，庚戌年（1910）。

　　④ 《川省宜节省糜费以办有益事体》，载《四川官报》第 20 册，甲辰年（1904）。

　　⑤ 《各国小学教育统计表》，载《东方杂志》第 5 年第 10 期，1908 年 11 月 18 日。

表 3-7　各国小学教育统计表（1905—1906 年）

国别	人口（千人）	小学校数（所）	教员数（人）	学生数（人）	就学人数（千人中）	教育经费（千两）	财政总岁出（千两）	教育费比重
日本	47674	27407	109974	5348213	112	27600	420700	6.5%
英格兰	32527	20513	165064	6045380	186	185000		
苏格兰	4472	3262	21451	808169	181	21200	1380000	1.6%
爱尔兰	4458	8602	14339	493558	111			
普鲁士	37293	38048	90208	6176645	166	130000	1500000	8.6%
德意志	60641	59348	146540	8924777	147	200000		
奥地利	26150	21502	86969	4001645	153			
匈牙利	19254	19064	39957	2717975	141			
法兰西	39252	81937	151385	5566882	142	90000	1400000	6.4%
意大利	33640	61777	66637	2733349	81	27000	720000	3.7%
俄罗斯	149299	90727	204736	5515185	37	65000	2215000	2.9%
荷兰	5672	4944	26722	857135	151	18500	145000	12.7%
比利时	7238	7144		869811	120	18000	240000	7.5%
瑞士	3463	4665	10977	492768	142	22000		
瑞典	5337	12939	18805	762397	143	15000	150000	10%
挪威	2321	8725		359581	155	6200	53000	11.7%
丹麦	2605	2940		341356	131			
西班牙	18618	25340		1617314	87	10000	370000	2.7%
葡萄牙	5423	28719						
美国	85000		435219	17231178	203			
墨西哥	13605	11394		750000	55			
智利	3390	2620	3400	190706	56			

从世界范围看，榜上无名者甚多。但泱泱中华大国占不到一席之地，的确令人痛心疾首。据 1909 年统计，中国的千人中就学者仅 3.7

人，不仅远远落后于欧美诸强及日本，而且不及墨西哥和智利，给人
以深刻刺激。"夫觇国之文野，可于其国生徒数觇之。若北美合众国、
若德、若普、若英、若法、若日本，于今世界，胡独称强？省斯表者
可以知矣。"《东方杂志》不厌其详地刊出这张统计表，正是要借此激
发人们的危机意识和忍辱负重精神。因而供稿人特意点醒一句："表独
缺我国，可耻也！"

小学是国民教育基础，大学则为近代人才工厂。1909 年，中国的
专门类学生共 20438 人，其中勉强可算作大专程度者仅 5772 人。而据
1910 年全欧大学堂调查，共有大学 116 所，学生 130000 人，具体分
布情况见表 3-8[①]：

表 3-8　1910 年全欧大学堂调查

国别	学校数 （所）	学生数 （人）	国别	学校数 （所）	学生数 （人）
德国	21	49000	西班牙	9	6500
法国	16	31000	比利时	4	5000
奥匈帝国	11	30000	瑞士	3	4800
英国	15	25000	罗马尼亚	2	4700
意大利	21	24000	荷兰	5	4000
俄国	9	26000			

姑且不计程度上的差异，仅就绝对数量而言，以国别论，德国、
法国、奥匈帝国、英国、意大利、俄国等国大学生人数分别为中国的
4~8 倍，其余各国也超过或接近中国大专生数；以学校论，柏林大学
13884 人，巴黎大学 12985 人，匈牙利布达佩斯大学 6551 人，奥地利
维也纳大学 6105 人，每校学生均超过中国大专生的总和。况且大学在
中国为创始，在欧洲则已有数百年积累，中国人口基数又极大，毕业
生的质量数量和比重差额更巨。

横向比较表明，各国的教育状况及政府对教育的关注程度，与国

---

① 《全欧大学堂之调查》，载《盛京时报》，1911 年 2 月 9 日。

力强弱、发展快慢大体成正比，于是人们从中找到了判断不同国度文明水准的确切指标和造成差异的原因："各文明国之国民教育与学龄儿童比率，在百分之九十以上"①；"欧西大邦如德如英如法，其本国人口皆不过三四千万，而德之教育费一万三千万马克，英之教育费一千三百余万镑，法之教育费二万万佛郎。以吾国四万万之人口，而仅得千余万教育费，较之不啻沧海之一尘，太仓之一粟耳"②。前引《东方杂志》之《各国小学教育统计表》显示，各强国的教育经费占财政总岁出的 4％～12％，比较落后的俄国和已走下坡路的西班牙也达到 2.9％和 2.7％。这并非简单的静态类比。历史和基础差异的现实无疑必须正视，问题在于，教育的数字对比中，蕴藏着制约发展节奏和速度的因素。长此以往，在螺旋大螺距小、高重复低效率的缓进中，中国与世界先进国家的差距非但不会缩小，反而将日趋扩大。对于近代中国人来说，认识到本民族的落后并非难事，但要洞悉进化变革中隐藏着更加深刻的危机，就不那么轻而易举。落后的现实，必将导致更加落后的未来！双重危机感一方面迫使人们对清政府治理社会的能力产生严重疑虑，另一方面刺激了动态发展意识的全新思维，既避免了纵向比较的自我陶醉，也在一定程度上抑制了静止类比带来的片面盲动情绪，引起人们对国家民族的地位、命运和前途更加全面具体的冷静思索。人们的爱国热情更炽，行动更急，举止则更趋理性化。如何减缓以至消除落后危机的加速度，缩小与先进国家的间距，成为一切爱国志士梦绕魂萦的头等大事。

日本是现代亚洲唯一实现变法自强的国家，又是中国的近邻，二者几乎同时起步，结果却大相径庭。这一事实成为世纪之交的中国人亟待破解的历史之谜。甲午战争的隆隆炮声，用铁和血衡量了中日两国变革图存努力的优劣短长。但战争毕竟只是物质力量的一次性结果显示，近代化内在机制的失调，在后进国度赖以发展的教育领域得到

①　冥飞：《教育普及至速须二百年》，载《教育杂志》第 2 年第 3 期，1910 年 4 月 19 日。

②　沈颐：《论教育费不当裁减》，载《教育杂志》第 2 年第 8 期，1910 年 9 月 13 日。

更加全面而深刻的反映。清政府长期忽视教育基础，片面追求机器工业和军事更新，倾国之力发展起来的近代经济和军事力量，也许成就不亚于日本，但全民素质相去不可以道里计。近代化设施非但不具备自我完善的能力，推动社会进入良性发展轨道，反而成为被动依赖于其他领域的负累。日本则十分注重教育事业，很早便建立起系统完备的教育体制。1876—1908 年，仅帝国大学一校就培养了毕业生 8501 人，而且门类齐全，比例合理。[①] 结构性差异可以说在两国近代化起步之初就注定了各自成败的命运。随着时间的推移，这种具有根本制约作用的差异使两国近代化的潜力与后劲间距日益扩大，社会演进的速度、节奏相差愈远。这一鲜明对比，形成了一幅可供动态比较的全息图像。由于可比度大，当时人喜欢以日本为镜，进行更加系统的鉴别印证。以清政府有详细学务统计而数值最高的 1909 年与日本相比，情况见表 3-9[②]：

表 3-9　1909 年中国与日本的教育概况

类别	中国	日本	比例
人口总数	400000000 人	50000000 人	8：1
学堂数	59117 所	35197 所	1.7：1
学生数	1639641 人	6327158 人	1：3.9
学龄儿童就学率	3.7%	97.38%	1：26
平均每校学生数	28 人	180 人	1：6.4
年卒业学生数	24325 人	1279608 人	1：52.6
教员数	90095 人	147086 人	1：1.6

将人口基数与各分项比例综合考虑，中日两国差距十分巨大。如进一步分析，两国教育的内在机制也有很大不同。首先，两国首都的

———————

① 《日本帝国大学卒业生数》，载《教育杂志》第 1 年第 2 期，1909 年 3 月 16 日。

② 《日本明治四十二年全国学校之状况》，载《教育杂志》第 2 年第 2 期，1910 年 3 月 20 日。《宣统元年份教育统计图表》。

学务相差甚远。1909 年东京有学生 99813 人①，北京仅 12921 人，为
7.7：1，远远低于全国比例。在以政府为近代化重要杠杆的后进社会
中，首都学务的进展对全国教育的速度与质量有重要的示范影响作用。
其次，日本比较严格地按照西式教育的内在科学性，在注重基础教育
的前提下，稳步发展中高等教育。清政府则过分强调新旧体制的衔接，
学堂普遍存在名不副实的弊病。以中国 1908 年与日本 1902 年各级各
类在校学生相比，基础教育差距明显大于中高等教育。考虑到两国发
展西式教育年限的长短，这种差异更加反常（详见表 3-10）②：

表 3-10　中国 1908 年与日本 1902 年各级各类教育对比

类别	中国（1908）		日本（1902）		学生比例
	学堂数（所）	学生数（人）	学堂数（所）	学生数（人）	
小学	41590	1149710	27010	4980604	1：4.3
中学		34814	242	88391	1：2.5
师范	581	33072	56	18842	1.8：1
实业	189	13616	401	36777	1：2.7
专门	84	16590	1826	47842	1：2.9
女子		19000	70	17520	1.1：1
总计	42444	1266802	29605	5189976	1：4

最后，教育投资效益相差很大。以因办学扎实著称的两江师范与
日本东京高师相比，前者经费多于后者而学生人数不到后者的 1/3
（详见表 3-11）：

表 3-11　两江师范与日本东京高师教育

类别	两江师范	东京高师	比例
学级数	10 级	51 级	1：5

---

① 《日本东京学生总数》，载《教育杂志》第 2 年第 3 期，1910 年 4 月 9 日。
② 学部总务司编：《光绪三十四年份第二次教育统计图表》，单印本。《日本
全国学校之调查》，载《警钟日报》，1904 年 9 月 2 日。表内女子学校项日本为高
等女校数。

续表

类别	两江师范	东京高师	比例
学生数	459 人	1701 人	1：3.7
经费总额	200000 元	180000 元	1.1：1
平均一级费用	20000 元	3530 元	5.7：1
职教员薪俸	90000 元	96000 元	
监督校长薪俸	5000 元	3000 元	
教务长薪俸	1680 元	2000 元	

为解开这一症结，江苏谘议局的调查报告详尽披露了其中的内幕。该校有监学 4 人，而实际任事者不过一二人；有 8 名日籍教习，却设翻译 11 人，又专设编译讲义者 1 人；司事多至 26 人，"为中外办学者所未闻见"，实际需要 10 人足矣。最可怪者，"东西洋专门学堂大学堂中学生多者数千，少亦千余，然用夫役之数不过一二十人"。而两江师范的夫役竟达 135 人之多，年费至 9000 余元。其中有亲兵、巡丁、茶房、鼓号兵、剃发匠，甚至用印家人，简直就是一座封建衙门！这样不伦不类的大杂院，监督还以"程度高深，科学完全，学生繁多"而沾沾自喜。《教育杂志》记者不禁喟然长叹："该校办事人在今日官场中已为俊杰，犹复若此，则彼贪鄙庸劣之俦，更何论焉！"[1] 本来已经少得可怜的教育经费源源流入官僚私囊，成为社会惰势力瓜分吞噬的肥肉，增加了近代化的空耗。在专制统治下，任何一项推动近代化的新政措施，在实际运作过程中，往往转化为吸取民脂民膏的毒腺，从而加剧了社会矛盾。

四、群体趋向

教育是社会经济文化的综合产物，教育差异则是社会差距的综合

---

① 《江苏谘议局调查两江师范学堂报告》，载《教育杂志》第 3 年第 3 期，1911 年 4 月 8 日。

显示。学生作为受教育者，对这样既具体切实又全面系统的对比反差更有切肤之感，这无疑将坚定他们变革现实的决心和信念。然而，认识到变革的不可避免，不等于把握住了变革的方向。中国近代化的导向并非传统社会的自我演进，而是由西方殖民者强制纳入资本主义世界体系之中，其底色为西式油彩而非古典水墨。多元的民族和地方文化逐渐汇入世界一体化进程，近代化就是一体化时代的世界化，这是后进民族图存振兴的前提和趋向。可是，要在外来模式与内在结构整合的基础上实现社会的全面变更绝非易事，新旧碰撞在土洋、中西冲突下变得扑朔迷离，道德伦理大防更形成难以突破的心理屏障。鉴于中国近代化进程的复杂性，能够发挥倡导作用的群体至少应具备如下条件：第一，对外部冲击的高度敏感和有效吸收，对外部世界的全面了解和开放态度；第二，对传统社会的深刻体察和本能对抗；第三，广泛的社会影响和示范作用。显然，只有具备一定文化素养、进步自觉的新兴势力，才能成为推动近代化的力源。

近代中国的新兴社会群体严格说来有三个，即产业资本家、产业工人和学生。但资本家尚以商的名义出现，工人与农民、手工业者的联系十分密切，又缺少必要的文化素养，仍处于自在阶段。相比之下，学生群体在近代化进程中的地位更显重要。西方近代化的主要力源在工厂，因为在没有先例的情况下，只能由自由竞争开辟通道。而在后发展的中国，能够通过教育形式学习吸取他人经验的学堂学生，则成为近代化潮流的主要载体之一。学生群体在少数思想先驱之后崛起，并积极开展传播与实践新思想的活动，使鸦片战争以来先进中国人向西方学习的进程发生了一次飞跃，以往的学习多是个人的、业余的、片断的，而此时则具有群体性、专业性和系统性。在近代工商业不发展的内地偏远省份，学界的作用尤为突出。当时一位开明人士针对甚嚣尘上的国粹复古思潮，向学生阐述中国社会发展趋势与其所负使命的关系，很有几分哲理："今日将使世界皆被中国化，抑将使中国趋同于世界化是也。所谓守国粹者流，宁不谓使世界皆被中国化为甚善。果其可能，鄙人亦甚望。惟是大势所趋，违之则覆。""且不趋同于世界化，即无所谓国粹。国粹者，凡百事物皆趋同于世界化，独留其本国所特有者，虽历久而不变者也。故国粹者，即被世界化之余。各国皆趋同于世界化，故各国均有留存之国粹。世界化者，立国于地球上，不能不同其化者是也。方今中国苟欲与列强相角逐，断不能不趋同于世界化。而学校者，世界化之一种也。今日之学校，与昔中国学校组织殊，而万国实恍同一辙，是所谓世界化之组织。""诸君欲中国不亡，则必趋同于世界化；欲趋同于世界化，则必以兴学校为急务。"①

这是大半个世纪失败的教训激发出来的警世箴言。在世界化进程中实现民族的自我更新，正是学生肩负的特殊使命。分散的士子一心追求金榜题名，个人地位与前程的相对稳定和规范化，使之心安理得地保持着候补姿态。聚居的学生则要求每个成员适得其所，他们不再当然地具有预备官僚的身份，失败了就被淘汰出局，士人的安全感被危机感所取代。而共同的利害和空间的接近反复强化地显示出彼此命运的一致性。个人的升迁流动往往是消极适应，群体地位的改变则只能是社会环境根本改造的结果。学生继承发扬了士人忧国忧民的良知意识和经世致用的务实精神，并把少数人的追求泛化为群体的实践，社会责任感大为增强。

新式学堂孕育出近代学生，学生群体的出现，又给中国带来了前所未有的变化。第一，通过吸收士子童生，传统社会的结构发生变化，习惯于传统引导的守旧士人变为自我引导的求新学生。而毕业生对政、教、军、警、报及工商各界的渗透，改变了各分支部门的内在结构。第二，学堂教育成为人的近代化的重要途径，加上学生的主观能动作用，对社会风尚形成有力冲击，人们的价值取向、道德规范、思维行为方式发生剧烈震动，对于更新民族心理素质、改良文化土壤结构产生了深远影响。第三，改变了近代化进程中民主化的相对滞后状态，以自由平等意识为内在驱动力的学界风潮广泛兴起，强化了社会变革所必需的动荡氛围。学生们凭借其特殊地位，在历次爱国民主运动中，以各种形式一次又一次地掀起民族民主思想的宣传热潮，把长期盘桓在精英圈子里的民主理想变为带有群众性的社会思潮，大大增强了此

---

① 许鼎新：《懿德女学堂开校记何卫种演说》，载《广州总商会报》，1907年3月9日。

前极为缺乏的自由平等观念。而学生的自治要求与实践，以及他们为实现政治民主展开的大规模斗争，又使民主的理想现实化，成为可供观察体验的客观实体，在民主政治运动之外，形成制度化的民主训练场，从而向社会提供民主斗争与建设的双重示范，推动民主向着社会多数成员的自觉要求迈进一步，不再仅仅是少数先知先觉的呼唤和耶稣救难式的英雄主义。学生群体的出现与活动，使中国社会变动的速度、广度和深度空前地加快、拓展和深化了。

从士人到学生既非摇身一变而成，也没有不可逾越的鸿沟。在交替过渡时期，向心力与离心力交相作用，使这个一身二任的群体历经磨难。科举制皮蜕壳除而阴魂不散，用张百熙等人的话说：兴学堂"并非废罢科举，实乃将科举学堂合并为一而已"，因此"凡科举之所讲习者，学堂无不优为"。① 朝廷宗旨如此，守旧派更心怀异志，科举虽废，但科举与学校之争仍持续不断。直到 1907 年，还有少数顽固官僚刮起一阵恢复科举的阴风，企图从内容到形式上都公开实现"科学与科举并行"②，致使"学务阻力之生，顿增百倍"③。同时，清政府把科举余毒酿成的鸩酒作为诱惑青年的琼浆，其《学堂奖励章程》规定，依据学生等级高下和程度优劣，分别实行科举虚衔和职官实授的双重褒奖，具体情形见表 3-12④：

表 3-12　清政府《学堂奖励章程》的相关内容

学堂种类	出身	授职（奖励以中等以上为限，下等不列）
第一级　分科大学	进士	编修检讨庶吉士　主事

---

① 许同莘编：《张文襄公奏稿》卷三十七。

② 《光绪三十三年七月十八日候补内阁中书黄运藩请变通学务科举与科学并行中学与西才分造呈》，见故宫博物院明清档案部编：《清末筹备立宪档案史料》下册，981 页，北京，中华书局，1979。

③ 《光绪三十四年江苏教育总会上学部请明降谕旨勿复科举书》，见《江苏教育总会文牍》第 3 编，1～3 页。

④ 据宣统二年崇有《学堂奖励章程〉疑问》所列《学部奖励一览表》绘制，见舒新城编：《近代中国教育史料》第 4 册，73～77 页，上海，中华书局，1928。

续表

学堂种类		出身	授职（奖励以中等以上为限，下等不列）
第二级	高等学堂	举人	内阁中书　中书科中　书各部司务　知州　知县　通判
	政法学堂	举人	内阁中书　中书科中　书各部司务　知州　知县　通判
	高等实业学堂	举人	知州　知县　州同
	优级师范学堂	举人	内阁中书　中书科中书　各部司务
第三级	中等实业学堂	拔贡　优贡　岁贡	州判　府经　主簿
	初级师范学堂	贡生	教授　教谕　训导
	中学堂	拔贡　优贡　岁贡	

这对刚刚步入学堂的青年产生了严重的消极影响。宏大世界的灿烂阳光在学生心中激起的无限希望不会泯灭，但坟茔鬼火的飘忽闪烁却使意志薄弱者本性迷乱。我们既听到塾师惊呼，"前者每立一学堂，各塾学生辄纷纷辞去，所余学生亦因之摇动，有人人思入学堂之势"①，又风闻教员慨叹：科举功名"非特足以迷腐旧之学子，而更足以误青俊之少年"，"甚而大学某生，弃其游学之额，而求博一第之荣。若此类者，不可屈指"②。东流到海不复回的气势体现于江流曲似九回肠的波折回澜之中。社会人士对此亦喜亦忧，"吾始闻学生以将来之主人翁自命，吾狂然喜者屡矣。迨默而察之，其事实多与所期者相负，则闻学者相告曰：某校卒业如何保奖某举贡某进士。教育以此励，学者以此趋，一若舍此虚名而不足以自立也者。不知国民之尊贵，而加以此等一人私许之名，已降主人一等矣。吾悲之，吾耻之"，呼吁教育家"还我学生以主人之精神"③，希望彻底清除科举遗毒，使学生拔足

---

① 《联合家塾小启》，载《大公报》，1905 年 5 月 24 日。

② 《论科举误人之深》，载《东方杂志》第 1 卷第 8 期，1904 年 10 月 4 日179 页。

③ 愚公：《二十世纪之中国民》，载《振华五日大事纪》第 6 期，1907 年 5 月 11 日。

泥淖，树立社会主体意识。有人进一步指出：学生为"人兽两界间之过渡物也，学生而进化则人也，明人道，痛中国四百兆民受牛马奴隶之苦，尤为大悖人道，故立志舍身而诛锄障碍人类之进化者（不系乎做官不做官，因官界中有兽之真相，亦有人之变相）。学生而退化，则兽也，禀兽性，故习于中国官界中牛马奴隶之形状，因不以四百兆民受牛马奴隶之苦为悖乎人道。于是既假途于学界倏委身于官界……终乃卖国殃民，觌不为怪，诛锄豪杰，为虎作伥，此亦障碍人类进化之巨擘矣。故学生之人面兽心者，实较兽人之患为尤烈"①。这番话集中体现了当时进步人士对学生期望高、要求严、担忧甚的复杂心情，从一个侧面反映了学生地位与作用的至关重要。

近代中国学生在心理、生理和性格素质上都处于角色矛盾中，既要继承传导，又要创新变革，社会交替提出两种截然相反的要求，使之无所适从。学生是为了创造未来而生，但是，当他们投身社会去施展一腔抱负时，却遇到重重阻力。各种既得利益集团对于来自学生的冲击顽固地抵拒排斥，被吸收的学生则遇到同化的逆流，复归式的再社会化迫使他们从自我引导的新路退回传统引导的旧轨。从政治制度到观念行为的全面冲击，触动了专制统治根基和道德伦理大防，更招致当局镇压、学校惩治、家庭逼迫和社会歧视，身心禁锢比境遇冷落更加令人窒息。这个生长于过渡时代却找不到合适的容身之所的"过渡物"，成为社会动荡演变的催化剂。清末数年间，社会虽以前所未有的速度和幅度变化发展，仍不能为学生提供顺态环境，反而导致他们在前进的艰辛与后退的绝望中焦躁不安。任何带有不同程度的变革意向的个人或集团，在这个躁动的群体面前稍有不慎，都将轻而易举地丧失进步性，成为被冲击和震动的对象。学生必须改变现实，因为维持现状就无法生存。但他们又不能切实地把握未来，因为未来仍有几分朦胧的乌托邦色彩，所确知的，是与其坐以待毙，不如拼死求生，在变动中寻找由奴隶转化为主人的契机，使学生的亚文化准则升华为全社会的主文化规范。社会要么调适更新，要么忍受这个群体的周期性骚动。

① 《统复寄留独逸发指生及寄留各国诸君来函》，载《天义报》第 43 号，1908 年 4 月 18 日。

　　学生自身尚未实现近代化，却担负着推动社会近代化的使命。旧秩序腐败黑暗的压抑和外部世界发达强盛的刺激，使之充满叛逆者的反抗批判精神，以及与传统格格不入的世界眼光和发展趋向，难以为世人所接受。他们充满了"中国未来主人翁"的自豪感，事实也应当如此。学生属于未来。但变化的现实总不如希望的那样完美。社会是既定的，学生则是未知数。商人重视眼前利益，很少理想主义的浪漫情调；学生则憧憬于未来，没有理想就没有希望。只顾眼前者目光短浅，追求理想者又无力驾驭现实，近代中国社会就是这样充满着矛盾。幸而统治者同样进退维谷。清政府希望通过发展教育向世界证明其继续存在的合理，消除社会的普遍不满和失望情绪，堵塞革命思潮的源头，从而按照自己的利益和意愿向近代化挪动。然而，相互联结、丝丝入扣的旧体系一旦打开缺口，就将一溃千里。清政府为维持其统治而做的种种改革努力，都适得其反地使其日益失去对社会的有效控制，从而加速了它的崩溃。强者的削弱与弱者的增强相反相成，废科举兴学堂不过短短六年，大清帝国就一朝覆亡，结束了末代皇帝的统治。

第四章　学堂风潮

　　学堂风潮系指以学生为主体、以学堂为基地的斗争。它在这一时期从形式到内容均已突破学堂的狭小天地，日益与社会运动相融合，但仍具有相对独立性。学堂风潮最为直观地展现出学生的精神风貌与内心世界，并在社会动荡与政治变革大趋势背景的反衬下，比较明确地显示出带有本能倾向的学生，如何在冲突过程中通过政治合力的作用逐渐形成群体定势。

一、学堂风潮的时代新气息

　　1905 年以后，中国的革命和爱国民主运动相互激荡，风起云涌，吸引了学生的政治注意力，使他们在对学堂内部专制的不满情绪日趋强化的同时，相对转移了对学堂当局的直接冲击。在学生与旧秩序的冲突中，学堂风潮由主角退居偏师。中国社会发展的不平衡以及大小社会交错的结构，造成了大一统局面下的多元格局，地方自治思潮的勃兴客观上强化了分散性。在此制约下，学界风潮出现中心纷呈、此起彼伏的散漫状态。概况如表 4-1① 所示：

_____

　　①　本表资料来源，散见于全书征引的各报刊书籍（以后各表凡不注明者同此）。1905 年系由 8 月计起。

表 4-1　1905—1911 年各地学界风潮概况

年份＼堂次＼省份（地区）	江苏	京师	安徽	直隶	浙江	山东	山西	河南	湖北	吉林	奉天	广东	四川	陕西	湖南	广西	云南	福建	山西	黑龙江	贵州	甘肃	总计
1905	5	1	4	1		1		2	1									1					16
1906	1	4		1		3		2				4	1		2	1	2						21
1907	2	9	6	3	1	7	2	1	1	2	4	6	2	1		2	2				1	1	53
1908	8	3	6	6	4	6	5	6	4	3	3	1	5	5	2			3	4			1	75
1909	11	7	2	5	7	2	9	5	7	3	5	1	1		2			3		3			73
1910	5	3	3	1	10	4	1		2	4	2	3	5	4	1	2			1	2			53
1911	8	6	5	7	1		3	2	4	5	1			1	3	2	3		1	2	2		56
总计	40	33	26	24	23	23	20	19	19	17	15	15	11	11	12	7	7	7	6	7	3	2	347

风潮波及北京和 21 个省份，其中山东、山西、吉林、黑龙江等省为此前学潮未曾触动之地。由于爱国民主运动高涨，学堂风潮的曲线变化不能全面反映学生斗争情绪的强弱张弛。其意义在于，从 1906 年的波谷开始，学生的群体躁动日益加剧，表明这个人数和影响迅速膨胀的社会群体，不仅普遍处于不安情绪的支配下，而且这种心理定式持续强化。同时，学堂风潮并非依学堂等级的数量比例均匀分布，据可查实的 283 堂次风潮统计，大学高等、专门、中学、高小（含两等）、初小五个级别分别为 39、110、80、36、18 堂次（小学由于信息来源困难，报道当少于实际数）。前两级学堂主要集中于省会重镇，中学也大多设于府以上行政单位治地，这两部分居群体核心引导地位的学生大都处于躁动之中，加强了风潮对学生群体和全社会的震动影响力，造成整个社会氛围长期广泛地趋于动荡不宁。

除地域性扩展外，学潮深入扩大的另一表现，是加入斗争行列的学堂门类不断增多，不仅普通、专门、实业和师范学堂风潮迭起，就连清政府为强化国家机器而设的军事、法政、巡警等学堂也推波助澜。在山东、山西、直隶、云南、安徽、浙江、江苏、河南、湖北、广西等省，后三类学堂风潮各发生 23、13、11 堂次。这些学堂内设有官、绅、兵班，分别收取候补官员、绅士和官绅子弟，以及清军官兵。官班"真腐败得有点程度。那儿的学生都是一些封建余孽,上学下学都坐轿子,有的还要带着跟班"①。然而,既然聚为群体,多少改变了个性,略具学生群体意识,不仅绅班、兵班学生挺而抗争,官班也屡试锋芒。1907年北洋法政学堂官、绅两班联合退学,反抗斋务长和监督"积威压制"②。从1908年11月到1909年,短短几个月时间,湖北法政学堂接连三次爆发风潮,先是绅班要求平等待遇,继为官班反对日籍教习侮我国体,再为官班与教习冲突。循规蹈矩的套中人在学堂小环境的感染下,居然"老夫聊发少年狂",成了血气方刚的冰斗士。

1907年,张之洞因"目击新学之日进,大惧旧学之沦亡,故于湖北倡办存古学堂,以为各省之先导"③。江苏、安徽、广东、福建、甘肃、陕西、四川、浙江等省相继仿效,学部还正式规定各省一律开设存古学堂,以期"存国粹而息乱源"④,借保存旧学来维系专制统治的命脉,防范学生在新学熏陶下思想言行日趋离经叛道。然而,这里的学生对讲堂上的旧学毫无兴趣,只是随铃声上下,虚应故事,而课外对新书新报却十分着迷,好之若渴。为抵御存古学堂而办的道学染坊,反倒成了学潮的渊薮。1909年,湖北存古学堂学生因要求添设兵操,抵御瓜分,被监督无理斥责而罢课罢考,宣告统治者险恶用心的破产。

随着国家机器的局部更新和社会近代化的发展,统治阶级也感到有必要与时俱进,以适应社会变化,保持特权地位,免遭淘汰厄运。为此,清政府开办各级满蒙学堂,吸收旗人子弟入学。风潮的触角又随着学生群体的蔓延深入清王朝腹心。1906年八旗高等学堂师范班抗议校方无理处分学生而罢课。1909年,该堂又因请愿代表被斥革而全班退学。满蒙文高等学堂等三校也曾先后罢课,反抗当局野蛮压制。就读于烟台海军学堂的19名八旗学生为同学被开除事坚决斗争,虽遭

---

① 郭沫若:《少年时代》,222页。

② 《北洋法政学堂专门科学生散学大风潮纪要》,载《盛京时报》,1908年1月9日。

③ 庄俞:《论各省可不设存古学堂》,载《教育杂志》第3年第5期,1911年6月6日。

④ 《光绪三十三年升任两湖总督张奏设存古学堂折》,见许同莘编:《张文襄公奏稿》卷四十三。

校方压制及清廷的直接干预却毫不退缩，一律告退回京。旗籍学生的罢课退学共 6 次。血虽然浓于水，却不能淡化思想分歧和地位差异的矛盾。

娘子军的加入，丰富了这一阶段学潮的色彩。直隶、北京、江苏、浙江、四川、安徽、广西等地的女学生先后 10 次罢课退学，成为奇峰突起的新军，预示着中国近代女权运动勃兴的到来。

由此可见，学生群体结构虽呈不稳定流动状态，但只要成为其中的一分子，无论其原来的阶级、民族、性别和社会地位如何，都会受到群体性制约，在基本性格上显示出学生的共同特征。他们的压抑感相通，反抗的呐喊声也必然和谐一致。

学潮在形式上也有显著变化，1905 年以前多为退学，而这一阶段罢课越来越成为主要斗争手段。详情如表 4-2 所示：

表 4-2　1905 年后学潮的主要形式

年份	罢课（次）	退学（次）	其他（次）	总计（次）	比例
1905	4	9	3	16	2.5：5.6：1.9
1906	10	5	6	21	4.76：2.38：2.86
1907	30	15	8	53	5.7：2.8：1.5
1908	39	17	19	75	5.2：2.3：2.5
1909	34	14	25	73	4.7：1.9：3.4
1910	29	11	13	53	5.5：2：2.5
1911	32	13	11	56	5.7：2.3：2
总计	178	84	85	347	5.13：2.42：2.45

罢课成为学潮的主要形式，从学生方面看，是群体扩大稳定和群体意识增强的表现。学生阵容整齐雄壮，能够在学堂内与当局分庭抗礼，也容易引起外界的反响声援。退学的结果是，除少数自办学堂外，学生大都散处四方，无法形成有影响的实体，保持不断增长的冲击力。退学的广泛性在一定程度上反映了兴学初期学生的流动感，他们尚未真正摆脱混沌的士民观念，没有充分认识到学生的社会独立性和特殊性。而罢课则显示出学生在稳定性加强的基础上群体意识的普遍提高。

从策略上考虑，罢课坚持的时间长，在针锋相对的公开对垒中持续冲击旧秩序，可以争取更加广泛的社会同情与支持，锻炼和考验学生的组织与意志。同时，这一转变增加了攻防梯次配备，以罢课为前锋，提出要求条件，而以退学作后盾，逼迫当局妥协，使之投鼠忌器，在冲突中处于被动，从而加强了攻击力。就社会效果而论，有些人对学生动辄退学十分不满，斥为"轻狂"。不少同情与支持学生的进步人士，鉴于自办学堂的艰难和退学即失学的客观事实，也不赞成学生轻举妄动，以免养成浮躁之气，缺少坚毅之心。而且清政府一再下令禁止退学生改名换姓别投他校，虽然禁令事实上未能贯彻，但毕竟为学潮善后设下一重障碍，造成退学生就地重新入学的诸多不便。学生们在风潮中自觉不自觉地意识到合理运用有利斗争形式的必要性，通过自然选择，形成循序渐进的良性发展趋向。

就内容而论，学潮可分为如下几种类型。

一是反对学堂内部的腐败专制，共 220 次，占总数的 67%。其中反对学校当局无理压制及管理制度腐败的 94 次，反对教员顽固守旧、愚昧无知、不称其职的 38 次，因卒业、升学、考试等事不公而起的24 次，因饮食恶劣而起的 21 次，反对学生之间待遇不平等的 15 次，因缴费、给奖等事不合理而起的 14 次，要求改良学制、课程的 6 次。这种带有浓厚自发性的本能反抗，是前一阶段学潮的直接延续。

二是反对洋教习和教会，共 14 次。由于新式教育高速发展，师资奇缺，于是各地大量聘请外籍人士。据不完全统计，1901—1911 年，先后来华的日本教习达 674 人，其中 1909 年在中国任教者就有 424人，而是年全国高小以上学堂共有外籍教师 452 人。① 他们中间不乏德才兼优之士，但也有为侵夺权益而来的野心家，或不学无术的无赖汉。他们倚权仗势，有的借名牟利，行为失检，有的动辄打骂，举止野蛮，有的盗卖校具，舞刀弄剑，致使学生愤然表示："除非国亡，坚决不跟此类教习就学。"② 云南昆明各学堂和两江师范学生分别联合罢

---

① 汪向荣：《日本教习》，67～95 页，北京，生活·读书·新知三联书店，1988。《宣统元年份教育统计图表》。

② ［日］中岛裁之：《东文学社纪要》，139～140 页，1908。

课，驱逐学识浅薄而无理需索的日本教习；湖北法政学堂学生因日本教习"以戏谑语辱我国体"① 而罢课，迫使校方将其辞退；陕西宏道高等学堂、甘肃文高等学堂和营口商业学堂学生则以罢课抵拒抗议日籍教习"蔑视我华族，草菅我民命"②、殴打同胞同学以及勾结领事馆、包庇行凶浪人的种种劣迹。此外，上海浸会大学、徐汇公学、南京汇文书院、厦门同文书院等教会学堂学生，皆因校方"贱视华人"③、拒绝增设汉文课程或无理责打同学而掀起退学风潮。山东广文学堂和长沙雅礼学堂学生因为要求改良课程、撤换不合格教师以及买办身份的学监、废除下跪背书等有失尊严的做法不为校方所接受，先后几次发动持续数日的罢课。不过，一般而言，教会学堂的水准较高，能够满足青年学生的求知欲，因此，即使在政治文化冲突的背景之下，矛盾的激化还是明显少于一般学堂。

此期学潮的新动向，是逐渐突破学堂空间，把解决学堂内部矛盾的手段，发展扩大为社会斗争的形式。这类学潮至少有 40 次，在起因、对象和目的方面，均超出学堂范围，显示出学生群体与专制统治秩序矛盾的扩大激化。其中又可依据起因、目标的不同，再加细分。首先是反对地方恶势力迫害师生和破坏学堂。顽固官绅"于如锦如荼之学界而贱之踏之蹂躏之，于可钦可贵之学生而奴之隶之犬马之"，"学界萌芽，不被压制者即被摧残"。影响所及，歧视排斥学生的恶风渐起，"人以是多贱学生，而学生被辱于地方官吏地方人民者，时有所闻"。④ 安庆、成都、厦门、漳州、兖州、徐州、砀山及奉天岫岩等地学界，因官吏、士兵、警察、家丁殴辱或无故拿办师生，地方当局曲意庇护，反而"问堂长以约束不严之罪"⑤，激起学生罢课抗议，要求惩办凶手及肇事者，甚至将警局拆毁。广东丰顺学界反对船户与劣绅勾结，加价勒索并污辱学生，天津葛沽官立学堂因流氓殴辱学生，巡

① 《太平耶忘国耶》，载《民呼日报》，1909 年 6 月 6 日。
② 健公：《办理日教员行凶之非策》，载《夏声》第 5 号。
③ 《记汇文书院全体散学事》，载《大公报》，1907 年 7 月 2 日。
④ 鞭石：《陕西学界之悲观》，载《夏声》第 1 号，1908 年 2 月 26 日。
⑤ 《家丁殴打学生之骇闻》，载《民吁日报》，1909 年 11 月 12 日。

官袖手旁观，不加惩处阻止，均一致罢学。其次，帝国主义侵略势力日益深入，在中国领土上为非作歹，与学生发生直接冲突。1907年，广东岭东同文学堂师生因教师被日本潮汕铁路公司属员打伤，且拒不交凶，大动公愤，散发传单公启，鼓动绅商学界"合谋对付"。其公启揭露该铁路所用人员"尤多贪横凶暴，而管站之日人，复以言语不通，且蔑视中国人，故意庇纵。每借行李小件，滥索规费，不遂则殴打踢骂。赴诉不理，过客多受其凌虐"，"有杀人不要偿命之语。苟不合谋对付，将益纵其虎狼之毒"。① 这些斗争事关整个学界名誉，往往得到当地各学堂的响应，形成区域性风潮。

被动激发的学潮虽然显示了学生与恶势力的冲突，但为细枝末节而暴起骤落，使趋新动力低效耗费，未免得不偿失。一些有识之士在同情支持之余，也别有深意地指出，"世界称军人、学生神圣不可侵犯者何也？尚公理而不涉意气，明人道而不畏强权，有完全人格，无非礼行为。有夺我天赋自由固有权利，奴隶我压制我，出其全力与抗，死而后已，此军人、学生神圣之名轰轰烈烈于世界也。而不然者，逞小愤蔑大局，同室操戈，同类相残，则学生之价值低矣"，"全体罢课，慷慨激昂，团结之志，不谓不壮，以之投于先生长者之前，未免割鸡之用牛刀也"②，批评学生"只知罢课要求退学了事，枝枝节节而为之，绝不谋根本上之解决，则退学自退学，而招生自招生，顽固之监督如故，混充之教习亦如故"③。他们认为中国不能"依政府之设施以图存"，呼吁学生"能知其所当争，与之日争而不息，以求达吾学之志，而无徒于饮食起居外观之微"④，试图将学潮引上反清正轨。

在舆论感召下，学生们采取更加积极的姿态，以民权思想为指导，以罢课为武器，主动干预地方事务，反对贪官污吏的苛政劣行。1905年，直隶深泽县高等小学学生要求禁赌，县令昏聩，反而斥退4名代

① 《同文学堂学生对于教员被殴之公愤》，载《岭东日报》，1907年3月14日。
② 不醒：《高等学堂又起风潮矣》，载《河南》第4号，1908年5月5日。
③ 平衡：《桂林闹学风潮》，载《粤西》第1号，1907年11月15日。
④ 皮生：《箴学生》，载《夏声》第3号，1908年4月25日。

表。学生以退学抗议，又被该县令胁迫其家长逼回，而赌风更炽。次年，学生不甘坐视，再度要求禁赌。昆明的陆军、师范、蚕桑、东文、法政等校学生联合揭露滇省学务军政腐败废弛，要求"改良整顿，以救溃危"①。1909 年，福建海澄学生全体罢课，反对抽收米捐。在历次反帝爱国运动中，罢课成为学生的重要斗争手段。抵制美货运动时，上海、广州、福州等地美办学堂学生纷纷退学罢课。1907 年奉天学界反对总督徐世昌卖国求荣，1908 年保定师范学生抗议江浙路事，1911 年云南学生反对英军强占片马，均以罢课为武器，使地方当局颇感"风潮棘手"②。

各级官府对学潮的社会趋向十分畏惧，千方百计地压制束缚，又激起更为猛烈的反抗。学生们把斗争锋芒指向一切阻挠破坏其正义行动的权力代表。安徽师范学堂学生因浦信路和铜官山矿权告警要求集会，与校方大起冲突，全体罢课。宁波美办崇信书院学生在爱国行动受压时表示："向西人读书犹如此，浙路若归其掌握，其情形更何堪设想乎？诸生非敢谓热心公益，第以全浙死生在此一举，若听其奴隶之，尚得自立乎？"③ 随即全体退学。1907 年，云南高等学堂学生反对清政府出卖七府矿权和滇越铁路修筑权，要求通电抗议，为电报局所阻，冲突之下，举行罢课，并准备游行。其他各校闻风响应。提学使急令关闭校门，隔断学生的联系，并拘捕、斥革各学堂学生代表 20 余人，激起全城罢课大风潮。1910 年，武汉陆军特别学堂学生张贴标语，反对日本强修安奉铁路，被巡警逮捕数人，便全体罢课，迫使警局放人。保路运动中，湖南、四川学生举行大规模罢课，云南学界也罢课一天，抗议颁布铁路国有。罢课最终导致反对清政府的统治及其基本国策，甚至成为对革命党人的直接声援。徐锡麟、秋瑾等人遇难后，浙江学界罢课抗议官方搜捕。杀害秋瑾的刽子手贵福及率兵围捕大通学堂的标统李益智运动他调后，均遭任所学生的抵制。国会请愿时，天津、

---

① 《大事月表》，载《云南》第 2 号，1906 年。

② 《保定学堂之路事风潮》，载《中国日报》，1908 年 1 月 8 日。

③ 《外人不许学生赴会奇闻》，载《江浙铁路风潮》第 1 期，1907 年 12 月 19 日。

保定、奉天、成都等地学生纷纷罢课，并首次呼吁全国总罢课。学潮由学堂而地方而区域而全国，斗争对象由教职员而地方官吏兵警而国家专制政权，态势由被动反抗到主动出击，终于把学生推上与统治阶级总决战的阵地。

学潮促成了学生与学生、学生与教师以及学生与社会各界联合的趋向。

学生的相互联系，首先从学堂内部开始。从童生士子变为名副其实的学生，既体现于个体素质的改善提高，也表现于群体关系的整合重构。士人属于分散型农业社会的产物，学生则是近代工业文明的结果，不仅个人知识结构、精神风貌明显不同，群体集团性亦上升到政治层次。而斗争的洗礼加速了转变进程。从散处到聚居，空间距离的缩短以及与学堂当局直接对立，直观地反复显示出彼此利益的一致性，在此基础上，学生凝聚成众多小群体核心。许多罢课退学即由于当局惩处学生代表而引发。这种自发围绕核心展开的群体行动，乃是学界联合的雏形。实践证明，学生群体在组织上"自在"还是"自为"，直接影响斗争的成败。1908 年，北洋法政学堂专门科学生与斋务长大起冲突，校方以学生"聚众暴动"为名，怂恿总督派官吏军警来堂弹压查办。"学生仓卒未举定代表，不免退缩"，以致"未敢尽言"。数日后，地方官复带警兵来堂，宣布斥革数人。这时学生已推出代表，"既积义愤，又受公论，故言语之间，不免慷慨激烈"。斋务长挟嫌报复，将学生代表连同其平日所记恨者开单呈请斥革。150 余名学生相率全体退学，迫使校方和官府让步①，将斋务长撤差，监督记过。由于当局拒不收回开除 8 名代表的成命，还有 30 余人继续坚持斗争，"义不独归，情愿斥退"②。1910 年，南宁师范学堂 140 余名学生退学抗议当局斥退 4 名代表，"谓此四人乃全体之代表，若监督革此四人，吾等全体亦当罢学"③。南昌洪都中学堂两名学生代表被开除时，同学也以

① 《北洋法政学堂专门科学生散学大风潮纪要》，载《盛京时报》，1908 年 1 月 9 日。

② 《五省法政学堂风潮已息》，载《盛京时报》，1908 年 1 月 31 日。

③ 《南宁师范学堂之大风潮》，载《大公报》，1910 年 5 月 16 日。

"学生同事请求，而加罪于一二人，学生理应代诉"，与监督冲突，200余人一律告退。① 联合使学潮的自发盲动性得到抑制，那种一哄而起又一哄而散的轻率莽撞举动逐渐减少，目的性和攻击力大为增强。

学生联合还超出单一学堂向区域范围发展。学生与地方恶势力及官府之间的冲突，以及参与爱国民主运动，使其群体意识由空间接近的初级观念升华为地域性中级概念，甚至国家民族的高级形态。学生们在斗争中主动相互声援，一校发难，学界全体起为后盾。1905年江苏松江融斋师范学堂风潮中，外校学生纷纷投书该堂，"谓吾等各学堂之学生，闻君等起而与杨董为难，甚服诸君之勇敢。明日诸校皆停课一日，以赞成诸君办理此事"②。为了促进加强联合，学生们有效地运用各种宣传鼓动手段，揭露当局的分化阴谋，打击动摇变节分子，维护团结。最为常见的宣传方式是集会演说和散发传单。前者在校内联合阶段已使用，如江西洪都中学2名代表被革退后，其他同学"连日在堂演说，筹议抵制"③。1907年，京师大学堂学生反对提调借故开除同学，辱骂代表，"历举提调劣迹若干条，大书于壁"，并在讲堂大开会议，"到者将近三百人，座无可容"④。浙江法政学堂官班生不仅"开临时大会，公筹抵制"监督斥革同学的命令，实行罢课，而且痛斥破坏团体、照旧上堂的少数败类，使之"羞愧欲绝，无地自容"⑤。在区域性联合行动中，学生们更加主动地广泛运用这两种形式。1907年南京汇文书院、1908年安徽理化专修科、1910年重庆体育学堂和1911年湖南高等学堂等风潮中，学生均"遍发传单，通告省垣各学堂"，有的"详述始末"⑥，"以评议其曲直"⑦，呼吁道义支持，有的

① 《洪都中学堂学生全体公具》，载《民立报》，1911年6月18、19日。
② 《融斋师范学生散学情形详记》，载《时报》，1905年10月24日。
③ 《学界之凄风苦雨》，载《民立报》，1911年5月26日。
④ 《大学堂私革学生之风潮》，载《广州总商会报》，1907年12月6日。
⑤ 《法政官班生之风潮》，载《盛京时报》，1908年10年10日。
⑥ 《重庆体育学堂之风潮》，载《大公报》，1910年6月2日。
⑦ 《记汇文书院全体散学事》，载《大公报》，1907年7月2日。

"要约停课"①,"统筹对付之策"②,争取行动响应。1907年,南昌学界代表百余人集会声援无辜被革的医学堂学生,各校相继同情罢课。有时学生们更双管齐下,大造声势。1911年江西测绘学堂二班生退学后,"满街布散通告书",而全省学界"开联合大会,为二班学生力争恢复"。③ 同年,安庆一位学生被审判厅滥施重刑,"学界大愤,由高等学堂全体学生传单各学堂,公举代表会议",相继罢课抗议。④ 随着学生人数增多,群体意识增长,彼此联系加强,较大规模的区域性联合罢课日益增多,据不完全统计,在此期间共发生34次区域性联合罢课,其中省会级21次,中小城市6次,县镇7次(详见表4-3):

表4-3　1905—1911年较大规模的区域性联合罢课

年份	成都	南昌	开封	长沙	西安	昆明	安庆	天津	保定	长春	桂林	厦门	漳州	绍兴	松江	宁国	青州	吉安	崇阳	长澄	海澄	岫岩	丰顺	三山镇	总计
1905						1									1										2
1906				1																			1		2
1907			1				1																	1	3
1908		1			1							1	1	1						1	1				7
1909		1	1													1	1	1							5
1910	2																		1						3
1911	1	1	1	1	1	1	1	1	1	1	1											1			12
总计	3	3	3	2	2	2	2	1	1	1	1	1	1	1	1	1	1	1	1	1	1	1	1	1	34

区域性联合罢课成为这一时期学潮的突出特征。由于声势浩大,区域性联合罢课引起社会各界的同情支持,地方当局不敢轻易诉诸高压,斗争的获胜率因而有所提高。

学生与教师联合有两种形式。一是教师以罢教辞职响应声援学生

---

① 《实业学堂因争借铜元局为实习工场要约停课遍发传单恳请追究详文》,见赵滨彦:《湘藩案牍钞存》,详文二,台北,文海出版社影印,1976。

② 《皖省理化科因案罢学纪闻》,载《盛京时报》,1908年5月23日。

③ 《测绘学堂风潮记》,载《民立报》,1911年5月20日。

④ 《学堂与检查厅冲突详记》,载《民立报》,1911年4月19日。

的罢课退学。1907 年云南学界罢课时，各校课长教员纷纷辞职，以示支持。1909 年，保定直隶女学堂因总办阻挠学生参加陆军学堂毕业典礼，并与抗命率队前往的校监廖女士（留日学生）发生冲突，罢课罢教，"一律出堂，各自还家"①。二是教师鼓动引导学生发起斗争。1908 年，浙江金华府中学堂教员组织学生联合罢课，反对监督。厦门同文书院进步教习也鼓动学生反抗教会当局。直隶定州中学堂学生与巡警冲突后，教员要求地方官申斥巡警，遭到拒绝，遂一面发动学生罢课，一面联合师范、高等小学等校起而响应。学生与教习的冲突虽时有发生，但随着进步人士踊跃投身教育界，以及国内外新式学堂毕业生担任教职，师资结构发生明显变化。1905 年以前，像蔡元培那样深受青年们欢迎并对学潮采取同情支持和引导态度的教习，尚属凤毛麟角。而这时进步教习的人数、影响大为增长。在反对专制、爱国救亡、变革振兴等重大问题上，他们与学生利害相关，荣辱与共，不少人成为学潮的倡导支持者。同时，他们比较成熟老练，在其影响引导下，学生的政治素质有所提高。上海徐汇公学风潮即为典型之一。"平日该学中教士之待学生甚酷，稍不留意，辄拳足交施，习为固然。学生虽怨恨，亦无如之何，隐忍而已。"一位留日学生来校任教后，"密告学生宜联合一会以抵抗之。学生自立会后，遇教士虐待，则群起鼓噪，不如往昔之驯伏。教士愤甚，则辞退某教员，而学生益噪。教士殴学生，学生竟敢还殴"。该教士命巡捕鞭笞学生 40 余人，"全体大愤，一哄散学"。教士复令防兵堵截。学生虽被迫返校，仍坚持罢课，"相持数日不下"，终于退学。②

师生关系的改善推动了斗争，而斗争中师生同舟共济，又进一步密切了彼此的联系。学生对他们所拥戴的教师悉心维护。京师第一师范教员周震鳞因提倡新律被学部撤差，学生与之"感情颇厚，知周被撤之原因，遂群向监督理论，势甚汹汹。监督胆寒，允为缓颊，始得

---

① 退局人：《直隶女学堂罢学始末记》，载《女报》第 3 号。
② 浮邱：《徐汇公学之笞刑》，载《教育杂志》第 2 年第 1 期，1909 年 1 月 31 日。

逃出重围"①。1906 年，广东惠来高等学堂学生与"视新学如仇，邑人皆称之曰腐"的顽固校长发生冲突，进步教习"谓学生当养其独立精神，不宜横加压力"。校长反噬道："公等平日好讲新学，至今日不免嚣张，吾欲并记公等之过。"教习忿然，均欲告退。学生们断然表示："'吾等认教习，不能认得校长，夕全体哄然，几致决裂。"后由学务公所出面，劝校长向教习赔罪，风潮才告平息。②

　　学潮固然是社会矛盾激化的表现，但学生的言行具有一定的前驱性，单纯的学生风潮不能直接反映人们普遍的情绪态度和心理趋向。而一般教员对学潮由冷眼旁观到衷心同情，进而热情支持，则显示出社会上不满与变革情绪的广泛增长。因此，统治阶级对师生的结合深感不安。奉天提学使张筱浦 1906 年考察湖南学务后，致书江苏总学会，说："教员不胜任，则于义当辞之；学生不率教，于法当退之。而近日学界之特别情形，乃有辞之而不能，退之而不果者，则又为学界之一大危机。"教员"恒视多数生徒之意见言论以为转移"，"法外之要求无不应允，而法内之限制无不通融。犹有借独立自由诸说之新奇可喜，而便于自营之私图者，倡衍其旨，以欺此不识不知之学生。而无非以助成其结合之感情，而自为凭借扶持之地位，取其足以抵制异己而颠倒是非"。江苏总学会对此颇有同感，认为"教员与学生结合团体者，其原因亦有数端，醉心欧化，以共和政体、平等主义谓可施之学堂，其卒也事事听学生之任使而要求"。③ 统治者忧心忡忡，从反面表明师生们正在共同的利益关系、理想追求和奋斗目标之下，组成反对旧秩序的联合战线。

　　清末绅、商、军、学、工、农各界在爱国民主斗争中呈现出汇聚融合的总趋势，学潮成为推动这一趋势的一股激流。在 1906 年广东丰顺反对劣绅庇护船户进行勒索，1907 年安徽三山镇反对天主教教民逞凶横行，1908 年安徽宁国府抵制贵福、山东青岛抗议德国要求该省矿权，以及 1909 年福建海澄的抗税斗争中，学界罢课与商民罢市交相作

① 《师范生之风潮》，载《大公报》，1911 年 1 月 2 日。
② 《惠来学堂之冲突》，载《岭东日报》，1906 年 4 月 20 日。
③ 《湖南官报》第 49 册，1906 年 9 月 8 日。

用，愈激愈厉。1911 年长春中学堂学生反对清赋局勒税及殴辱扣押同学，全体退学，城乡各学堂相继罢课，"而乡间民怒之暗潮来势愈急，皆视学生之去留为进退"①。1907 年江西袁州府学生在罢课的同时，鼓动店铺罢市，以壮声威。学潮由学堂而学界而社会经历了三级发展，以罢课奏出反清大合唱的强劲音符。

更值得注意的是，学界风潮与城镇商民的罢市斗争发生同频共振，而与一般下层群众的民变则不很合拍（参见表 4-4）②：

表 4-4　1902—1911 年的几类群体运动　　　　　单位：次

分类＼年份	1902	1903	1904	1905	1906	1907	1908	1909	1910	1911
学潮	16	59	67	34	21	53	75	73	53	56
罢市	17	13	31	30	14	12	29	15	16	26
民变	59	32	56	67	170	157	74	131	234	102

上表显示，1904 年和 1908 年是学潮与罢市的两次密集期，1906 年和 1910 年则是低谷期。与此形成鲜明对照，民变的两次高峰期刚好出现在学潮与罢市的低谷期，而 1908 年民变的低谷却正是学潮与罢市的高峰。这一方面表明，学潮与罢市的参加者地位利益相近，与近代化经济及时事政治关系密切，对社会矛盾的变化感受相合，因而情绪同步起伏涨落；另一方面，则显示出下层民众的自发反抗与新兴势力的活动之间，存在明显的不合拍现象。众所周知，1903—1905 年，是中国新兴势力政治情绪普遍高涨激进的时期，学界和开明士绅率先行动，掀起抵制美货大风潮。而 1906 年的平静，重要原因是宣布预备立宪给开明士绅商人带来一线希望，从而缓和了紧张情绪。1908 年，光绪帝、慈禧太后相继死去，最高权力中枢重新调整，引起知识阶层和绅商社会的波动，各新进党派也暗中加紧活动。而到 1910 年，他们的主要精力投入国会请愿运动或为之所吸引。城乡下层民众则不同，他

---

① 《长春学生痛哭记》，载《民立报》，1911 年 7 月 1 日。

② 是表资料来源，罢市部分据本书征引各报刊辑录；民变部分，据张振鹤、丁原英辑《清末民变年表》（载《近代史资料》1982 年第 3、4 期）及《辛亥革命前十年间民变档案史料》（中华书局 1985 年版）统计。

们或置身于乡土社会，与时政隔膜，或有不同于开明趋新势力的利益要求，实行新政所增加的税收，更激化了他们与官府绅商的矛盾，因此其态度行为与后者有着明显差异。这从一个方面说明，近代社会的发展变迁，没有达到使进步革新政治派别的活动能够引起城乡广大群众直接同步感应的程度，其政治领导者也未能设法使各种力量协调统一起来。其政治主张和活动，主要是与城镇中一部分民众的情绪脉搏相吻合。这样，尽管各种斗争都具有冲击清朝统治，强化革命氛围的客观作用，但毕竟分散了力量，不能形成集中有力的打击，去摧毁强大的封建势力。

由于学生群体结构与意识不断稳定加强，与各界民众的联系日趋紧密，学潮对旧秩序的冲击力大为增强。特别是都市学生的联合斗争，破坏了清王朝的政治权威，直接危及其统治地位。城市历来是专制集权统治的中心和封建阶级生活娱乐的场所，而此时，在其卧榻之侧，出现了一股去之不能、制之无力、不断躁动的异己力量，对其构成严重威胁，昔日的安宁不复存在。作为新的社会因素，旧秩序无法将其吞噬或使之驯服。为突破现状、走向未来而生的学生群体，对既定状态的离异始终大于认同。学潮的持续发展，正是群体趋向与逆态环境不相融合所导致的躁动天性的必然表现。

二、社会失调与心理失衡的激荡——个体心理行为分析

就学潮的直接起因、目标和结果判断，其中相当部分很难归入反帝反封建范畴，个别冲突甚至表现出惰性。群体是复杂的社会组合，而清末学生更像一碟匆匆炮制的拼盘。学潮色彩纷呈，是群体成分结构杂乱无章的体现。只是在政治合力的作用下，这些来源不同、去向各异的动力，才冲撞挤碰着进入民主爱国运动的轨道。否认学潮的总体积极意义当然是只见树木不见森林，但森林毕竟由独木组成。而人的意识行为是具有复杂关系的多种因素综合作用的结果。要进一步认识学生的全貌和学潮的复杂性，必须具体深入地分析典型个体的心理

行为。郭开贞（郭沫若）便是一个典型的学潮人物。①

在废止科举的 1905 年冬，郭开贞和其他几十名童生一起考入四川乐山新建高等小学。这些多少感染了近代风气的青少年，与旧日童生已经有所不同。开贞出生于中等地主之家，6 岁入私塾读书，像许多同龄人一样，对在"大成至圣先师"的牌位下遭受残酷体罚有着本能的对抗心理。庚子国变后中国社会的种种变化，逐渐波及四川盆地西南边缘的偏僻山乡，漾起几圈涟漪。第一，废八股改试策论后，家塾教学有所变通。"以前是死读古书的，现在不能不注意些世界的大势了。从前是除圣贤书外无学问的，现在是不能不注重些科学的知识了。"虽未打开科举枷锁，学生们却脱掉八股刑具，在圣经贤传外，读到了《地球韵言》《史鉴节要》，领悟到"无上的天启"。② 第二，学堂的扩增，为山乡青年开启了通往都市和新学的大门，如郭的大哥、五哥分别进入成都东文、武备学堂。这些洋学生成为沟通城乡的桥梁、传播文明的媒介和移风易俗的先驱，他们有意识地采集各种新学书刊送往乡间。于是，上海出版的格致、地理、地质、东西洋史、修身、国文等蒙学教科书，成为家塾里更新换代的正式课本，数学也学到开方，塾内还挂起《东亚舆地全图》。而《启蒙画报》《经国美谈》《新小说》《浙江潮》等书报，成了蒙童们诱人的课外读物。他们崇拜拿破仑、俾斯麦两位强人，并对唤醒民族精神的小说印象深刻。新知识向他们展现了崭新天地，使之开始有了世界眼光和新的追求。第三，乡村出现了高悬"储材兴学、富国强兵"门联、由师范养成所毕业生任教的蒙学堂。在其影响下，私塾蒙生也兴致勃勃地练起洋操。"家塾革命"使他们感到"这时才真正地把蒙发了一样"。第四，外部世界的变

---

① 选择郭开贞这一对象，基于以下考虑。第一，在此期间，他刚好经历了由童生而小学而中学，同时由乡村而县城而省会的历程，可以较全面地反映各个层次的状况。第二，他是一名学潮健将，曾六历风波，四度开革，两遭处分，大体可以显示不同类型学潮的情况。第三，关于上述，他本人较早有较详细完整的记述，而且，他敢于大胆、坦率、全面地解剖自我。这种无所禁忌的忏悔录式的风范和文学家的本能情感，刚好弥补了其他亲历者回忆中偏重于单一政治力源，以及受事后政局变化影响的缺憾。

② 本节引文，除注出者外，均出自《少年时代》。

动开始冲击山乡，打破了往日的宁静，出洋留学，女人读书、放足等洋新事物纷至沓来，文明与野蛮的撞击终于在并不怎样顽固的父亲和变革急先锋的大哥之间迸出点点火星。旧日家庭和谐平静的生活开始动荡起来。

对于这些无瑕少年而言，完整而僵化的旧学体系已经破败，而新学知识只有片断，昔日向往已形崩溃，新生理想尚属朦胧。他们不能回头重蹈覆辙，但向前探索却岔道纵横，举步维艰；他们对陈腐充满批判反抗精神，可是思维言行中本能的抗争远过于理性的指向，模糊的变化更多地处于潜意识之中。年龄增长带来生理变化，早期性觉醒的征兆突然显露，加强了心理失衡。从前以修身养性扼杀自我或是以恶劣环境扼杀自我，这时都将重新恢复平衡。大观园里的青年男女读了《西厢记》之类"坏人心术"的戏曲小说后，心灵激荡与世俗压抑的冲突导致病态情爱和木石俱焚的悲剧结局，而此时不仅流传挑拨灵性的古典通俗文学读物，还有了活跃身体、放松神经的体操运动。"已经开了闸的水总得要流泻到它的内外平静了的一天。"传统社会不乏新生幼芽，但缺少阳光雨露，幼芽甫一破土，便遭枯萎。而近代动荡的社会与躁动的心灵、不安分的年纪交相作用，虽然并非顺态环境，万物皆变的或然性毕竟打破僵化，嫩芽有了曲折生长的可能。"旧小说中的风流，新小说中的情爱"，将使初开的情窦逐渐升华为对自由的追求。

对新事物新世界的好奇向往，连同对旧事物的本能反感和朦胧的青春期萌动，交织成14岁少年单纯而复杂的内心世界。儿童期的内心平衡被破坏，感受性明显提高，出现了以反抗和否定为特征的青年心理发展的必然趋势。数以百计的青少年带着各式各样的幻想与希望汇集一堂，相互影响，更加剧了胸中激情的奔突升腾。

处于少年和青年前期的学生，在其社会化过程中，往往形成由年龄、经历、地位相近者自然组成的同辈群体，它对学生的行为具有支配性影响。清末学生多为住校寄宿，有的城市小学也要四星期才放学生回家一次，同辈群体以学校为依托，关系更加牢固稳定。学生在其中度过的时间不仅远远超过家庭，也超过与教职员的接触。同辈群体内部关系平等，具有自己的独特价值观，并能满足其成员的社会需要，即社交、安全（确定知己的数量）、地位（尊严与优越感）。因此他们不满于在家庭和学校里的服从关系，反对与自己意愿相抵触的社会价值观，希望其合理需要能够得到社会，特别是学堂的合法承认。

然而，学校的实际与想象大相径庭，"职司教育的人不想去完成自己的责任，只图保持自己的尊严，敷衍自己的体面"。被学生称为"老虎"的前任监学现任校长，继续"扑作教刑"的古训。教员多为举人、廪生，其中虽有两位留日学生，却又是自欺欺人的速成师范毕业，新学知识少得可怜，甚至不及优等学生。课程因此"贫弱到不可思议的地步"。就科目看，乡土志、算术、音乐、体操、历史、地理、作文、国文、物理、读经讲经，等等，冠冕堂皇，实际上新瓶陈酒，仍是中学压倒西学，旧学多于新学。少年的求新欲望无法满足，旺盛精力无所用处，于是寻找种种宣泄——玩耍嬉闹、毁坏偶像、喝酒抽烟，甚至产生畸形爱慕。郁闷变成难以遏制的躁动，在盲目奔突中撞上老学生为分数名次闹起的风潮，终于使漫无目标的游龙找到决斗对象，向只顾面子不论是非的教习复仇。江湖结义也被袭用来装载新型人际关系，把许多股游龙拧到一起，开始联合反抗"老虎"校长，处处与之作对，不仅用科学向其鬼神挑战，而且反对动手打人的"野蛮"行径，公开宣称："文明时代"打学生，太无人道，蔑视了学生的人格。尽管被记大过，开贞却煞住虎威，树起犊势，成为学生领轴，竞争心与自负心同时膨胀。

在这种心理驱动下，学生们发动同盟罢课，要求恢复星期天半日休假制，开贞被推为甲班代表。然而，旧式联结纽带极不牢固，校方竟阴险到让学生投票"选举"带头闹事的罪魁。幼稚者动摇畏缩，代表成了牺牲品。尽管开贞后来在公立小学教师的联名要求下得以复学，却充满"对于同学们的卑劣，办事人的阴险的一种失望的悲愤"，从此自认为"纵横是破了脸的，管他娘的"！既留下难以愈合的心灵创伤，也激成桀骜不驯的叛逆性格。突破与压抑、孤高与屈辱的矛盾心态，导致自傲自负与自暴自弃同步增长。自发盲动情绪一味受压，在升华为反抗精神的同时，也沉坠为不良习气。这些同源异流的表现，都是对现实不满、困惑、抵触、鄙弃的内心情感流露。毕业之夜开贞打碎教室玻璃的歇斯底里大发作，便是长期压抑下情感郁积的剧烈喷发。其中混杂着对学堂专制腐败的愤怒，对自己的失望痛悔，不甘同流合污、沉沦浊世，欲与世道命运抗争，力图超越环境和自我，但又茫然若失的复杂心绪。

个体人格升华与沉沦的矛盾纽结，是社会机制腐朽与新生冲突混战的主观反映。由"新进气锐"者主持、一切较官立高小自由的公立小学带来了新气息。被父亲领去打算羞辱一番的开贞，意外地受到该校同学的欢迎，同学们向他"表示着无上的敬慕"，使他觉得好像"一个凯旋将军"。而教师也都反对官办小学的无理斥革。截然相反的态度，增加了他对官办学堂的恶感，同时重新点燃了他的希望之火。

小学生程度低而差异大，加上环境骤变，需要一个彼此熟悉的过程。不少人稚气未脱，求知欲得不到满足，便在玩耍嬉闹中填补忘怀，因而学潮的自发盲动性更为突出。

1907—1911 年，开贞先后就读于嘉定府中学和成都分设中学，其间又四历风潮，三遭斥退（其中一次不了了之），在叛逆性格进一步强化的同时，他的政治倾向逐渐鲜明。

在一定空间内数量的增长聚合，往往促成质与力的变更。四五百学生聚居的中学，为 90 人的小学所无法比拟。从学堂内部看，小团体联合的概率增加，规模扩大，小学时代的桃园三结义发展为 20 余人的松散联盟，来自不同文化背景的人可以相互补充。从社会角度看，学生群体数量的数学级增长导致其能量的几何级递增，使昔日出了名不好惹的考试童生偶尔的兴风作浪，变成学生对现存秩序的持续冲击。

由小学至中学，学生学识的提高与学堂专制的加强同步增长，矛盾更加激化。担任校长、监督、监学者，或是前任县太爷，或是小有名气的留日学生，而后者已算新派人物。例如，嘉定府中学的丁平子，曾任四川留日学生同乡会总干事，1906 年因抗议入学规则风潮归国，在教职员中可谓佼佼者。然而，一旦处在官办学堂监学的位置上，便成为专制制度的化身，而他本人也在官场积习的侵蚀制约下，身不由己地发生异化。他与学生的矛盾，成为民主与专制冲突的体现。这种带有普遍性的情况表明，直接处于学生对立面的，虽然并非社会最保守的部分，却面对着最激进最活跃的灵魂，反差加剧了矛盾。

人大心大，世界也日益扩大，师资的低劣与课程的贫乏，无法餍足青年人与日俱进的探求心。西式学堂取代旧学书院，教育形式与内容一起发生骤然剧变，习惯于经验式旧学教育的教师，大都不能迅速完成知识结构的更新调整，与学生的高期望严重错位，茫然无所适从。教师擅长的知识在学生看来已不成其为"学问"，而学生推崇的新知又非他们所长。他们多少也有些自己似懂非懂的新货色，不过在这方面多数人只能与学生并驾齐驱，甚至略逊一筹。知识本身不受时空限定，但人对知识的掌握却须更新调整，与时俱进。这种更替必然导致新旧权威的升降移位。师生的差别在于前者仍以旧学为框架，吸取西学加以修葺，后者则否定旧学的基本格局，重构新体系。表面看来，前者并不完全排斥新学，后者也不绝对否定旧学，但发展趋向却截然相反。因此，学生视教师的新学为不伦不类，教师视学生的中学为离经叛道。

再者，辛亥革命时期由西学演化而来的新学，还处于社会政治层面的意义表现最充分的阶段，而其学术价值则到五四新文化运动后才比较明显。新旧学、中西学之间的冲突集中在政治层面上展开，决定了人们只能以社会斗争而不是学术争鸣的方式来解决矛盾分歧。中外社会对比悬殊，是决定学生对待中西学态度的最大社会存在。这样，新旧学之争无形中成为新旧社会势力争斗的一大焦点。学生们对于真正的国学精粹，特别是有助于救亡振兴的成分不乏兴趣与崇敬，可惜教师中精通此道者亦寥寥无几。广东韩山师范学生曾刊发公启，揭露一顽固教习"本为八股老先生，无半点新理想，所编课本，俱是陈言，西写东抄，毫无定见。于经学则大义莫明，而多灾祥琐屑之事；于历史则不去无用而采有用，如历代兴亡之大势，前人奇伟之勋业，中外交涉之关系，技艺先步之原因，社会变迁之情状，凡可为借证之资，而激发我国民感情者，未曾有一语道着"①。学生们求新奇而遇陈腐，对旧学的厌弃激起对西学的偏爱，而且爱屋及乌，连英文、日文也格外受到重视。这与其说是崇洋媚外的幽魂作祟，不如说是除旧布新的

① 《韩山师范学堂全堂学生公启》，载《岭东日报》，1907 年 9 月 25 日。

精灵施法。郭开贞 1910 年秋考的成绩，可以反映当时学生对中西、新旧学的普遍倾向（见表 4-5）：

表 4-5　郭开贞 1910 年秋考成绩表①

77	80 73	试验品行	修身	
60		经	读	
			讲	
80		90	作文	国文
		69	习字	
93		88	英文	外国语
		98	英语	
		95	历史	
		75	地理	
95		92	代数	算术
		97	几何	
		100	博物	
		67	图画	
		60	体操	

　　从表中可知，郭开贞总平均 80 分（旷课核减一分），列最优等。其中外语、算术、博物及历史、作文均蔚然可观，经学一门却只是勉强及格。

　　眼界的不同，加强了相互排斥的倾向，对抗扩大为对新旧学己长彼短的攻击。地理教习分不清东南西北，以五行八卦辨正方位；日文教习施教一年，学生们殚精竭虑，五十音图也未学好；"讲理化、数学的教员们连照本宣科的能力都没有，讲浅显的教科书都读不断句"，而且这还是担任省城好几所学堂课程的红教习；身任提学使司英文科科长的兼职英文教习也是谬误百出。有的教习干脆"扬长避短"，植物教

---

① 乐山文管所藏四川官立高等分设中学堂修业文凭。

员把"天然景象"认作"天龙景象",大讲"飞龙在天""现龙在田"的《易》理;世界地理"不是在讲科学,而是拼命熬文章,用古怪的奇字和颠倒的奇句";国文熬唐宋八大家文,历史只是帝王世系和年号表。有的教习甚至胸无点墨,人却专横跋扈,对学生动辄压制。成都中学堂一位史地教习,讲地理把澳洲挪到西半球,讲中国史将晋朝琅邪王司马睿认作王睿,讲外国史又把土耳其读作土耳国,把孟德斯鸠一分为二,只因为他与各衙门的跟班情同兄弟,便攀上了官吏的高枝,学生虽老大不满,却又请他不走。① 虚伪与专制像一对难兄难弟,令学生深恶痛绝。

对师资课程极端失望,而"能够填补这种不满意的课外研究又完全没有",学生的内心世界"焦躁到不能忍耐的地步"。这成为引动学潮的普遍症结之一。在兄长们留学热的影响下,他们对欧、美、日本乃至京师、上海、省城无限向往。然而,奋飞的激情遇到家庭阻挠,对外部世界的美好憧憬和周围严酷环境之间的强烈反差,更加搅乱了已经波澜起伏的心神。社会不能为之提供正常的表达宣泄渠道,学生便自己起而开通。一旦遇到压抑阻碍,冲突一触即发。于是,学生们"在校内便时常爱闹风潮,在校外也常惹是非"。以哄闹戏院为典型的学生社会风波到处发生,同样是这股躁动的社会势力对旧秩序的冲击破坏,只不过带有几分本能的野性。过渡社会的动荡使学生追求动荡的人生,以打破传统社会按部就班的僵局,在没有现成位置的旧体系中开拓新的空间。

学堂宽纵,学生多向社会寻衅,学堂压制,学生便立即冲向校方。嘉定府中学的新班子决心整顿过于放纵的局面,重建权威。不料适得其反,罢课风潮接二连三地爆发。虽然在高压与笼络兼施之下风潮暂告平息,但教职员的学问人品均不堪为人师表,难以令自负的青年心悦诚服。他们视校方为专制魔王,到处发泄积怨,每斥退一名学生,就激起更多人的不满,成为新一轮风潮的直接导因。

中学生在群体与个体方面都是小学生的成熟与扩大。青春期萌动

---

① 《学堂笑史》,载《光华日报》,1910 年 12 月 3—12 日。

发展为性觉醒，开阔的眼界、增长的见识，使其对强制性他律更加反感。他们求其所无而厌其所有，孤高自傲与声色犬马都成为反抗身心束缚的象征。开贞常以菊、梅自比："高格自矜赏，何须蜂蝶诱？""瘦削只缘冰镂骨，孤高宜借月传神。"他追求不加雕琢修饰的天然质朴，"羞以脂粉增颜色，馨口檀心自可人"。而清心浊世的尖锐矛盾激成心灵的病灶，于是他或幻想超凡出世，"我已久存厌世心，每思涤虑脱尘俗"，或沉溺于及时行乐，"人生到处须行乐，沽酒临邛莫用赊"①。他以放纵自我反抗压抑，用彻底袒露排斥虚伪。而本能的狂恣更加剧了对现实的逆反心理。为了证明自己无所不能，便无所不为。他们精力旺盛，却无处运用，宝贵的青春活力在失调的社会中竟成了负责。人们从旧理性的牢笼中解脱，而新的道德规范尚未确立，便无拘无束地对一切进行本能批判。早在明中叶以后，这种非理性冲击就已出现，但商人缺少理性升华，容易流于狂荡，思想异端离开天性恣意，又往往复归旧范。以学生为载体的新攻势使感性与理性统一，在灵与肉的冲突下，潜伏着新旧理性的对立。由于专制礼教长期的束缚，心灵枯萎与肉体麻木互为作用。本能放纵乃是打开桎梏、恢复灵性所必需。只有灵与肉同时复苏，才能重构新理性。况且，少年学子纵情声色与没落阶级醉生梦死形同神异。有人一语道破天机："洎乎晳种学说漫以输入，自由平等之声，几成口头禅语，而学校中又不能妄肆淫威，乞灵夏楚。无意识之青年，其新道德未来，旧道德渐失，丁兹过渡时代，得不如巨川之溃堤，滔滔汩汩，横溢而四出乎？"② 思想与社会载体相统一是感性冲击与理性批判、历史进步与道德进化相协调的先决条件。以自由平等为刺激，又以自由平等为归宿，本身不一定具有进步意义的言行，在合力作用下或从合力角度考察，便带有确定无疑的进步性。

中国社会以道德伦理为核心的文化结构，给试图更新改造者造成了两难局面。道德伦理作为维系社会秩序的支柱和衡量社会价值的天

---

① 《九月九日赏菊咏怀》《咏腊梅》《澡室狂吟》《同友人游怡园》，均见王继权、姚国华、徐培均编注：《郭沫若旧体诗词系年注释》（上），5～7、10～11、13～16 页，哈尔滨，黑龙江人民出版社，1982。

② 老龙：《教员论》，载《粤西》第 3 号，1908 年 3 月 30 日。

平,不触动则革新事业步履艰难,甚至有名无实,触动过甚则导致理性失范与社会沉沦。人们不能忍受巨大阵痛,只好牺牲理想,重建道德以保障生存。能够解决矛盾、化解两难的社会势力,就掌握了使中国成功地改造发展的钥匙。对此,学生虽有开辟作用,却显然力不胜任。

学生们告别青年前期以否定倾向为特点的逆反心理,产生了青年期反抗与否定、依赖与顺从相互作用的矛盾倾向,而对新理性新事物的肯定逐渐增强。章太炎的《国粹学报》和梁启超的《新民丛报》等政治书刊大量涌入学界。学生们鄙弃梁启超的政治道德,却醉心于他抨击清廷、张扬民权的文章著述。除了拿破仑、俾斯麦之类的铁腕人物,加富尔、加里波第、马志尼等民主志士成为青年学生新的崇拜偶像。混沌中新理性之光日趋明亮。

同为中学,省垣与一般城镇又有所不同。近代经济对嘉定的冲击尚处于商品输入阶段,而成都已有实实在在的新兴工商业。嘉定中学独此一家,没有类比就难以形成概念;成都则不仅中学林立,还有高等、法政、师范学堂以及总管全省学务的提学使司。学生们不仅强烈感受到整个学界和社会的黑暗腐败,而且形成了对造成败象的根本原因的深刻认识。饮酒放纵虽然继续,所谈论的却是"满口的国家大事,一肚皮的牢骚不平"。议论结果是,清政府没有改革诚意,欲救中国,非推倒清廷不可!兴奋与消沉同样表现了年轻人天下己任的胸怀,而怀疑、失望、焦躁、愤懑、烦恼交织而成的,不只是无为、堕落、自暴自弃的浊流,理性升华与感性狂恣相得益彰。

社会与人的演进,导致学潮基调的改变,自发性的反抗泄愤之举发展为色彩鲜明的政治斗争。从 1910 年到 1911 年,成都学界连续三次掀起大规模罢课风潮,除第一次是反对巡警打伤学生外,后两次矛头均直指清政府。再度卷入斗争浪潮的郭开贞尽管又一次遭受暂时的挫折,但政治性学潮给予学生的锻炼考验,远非自发性学潮可比。然而,如果没有无数次自发反抗,以及由此形成的定势选择,学生就不可能具备起码的政治素质。

三、以自由平等为核心的内在驱动意识——群体心态行为分析

个体分析表明，学潮在一定程度上是学生身心变化与逆态社会环境相冲突所产生的本能躁动与宣泄，带有明显的自发盲动性。群体为个体之和，但群体动向不等于个体的简单相加，而是在保持个体多向性的同时，通过合力的作用形成总体定势。学潮起因多种多样，有些表面看来微不足道，引起舆论的非议。批评者绝非都是卫道士。但在禁令森严之下，学生屡屡因细枝末节而毅然掀起风潮，甚至在大批荷枪实弹的军警包围下也毫不动摇。有时当局者扬言："有罢课者，以手枪从事。乃学生不畏恐吓，罢课如故。"① 这种坚定团结和无畏勇气，绝非意气用事所能合理解释，而有着更为深刻的内在原因。

清政府兴学的目的，在于培养为改善巩固其统治服务的人才，因此，对于办学宗旨和教学内容加以严格限制。早在 1903 年年底清政府就强调：立学宗旨"均以忠孝为本，以中国经史之学为基，俾学生心术壹归于纯正，而后以西学瀹其智识，练其艺能"；这样才能既"造就通才"，又"慎防流弊"。② 学部成立后，清政府于 1906 年正式颁布教育宗旨为忠君、尊孔、尚公、尚武、尚实，而以前两项为本旨核心。在统治者看来，"崇敬国主以为政治之本"，孔子之道"为中国万世不祧之宗"，因此要求将清朝历代皇帝的功业编入教科，"务使全国学生每饭不忘忠义"，"一切犯名干义之邪说皆无自而萌"，进而效法德国和日本，通过教育达到"保帝国之统一"，维持"万世一系之皇位"的目的。同时，清政府以儒学为"圭臬"，无论大中小学，经学皆为必修课，"以化末俗浇漓之习"，"务使学生于成童以前，即已熏陶于正学，涉世以后，不致渐渍于奇衺，国教愈崇，斯民心愈固"。在此基础上，再以"中国民质之所最缺，而亟宜箴砭以图振起"的公、武、实，克服私、弱、虚，使"君民一体，爱国即以保家，正学昌明，翼教乃以

---

① 《陆军学堂之大拘捕》，载《大公报》，1911 年 6 月 7 日。

② 《奏定学堂章程》，2～6 页，光绪甲辰孟秋陕西藩署开雕。

扶世"。否则，单纯学习西学，"非以图强，适以召乱耳"。① 儒学作为中国传统主流文化，有其积极意义。但是，经过历代统治者的解释改造，儒学已成为专制制度的思想支柱。这种钳制思想、压抑自由的教育宗旨，作为统治思想的重要成分，势必引起青年学生的强烈不满。

宗旨如此，据以制定的规则当然处处以约束学生的言行为基准，在本来已经十分苛刻的《学堂管理通则》之上不断加码。1907 年，学部要求各学堂落实《学务纲要》的规定，在各门学科考核之外，"另立品行一门，亦用积分法与各科学一体同记分数。其考核之法，分言语、容止、行礼、作事、交际、出游六项，随处稽察"，并特别强调，"毋以不遵约束为伸张自由，毋以聚众滋事为能结团体，毋以攻讦教习为程度高尚，毋以破坏道德为思想文明，毋借口卫生而滋闹于饮食，毋各惜脑力而腾议于学科，毋自狃于偏浅之知识而侮慢老成，毋自倚于学堂之声势而横行市井"②，着着针对学潮勃兴而发，显示出封建道统与学生思想行为的尖锐对立。

法规实施的效果，在很大程度上仰仗于执法者，良法操于恶手，尚且荼毒生灵，恶法为恶人所据，更足以置人死地！清末学堂不少为官绅所把持，据京师大学堂等 19 所各级各类学堂调查，教职员来源结构见表 4-6。

另如，四川高等学堂有教职员 44 人，其中进士、举人、生员 23 人，外籍教师 12 人，国内外学堂毕业生仅 9 人。而且总理、斋务长等要职均由第一类人占据。③ 尽管其中不乏开明有识之士，有的还为学生所拥戴，但顽固奸恶之徒、迂腐平庸之辈也不在少数。有人普查南昌学务后慨然叹道："第就司员一一方面视之，非滥竽即钻营，学问道德两不堪问。"④ 湖北两湖师范学生投书鄂督，大骂："两湖上自监督

① 《学部奏请宣示教育宗旨折》，见《大清教育新法令》第 1 册第 2 编，1～4 页，上海，商务印书馆，光绪三十二年（1906）。
② 《学部通过京外考核各学堂学生品行文》，载《东方杂志》第 4 年第 4 期，1907 年 6 月 5 日。
③ 《四川省成都高等学堂总理教员监学委员姓名籍贯表》，载《四川教育官报》第 7 期，1909 年。
④ 倚天生：《南昌之学务》，载《江西》第 23 号，1908 年 12 月 10 日。

下至狗，无不坏者！"① 长春师范学堂风潮时，有人赠以对联："七八个教习大半目不识丁，尽属酒囊饭袋；二三百学生全部肩负行李，俨同晋野楚囚。"②

表 4-6　19 所各级各类学堂的教职员调查　　　　　单位：人

学堂	调查年份	职员					教员					资料来源
		士人	学生	留学	外籍	不详	士人	学生	留学	外籍	不详	
京师大学堂	1903—1906	29					25	2	10	19		房兆楹：《清末民初洋学学生题名录初辑》，59～68 页
北洋大学堂	1907						6	2		6	2	《学部官报》第 22 期
山西大学堂	1906	8		1	1	1	18			5		《学部官报》第 10 期
浙江高等学堂	1907	12	3				6	4	2	4		《学部官报》第 42 期
山东高等学堂	1907	12	3				14	12	3	1		《学部官报》第 54 期
河南高等学堂	1907	6	3				5	6	1	1		《学部官报》第 28 期
安徽高等学堂	1907	5	2	2			5	10				《学部官报》第 38 期
江西高等学堂	1907	14	2	1			1	6	1	1		《学部官报》第 35 期
上海高等实业学堂	1910						15	7	1	5	17	《宣统二年教员表》，交通大学档案
直隶高等农业学堂	1909	6	10				4	4	1	3		《直隶教育统计图表》③

① 《呜呼湖北学界之败类》，载《民呼日报》，1909 年 7 月 18 日。
② 《朱中丞申斥师范学生》，载《盛京时报》，1907 年 12 月 12 日。
③ 转引自朱有瓛主编：《中国近代学制史料》第 2 辑下册，177～178 页。

续表

学堂	调查年份	职员					教员					资料来源
		士人	学生	留学	外籍	不详	士人	学生	留学	外籍	不详	
直隶高等工业学堂	1909	11	1		1		2	4	3	4		《直隶教育统计图表》
保定商业学堂	1907	6	1			1	2	5		3	1	《学部官报》第21期
北洋师范学堂	1909	5	3	4	1	1	4	12	4	8		《直隶教育统计图表》
北洋女子师范学堂	1909	4	2	1		5		5	1	2	3	《直隶教育统计图表》
两江师范学堂	1909	7					21	4	7	12		《两江师范学堂同学录》①
通州师范学堂	1903—1911	13	14	1			6	27	8	6	4	《江苏南通师范学校职员学生录》②
直隶全省中学堂	1909	50	35			5	32	117	3	5	7	《直隶教育统计图表》
杭州中学堂	1907	8		3			5	6		3		《杭州府中学堂同学录》③
通州师范附小	1903—1911			1		1		12				《江苏南通师范学校职员学生录》
总计		196	79	14	3	14	171	245	45	88	34	

德才低劣不能服人，便以专横跋扈来掩饰压制。北京女子师范学堂监督自称："我为监督，犹皇帝也，诸管理员犹各部大臣，女生特百姓耳。岂有百姓而不遵皇帝之命令之理？"④ 更有甚者，黑龙江陆军小学总办一面用军棍责打学生，一面厉声呵斥："本总办用军棍责打你

① 转引自朱有瓛主编：《中国近代学制史料》第2辑下册，352～356页。
② 转引自朱有瓛主编：《中国近代学制史料》第2辑下册，304～310页。
③ 转引自朱有瓛主编：《中国近代学制史料》第2辑上册，552～553页。
④ 《北京女子师范之风潮》，载《盛京时报》，1911年3月30日。

们，尚是文明办法。尔等再犯过，我就用打牲畜之皮鞭打你们!"① 当权者视以主人自命的学生如奴隶牲畜，不反何待!《申报》对此详加分析道:"学校既以利禄为宗旨，故创设学堂者，其对于学生所操之术有二:一曰压制，一曰隐忍。操压制之说者，以为科举既废，欲谋仕进，非学堂莫由，即加以压抑，亦安敢合力相争，以自贻开除之咎。""操隐忍之说者，以为对学生实行干涉，则易起竞争……官办者其总办监督必受当道之诘责，或贻撤差之祸;为民立者亦将坠其声誉，致为官场所攘夺。故学校起风潮，乃办理学校者之大忧也。""复有办理之人，私德多亏，虑学生持其短长;或语言不谨，学生因以告讦。""学生亦拘然自得，以为无学生则无学堂，学生者，学堂之主人翁也，虽干犯规则，办事者其奈我何? 由是规则尽具虚文，教科定于学生之手，而撤退学师，稽查账目，其权悉属于学生。学生之权既张，若稍拂其请，则以退学相挟，以开会相争，至办理人之虽欲整顿而无由。"② 这些不偏不倚、亦褒亦贬的评论，倒是反映出不少事实真相。

学堂是国家的缩影，办学者治校乏术，正是统治者治国无方的间接体现。专制与民主的对立在学界高度浓缩，成为社会矛盾的焦点。并非最顽固的教职员作为专制、愚昧、腐败制度的化身，与最激进的学生直接对抗，自然成为学潮首先打击的对象。同辈群体内部的平等关系，科学教育对权威的否定，以及民主思潮的鼓荡，无不增加学生的自由热情。那些细枝末节，只是为反抗情绪提供了宣泄的缺口。例如，饮食风潮招致非议最多，但当时学生定制每餐两荤两素，在各种爱国捐款中，他们宁可节衣缩食，广为奉献。风潮之起，大都出于两种原因。其一，掌伙食者贪污中饱，致使饭菜恶劣不堪。这些人往往由学堂的总办、提调、监督、监学等实权人物夤缘而来，有恃无恐，而且经常凌辱学生。风潮实际上是通过反对他们来打击学堂当权者。其二，不满于饮食上的等级歧视。依学部定制，教职员须与学生同食。但许多学堂办事人利用职权，另起炉灶，克扣学生，餍其私欲，使学生大为反感。1907 年重庆中学堂端午节聚餐，教习席馔甚丰，学生"心颇不平"，借行酒令击节唱道，"五月五，两等席，满堂奴隶"，隐

---

① 《陆军小学风潮记》，载《民立报》，1910 年 10 月 22 日。

② 《论中国教育之弊》，载《申报》，1906 年 12 月 3 日。

寓反对"不平等之意"。①

有些学潮表面看似无进步性可言，如反对严格考试，要求提前毕业和发给文凭等，在某种意义上还表现出了惰性，但从中仍可感受到时代气流的鼓荡。1908 年河南公立法政学堂速成科学生不满校方延长补习期的决定，监督训斥道："生等不但不能要文凭，如心中有文凭思想，即非人类。"学生大怒："诘以人而无信，不知其可。前云有文凭，今云无有，此失信者，亦非人乎?"② 监督语塞而退，学生亦退学出堂。次年该省陆军学堂学生反对将原定三年学制延至五年，"谓官界欺骗学界"③，全体罢学。本来就心存对抗的学生，丝毫不能容忍当局那种视同草芥、颐指气使、任意愚弄的官态。因此，一些成绩优异的青年在风潮中同样十分活跃。例如，就读于武昌文普通中学堂的董必武，成绩一直高居榜首，却带头参加反对校方借考试打击学生的斗争。

当然，学生们轻易不愿冒着断送前程生计的危险罢课退学，这种极端形式往往是激烈对抗的结果。不论风潮起因如何，在尖锐对垒下，冲突逐步扩大升级，演变成反专制的局部政治斗争。1909 年，唐山路矿学堂通告学生考试平均过 50 分者升级给奖。接着洋教习悬示如有一科不及 30 分，虽平均分过 50 分，亦不得升级。"学生等以学堂系中国所设，且有监督牌示，彼洋人何得干预? 故不以为然。"不料洋教习果然借此驱逐 1 名学生。双方争执不下，而总办反令学生遵洋教习之命。僵持十余日，总办复革退 39 人。学生代表往见，"谓争持不补考之事系全体学生之意，何独革退三十九人?"④ 经多方交涉，甚至赴邮传部力争无效，学生终于全体退学。

学潮的层次分布也显示出反专制趋向。据现有统计分析，80％以上的学潮发生于仅占学堂总数 1/4 的官办学堂中。当然，官办学堂等级较高，学生比较成熟，但下述情况无疑会加强学生的不满与反抗情绪：官办学堂比公立私立者压迫禁锢往往更加严厉；当权者更直接代

① 《学堂饮食冲突》，载《盛京时报》，1907 年 8 月 14 日。

② 《公立法政学堂之风潮》，载《大公报》，1908 年 4 月 18 日。

③ 《陆军学堂之风潮》，载《大公报》，1909 年 12 月 9 日。

④ 《唐山路矿学堂散学汇闻》，载《盛京时报》，1909 年 3 月 25 日。

表专制政府，并与官僚集团有着广泛而紧密的联系。非议学潮者每每告诫学生"保全名誉，勿为外人窃笑，勿为全体贻羞，凡我同学，当志其大，舍其细，先其急，后其缓"，"惟持和平主义坚忍一时，勉成他日大器可也"。① 如果为了集聚力量，进行根本变革，这种看法不无道理，但认为"何不稍自谦抑，而实行爱群合群之主义，永保其秩序于安宁也"②，则大谬不然。正是在破坏旧秩序这一点上，当时任何学潮都有其积极意义，消极性是与更为成熟的斗争相比较才显露出来的。

在总体应战态势中，学生也发挥出了主动性。如果说专制压迫是激发学潮的客观因素，自由平等追求则构成内在驱动力，自发反抗由自觉意识所推动和制约。请看各地学生在风潮中的宣言：

1907 年吉林陆军学堂："诸生会议谓：中国军法本来严烦，如以之律我辈，将无侧足地矣。且总办之为此，原为便于专制起见，非为造就人材起见。我辈受此专制教育，养成奴隶性根。不如大家散伙，各自归休。"③

1908 年河南高等学堂："众议曰：我等目击时艰，情殷向学，原为发达知识，锻炼才能，内而拯救苍生，外而敌抗列强。若为课程革退，却亦正正堂堂，载之报纸，亦可为办学者之龟鉴也。"④

1911 年长春中学堂：学生"群起而宣言曰：我辈求学为国为家，原不在一纸文凭为异日唉饭地也。家人既困不聊生，苛吏之猛又如虎，地方生计，不堪设想。宁废学而去，别求生路，决不忍埋头学狱，坐视家人之困踣也"⑤。

福州普通学堂罢课代表刘元栋（黄花岗烈士之一），素得该堂主办者资助，风潮中后者责以不顾情义。"刘大愤曰：此个人事也，不可以例公义。且吾不惜受人资助，正欲出同胞于奴隶籍，而求学以相济也。

---

① 《法政专门学生禀批》，载《大公报》，1908 年 1 月 9 日。
② 《观北洋法政学堂风潮之感言》，载《盛京时报》，1908 年 1 月 10 日。
③ 《陆军学堂之风潮》，载《盛京时报》，1907 年 12 月 28 日。
④ 《河南高等学堂风潮之详闻》，载《大公报》，1908 年 5 月 31 日。
⑤ 《长春学生痛哭记》，载《民立报》，1911 年 7 月 1 日。

乃因求学而受人资助，有事即不得自主，是先自陷于奴隶矣，学何为哉！"①　他断然退学，投身社会。

　　反对专制奴隶，要求自由平等的国民权利义务，这是中国学生横空出世以来发出的石破天惊的第一声！在以自由平等为内核的民权与国民思潮的激励下，几千年士子压抑自我、屈从常规礼法的逆流变成自我解放的潮水。以民主反对专制，是由中世纪走向近代的政治历程与由隔绝封闭步入世界的社会历程的统一，砸碎专制制度的枷锁与打破道德礼法的桎梏必须同时并举。在近代国民观念中，社会民主与个性自由相辅相成。学生们一下子就本能地触及中国社会面临的重大抉择，在他们的旗帜上，鲜明地写着自由平等的醒目大字。上海中西女塾一位学生在毕业试论中酣畅淋漓地以天赋人权阐发自由平等观念，她说："自有世界以来，其趋势日倾向于大同之一点。""夫所谓大同者何？自由、平等、同胞而已矣。故自由、平等、同胞，不过区区数名词，而使吾人可爱可敬可歌可泣，形之于梦想，发之于咏叹，希望者希望此，护持者护持此，牺牲者牺牲此。""夫天赋之自由，天定之平等，天授之同胞，固与人类同时而生也。人类存在至何时，则自由、平等、同胞亦将存在至何时，而不可须臾离，离之者必非人矣。""无自由之思想，则牛马也；无平等之观念，则犬豕也；无同胞之仁爱，则豺狼也，谓之非人，谁曰不宜？""既人类为同胞，则自然平等，自然自由。且同胞者，平等自由之义举所由倡也。""彼世人孰能压制我暴虐我，美国于是自立，法国于是革命，斐洲之黑奴于是释放，而自由、平等、同胞之新世界于是发现。"②　西方资产阶级曾在宗教外衣下修筑地上天国，中国青年学生对自由平等的讴歌呼唤，对天赋人权的追求捍卫，则是世道刺激远过于神灵感召，即使借助于神权灵光，宗教色彩也相当淡薄。

　　自由平等意识使学生们敢于挺起身来堂堂正正地反抗专制压迫。"中学为主，西学为辅"的教育方针和忠君尊孔的教育宗旨，在统治者

---

　　①　《刘元栋小史》，载《民立报》，1911 年 6 月 28 日。

　　②　陆秀贞：《论自由平等同胞为生人之原理》，载《万国公报》第 199 卷，1905 年 8 月。

那儿被视为中西合璧的瑰宝，学生却弃之如不伦不类的敝履。各校经学课成绩普遍很低。在学生的抵制下，不少学堂减少了读经课时，而学生上课时仍是略为敷衍"即群散而归"。于是，"有议请废罢四书五经者，有中小学堂并无读经讲经功课者，甚至有师范学堂改订章程，声明不列读经专科者。人心如是，习尚如是，循是以往，各项学堂于经学一科，虽列其目亦止视为具文，有名无实"①，以致有人惊呼："朝廷振兴学堂，未见其益，先受其损！"② 张之洞对于"近来学堂新进之士，蔑先正而喜新奇，急功利而忘道谊"的"种种怪风恶俗"，尤感痛心疾首，声称："正学既衰，人伦亦废，为国家计，则必有乱臣贼子之祸；为世道计，则不啻有洪水猛兽之忧。"③

学生们除消极对抗外，还公开批判忠君尊孔的道统观念。甘肃文高等学生作文时引述黄宗羲《明夷待访录》中"君也者，天下之大害也"的句子，以表达其憎恶情绪。④ 福建学生连"诸葛亮事业论"这类题目，都可以用来发泄反对君权的心绪，指这位被历朝帝王尊为一代名相者为"一姓之家奴"。而校方的惩办反而激起一场风潮。⑤ 苏州常昭公立高等小学学生在修身课试卷中直抒胸臆："王以谦卷谓：'君为臣纲，夫为妻纲，其理甚谬。'徐曾植卷谓：'后世谓父为严君，误矣！'程瑛卷谓：'在朝为臣则认为君，否则吾与君为路人。'张元龙卷谓：'三纲之谬，彰彰明矣！'王耀祖卷谓：'三纲中君为臣纲尤谬，盖非我祖父，与我并无关系也。'"在地理考试中，学生庄学耀借题发

---

① 《光绪三十三年升任两湖总督张奏设存古学堂折》，见许同莘编：《张文襄公奏稿》卷四十三。

② 《学堂不得缩短经学时间》，载《广州总商会报》，1907年6月26日。

③ 《光绪三十三年升任两湖总督张奏设存古学堂折》，见许同莘编：《张文襄公奏稿》卷四十三。

④ 赵元贞、水梓、淡凤仪：《清末甘肃文高等学堂的片断回忆》，见中国人民政治协商会议甘肃省委员会文史资料研究委员会编：《甘肃文史资料选辑》第4辑，97～106页，兰州，甘肃人民出版社，1987。

⑤ 郭公木：《辛亥革命前福州的教会学校和各类学堂》，见中国人民政治协商会议福建省委员会文史资料研究委员会编：《福建文史资料》第20辑，64～88页，福州，中国人民政治协商会议福建省委员会文史资料研究委员会，1988。

挥——"君主与臣民，固无阶级"①，用自由平等观批驳纲常名教的宗法等级制度及其意识形态。苏州景海女塾一位笔名竞群的 14 岁女学生赋诗道："谬哉尼父亦狂颠，漫鼓簧言纵毒传。女子小人终古恨，可怜孔母亦含冤。"② 诗中对统治者捧为"中国万世不祧之宗""五洲生民共仰之圣"的偶像进行了尖刻辛辣的嘲讽。

对于社会舆论的种种非议，学生们也义正词严地予以辩驳。江南将备学堂学生致书对其退学之举颇有微词的《中外日报》，针对该报所谓学潮给顽固派以阻挠兴学的口实，求新反而复旧的论点加以批驳，称"自入学之日，此身即非我有，非父母有，非兄弟妻子有，直认为四万万同胞所脔割所蓄醢所牺牲之身""仆等处亡决之世，存救亡之心，研究救亡之学，苦心热血，真可盟天地而泣鬼神""普通退学，本为无罪。因求总办改良功课不之允，各自引退，于公理谅无不合"③，强调其退学之举的正当合理。天津法政学堂学生致函贬抑退学的《大公报》，斥问："贵主笔是何心肝？"并且他们郑重宣告："窃某等非奴隶学生，安能受此野蛮之压制？西谚曰：不自由，毋宁死。某等之退学，原以求自由也，所持主义，自认与西哲不相背谬。"以此为信念，他们严正要求，"今与贵报约，限三日内速行更正，以自保价值。如再桀犬狂嗷，则某等将据五千年之历史以辩，不得为贵报谅也"④，勇敢地捍卫自己的正义行动。

自由平等观不仅是学潮的内在驱动力，而且在民主旋流的翻卷下，浮升到社会生活的表层，"自由""平等"成为学界流行的时髦语汇和抗压制胜的法宝。学生们与巡警争吵，夹杂着"自由""压力"许多新名词，"说的巡警无了法了，就放他过去了"⑤；与人争讼，也"以新

---

① 《总督部堂札准江督咨据提学使樊详请维持名教整饬士风文》，载《四川教育官报》第 7 期，1909 年。

② 《遣愤三首》，载《中国新女界杂志》第 2 期，1907 年。

③ 《江南将备学堂致〈中外日报〉馆书》，载《大陆报》第 3 年第 12 号，1905 年 8 月 10 日。

④ 《答无名自称退学生公启函》，载《大公报》，1908 年 1 月 12 日。

⑤ 《学生野蛮》，载《爱国报》第 35 期，1906 年。

学平等之说，倡言无忌"①；要求转校，根据是"人人有天赋自由之权"②。就连女学生课堂里放声高唱、庭院内悄吟谩咏的，也是此类新声佳音："女学社，屋二间，人半百，书一寮，都拼着大地山河一半担儿我辈挑，吴淞江上旭日一轮照耀自由花。""自由花，何璀灿，文明培根基。茫茫吾神州，女教衰微四千载，我侪出求学，誓将教育救国屋。"③"课余结伴且还家，趁此春光乐岁华，锄得阶前干净土，满园遍种自由花。"④ 一些人对此大加抱怨，指责学生"放着功课不用心学，净学些皮毛，嘴里说些个新名辞，不是起风潮，就是不上课。监学人要一管他，你听罢，什么奴隶我唰，压力唰，不自由唰，种种洋习"⑤。

作为向往心声的自然流露，此类言行不免有些浮躁。但是第一，新名词表达了新概念，冲击了旧的观念形态。它们需要逐渐清晰准确，却难以用旧词汇来替代。早在1903年，张之洞等人就对学生作文的字里行间充满"团体""舞台""代表""国魂""牺牲""社会""影响""组织""冲突""运动"等新名词大加攻讦，指为"舍熟求生""拾人牙慧""迂曲难晓"，主张严加摈弃。⑥ 然而，时间是公正的检验，正是这些曾被视为"欠雅驯"的名词，表达和传播了一代人的新思想，并且成为现代人不可缺少的思维传播符号。第二，表面化与广泛性往往联袂而至，浅有时正是改变俗的先导，有助于新思想观念的普及。

---

① 《追缴卒业文凭》，载《湖南官报》第49册，1906年9月8日。

② 《饬革好讲自由学生》，载《大公报》，1909年5月28日。

③ 刘三：《校歌》《本校师范毕业歌》，载《女学生杂志》第1期，1910年4月。

④ 竞群：《春闺杂咏五首》之四，载《中国新女界杂志》第2期。

⑤ 回教人秦继昌：《不可无玩》，载《爱国报》第90期，1907年。

⑥ 《学务纲要》，见舒新城编：《中国近代教育史资料》上册。据说张之洞一生最痛恶新名词，称之为"亡国之音"。与人谈话时，若夹有新名词则不搭理。一次，其门生某出差外国，谒张辞行。张问以何日启程，答称："办完了出国的'手续'就走。"张说："以后不要用这类新名词。"其人笑说："'新名词'三个字也是新名词。"参见张达骧、李石孙：《张之洞事迹述闻》，见中国人民政治协商会议全国委员会文史资料研究委员会编：《文史资料选辑》第99辑，86~87页，北京，中华书局，1984。

西方民主思想传入中国，戊戌之际已正式进入大众视野。但由于从一开始思想启蒙就与政治抉择密不可分，策略考虑影响了以民权为基本概念的民主理想宣传的广度深度，民权—绅权—官权—皇权的逻辑联系，使维新派无法解决中国近代化的一个重大主题，即如何通过和利用国家权力这一政治杠杆来实现民主化。国家民族的独立解放与个性自由，是民主化进程相互联系制约的不同层次的表现。不能协调二者的关系，就难免陷入个性解放突而不破的循环。而没有个性解放作为基础，国家民族就不能摆脱专制统治，独立解放也就难以实现和保持。从列强奴役和本国专制压迫下挣脱出来，是近代民族解放的双重含义。近代西方自由平等观的局限绝不是提出个性解放的要求，相反，恰恰在于不能将个性自由贯彻到底，而以资本的独立个性代替人的独立个性。结果，人性从奴性中解脱出来，却成了物欲的附庸。这只是个性解放漫长历程的一个阶段。

个性自由是社会民主的基础，从少数抑制多数的个性自由来维持社会秩序与规范的专制协调，到达"每个人的自由发展是一切人的自由发展的条件"① 这样一种高级形态，必然要经历一个相互间民主协调的过渡。明清之际出现的异端思想和市井文学，已经朦胧地透示出否定禁锢、恢复人性的要求，但带有原始野性色彩。而近代的外部冲击又披上西化外衣，文野之判与夷夏之辨搅在一起，极大地阻碍了个性解放的进展与深化。辛亥革命时期自由平等观公开广泛地传播，触动了几千年礼教的禁锢，使人性开始冲破奴性。尽管尚有几分幼稚，但毕竟起到了为社会变革推波助澜的积极作用，成为阻断通向皇权之路的有效武器。龙门师范附小的学生在毕业考试中，就国权与人权问题做了相当完整深入的阐述，认为权是国际人群所必争公有之义，"国无权，不可为国；人无权，不可为人"，国权即邦主自主，人权即个人自由，并引证卢梭的理论，分析国权与人权的关系，指出："积人权而为国权，非侵国权而为人权。""未有个人之权不完，而国权能发达扩充者；亦未有个人之权无缺，而国权不发达扩充者，国权与人权无分

---

① 《马克思恩格斯选集》第1卷，273页，北京，人民出版社，1972。

也。"中国在皇权统治下人权丧失，国势衰微，因此，"吾国学生今日最要之宗旨，在求学术；他日最重之事业，在争回主权"，而且要"费几许精神，掷几许铁血"，不惜一切代价以争之。①

学生们对自由平等的追求虽然在一定程度上出于本能冲动，却直接触到了西学的内核，触动了礼教人伦的根基。如果说 1905 年以前学潮是由反对学堂专制逐渐上升为反对封建国家统治，那么这一阶段则更主要是对清政府的普遍失望、不满、仇恨和对自由平等的热切追求，导致风潮接连不断地蜂拥而起，形成由局部到整体，又由整体到局部的互动关系。因此，学生性情格外暴烈，冲突动辄升格为肉搏格斗。而学潮的勃兴剧烈，又为自由平等观现身说法，大大加快拓宽了其传播的速度、幅度。

四、影响与局限

变革时代，需要造成趋向性动荡氛围，以期对变革目标形成普遍共识，对变革过程产生预应承受力。历史上外族入侵、农民起义、割据战争、宫廷政变等，都会引起社会长期动乱，但由于缺乏趋新定势，只能导致周而复始的循环。明清之际出现的新流向，不足以突破旧轨。洋务、维新的趋向性虽已明显，但震荡的幅度、频率、范围有限，而且自上而下的演变格局，不免削弱其效应。只有使下层升腾的躁动情绪受到自由民主时代气流的推导，才会产生普遍的变革愿望和要求，或者至少是接受变革的心理准备。学潮便成为搅动一潭死水的冲击波，令统治者头痛，社会舆论瞩目，各界人士关注。社会末梢神经在连续震颤刺激下逐渐复苏，麻痹的肌体加速恢复机能。这种轻微而遍布全身的生理运动，有助于最终导致中国社会变革的连续跳跃，从僵死中重现生机。所以，学潮不能孤立地论是非，推动社会不停歇地运动，并逐渐加快节奏，直到卷入社会发展潮流，跟上时代变化节拍，正是其重要的历史作用。学潮本身的表现与这种客观效应相比，反倒不显重要。

---

① 朱钟奇：《问吾国学生现在宜具何等宗旨，将来当建何等事业》，载《龙门师范学校附属小学校杂志》第 1 期。

当然，学潮自身也带有明确的趋向，"罢课是学生对教学和生活管理积有不满而爆发的，实际原因是对当时政治现状的不满"①。在风潮的推动下，自由平等思想的触角伸向社会各个层面，冲击和改变着人们的既有观念。学潮不仅为各级官府所严禁，而且由至高无上的皇权诏示取缔。这种被明令禁止的"非法"活动长时期大范围地不断出现，使清王朝的统治权威大为动摇，刺激人们不断地重新思考和自我调整。无论他们主观意向如何，都会对学生的思想言行做一番分析评判，逐渐了解和理解其追求主张，从而形成不同于官方的看法。学生与官府冲突的经常化，成为民众反清斗争合理性的旁注。而且以自由平等为基调的进行曲，最容易把人们的心理情感引向否定专制皇权的共和政治。这种既鲜明又带有几分空泛的社会思潮，对辛亥以后政治格局的演变，产生了正负双重影响。

学潮锻炼了学生，成为不少人走向革命的转折点。特别是规模较大的风潮，本来就有革命分子暗中鼓动，斗争对象又往往是各级官府，冲突暴露了清朝的专制腐败，使矛盾进一步尖锐化。学生们深切感到，中国贫弱绝非个人善恶所致，而是专制制度造成。因此，倾向革命者坚定了信念，心存幻想者放弃了奢望，怀疑观望者消除了疑虑，软弱怯懦者增强了勇气。为了镇压学潮，当局出动军警兵丁捆打拘禁，甚至刀枪相逼。1907年贵州陆军小学罢课反对总办，巡抚庞鸿书指为"革命"，调集巡防营包围学堂，逮捕为首数人，并欲斩首示儆。② 学生们英勇反击，往往爆发激烈格斗。他们不仅丢掉书生气，也不得不突破"秩序"界定，从而冲开了投身武装革命的心理障碍。云南、陕西、直隶、四川、湖南等省的大型风潮，促使成批的学生走向革命，因而被视为"辛亥革命导火线"③。

<hr />

① 郑伯奇：《回忆辛亥革命前夕陕西的学生运动》，见中国人民政治协商会议陕西省委员会文史资料研究委员会编：《陕西辛亥革命回忆录》，103页，西安，陕西人民出版社，1982。
② 《李君儒清传》，载《民立报》，1912年3月27日。
③ 陕西革命先烈褒恤委员会编：《西北革命史征稿》上卷，上海，上海书店，1990。

　　学潮促进了教育变革，有助于把新式教育推入良性轨道，使之一反清王朝的旨意，成为培养国民、造就人才的熔炉，而不是制造奴隶的染缸。在学潮的冲击下，一些学堂被迫接受学生的要求，撤换顽固守旧的职员和无才无德的教习，改良课程和管理制度，废止各种野蛮规章，甚至"亲书永不记过开除学生字样"①。当权者威风扫地，获胜的学生更加意气风发。1910年广西干部学堂驱逐总办的斗争在各校学生的声援下大获全胜，继任总办和监督被迫率军乐队前往退学生下榻处迎接他们返校。② 陕西高等学堂当局被迫让步后，"学生军凯旋，监学告退，监督亦辞差，各管理均不安其位"，"学堂成为无政府时代，每事管理均不敢置喙，任学生为之"。③ 湖北法政学堂学生赶走日本教习后，"骄气日甚，稍不遂意，即行鼓噪"④。在学生"无法无天"的过激行为中，双方气势伸缩消长，在一定程度上实现了改良与自治的目标。在既定条件下，学生权利得到起码的保障。

　　学潮成为引起广泛关注的重大社会问题，对待学潮的态度分歧加强了各种社会势力重新分化组合后政治分野逐渐清晰的趋势。学潮的发展扩大，使清政府如鲠在喉，唯恐引起统治权威的根本动摇。1907年12月25日所颁上谕称："士为四民之首，士风如此，则民俗之敝随之，治理将不可问。"⑤ 所以，清末数年间，学界动向一直为清政府所严密注视。1907年，河南巡抚张人骏鉴于"各省学校林立"，风潮不断，"其人既不遵约束，监督管理各员力难禁止；既犯之后，地方官又以学校名誉攸关，事涉动众，往往设法调停，迁就了结，学生无所畏忌"，认为"学堂定章，惩罪之条，仅止记过退学，似不足以示儆。学堂为创办之事，学生与平民有别，似应明定科罪专条"，奏请制定专门

---

① 《高等小学毁学罢课之风潮》，载《大公报》，1909年10月10日。
② 《老蔡吃了大亏》，载《民立报》，1910年11月6日。
③ 大无畏：《陕西高等学堂之纪事及评论》，载《夏声》第6号，1908年7月25日。
④ 《法政学堂之冲突》，载《大公报》，1909年10月17日。
⑤ 朱寿朋编：《光绪朝东华录》（五），5806～5807页。

对付学潮的"学律"。① 学部司官"都是些无能的官员，<u>丝毫不想进步</u>"②，掌握实权的杨熊、谭继宗、陈曾寿、蒋楷等人更是压制学潮的老手。陈曾寿为张之洞门生，早在 1904 年供职湖北学界时，就因开除宋教仁、田桐等人，激怒学生，被迫下台。后到日本任留日鄂生监督，又被驱逐回国。然而，绝对专制毕竟是明日黄花，诸多掣肘使他们也不敢为所欲为，轻允张人骏所请，只能要求进一步严格执行既颁规章律令。

同年年底，清廷因"近来京外各学堂纠众生事，发电妄言者纷纷皆是"，为防止"育学之举转为酿乱之阶"，特别发出上谕，规定一旦出事，而教职员不加惩革者，"不惟学生立即屏斥惩罚，其教员管理员一并重处，决不姑宽"，甚至要追究所在督抚要员的失察之责，以防惩办不力，同时下令各学堂将此谕旨一律书写悬挂，并刊录于毕业文凭扉页。③ 1908 年，学部通令"嗣后京外各学堂如有纠众罢考结党立会情事，其为首滋事之学生即行斥革。抗不遵办者，即全体解散亦所不恤"，并竭力强调道德评判，强化思想统治，"盖道德与法律互相维系，不能遵守法律之学生，断不能有精深之学业。而规条窳败，教科废弛，办一有名无实之学堂，滋长嚣张之习，患乃滋大"。④ 统治者希望培养俯首帖耳的有用奴才，学生却渴望成为气宇轩昂的国家主人，奴才与国民的道德价值观根本无法统一。1909 年，学部又因"京师学堂风潮迭起，非切实整顿，不足以杜流弊"，严饬各校于招考学生、派订教员时，"务于品行一端切要注意，不得稍有疏忽，致使校风日下，学务前途不堪着手"。⑤ 堵源截流，可谓机关用尽。但是，统治机器的功能业

① 《学部驳覆汴抚张人骏请定学律折》，载《广州总商会报》，1907 年 5 月 10 日。

② 《乔·道·德来格来函》（1910 年 10 月 21 日），见〔澳〕骆惠敏编：《清末民初政情内幕——〈泰晤士报〉驻北京记者、袁世凯政治顾问乔·厄·莫理循书信集》上卷，672 页。

③ 朱寿朋编：《光绪朝东华录》（五），5806～5807 页。

④ 《学部奏议覆翰林院编修陈骧条陈学务折》，载《东方杂志》第 5 年第 1 期，1908 年 2 月 26 日。

⑤ 《拟饬整顿校风》，载《大公报》，1909 年 10 月 23 日。

已失调，既颁规章也无法切实有效地执行。各地退学生纷纷转校就读，成为新的小群体的核心领袖，把火种播向四方。统治者欲惩无力，欲罢不能，被学潮之火烧得坐卧不宁。一些地方官员"最畏与学生交涉，至呼学生为教民。盖因办理学堂事件，无异审理教案之棘手也"①。统治秩序混乱失范，使清政府日益丧失驾驭国家、管理社会的机能。

清政府不仅害怕学潮的直接影响，更担忧大批经过学潮洗礼的学生走向社会，对其统治构成根本威胁。一位学务观察忧心忡忡地说："夫他日政界学界军界及实业界之人才，皆恃今日学生为储蓄。"因此，各学堂于修身一科，"须切实讲授，勿得视为具文，并将公私二德分析解释，发明义理，且使征诸实行，定为功过，辅此学业，渐臻文明。久之，不须法律检束，自能服从命令，服从义务，各成有用之才，而一切弊习浇风，不禁自绝。否则，学堂林立，学生飙兴，徒构成一种复杂性质之社会，而教育之能力发达，反因之迟滞，即于政治机关亦有影响。转移所在，关系匪轻"。②

学潮的双重效应，使封建势力越来越明确地意识到学堂学生与专制秩序的本质对立。有人主张干脆停办学堂，惩治鼓吹兴学之人。一些曾经赞同发展新教育的官员，也开始怀疑学堂能否为旧秩序所容纳，认为："昔日之书院，养以饩廪，动以利禄，无大益亦无大害。今日之学堂，可以造人材，亦可以召世变，大美所在，而大恶随之。"③由于退回旧制事实上已不可能，为了去"恶"存"美"，他们想方设法消弭自由平等思潮在学界的传播影响。有的请出古代圣贤的亡灵，以招魂曲淆乱新声。张之洞"以自由平等异说流行，非提倡古学，不足以防流弊，故大鼓吹复古主义"，继倡设存古学堂之后，又提出在国学馆旧址建立古学院，由学部通饬各省，中小学必须以四书、五经为专修科

---

① 《广益丛报》第 6 年第 2 期。

② 《两江学务处沈观察致张殿撰书》，载《湖南官报》第 49 册，1906 年 9 月 8 日。

③ 《新学刍议》，载《四川教育官报》第 5 期，1908 年。

目①，并规定所有毕业生必须到存古学堂肄业一年，才能担任教职。② 有的试图调和儒学与西学，阉割民主自由观的精髓。四川江油知县陈志喆针对"今日之学生，人人有一平等自由之说"的状况，把儒学的"一视同仁""有教无类"说成平等，"各得其所""为仁由己"说成自由，声称"幸生中国者，其平等自由已臻极点"，根本无须再加倡导要求。③ 四川提学使方旭撰写专论《自由平权说》，表面对"当路"将自由平权"悬之为厉禁"的做法提出异议，实际上肆意歪曲，鼓吹所谓"自由者，殆即吾圣人率性之谓也；平权者，殆即吾圣人絜短之谓也。一以贯之，则亦曰忠恕而已矣！"他认为："文明之元素，富强之根荄者，仍不外乎吾圣人之道。"于是他一方面把封建伦理道德捧为自由平权的正宗，经过改头换面，"能言自由平权者，亦圣人之徒也，又乌干禁耶"？另一方面，则将学生奉行的主张斥为异端邪说，"托为自由平权者……逾闲荡检，无所不至，在圣贤谓之德之贼，谓之小人无忌惮；在哲学家谓之无公德，谓之野蛮之行为"，并以西方哲人"不可放弃己之自由，不可侵害人之自由"与"己所不欲，勿施于人"相印证，反对学生以自由平等观冲击封建专制和宗法礼教。④ 这些乔装打扮的卫道士，把卢梭、伏尔泰等人倡导并"酿成欧洲列国大革命之变"的学说贬为"无界之平等自由"，"学生中有为是说者，直是以之贾祸，直是以之倡乱"，主张首先"演说历史以开导之。导之不从，则屏去之。去其害马，毋使败群"⑤，以沐猴而冠始，以图穷匕见终。

值得注意的是，这一论争涉及近代中国的重大难题，即传统文化中究竟有没有近代意义的平等自由观；中国衰败的症结在于根本没有平等自由，还是存在两种平等自由观的冲突对立；真正侵害自由扼杀人性的，是君主专制还是所谓"无界之平等自由"。在这一系列重大问题上，旧势力固然颠倒黑白，开明之士甚至革命党人有时也似是而非。

---

① 《张之洞之顽固》，载《中国日报》，1908 年 1 月 22 日。

② 《张宫保力保国粹》，载《广州总商会报》，1907 年 4 月 19 日。

③ 《新学刍议》，载《四川教育官报》第 5 期，1908 年。

④ 《四川学报》第 11 期，1905 年。

⑤ 《新学刍议》，载《四川教育官报》第 5 期，1908 年。

自由绝不是毫无限制的放纵，而是对个人与社会之间权力界限的规定。1903 年商务印书馆出版由严复翻译的穆勒的《论自由》一书，中文书名就是《群己权界论》。尽管东西文化在自由观上有偏重个体与群体的差异，但改革者与卫道士不可能有统一的自由界定。朝廷官府的自由，就是不受任何限制的极端专制。而冲击专制道统，不仅必然打破传统秩序的规范，在惯性作用下，也可能冲出自由平等的界限。况且近代自由观本身就是并非完美的历史进步。造人才与召世变，正是新式教育并行不悖的双重作用，要求新人才恪守旧规范，实在是叶公好龙似的悖论。

　　一些独具慧眼的进步人士看法不尽相同，他们从各自的立场出发，把学潮当作筹码或希望。张謇对于"各处摧折学界之文牍，不曰流血即曰革命，不曰把持地方即曰莠言乱政，甚至以苗沛霖、洪秀全相比例"的做法颇为不满，认为风潮的根源在于"学堂性质与书院全然不同，书院则人人意中皆功名利禄之思想，学校则人人意中有生存竞争之思想；书院则人人意中有苟且依赖之思想，学校则人人意中有奋起独立之思想。行政人设以待书院者待学校，则学校中人殆无一可满行政人之意者矣"。但他不愿坦率承认，反而说，"各处风潮迭起，全由于解释之不明，积疑生嫌，积嫌生衅"①，把根深蒂固的社会矛盾冲突淡化为误会引起的私怨，试图设立学会居中调节。这实际上反映了实力不断增长的绅商企图利用矛盾，充当官民中介，以便更多地掌握社会控制权和行动主动权。不过，张謇本人创办的南通师范，倒是清末为数不多的既卓有成效，又相对平静的学堂之一。

　　革命党人的态度十分鲜明，他们认为："中国思想中退让之风，平和之望，皆今日所大忌，而其毒深中于人心。亟宜奖自治之说，倡尚武之风。即有流弊，不见容于旧习，而权其轻重，亦当忍耐以待其成熟。吾辈以为，中国青年不患其粗暴，而患其怯弱；不患其愚直，而患其纤柔；不患其不能为平时之学者，而患其不能为战时之兵士。今各省学堂学生动作少背习惯，即责其嚣张背谬，而不知青年思想极属

---

　　① 《张季直殿撰覆两江学务处沈观察书》，载《大公报》，1906 年 5 月 8—9 日。

单纯，重秩序守规律之心，平时以身作范，化之以德，则崇朝可以养成。而其言行动作，即少出常规，亦当顾念时势，善为诱导，以奔赴国家主义之大目的。不然者，即学生皆化为程、朱，举动不苟，行必方步，其奈中国之亡何哉？"① 这种议论切中时弊，寓意深刻。从学校管理看，由强制性他律到民主性自律，往往发生适应性紊乱现象，而且不如权威式领导的效果显著快捷。从政治上看，由专制而民主，几乎必然伴以阵痛。把催生的痉挛误认作死亡的先兆，因噎废食，由变革的动荡退回旧日的安宁，正是导致民主化进程一波三折的通病。其实，出格作为突破的副线，不仅带有必然性，而且有助于打破僵死。革命前破坏旧秩序的学生，正是革命中与革命后建立和维持新秩序的骨干。表现不同，本质一致，都反映了学生反对专制、追求自由平等的内心境界。这种理想化的追求以及由此带来的超前举动，成为推动近代中国社会变革的重要力源。

有些人也承认学潮与自由平等思潮的内在联系，说"慨夫自由平权之说出，而学界中人靡然欢迎，罢学风潮，亦实斯说之有以动荡于其间"，但又认为："自由平权亦非漫无权限之骄肆行为。天下人守夫权限，则各不可干涉，而自由平权之道，乃能畅行天下。罢学非自由平权之道也。"② 这种指责在政治上虽与官府有所区别，在认识上却同样荒谬。自由平权当然要遵守一定的权限秩序。但要在专制秩序中寻找权限的准绳，等于否定自由平等。推翻专制制度，破坏封建秩序，既是实现自由平等的前提，也是规定民主权限的依据。非议自由平等思潮引起的社会波动，实际上是否认自由平等原则的可行性。不过，学生对共和秩序建立后民主与集权的矛盾对抗缺乏足够认识和精神准备，没有触及更无力解决这一更为深刻重大的社会变革主题。

学潮促使社会矛盾暴露激化，但不能从根本上加以解决。这种冲击明显带有突发性、松散性和分散性的局限。

所谓突发性，即学潮虽经长期孕育，但往往由偶然事件触发，缺少主动的发起组织。时间突发是内容自发的表现。学潮的直接目的具

---

① 《敬告中央教育会员》，载《民立报》，1911 年 7 月 26 日。
② 《论奉天师范生之罢学》，载《盛京时报》，1907 年 12 月 5 日。

体而微，趋势相同，目标各异。即使声势较大的风潮，直接起因也多具偶然性、个别性和地域性，可以在一定范围引起共鸣，却难以形成更大规模的共振。在自由平等的内驱意识外，未能产生统一的行动纲领。学生们对专制制度极端不满，行动起来却是泄愤多于本质否定。他们对于自由平等的理解十分抽象，要么是模糊的轮廓，要么是怪异的西式框架。朦胧美对充满幻想的青年更具诱惑力，但也妨碍他们在学理上登堂入室，并付诸实践。因此，罢课退学虽不时被用作斗争手段，却仍属于局部冲突的应急措施。

松散性表现在学堂、区域和全国三个层次上。由于出身、阅历、背景、年龄、班级、地域的不同，学生间彼此存在隔阂，有时激化起来，还会导致内讧。老童生与新少年、城与乡、官与绅、官与兵、不同籍贯以至不同班级的学生之间，都发生过摩擦。山东、广东、广西、福建、江苏、湖北、安徽、浙江、奉天等省学界，曾因学额分配不均大起冲突。南京几乎上演两军对阵的闹剧。各校苏籍学生"遍发传单，以退学相持"[①]。而外省在宁学生"亦合筹抵制之策，特开一十七省非同乡会于刘公祠内，联合各省学生集议其事，公推湘、皖两省人代表，所议宗旨亦极激烈"[②]。广西学生"肄业于湖南教员者名为南党，肄业于广东教员者名为东党，互相对峙，两不相犯"[③]。奉天学生组织了"排蛮会"，"凡山海关以内之人，均在被排之列"。[④]

摩擦使学生关系疏远，群体涣散，有时直接影响斗争成败。抵制美货运动中，安徽某校一皖籍教员因反对抵约会，购买美国呢料制作操衣，事发后，又煽动同籍学生围攻令其退货的苏籍教员。苏籍同学认为，抵制美货"乃国民应尽义务，似亦不应反对，方思出为劝解。继念己身尚不为人所容，何敢多事？遂作壁上观，冀免波及"[⑤]。对此，进步人士沉痛指出："夫当今日学界风潮正剧之时，腐败之官吏挠

① 《要闻》，载《汇报》第 8 年第 88 号，1905 年 12 月 13 日。
② 《要闻》，载《汇报》第 8 年第 93 号，1905 年 12 月 30 日。
③ 《学界分党可免》，载《大公报》，1908 年 11 月 28 日。
④ 《学生秘密会》，载《盛京时报》，1907 年 5 月 24 日。
⑤ 《江苏旅芜学生上同乡父老书》，载《大公报》，1906 年 1 月 8 日。

之，顽固之士绅挠之，愚昧之人民挠之，凡我国人，正宜协力同心，以除此障碍。""以我人各顾己私，强分畛域，而政府官吏乃得利用于其间。"① 于右任公开致书，批评分省主张，强调国家民族意识，表示："吾曹虽不同省而皆同国土，虽不同省而皆同宗教，虽不同省而皆同种族，同种族则同伦，同宗教则同门，同国土则当同患难。举国四万万皆骨肉也。牵枝连叶有如此密切之关系，故前携后引齐上舞台则分也。而此挤彼排，处处下逐客之令，则窃有不敢谓然者。"② 《民报》也发表专文，进行全面剖析。该文一方面指出，"自权利之说出，而畛域之心起，于是向之漠然视者，今乃视为莫大之问题，群起而争之。争之不已，而意气，而攻击，肇端于一二人，而牵及全社会。其势力之磅礴，大有一日千里之势，不可谓非民气之进步也"，将此视为民气发达的象征，而且，"各省之争也，亦非无理由。官场通弊，好用私人，一局所为某省人之总办，则所用皆某省人"，肯定竞争对于破除官场劣习的积极作用；另一方面则认为，"其中必有所谓省界之分焉，则大不可"，即使反对任用私人，"亦甚望其攻击止其一身，范围止于一事，勿因之而谓某省人可恶，某省人当排，更望勿波及他省人"，希望把地域之争引向反对官僚制度的正轨。③

学生思想程度不齐，群体组织亦呈松散状态。一堂之中，几名思想言行激进、反抗精神较强的学生构成核心或前导，余众在其周围身后按觉悟程度依次排列。前者既是小群体领袖，又是抛头露面的代表。他们对同学有政治号召力和精神感染力，而缺乏组织控制力；敢于挺身而出，站到斗争前列，而缺少后续部署。历练甚深的官僚清楚地看出领袖与群众之间缺少牢固纽带的弱点。张人骏说："生徒众多，血气未定，易为习染所移。偶有一二好事之徒为之倡率，无识者争相效尤，谨愿者不敢异同。"④ 舆论非议也从不同侧面反映出问题症结。《申报》

① 《敬告潮州中学教员学生》，载《岭东日报》，1907 年 9 月 25 日。
② 《于右任致主持分省诸君子书》，载《大公报》，1905 年 12 月 3 日。
③ 《今日岂分省界之日耶》，载《民报》第 1 号。
④ 《学部驳覆汴抚张人骏请定学律折》，载《广州总商会报》，1907 年 5 月 10 日。

评论道：学生"今日言自由，明日说改革，相习成风，人人自谓为国民。然其所谓精神者，非由于自动，实倚赖他人而发者也。使提倡者失其人，则向之所谓空精神者，一变而为虚浮，再变而为放诞，求一守规则治实学者渺不可得"①。这的确击中了要害。

当然，广大学生的高度斗争热情，绝非少数无权无势的小群体领袖鼓噪裹胁所能使然。但是，脆弱的联系纽带在前程生计甚至身家性命面临严峻威胁时，就容易松动甚至断裂。甘肃文高等学堂学生在反对日本教习殴侮同学的斗争中，多次集会讨论，最后决定联名上书督署，要求斥退。但签名时却因名次顺序发生窒碍。后虽有自告奋勇者带头签名，同学们仍担心有人反悔，于是"特在名册上各自注明'岗岛不去，誓必出堂'等字样，以坚其志"②。即使如此，在僵持之际，还是有人气馁动摇。临时盟誓立约毕竟不如正式组织结合牢靠。阴险狡黠的当局者枪打出头鸟，对学生代表严加惩处，使群体失去核心，动摇分化。因群体涣散而导致斗争流产失败的教训，使学生自己痛感组织起来的重要性。保定女学堂学生在风潮受挫之际，慨然叹道："所可悲者，同堂学生素无团体，有始无终，一见校长之严命，遂反唇相向，尽变初心。"③ 绍兴府中学堂校友会由于变节分子的蛊惑而解散，致使风潮中学生"团结力不能如前此之固"④，斗争因此失败。学生们悲怆之余，群向变节者寻仇泄愤。

学界区域性联合趋势虽日渐明显，但缺乏稳定性，只是风潮过程中临时接触较频繁。即使有所组织，形式也比较简单。学堂间联系多由学生代表沟通，而代表与一般同学关系松散，使各学堂联合基础不稳。有些地方只限于传单响应，没有任何形式的组织联系。松散性给当局留下了分化孤立、各个击破的间隙。代表遭受打击，不仅使一所

① 《论中国教育之弊》，载《申报》，1906 年 12 月 3 日。

② 赵元贞、水梓、淡凤仪：《清末甘肃文高等学堂的片断回忆》，见中国人民政治协商会议甘肃省委员会文史资料研究委员会编：《甘肃文史资料选辑》第 4 辑，101 页。

③ 《详志保定女学堂退学风潮》，载《大公报》，1909 年 6 月 4 日。

④ 《府学生蛮法三千》，载《民立报》，1910 年 11 月 18 日。

学堂失去重心，而且造成整个学界因联结纽带断裂而脱节散架。作为后发展社会中少数有组织的新群体，学生在社会变革中发挥了先锋和行动队的作用。但是，单靠教育组织，而缺少社会政治组织形式，毕竟不够稳固，难以承担重大使命。

松散性还表现在全国范围的学界联合行动基本没有形成。抵制美货风潮中，虽有京师大学堂的呼吁和各地学生的响应，但这种关系仅仅与运动相始终，并非稳定联合。国会请愿运动和保路运动已经突破省界，产生了全国性联合的要求与趋势，却未变成现实。究其原因，一是缺少常设的统一组织和联络机构，清廷严禁学生立会，并控制了各种近代通信手段，学界不便相互沟通；二是缺少具有全国号召力的中心，这种中心地位不仅与学生自身能量有关，还须看所处的政治、经济、文化环境。京师学生人数不过万余，京师大学堂名为最高学府，实际影响远不及留日学界，声望甚至在津、沪、宁等一些地方学堂之下。而且，京师为清廷社稷所在，与强大的旧势力相比，学生更形弱小。统治者十分重视京师学生动向，1907年和1909年，曾两度针对京师学潮高涨的局面下旨严禁，使学界民主力量备受摧残。因此，京师学生运动虽具规模，但影响尚不及天津、西安、成都、昆明、盛京等地方学界，未能形成"五四"以后那种左右全国的声势。而地方学界不具备中心地位的客观条件，难以指挥全国。

突发性和松散性导致了分散性。就数量而言，个别冲突多于联合斗争，而且区域性联合也时聚时分，此起彼伏。1906年长沙声势浩大的学潮未得到邻近各省的响应，1907年昆明罢课也是孤军奋战。1908年陕西因蒲城学案而起的罢课风潮，虽有西安和80余县学生的呼应，仍未突破省界。国会请愿时罢课风潮波及天津、保定、奉天、开封和成都，但其他地方反应平平。保路运动也只在川、湘两省激起罢课。地方分离及政治经济的不平衡状态加剧了分散性，学生既有统一目标，又有各级地方性目的。分散斗争打击了部门和地方旧势力，而不能造成冲击清朝统治的全局形势，使力量低效耗费，尽管代价在所难免。

学堂风潮的自发盲动现象表明，这种半理性的社会运动，具有破坏与推进的双重作用。消除破坏力的唯一有效方法，就是革去激生学潮的社会弊端。当学生没有正常渠道合法地表达对社会人生的关照，要求和保障其权利地位，而只能通过冲突方式发泄不满情绪时，学潮必然会随着矛盾的弛张而周期性爆发，其破坏力也就不可避免地发作。虽然学生是有意识的能动群体，但学潮却是有规律的客观运动，清政府一味从意识形态角度加强控制，当然归于无效。学生本应是近代化的建设力量，却不得不以学潮方式释放破坏能量，这对社会和学生而言都是令人遗憾的损失。不过，学堂风潮的局限不等于学生活动的局限。1905 年以后，分散的学堂风潮已不是学生斗争的主要形式，罢课手段日趋频繁地被移植到爱国民主运动之中。于是，按照历史和逻辑的顺序，学生活动的其他领域依次进入视野，学生及其运动的特性将逐步得到更为充分的展示。

第五章　爱国先锋与中坚
——从"文明抵制"到"秩序革命"

由封闭式书斋走进开放型学堂，饱览中外书籍，纵观五洲风云，学生的民族意识与爱国热情同步高涨。世界眼光不仅使他们神驰西方社会的良辰美景，也魂游了印度、埃及、朝鲜及黑人、犹太人悲惨遭遇的鬼府地狱，爱国救亡成为这一代青年倾心关注的头等大事。强邻环伺、虎狼齐来的危急形势，使大梦初觉的热血青年无心埋头故纸，终日咿唔。他们力量气势不足，敏感激情有余，没有庸众的麻木愚昧，也不像绅商般患得患失。对列强侵略的一举一动，他们无不率先告警，希望惊醒国人，喝退强盗。他们的呼声或许有几分苍白，但绝非虚张声势。他们以新的智慧知识、思想观念，使蕴藏于亿万民众心底的怒火定向喷发，不仅唤醒了沉寂的东方睡狮，而且将近代民族精神注入其肌体，使野性奔突升华为理性奋进。没有这种唤醒和注入，义和团的刀枪棍棒给予列强的沉重教训，迟早会被淡忘。中华民族是伟大的，但在那个时代，同样伟大的民族纷纷被殖民者践踏于铁蹄之下。没有新的基因，旧式民族精神只能像刀枪不入的符咒一样，成为无法应验的神话。学生爱国运动经历了抵制外货、收回利权和保路风潮三个阶段，时间先后有别，内容也循序渐进，显示出近代中国先进势力的自觉斗争与民众的自发反抗逐步合流，发展为新型群众性爱国救亡运动，并与反清革命相融合的变化轨迹。

一、学生与抵制外货运动

抵制外货不同于排斥洋货，作为反抗列强欺压掠夺的自觉行动，抵拒侵略而不排斥文明。辛亥革命时期的抵制外货，主要是声势浩大的抵制美货和风声渐紧的抵制日货。前者发展为一场全国性群众反帝运动，后者则随着日本侵华步伐的加速在各地时起时伏。

学生并非抵制美货的倡导发起者，但他们以敏捷的反应、坚定的态度，促使抵制活动迅速由口头纸面变为实际行动。1905 年 5 月 10 日上海总商会通电全国约期抵制后，不待两个月满，各地学界便纷纷行动起来。上海的清心、中西书院学生率先于 5 月 22 日发动退学，圣约翰书院学生也迫使校方通电废约。5 月 27 日，上海学界举行大会，各校代表签名拒购美货，并函请商会通力协助。

6 月 2 日，福州鹤龄英华书院学生要求校方电请美国政府删除限禁华工条约中的苛条，并回电答复，否则全体退学。他们先后与主理及闻讯赶来的美国领事进行了长时间针锋相对的辩论，批驳了后者以长城为中国排外象征的攻击狡辩，郑重宣告：反对美约"只为保护我们的权利，维护我们的尊严"①。两天后，福州大学堂及普通、侯官、益闻等校学生集议抵约。6 月 11 日，武备、高等、水师、蚕务、英华、格致等 17 校学生与各界人士 500 余人在魁辅里阅书社集会，演讲捐款，并成立福建公立保工会，作为抵制机关。各校均停购美货，而且表示，如美约果行，凡美办学堂学生一律退学。

京师大学堂学生设立总汇处为机关，下设演说、誊写、校对、缮印、寄发、稽核、采办等处；撰写并捐款印发《北京学界同志敬告全国学生文》，呼吁联合行动；公举同学专程赴各埠进行特别调查，或利用假期便道调查，将美货色目商标查齐编制成表；与译学馆、东文、实业等校学生分头集资编印各种宣传材料。保定学生闻风响应。

6 月 18 日，天津、南京、杭州等地学生不约而同地分别集会，"到者极多"②。其中天津声势最盛，由官立中学和敬业中学发起联络，大学、警务、高等工业、电报、军医等 26 校 504 名学生与其他各界人士齐集合津会馆，数十人争先恐后地上台演说，决议学生一律不购美

---

① ［美］丁韪良：《中国觉醒》，251～254 页。《福州鹤龄美华书院全体公议抵制美国禁工事》，载《大公报》，1905 年 7 月 15 日。

② 《宁垣会议抵制美约的办法》，载《大公报》，1905 年 7 月 1 日。

货。年方 13 岁的养正小学学生刘寓儒"竟能侃侃发议论，以抵抗美约"，"堂下应者如雷鸣"。《大公报》编辑欣然赞道："我中国前途之幸福实未可量也！"① 省垣以下的地方学界也开始行动。直隶冀州学堂师生连日召开会议，"皆且悲且愤，以为数千年民气之未死，赖有此耳。均愿担负劝禁购买美货责务"，并撰就公启，转达冀属五县学界，"各学堂均表同情，皆愿赞成此举"。② 广东潮州 20 余校学生也于 6 月 25 日集会，宣布禁用美货。学生们主动积极的态度在社会各界的反应中显得十分突出，使运动开始向基层社会扩展。

学生们不仅自己闻风即起，更重要的是广泛地进行宣传鼓动，使斗争迅速发展成为群众性的反帝爱国运动。京师大学堂《告全国学生文》洋溢着青年们天下己任的责任感和使命感，他们清楚地认识到，"果其万众一心。始终不懈，未尝不可寒美人之胆，而伸国民之气"，而"提斯责在吾辈"，呼吁海内同学"投袂而起，以担任此义焉"。③ 他们汇集各种报道演说，编写禁约历史，陈述美国虐待华工情形及中国所受之害，提出抵制办法，排印后"人分若干部，分寄各省外府州县，俾吾同胞得以周知遍悉，全国不用美货"④。学生们特别注意"将禁约之历史及其例案演成浅白文字"⑤，印成传单后，向京津保等地下层民众"广为分送"⑥。天津学生一面向家人戚友"晓以不购美货之宗旨"⑦，一面到"未举行各处谋所以倡导之"。"各学堂公举一二人择地演说，俾众周知，不购美货"⑧，希望通过抵制活动，"保全国体，振发民气"⑨。南京、江西、广东等地学生也"多用浅说体作为告谕劳工

① 《学界之大会议续志》，载《大公报》，1905 年 6 月 20 日。
② 《冀州学界之会议》，载《大公报》，1905 年 7 月 4 日。
③ 《大公报》，1905 年 7 月 11 日、12 日。
④ 《北京译学馆同学传单》，载《大公报》，1905 年 6 月 18 日。
⑤ 《大公报》，1905 年 7 月 11—12 日。
⑥ 《东文学生抵制美约》，载《大公报》，1905 年 7 月 18 日。
⑦ 《学界之大会议续志》，载《大公报》，1905 年 6 月 20 日。
⑧ 《学界大会议》，载《大公报》，1905 年 6 月 19 日。
⑨ 《敬告天津各学堂同志诸君小启》，载《大公报》，1905 年 6 月 16 日。

妇孺文字，并调查美货商标附列文后"①，同时，"日出传单知照以后
买用洋货必须查询，若系美产必不可用"②。有的还"捐资刊印说帖，
沿门派送，俾同发感情"③。

口说笔述之外，学生们还率先实施，身体力行。他们以此为检验
自己爱国情感真假冷热的尺度，纷纷表示："爱国合群之论说，日灌于
脑而溢于口"，"似此力筹抵制，正宜发表同情，将验吾学界有猛进之
精神，卜吾国民有独立之性质，断在今日"④；"讲爱国讲合群讲抵制
力不受压抑者，非今日学堂之学生乎？平日之所讲解所讨论，多空理
想空理论，而无以实验其能力。今日对美政策，乃正学生试验能力之
试验场也"，"讲抵抗力不受压抑者"，不仅"施于同等内群"，更要
"用其能以施之于外族"，而且要将禁用行动推向全国，"先由学生办
起，而后遍及各色人"⑤。舆论界也以此相激励，认为："学生素日所
讲究的，就是合群爱国。但平日无事，只是说空话，真心假意，还分
不出来。如今有了这件抵制美禁华工的事，大可以试验试验学生的合
群爱国的话，到底是真是假了。""寻常只是空谈合群爱国，现在正是
实行合群爱国的时候。"⑥

青年们果然不负众望，在抵制正式开始前，便已经实施禁用美货。
上海南洋中学学生同盟会郑重宣布："我辈学生力量虽薄，然义愤颇
厚，既赞斯举，愿先实行。缘联合各学堂，请自今日始，凡自一书一
籍一纸一墨，以及校具杂物，需行购买洋货者，必先向店铺询明是否
美物。苟其是也，虽贱勿贪；苟其否也，虽贵勿吝。"⑦ 天津学生提
出，"学界中人务一律勿购美货"，并要求教职员"日以此说作修身科

---

① 《宁垣会议抵制美约办法》，载《大公报》，1905 年 7 月 1 日。

② 《江西亦议抵制》，载《大公报》，1905 年 7 月 14 日。

③ 《述善学生抵制工约之实行》，载《大公报》，1905 年 7 月 8 日。

④ 《敬告天津学界中同志诸君》，载《大公报》，1905 年 6 月 10 日。

⑤ 国民之一分子李书田撰辞：《冀州学堂同人敬告冀属同志禁用美货以抵制
美人待遇华人之虐政公启》，载《大公报》，1905 年 7 月 6 日。

⑥ 《现在正是试验我们中国人团体的时候》，载《大公报》，1905 年 6 月
9 日。

⑦ 《学界同盟会实行禁买美货约》，载《大公报》，1905 年 6 月 15 日。

材料，晓谕生徒，俾得传知各亲族戚友，以冀遍及其美货之名目牌号"。① 津门市面"自开会后，各学堂美货殆已绝迹，即各学堂附近售卖美货者，亦皆改用他国货物。虽后此无开会聚议等事，而个人自治之精神曾不少减"②。北京某校学生误购美国品海香烟，友人责以"爱烟不爱种"，"学生闻言，跃然曰：'吾未知之。果尔，则我为不义。'遂将香烟悉投厕中。友人即肃然起敬曰：'是真不愧学生资格'"。③ 广东龙门学堂在当地首倡不用美货，即将开办的善庆学堂立即表示赞同，取消原定购买美制操衣及试验器具的计划。他们的行动使抵制成为人心所向，大势所趋，如箭在弦上，不得不发。

绅商在抵制美货运动中表现出前所未有的政治热情，但在学界坚定态度的反衬下，依然显出几分犹疑动摇。抵制美货虽由商界发端主持，可是如果没有学生的广泛鼓动和倡导坚持，即使不中途搁浅，也难以迅速形成浩大声势。上海总商会发出通电后，一直没有具体部署，气氛反而趋于消沉。社会上因而疑云四起，新闻界哄传限期将延长到6个月。尽管会长曾铸公开出面辟谣，此事却是空穴来风，沪商的确曾与美国公使就展期问题有过暗中交易。6 月 27 日，美国驻沪总领事劳治在向美国国务院的报告中，详细分析了上海各界的态度，特别指出商学两界的分歧，他说："对于何时实行抵制，华人似意有分歧。""有些商人显示不乐于积极从事此项报复手段，另有些暗中破坏合约，并默期其失败。学生及智识分子之态度则完全不同，其观点行动颇不消极，其意向更有敌意。经由仓促写成的书籍、小册子、标语、漫画实行宣传，报纸加以攻击，他们在努力使情势恶化。4 月 18 日后，商会停止了抵制活动，但因学生阶级的代起，商会势将被迫行动。"④ 据报道，上海"自拒约会发起以来，凡百商界，下至于咕哩行星相家裁缝行，无不自行集会，组织此拒约团体。其间奔走劝导，使各行开会

① 《敬告天津学界中同志诸君》，载《大公报》，1905 年 6 月 10 日。
② 《天津学界特色》，载《大公报》，1905 年 6 月 26 日。
③ 《杂俎》，载《汇报》第 8 年第 48 号，1905 年 7 月 26 日。
④ 劳治致国务院，1905 年 6 月 27 日，见张存武：《光绪卅一年中美工约风潮》，台北，"中央研究院"近代史研究所，1966。

演说者，皆学界中人"。因此，《拒约报》评论道："上海之拒约会，其主动力在学界。"①

天津商界更加怯懦，集会甫两日，便在袁世凯的直接干预下敛手退出，形成"商界上虽小有阻滞，而学界上之精神则十分完固"② 的鲜明对照。福州的响应活动也"不在商人而在学界"。就连一般认为主动力在"慈善界"的广州，学生对实行抵制同样起了举足轻重的作用。从 5 月 20 日首次集会到 7 月 21 日成立广东筹抵苛约不买美货总公所，商会、八大善堂等绅商组织反复讨论了两个月，而在此期间，学生则实实在在地开展了 60 天的宣传发动。他们推举宣讲员四处演说；征集亲历者的信函、有关报告和禁销计划等，或刊诸报端，或印制传单，在城乡各处张贴；调查刊印美货图表及照片，广为散发；禁止学堂购用美制操衣，联络商行善堂 60 余家，盟誓不用美货；并在荣华东街设立美货陈列所。开展之日，数千学生以述善学堂乐队为先导，列队前往，蔚为壮观。《有所谓报》特意赞道："抵制美约之议，各省绅商，无不踊跃，而尤以学界中人为最出力。"③

7 月 19 日，沪学会召开以 21 校学生为主体的 1450 人大会，公认两个月期限已满，应实行"不定"及"不用"美货的抵制办法。在学界的坚持和舆论压力下，次日商会虽提出展期议案，但未获通过，全面抵制美货运动终于如期展开。

在运动向各地发展蔓延的过程中，学生的作用同样不可忽视。除北京、天津、南京、杭州、广州等地外，成都、长沙、太原、西安、济南、开封、南昌、芜湖的学生也成为推动本省运动兴起的重要动力。长沙的抵制大会由工业学堂、师范学生敦促召开。山东学界志士联合商界各帮集会，决议抵制。四川学界在留日川生的鼓动下，率先倡议不用美货。河南学界在开封二曾祠连续集会三次，到者数百人，议定五条抵制措施。太原各校学生千余人集会，公约禁购美货。陕西学生

---

① 起卓：《上海之拒约会与广州之拒约会》，载《拒约报》第 8 期，1905 年 11 月 3 日。

② 《天津学界特色》，载《大公报》，1905 年 6 月 26 日。

③ 《请援例担任抵制美约之义务》，载《有所谓报》，1905 年 7 月 7 日。

则成立关中学会，参加者数百人，刊印不用美货之说帖、牌号。湖北等地学界亦有所行动。在中小城镇，学生更是运动的先导，安徽芜湖，江苏常州，广东潮州、东莞等地的拒约会，均由学生发起组织。有的教会学校迫于学生的斗争气势，甚至主动允诺转递废约公函，以免引火烧身。

　　单纯的学生活动，因实力不足，社会影响不免受到局限。南昌拒约会开始"全系学界中人，效果不大"。后又添设江西拒约会，吸引了商界中的多数，局面才有所改观。① 同时，没有其他各界的响应拥护，学生团体的支撑力势必脆弱。由师范和各小学学生发起的东莞拒约支会，一遇官府压制便举步维艰。该会被迫停止之日，刊发传单，向公众剖明原委："今不幸敝堂独触当道之怒，严禁同人等不准谈议抵制事；又照会本邑各善堂，不准借址研究，为不禁之禁。""摧折芟夷我国民者，非由多人，实由我邑最有权力之长官也。"因此，虽怨愤满腔，知束手无策，只能以"宏愿无穷，人力已尽"，宣告"暂与同志诸君辞"。② 事实告诉学生，仅有爱国热情是不够的，必须加强与绅商各界的携手合作。有人说：学生如果结成团体，"合起拢儿来，跟商会联成一气，也未尝没有一点儿力量"③。随着运动的发展，商学两界的联系有所增强。马相伯在上海各界及内地各埠代表大会上指出："中国数千年来未有团体，今因外患，而学界商界遂能联络一气，尚为中国不幸中之幸。"④ 有识之士对商学两界在运动中的互补作用做了精当的说明："以商界中人为主，而学界助其间；以学界中人为倡，而商界盾其后。"⑤ 学生的"助"与"倡"和绅商的"主"与"盾"相辅相成，使运动能够广泛深入地发展。

　　运动迅猛高涨及民众大批涌入，使独角戏变成群英荟萃，学界呼

① 《南昌设禁约会》，载《大公报》，1905 年 11 月 9 日。

② 《东莞县令又摧折拒约支会》，载《有所谓报》，1905 年 9 月 20 日。

③ 《现在正是试验我们中国人团体的时候》，载《大公报》，1905 年 6 月 9 日。

④ 《议决实行抵制大会》，载《大公报》，1905 年 7 月 27 日。

⑤ 《同文教习温君丹铭对于抵制美约之演说》，载《岭东日报》，1905 年 6 月 20 日。

声相形减弱，但群星璀璨仍然掩不住学界新星的耀眼光芒。在运动高潮阶段，学生的作用主要表现在两方面。其一，各地学生活动开展的广度深度，与运动范围的宽狭和持续时间的长短成正比。这以广东最为明显。述善学堂学生手持签名册，沿街向各大商铺挨户劝说，促使众多商行签名盟约。两广师范学生发布公启，呼吁学界积极行动。高等学堂学生决心为全省表率，带头禁用，得到各校热烈响应。美国教会开办的岭南、尚贤学堂学生编唱抵约粤讴，拒用美制操靴，并表示，"美禁华工至今仍不允改，我辈又何颜在彼处求学"①，不约而同地退学出堂。东莞、汕头、潮州、嘉应、惠州等地学生纷纷集会，倡议抵制，运用演讲、报刊等形式，深入城乡广泛宣传。南武、进取两校师生合办的《拒约报》，对全省运动影响甚力。学生宣传队高举上书"抵制美约"大字的旗帜，四处张贴标语，演唱自编的戏词歌谣。长乐觉民学堂学生从 6 月起即停用美货，每星期开会演说，"慷慨悲酸，使人无不切齿。及暑假回乡，又将此事奔走呼号，鼓动下流社会，使知中国不自强，虽在故乡居住，亦难免各国虐待"。闭塞的乡村因此"风气大开"。② 他们的演讲真挚感人，听众群集。进取学堂一位 13 岁学生的演说令在场的 500 余听众大为感动。东莞、石龙等地学生演讲，每会必有农、工、商界数百人环听，"听者无不鼓掌，竟有为之泣下者"③。有的药材商听完演讲，当场表示不卖花旗参，杂货店店主将所存美国香烟当众焚毁，民众则相约不买继续销售美货店铺的商品。学生们还积极参加拒约会工作，被捕三君子中的夏仲义、潘信明，即以学生身份出任该会书记员。上海及全国的运动低落后，广东仍有较长时间的持续发展，与学生的努力密不可分。

其二，学生斗争性强，始终是比较激进和坚定的一翼，在三个关键时刻，表现尤为突出。运动初起，各地学界表示："事关全局，尤宜决行，任锐不折，任坚不摧。"南京东文学生宣称："若抵制一事尚办不到，我等惟有蹈海而死，免致将来为人奴也！"当曾铸迫于内外压

① 《新闻报》，1905 年 8 月 1 日。
② 《长乐觉民学堂之感觉力》，载《岭东日报》，1905 年 9 月 5 日。
③ 《东莞拒约之现象》，载《有所谓报》，1905 年 9 月 15 日。

力，发表《留别天下同胞书》，准备抽身而退时，各地学生纷纷致函通电，以为声援，鼓励其坚持到底，"勿为所摇"。纪王庙镇淞南小学特班学生"风闻奸商有欲不利于公（指曾铸）者，无不发卓立，誓欲得而甘心。""有愿为公继起者，有誓为华工复仇者。虽年方童龇，亦无不激昂慷慨，有视死如归之气象。"① 上海务本女校学生也集会议决，劝说各家男女团结一致，"坚定地开展抵货活动直到胜利"②。清廷压制运动的上谕发布后，各地绅商相继退出，而学生热力不减。京师大学堂学生为防止和抵制上谕对运动的阻挠破坏，特致电曾铸及各地拒约会，解释说，"朝旨只防暴动，非禁和平办法，希望坚持到底"，"以免外人益鄙夷我"③，并继续开展活动。

诚然，下层民众的直观行为有时比学生更为激烈，但没有学生对近代民族民主意识的传播，民众斗争只能重现义和团那样自发盲动的本能反抗。民众普遍起而参与自觉的反帝斗争，本身就显示了爱国运动质的双重飞跃：一方面，民众的自发反抗升华为自觉斗争；另一方面，少数开明进步人士的活动变成群众性运动。这正是新兴势力用新思想宣传启蒙、鼓舞发动的结果。其中学生的作用尤为重要。他们深知没有民众拥护，抵制难见成效，又清醒地看到下层民众巨大潜力与有限觉悟的矛盾，认为在半开化国度里，"社会之阶级，其大略有三等，上中等社会人数较少而识见较易开通，下等社会人数较多而识见较易蒙蔽。而其左右一事也，则多数人之意见往往足为一事之梗，虽贤且智，亦未如何。故下等社会之势力，乃天下最庞大而最可惊者也"。由于民众长期处于蒙昧状态，"欲合此多数人以挽回之，使其舍私利而顾公益，诚非易事"。

中国历史上不乏尽忠守节的文臣武将和杀敌卫国的民族英雄，也涌现了大批抵御外侮的无名勇士，但爱国往往是少数人的自觉意识，而且只能通过忠义观以扭曲的形式体现。在士大夫心中，国与君不可

---

① 均见苏绍柄编辑：《山钟集》，437 页，觉觉社，1906。
② 《国内时事述评》，载《字林西报》，1905 年 7 月 29 日。
③ 《学界电请坚持拒约》，载《岭东日报》，1905 年 9 月 16 日。《北京学界公电》，载《岭东日报》，1905 年 9 月 18 日。

分离，无君则无国。如果说对内还有君臣社稷的权衡，那么在对外关系中，君便成了国的当然化身。这一致命弱点使士大夫依附于专制君主而远离了国家实体，不免陷于一己工具的悲剧结局。许多人在君与国相背离的矛盾中陷入两难的极度痛苦之中。而民众从未被视为国家的主体，也不可能意识到自己的主体地位，很少将个人与国家相联系。普通百姓只是从保家卫里的爱乡行动中间接体现出爱国情怀。在他们看来，天高皇帝远，忠君并无吸引力，与此相连的国当然也遥不可及。这使中国传统的爱国精神与活动，处于一种社会分离状态。对于士大夫和百姓而言，政治含义的"国"与地域含义的"国"不相吻合，因而在观念和实践上多无法形成完整统一的爱国主义。学生们崭新的爱国观揭示了国民与国家关系的真实内涵。正如京师大学堂学生所说："国家者，国民之所有物也。凡天下之物，苟为我之所有，当其安全则思巩固之。其或不然，则必保持之。而所以巩固而保持之者，则人人对于此物而各负其责成者也。"① 将国家与帝王分离而与国民联系，恢复民众的主人翁地位，这是传统爱国观发生质变的关键，由此使爱国日益成为多数人自觉活动的精神源泉，奠定了与专制卖国政府相离异相反对的群众性爱国运动赖以形成的思想基础。

近代国民思想的发明宣传，首功并不在学生，学生的作用在于，通过他们在实际运动中的言传身教，把这一思想传导给了广大民众，使其主体性不仅是客观存在，而且实现了主观上的普遍觉醒，群众性爱国运动因而由可能变为现实。这样，中国"所恃以振兴而补救"的学生，成为"负向导国民之责任，而社会视为准的者也"。而学生对民众的启迪发动，则是爱国大业成败兴衰的关键。学生们意识到所负责任的重大，充满自豪而又有几分忐忑地说："其人为一时所推崇所期望，则其荷此责成也，益艰且大，而不得以寻常人比例而自诿者也。"他们特别注意对下层群众的宣传发动，采取各种通俗易懂、为民众所喜闻乐见的形式，除演说、传单、标语、报刊外，还"拟刊送图画，编就俚语，发贴通衢，或饬瞽者歌唱（俗名唱新闻），或嘱讲书之人演

---

① 《北京学界同志敬告全国学生文（论抵制美禁华工续约办法）》，载《大公报》，1905 年 7 月 11、12 日。

说（俗名讲武书），俾中国妇孺亦知此耻"①。当广大民众成为传播对象时，便产生了变革文体文字的巨大社会冲动。不仅小说、鼓词、戏曲、唱本、歌谣等民间通俗文学形式大量流行，还出现了不少白话报刊，或在原有刊物上开辟白话专栏，用浅白文字报道新闻，展开评论。这是中国民众第一次受到大规模的新型爱国主义普及教育，突破忠君爱国的臣民立场和狭隘封闭的乡土观念，接受近代国民民族意识，由此促成了中国第一次全国规模的群众性民主爱国运动。它既非戊戌维新的上层路线和绅权迂回战略，亦非义和团的原始热忱、盲目排外，即使余波未平的拒俄运动，规模及民众参与程度也难以与之匹敌。

诚然，学生们把自己摆在蒙师的位置，以民众"向导"、社会"准的"自命，但在民主革命时代，启蒙者与被启蒙者之间确实存在教学师生关系，启蒙深浅与革命成败息息相关。革命党人郑贯公在民众群情激昂之际，不无欣慰地说，"倡议抵制，始于京师之译学馆，非教育时代，何有文明之学界，非文明之学界，何有义愤之举动？夫以美虐华工，非始于今日，而抵制偏待于今日，足见教育时代之益矣"，并满怀信心地预言："教育普及，则将由教育时代而进为改革时代。"他建议广泛举办"冯夏威学堂"，以为培养"国家主人翁，国民好资格"的"制造所"。②

1909 年，日本强修安（东）奉（天）铁路，社会上哄传其欲瓜分中国，各地学界闻警而动。直隶、湖北、江西、福建、江宁等地学生"群起反对，不上日本教员之讲堂"③，并散发传单，号召抵制日货。天津学生发布告同胞书和公启，呼吁各界"虽一纸一墨，一丝一粟，一器一械之微，皆不得购之于彼。自二人始，至亿万人止，同心金断，集腋裘成"，主张学界禁用日器，工商界禁贩日货，旅客不乘日轮④，

---

① 《山钟集·毓才学堂全体学生》。

② 贯公：《劝各处建设冯夏威学堂议》，载《有所谓报》，1905 年 11 月 3 日、7 日。

③ 《即此可以抵制瓜分乎？》，载《大公报》，1909 年 11 月 28 日。

④ 《为日本对安奉铁路事泣告同胞公启》，载《中国萃报》，1909 年 9 月 16 日。

并要求谘议局和商务总会排斥日货，之后又成立北洋抵制日货联合会。绅商应邀聆听学生演讲后，当场表示参加抵制。在学生的督促下，"各州县商人来津贩货者，多因日货不能畅销，不与购办"①。日本卷烟公司的云龙烟由原来月销 140～150 箱暴跌一半，"日商大为寒心，已联络同类减价出售，仍无人过问"②。横滨正金银行危机四起，"持票赴该银行取洋者络绎不绝"③。甚至日本人在南市戏园开演电影，也遭到学生的联合抵拒。同时，学生们还乘机提倡各界筹集资本，"广设工厂、公司，以图实行抵制而期永久"④，把抵制外货与发展民族工业有机地结合起来，以真正掌握经济主权。风潮使日本政府感到震动，其驻华各领事纷纷向清朝中央和地方政府施加压力。后者遂以"免碍邦交"⑤、"或启暴动之端"⑥ 为口实，严加镇压。1910 年，山东学生还曾组织团体，鼓动拒用德货。由于商界和一般民众的消沉，上述斗争未能在全国形成声势。然而，普遍反应的呆滞更衬托出学生的敏感和激进，显示其爱国救亡的先锋桥梁作用。这些活动引起人们对后起诸强咄咄逼人的攻势的高度警觉，并反映出一个普遍定律：世界化程度越深的群体，民族意识也往往越强，他们对外来侵略反应的敏感强烈和要求民族独立振兴的迫切，为其他群体所望尘莫及。

二、"文明抵制"的功过是非

在抵制外货风潮中，学生坚持了"文明抵制"方针。

"文明抵制"的口号信条，曾作为知识分子软弱动摇天性的表现受到较多论者的批评。而抵制美货风潮是其滥觞。当时学生对此信奉有加，宣传尤力，视之为成败的关键。京师大学堂学生提出的两条"向

---

① 《中国萃报》，1909 年 10 月 4 日。
② 《中国萃报》，1909 年 10 月 1 日。
③ 《中国萃报》，1909 年 10 月 2 日。
④ 《中国萃报》，1909 年 9 月 16 日。
⑤ 《民吁日报》，1909 年 10 月 4 日。
⑥ 《禁止抵制日货》，载《大公报》，1909 年 12 月 17 日。

导之法"，其中之一就是"宜将抵制之手段示以和平办法，勿失之激烈致牵动全局也"①。"文明抵制"的具体内容，就学生论述所及，不外有三：其一，旨在禁用美货，"所有美国商人及美国教士，仍当以礼相待。其余各国之人于此事无干，万不可节外生枝"②；其二，坚持和平办法，"万不可有卷胳膊露腿粗脖子红脸的情形"，避免过激言行导致"野蛮暴动"③；其三，"不涉国际，无碍政府，不涉宗教，弗生责言"。由此可见，"文明抵制"主要有三层含义。第一，斗争目标限定为反对美国政府的苛约与歧视虐待华工，与其他各国无关，也不涉及一般中美人士的交流往来和宗教文化活动，以证明"彼自损名誉，我则力求文明"④。既向国际社会展示崭新的民族形象，又避免引起列强干涉，扩大事端。第二，活动范围限于民间，尽力防止清政府借口插手干预，造成官民摩擦，使矛盾复杂化。第三，行动方式限于和平抵制。欲达禁用目的，必须激发民气，但下层社会民气蒸腾，容易导致暴烈行为，因此要开通民智，防止民众自发的"野蛮暴动"。这是学生们为保障运动顺利进行，达到主要目的而实行的总体策略方针。

一定的社会观念与行为，由一定的社会环境和社会心理所造成。"文明抵制"作为具有战略意义的策略口号被提出并刻意强调，有其深刻的社会历史原因。5 年前，正义与蒙昧交织成一场反抗中夹带着排外倾向的义和团运动。在戊戌政变后守旧势力极尽倒行逆施之能事的社会氛围影响作用下，统治集团中的顽固派乘机利用，使之在抵御外侮的同时，排斥变革进化的洋新事物。这场传统社会对外来冲击的最后一次强烈反应，以巨大的牺牲打击了列强的瓜分野心，但并未减轻亡国灭种危机的压力。这引起知识阶层广泛而深刻的反思。学生们卧薪尝胆般熟读的一部世界近世史表明，非洲的部族、印度的村社、美洲的土著，尽管英勇无比，骁勇善战，最终却难逃厄运。不开启新的方向，中华民族何以高出一筹？新的社会运动，应当展示新的精神风

---

① 《大公报》，1905 年 7 月 11 日、12 日。
② 《保定学界刊布传单》，载《大公报》，1905 年 8 月 11 日。
③ 《敬告今天会议抵制美约的诸君》，载《大公报》，1905 年 6 月 18 日。
④ 苏绍柄编辑：《山钟集·北京五城中学堂学生》，125 页。

貌，树立新的民族形象，以争取国际舆论的同情与支持。近代任何从事变革的新兴势力，都不能不正视这一现实。抹杀民众自发反抗的正义性固然错误，而不加分析地认为自发斗争优越于知识阶层和绅商领导的民主爱国运动，以直观行为的暴烈程度作为评判革命性的依据，混淆坚定性与蒙昧野性、近代政治意识与软弱性的概念界限，势必导致对自发性的盲目歌颂。近代民族解放运动的方向由新兴势力引导和体现，自发反抗的激烈不能构成对"文明抵制"之进步意义的否定或贬低。

列强对拳民们口念咒语拼死冲杀的牺牲精神所感到的震惊，既有对勇敢无畏的叹服，也有对蒙昧野性的愕然。而"文明抵制"这种看似温和的崭新姿态，更使他们震慑畏惧。可以说，从这时起，列强才真正意识到中国非但不可征服，而且正在崛起复兴。《字林西报》指出："任何注意当前反美骚乱过程的人都不能不对整个运动的典型的美国方式留下印象：举行公共集会，发表演说，散发传单，选举代表出席大会。"学生们在学校集会讨论时事，"这个方法无意之中鼓励他们采用民主政治的方法"[①]。美国报界也对运动的"有条不紊"和"团体之固"感到"殊出意料之外"[②]。1899 年 7 月还认为无可避免的瓜分越快越好，并且"欢欣地盼望着即将来临的崩溃"[③] 的《泰晤士报》驻北京记者莫理循，至此完全改变了态度，他说："目前在中国，民族精神正在兴起，其激昂的程度同 1860 年以后若干年里在日本出现的一样。""中国的抵制运动就是个例子，中国绝对有权力那样做，她以合乎潮流的精神和体面的做法，指挥了这次以牙还牙的运动。"[④] 殖民者往往以文明传播者和捍卫者的姿态镇压被压迫民族的反侵略斗争，美

---

① 《国内时事述评》，载《字林西报》，1905 年 8 月 8 日。

② 丁又：《一九〇五年广东反美运动》，载《近代史资料》1958 年第 5 期。

③ 《致约·奥·珀·濮兰德》(1899 年 7 月 14 日)，见 [澳] 骆惠敏编：《清末民初政情内幕——〈泰晤士报〉驻北京记者、袁世凯政治顾问乔厄·莫·理循书信集》上卷，151 页。

④ 《致里·辛·盖德润函》(1905 年 12 月 29 日)，见 [澳] 骆惠敏编：《清末民初政情内幕——〈泰晤士报〉驻北京记者、袁世凯政治顾问乔·厄·莫理循书信集》上卷，434 页。莫理循这时正短期回到伦敦，他甚至批评英国国内对这些变化"一无所知"。

国政府更擅长此技，它千方百计地企图把风潮描绘成仇教排外的暴乱，诱使其他列强出面干预，使双边冲突扩大为国际争端。而个别列强的确也心怀叵测地从旁窥视，一有风吹草动就叫嚷着恢复炮舰外交。由于中国人民坚持文明，严阵以待，这些阴谋均未得逞。反美风潮的"文明抵制"，作为近代全民性爱国运动由旧式自发向新型自觉过渡转变的重要环节，显示了新方向的历史性跃进，从而开辟了前所未有的光明前景。

"文明抵制"作为特定策略规范，又受策略对象的制约。新兴社会势力试图领导民众避开清政府的阻挠干预，直接与外强抗争，因而在斗争方式上必须有所节制。清政府从一开始就无时不刻地在寻找镇压口实，他们显然预感到，作为统治者而被排斥于对外交涉之外，势必导致权威失落和社会失控，因而想方设法防止风潮激化危及其统治。如果没有"文明抵制"的自我约束，必然会迫使仍然掌握着权力杠杆的清政府采取极端措施。就实际效果看，这一策略对于分解压力，排除干扰，保障运动顺利持久地展开，产生了积极作用。开始持压制态度的两江总督周馥后来承认："其感应之速，团体之固，为向来华民所未有。沪地为华民缩毂之冲，学界风潮尤为激烈。第其陈义既属正大，举动亦极文明，若长官措理稍一失宜，则罢市散学之事均所不免。"因此他"始终皆以和平处之"，"不敢稍有激烈"。① 统治者的无可奈何与心存顾忌，说明文明形式促进了抵制战略的实现，并将抵御外侮与革新进化有机地统一起来。

"文明抵制"还取决于斗争目标和规模、成分的变化。抵制美货的直接目的在于废除修改特定的不平等条约，并非一般性地反对殖民侵略，因而单从这场斗争的形式，很难全面衡量主导者对待列强的态度是否坚决。在此之前，新兴势力曾掀起拒俄抗法运动，那时他们并没有突出强调"文明"规范，而且直接诉诸武力。时隔两年，虽然人们的激烈情绪在立宪的微风吹拂下有所降温，但学生在两次爱国运动中态度骤变的根本原因，还在于运动本身的诸多差异。拒俄运动是反抗

---

① 工约档，光绪三十一年九月十九日（1905 年 10 月 17 日）。

外强公开的武装侵占，而且主要是绅商学界自身的发动，对下层民众宣传不够，待城乡劳动群众表现出加入倾向时，运动已近尾声。因此，无须特别强调"文明"，以抑制其自发盲动性。而抵制美货时，学生们深知必须动员全社会特别是下层民众的力量，才能有所收效，因而一开始就全力发动民众。广泛的群众性，使得如何防止重蹈义和团排外仇教的覆辙，成为至关重要的问题。

同时，要以合法姿态争取废除修订不平等条约，就不能无视通行的国际法则。刚刚跨入新世纪门槛的学生对帝国主义的本性做过深刻分析，他们并非不了解强权即公理的现实。但是，一方面他们缺乏实力，另一方面，庚子事变的浓重阴影压抑着年轻的心灵，深切的自责自咎使他们急于以与义和团运动截然不同的文明姿态现身于世界。为了显示民族的文明进步，他们甚至不惜把强盗当作平等对手，忍辱负重地甘愿背负十字架。这种殉道精神在幼稚中见坚毅，迂阔中显果敢。况且，"文明抵制"创造了一定的客观条件，进步势力得以把民众中蕴藏的巨大力量激发出来，通过限制本能排外情绪和原始野性，将其纳入新的轨道，避免盲目低效耗费或被统治者愚弄利用。从这个意义上说，"文明"非但没有压抑民气，相反，为之开辟了更为广阔的发展天地。对此，一向对国内合法和平斗争持批评态度的革命党人也加以肯定。《中国日报》一篇《论最近中国民气之发达》的文章说，"处于廿世纪公日之时代"，民气不足则"无以图存"。由于"专制之淫威所缚束"，中南民气长期不振。其"勃勃发生"之开端，则为拒约运动。"当此（拒约）会之初，其影响殆及于环球各国，莫不摇首咋舌，惊为中国向所未有。其声浪之飞扬，气概之雄壮，不可谓非极一时之盛也。自此会发起后，外人乃知清政府虽属无能，而我之民气尚可用，于是鲸吞蚕食之念，未免不略为少阻。而中国人愤愤不平之气，亦由是而稍获伸张焉。自有此会而后，凡争矿争路之种种运动，乃不旋踵而纷起矣。然则直谓拒约会为最近中国民气发达初级之状态，固无不可也。即谓拒约之时期为中国人睡梦初觉之时期，殆亦无不可也。"①

---

① 《论最近中国民气之发达》，载《中国日报》，1907年12月4日。

　　义和团运动与抵制美货运动同为民气高扬，但新旧趋向迥异。学生必须依靠民众，才能得到坚实基础和有力后盾，而民众的自发反抗向新型爱国救亡运动转化，学生无疑负有启发引导使命。时间跨入民主革命时代，不等于一切自发斗争同时直接具有确定的革命性质。只有在近代民族民主思想激发和主导下的民气上升，才是中华民族独立解放的福音。

　　"文明抵制"遵守新的规范，本身就是一种力量显示和对旧秩序的冲击破坏。民众排开政府直接进行外交斗争，乃是对专制统治的无声反抗和无形否定。清王朝不愿民间势力坐大，但万众一心的浩大声势、"文明秩序"中显露的坚毅气质，以及罢市散学的冲天民气，使之不敢轻易冒天下之大不韪，犯险出手镇压。"合法造反"是时代的特殊产物，成为国内学生和绅商进行公开斗争的一大法宝。义和团运动形式虽然激烈，但强中显弱，缺乏近代意识的农民在用刀枪尽情发泄对侵略者的满腔义愤的同时，却被紫禁城中的老妪利用拨弄。相形之下，"文明抵制"貌似温和，但柔中带刚，温而不驯，对列强及其走狗，都表现出了坚毅倔强的独立性。政府的对外职能被民众直接取代，其存在价值也就无可挽回地丧失了。因此，清王朝对于学生在文明旗帜下唤醒引导民众的举动视若大敌。1909 年抵制日货风潮中，保定师范学生编制《世界亡国惨状图说》，"以唤醒乡氓，使知亡国之惨，奋义勇之气，同筹补救之方"[1]，学部竟然"闻之大为震怒"，下令该省提学使"严行追究"[2]。正是包括学生在内的新兴力量在一系列爱国运动中对下层民众广泛持久深入的启蒙发动，形成前者对后者的影响引导关系，使得清政府对社会的控制干预力日趋减弱，导致统治基础的严重动摇。

　　由此可见，"文明抵制"作为带有战略意义的策略口号，其社会效应具有多重性，在当时条件下，积极意义占据主导。"文明抵制"的根本弱点，不在于对外示弱，而是缺少对抗清政府的有效手段。一旦统治者态度强硬，和平斗争的合法性便难以维持，激进学生或忍痛以

---

① 《编辑〈世界亡国惨状图说〉征捐启》，载《大公报》，1909 年 12 月 23 日。

② 《中国万岁》，载《大公报》，1910 年 1 月 1 日。

"人力已尽"暂时退却，或者诉诸更为激烈的斗争形式。

"文明抵制"策略的局限性，并非学生政治性格的直接体现。换言之，学生的政治性格不仅表现在一次运动之中，甚至一种类型的斗争也不能完整地展示其性格内涵。"文明"与否，本来就具有相对性，并非软弱的代名词。主张"文明抵制"的学生，曾一次次要求武装抗敌，一批批投身暴力革命。在学堂风潮中，学生也时时冲破和平限制，显示出激烈的抗争情绪。和平抵制是文明，武装抗敌是文明，秩序革命还是文明。而且对于和平抵制的具体形式，也是见仁见智，并无统一界定。有人把退学排斥于"文明"之外，学生却以此为堂堂正正的文明之举。总体上开明进步势力都以"文明"作为区别于旧式自发斗争的界标，而其中的不同集团依政治倾向的激进程度，又各有其认定的文明界限。因此，"文明"策略虽然对斗争的形式手段有所限制，但更重要的却是在战略上规定其方向与性质。

下层民众自发斗争的暴烈和学生态度的激化，表面上看都是对合法和平方式的"文明抵制"的否定，而且后者的行为也带有一定的自发盲动倾向，但二者的发展趋向与性质截然不同。学生不是否定文明，排斥进步，回到蒙昧与野性状态，而是向着更高阶段的文明迈进。革命党人早就宣称：抵约"断不能倚赖于非我族类之满清政府"，"如有禁我抵制，窒我生机，使我同胞抱无涯之戚，乃我□敌也。其不仁甚于美国禁例也，我同胞当先以对待禁例之心力以对待之可也"。[①] 因参加拒约会活动而被捕的潘信明从狱中致函同志："格林斯威有言：殉国难而死，为自由而死，为独立而死，死而不朽，万世犹赖之。至今读之，犹懔懔有生气。今拒约之举，即国难也，中国之自由独立，以拒约之效果为基础，其事似微，而实中国脱奴隶羁勒之先声也。"[②] 与之同时被捕的夏重民，出狱后便加入了同盟会。他们并没有以"文明"作茧自缚。对于合法和平斗争，"文明抵制"并无束缚作用。而一旦改变斗争形式，策略基础即不复存在，策略也要相应变动。所以，运动

①　贯公：《勖抵制美约者之务求收效及诛袁世凯之压抑民心》，载《有所谓报》，1905 年 7 月 5 日。

②　《有所谓报》，1905 年 10 月 14 日。

的终结并不意味着参加者结束斗争。在收回利权运动中，学生们就没有过分强调"文明"方式的重要性和迫切性。因为这是中国人民收回本土的固有权利，与抵制美货所涉及的主要在异国实行的国际条约争端不同。而且，经过抵制美货的锻炼，民众得到动员训练，进步力量也增强了控制把握局势的能力与自信。学生既是旧文明旧秩序的冲击破坏者，又是新文明新秩序的倡导维护者。其态度的差别，与其说显示了矛盾性格的不同侧面，不如说是近代民主爱国者的根本素质在不同场合的异样表现。

三、收回利权运动中的自我突破

抵制美货虽未达到预期目的，但近代国民意识的注入使民族重现生机，恢复活力，民众的爱国热情和民族精神大为振奋，大规模民众救亡运动似涨潮之水，层层涌进。学生更加意气风发，在收回粤汉、川汉、苏杭甬、津镇铁路和反对修筑滇越铁路，收回福公司、铜官山、江北厅、云南七府矿权，以及收回西江捕权、反对帝国主义窥测蚕食沿海的斗争中，都扮演了重要角色。其作用主要表现在三个方面。

（一）倡导与发动

与绅商相比，学生并非利权的直接受益者。但他们具有强烈的独立主权意识，对列强侵略的步步深入最为敏感。他们对路矿得失的倾心关注和竭力维护，便出自用国家民族观念和世界政治眼光来分析列强新的侵略手法的深刻认识。有人一针见血地指出：列强"昔之谋人国也争于海，今之谋人国也争于陆；昔之灭人国也以兵力，今之灭人国也以利权；昔之灭人国也夺其土地，今之灭人国也攫其铁路。铁路存则国存，铁路亡则国亡，铁路者，固国家存亡之一大关键也"①。正是由于他们察觉到在垄断资本时代交通资源的得失与民族存亡的密切关系，行动才异常活跃激进。社会上哄传报警的是学生，闻讯而动、呼吁救亡的还是学生。1906 年年底，广东学界为争广九铁路，集会于

---

① 　山东旅京学界同人公启：《为津镇铁路敬告山东父老文》，载《大公报》，1905 年 10 月 30 日。

西关文园，决议"大集学界、报界、商界、医界、善界等会议于广府学宫明伦堂"①。次年轰动全国的西江捕权和惠州领海权之争，也由学界发端。1908 年，安徽学生风闻清廷欲以浦信路和铜官山矿权交换苏杭甬路权，师范学生立即公举代表 30 人，不顾校方压制，相约停课，集议争回办法，又邀集高等学堂、中学等校举行联合会议。河南学界也通电抗争。云南 1907 年、1910 年和 1911 年发生的三次保矿拒路风潮，均由学生率先集会。各省旅居京、沪的学生借地利之便、人杰之灵，反应敏捷，往往成为原籍地方救亡运动的风源。1907 年，湖南旅京学生见报载湘省矿产有借洋款开采之议，立即联合大学堂、译学馆、湘学堂等校集议，发电力争。江浙、山东旅京学生对本省铁路风潮的兴起也起了推动作用。

学生对民族危机的敏感警惕，与统治集团的麻木不仁适成鲜明对照。有时当学生察觉到列强的行动带有侵略意图，要求抵制时，官府竟指为"误会"，下令弹压保护。② 因此，各地学生把清王朝插手地方视为利权丧失的先机。1908 年，陕西学生听说邮传部欲将延长石油收归部办，立即致函教育会，要求召开特别会议，吁请改归商办，"使利权不至外溢，而全秦一片干净土，亦庶几可保无恙"③。显然，在他们的心目中，护民守土的政府早已成了祸国殃民的大盗。而瞻前顾后的绅商与学生相比，也略显几分呆滞。江浙铁路风潮中，"苏路公司之始，本发起于学界中人"，"商界中人，独居少数"。"学校生徒，奔走呼号，椎心泣血，争输巨股……而富商巨贾尚未闻有同声响应者。"④

乌纱、功名、财产、无知，成为麻痹神经的迷药，束缚手足的绳索，而学生则全无羁绊。江苏拒款会最早由铁路学堂发起，开会时全体学生担任干事招待之责，学生朱文鹏任主席，继而举行特别大会劝股，学生再次义务承担会务。"铁路学生周亮才并登坛演说，激切沉

---

① 《学界力争广九铁路踊跃》，载《盛京时报》，1907 年 1 月 10 日。
② 《竖旗乃因测量海道》，载《中国日报》，1907 年 11 月 22 日。
③ 《陕西保护矿权记事》，载《夏声》第 8 号，1908 年 9 月 25 日。
④ 《敬告江苏商界同心御侮书》，载《江浙铁路风潮》第 2 期。

痛，令人油然生爱国爱土地之心。"① 南京社会各界"初无有倡一议发一电，稍与各埠人士表同情者。有之，则自两江师范学堂学生始。该校诸生日前曾遍发传单，邀约省垣学界中人，同莅城北鸡鸣山寺开拒款大会"②。其中张怡然、张鹤龄两位同学甚至自请退学，以便专心从事组织活动。开始因人地生疏，进展滞缓，但他们毫不气馁，坚持发动，屡次集会，并通电京沪，终于打开了局面。浙江学界拒款会成立后，专函呼吁商会发起商界拒款会。广东潮汕铁路学堂学生首先揭露中日第一条商办铁路实际上已被日方控制，敦促各界起而力争。湖北各界成立铁路协会时，铁路、方言、普通、理化、两湖师范、海军、商业、法政、博物等校学生争相登台，19 位演讲人中，学生就占 9人。当然，开明士绅和商人中的一些活跃分子，特别是与报界关系密切的那部分人，同样起到了先驱作用。但就整体而言，学界的反应与行动要比其他各界更为积极。

学生的倡导作用不仅表现于口头纸面，更见诸实际行动。特别在筹款时，他们尽其所能，带头认股。江浙铁路风潮中，上海复旦公学、浦东中学、中国公学、理科专修学校 4 校学生共认 29600 元，另外高等实业学堂学生认 1000 余股。杭州 36 校师生共认 1273 整股，2330零股，合洋 230220 元，金华中学和嘉兴府学堂各认了 10000 元和3000 元。江宁的两江师范认 20000 元，铁路学堂集 730 余股。1907 年汴路集股，保阳北关师范一校认 20 余万元，其中一位年方 13 岁的学生独认万元。山西晋矿筹款，"学界同人尤属奋勉，按名认股，多则五十金，少则十五金不等，不数月间已成巨款"③。湖北的两湖师范、方言、法政、警察、农业、商业、陆军、特别海军等校"皆提倡捐召路股"，"各初等学生亦出筹集股"。中初等商业学堂上课时，"众学生陈明请不授功课，讲明铁路拒债筹款、代表回国之理由"，并集 2000 余股。④ 陆军特小也捐款万余元。

---

① 《苏州拒款会开特别会详情》，载《盛京时报》，1907 年 12 月 4 日。
② 《宁提学使解散学生拒款会》，载《江浙铁路风潮》第 2 期。
③ 《上寓京官士商工开办晋矿宜先合力集股书》，载《爱国报》第 41 期。
④ 《东方杂志》第 6 卷第 12 期。

认股之后，学生们积极筹措股金。由于没有正式收入，所认款项虽不大，仍是困难重重。但他们总是想方设法，努力兑现。有人呼吁："同学节糕饼果饵之资及一切无谓之费，共谋公益。"① 男学生"典衣质物，竭尽绵力"②，甚至将"聘妇之资认为路股"③。女学生则"有脱簪珥以买股者，有愿曲质所有以买股者"④。有的小学生认为自己尚在分利时代，而且家庭"贫窭者多，故既无生产，又少蓄积"，求父兄留出饼饵之资，只可算作劝股。"我学生入股之法，亦惟有减我一时口腹之供，以保我万世子孙之业而已矣。"学生们公议每餐减去一道荤菜，以期集腋成裘，"一日虽仅数角，十日即数元，百日即数十元；一校虽仅数十元，十校即数百元，百校即数千元。统计我江浙两省之大中小男女各学堂不下千数，是亦可得数万元之谱"。⑤ 湖南经正学堂学生以减膳入股法筹集粤汉路款，坚持一年之久。湘路集股会深为感动，希望提倡推广，"倘各学堂踵之而行，以学生六千人计算，全年可入三千股，共一万五千元，五年约得十五万元之谱。积微成巨，于路事不无裨益"⑥。

现身说法之下，再辅以各种形式的劝股，效果更佳。学生们一面向族戚邻友"驰函广劝"⑦，一面立会集股。有的聚集同侪，如汉口启秀女校学生不仅"各认巨股，不遗余力"，还"遍发传单，邀集女界同胞"开会演说："'路事之攸关，全鄂之存亡系焉。凡我女界皆属一份子，各宜节省服饰，酌买路股，以尽一份之义务。'闻者莫不泣下。"⑧有的邀请家长，如苏州初等第十五学堂"特开父兄恳亲会，演说路权

---

① 《金山朱泾镇明经学堂募集股份缘起》，载《江浙铁路风潮》第 1 期，1907 年 12 月 19 日。

② 《苏省铁路学堂拒款意见书》，载《江浙铁路风潮》第 2 期。

③ 《倪烈士之行述》，载《大公报》，1908 年 1 月 18 日。

④ 《苏州女界保路会纪事》，载《中国日报》，1907 年 11 月 28 日。

⑤ 《苏州元和县高等小学劝各校减膳入股启》，载《江浙铁路风潮》第 1 期，1907 年 12 月 19 日。

⑥ 《公启》，载《湘路新志》第 5 期，1910 年 4 月 29 日。

⑦ 《嘉兴师范学校学生募集路股》，载《江浙铁路风潮》第 1 期，1907 年 12 月 19 日。

⑧ 《鄂省女学界热心路事》，载《大公报》，1910 年 2 月 14 日。

丧失，利害切身。各学生及该父兄有顿足咨嗟，泪涔涔下者，于是相继认股"①。有的广求各界，如武汉华德学校学生邀集各界人士设立铁路义务捐会，遍发章程。② 请进来之外，还要走出去。学生们深入城镇乡村，广泛劝募。1907 年陕西争西潼铁路，各校学生利用假期回里之机，演说路权要旨。河南河内高小学生担任汴路劝股，计划分途进行，每路正副各 4 人。"学生皆慷慨争先，全堂遂为一空。"③ 信阳师范学生"亦到处演说，提倡集股"④。

对下层民众宣传时，学生们十分注意将国家民族利益与其实际生活联系起来，在直观现实的基础上启发民众的国民意识，收到了良好效果。山西收回福公司的斗争中，学生们利用集会、报刊和私人信函广泛宣传，"声称官方把人民的田地给了旁人，从而剥夺了他们的生计。除非收回让给旁人的租让权，在人民面前的只有死亡，别无生路"。尽管学生们不希望使用暴力，而是赎买，但他们的宣传"已经使得而且越来越使得人民听得进他们的话。其结果是福公司（辛迪加）不仅要同它可以应付得了的地方上的反对者斗争，而且还要同全省的意志做斗争"。学生的敏感一旦变成民众的意志，就成为中华民族坚不可摧的巨大屏障。一位正在山西从事考察的英国科学家，在认识这一点后指出，中国人"正在探索为自由而战斗的道路"。英国不能够将一个伤害民族感情的协定"强加到一个自由的民族头上"。如果福公司一意孤行，势必激起暴动和长期反抗。即使取得租让权，也将毫无用处。⑤

学生广泛而巨大的号召鼓动力，使运动领导者刮目相看。江浙铁路风潮中，马相伯提出："此时宜由各学堂发起，担任认股……等而上

---

① 《江浙铁路风潮》第 1 期，1907 年 12 月 19 日。

② 《趣报》，1909 年 12 月 8 日。

③ 《河内高等小学争认路股》，载《中国日报》，1908 年 1 月 7 日。

④ 《教员具有政府之资格》，载《竞业旬报》第 32 期，1908 年 7 月 11 日。

⑤ 《阿·苏柯仁致克拉克函》（1906 年 11 月 6 日），见［澳］骆惠敏编：《清末民初政情内幕——〈泰晤士报〉驻北京记者、袁世凯政治顾问乔·厄·莫理循书信集》上卷，477～478 页。

之，由学生而教员而职员，推而广之，由学界而商界而农界而工界。"① 1910 年，江西赣路公司股东欲招路股筹还借款时也认为："增加现有，广劝未来，要皆仰赖我爱国爱乡之学界诸君登高一呼，为各界倡。"② 禹之谟说得更为明确：湖南"商界无人才、无魄力，只可居被动之地位，无原动之资格；湘路之能否专归商办，必得学界为之援助"③。由于学生在发起救亡活动中的突出表现，列强驻华外交官一闻见报警风声或传单告贴，便指为学界煽动。

（二）团结一致，联合行动

学生们认识到路矿利权是国家主权的重要体现，利权失则国破家亡，因此，一地告急，便群起救难。云南三次保卫路矿风潮，学界都一致行动，并两度发动全城罢课。江浙铁路风潮时，杭州 41 所学堂代表联合集会，呼吁全省学界"向清政府竭力拒争"④。常州各校停课一天，1200 余学生召开保路大会，"宁死不认借款"⑤。宁波则 17 校学生共千余人集会。1906 年广东学界力争广九铁路，23 所学堂学生集会通电。次年反对英人测海、葡人侵界、日本谋夺西江捕权，66 所学堂1920 名学生联合上书。1905 年年底，山西学生千余人集会抵制福公司专办山西矿务，两年后高潮再起，大学、武备、师范、商矿、警务、农林等校学生共 1034 人联名具禀力争。天津学生反对日本强修安奉路，2000 余人结团相抗。西安学生争西潼路权，高等、师范、陆小、法政、府立中学学生联合集会，因会场窄小，只能推选百余名代表赴会。此外，陕西争延长石油，河南、安徽争浦信路，江宁争苏杭甬路，江西争赣路等，省垣和府州县学界上下呼应，互为声援，形成波澜壮阔的斗争浪潮。甚至女学生也有大型联合行动。广东争西江捕权时，

① 《敬告苏浙人士劝入路股书》，载《江浙铁路风潮》第 1 期，1907 年 12月 19 日。

② 《江西铁路公司续开股东会纪事》，载《东方杂志》第 7 年第 1 期，1910年 3 月 6 日。

③ 陈新宪、禹问樵、禹靖寰等编：《禹之谟史料》，34 页，长沙，湖南人民出版社，1981。

④ 《杭州之拒款会议》，载《中国日报》，1907 年 11 月 13 日。

⑤ 《常州学生停课拒款》，载《中国日报》，1907 年 11 月 13 日。

由壹德女校发起，坤智、颂贤、育坤、夏葛、真光、通志等女学堂学生数百人集会。各地出省读书的子弟，也每每联合声援家乡父老的斗争。旅居京沪的江浙、湖南、山东、直隶等地学生，曾分别集数百人联名上书通电，响应故里。这时期各地学界斗争的声势规模，已超过拒俄抗法和抵制美货运动。以前各大都市的学界集会，人数不过数百。而现在不仅沿海沿江发达区域省垣学生的集会动逾千人，云南、山西、陕西等内陆偏远省份和常州、宁波等中等城市也出现千人以上的大型学生集会。学界越来越成为影响地方和全国局势的重要力量。

爱国必自爱乡始，学生为乡里一分子，地方利权尽失，"若袖手旁观，学生天职安在？国民义务安在"①？这虽然是民族意识的初级表现，带有几分褊狭，却把个人荣辱与民族安危切实地紧密联结到了一起。地缘性作为爱国观念的具体化，是宏观民族概念涵盖的微观形态和传播近代国民意识的有效负载。而且，学生们并未画地为牢，将地方与国家对立甚至超越其上。收回与捍卫利权，既是"身家性命之关键"，又为"种族存灭之枢机"。② 因此，一地利权危急，他方学生立即起而声援。1907 年，甘肃文高等学堂学生见上海报载日本人强索东北警权，以"此系国家存亡之所关"③，联名电请力争。江浙铁路风潮中，两省旅京学生 600 余人上书力争，大学堂中其他各省学生"以此借款影响及于全国，不独关系东南两省利害，直为国家大局存亡所关"，深恐苏浙学生人少势单，难以收效，"联合各省团体续请代奏，为其后援"，每省公举代表 4 人开会集议，上演 1800 人联名上书的宏大场面，使清廷大为震动。④ 江西旅沪学生也致电本省教育会称："东南诸省，存亡攸关，河南、广东均飞电政府力争。凡我江西绅商学界

---

① 《嘉兴师范学校学生募集路股》，载《江浙铁路风潮》第 1 期，1907 年 12 月 19 日。

② 李恩涵：《晚清的收回矿权运动》，247 页，台北，"中央研究院"近代史研究所，1978。

③ 赵元贞、水梓、淡凤仪：《清末甘肃文高等学堂的片断回忆》，见中国人民政治协商会议甘肃省委员会文史资料研究委员会编：《甘肃文史资料选辑》第 4 辑，101 页。

④ 《苏浙学生会议情形》，载《江浙铁路风潮》第 2 期。

亦宜共表同情，结大团体，以相抵制。"① 保定师范学生还因集议江浙路事与当局冲突而罢学。甚至八旗驻防学堂学生也积极响应，"按月认股"②。

共同的信念与责任感促成群体的联合斗争，使学界团结进一步巩固发展。不少省份建立了规模可观、基础雄厚的学生统一爱国团体，著名的如北京浙路保存会、天津北洋抵制日货联合会、广州国权挽救会、浙省学校联合拒款会、江宁集股会、陕西路政研究所、山西全省学会等。尤其是京、直、浙、粤、陕等地的学生组织，阵容整齐雄壮。浙省学校联合拒款会由 41 所学堂共同发起，"为全省学界拒款总机关"，并呼吁各地组织支会，"举代表莅省"。③ 宁波、温州、嘉兴等地学生立即响应，成立分会。广州国权挽救会代表着 66 所学堂的学生。北京浙路保存会由浙学堂发起，遍邀各校组成。天津北洋抵制日货联合会参加者达 2000 余人。陕西路政研究所为学生专设机关，"凡关心路政者，均可随时到会研究"④。府州县和各级学堂的爱国团体更如雨后春笋，有的还颇具规模，如河南卫辉学界拒款会，"连结九邑，誓以死争"⑤。在社会各界联合团体中，学生也是重要成员，如北京国民拒款会中，"各学堂学生占多数"⑥。

各级各类组织上下衔接，形成系统，使学生既有统一指挥中枢，又有贯彻运行的基层机构，保障了学界深入持久地开展救亡运动。江浙铁路风潮时，东吴大学堂"先由陶君旬夏宣言江浙路事及苏城拒款会之举于众学生，众学生公选陶君等六人为全体代表往赴会。既归，即开会招股，演说激烈，有痛哭流涕、捶胸踢足者。是日承认股数过百五十"。激情之下的响应，虽热度甚高，却难以持久，很快便因缺少

---

① 《江西旅沪学生蒋敬襄致本省教育会电》，载《江浙铁路风潮》第 1 期，1907 年 12 月 19 日。

② 《杭州八旗驻防按月认股》，载《江浙铁路风潮》第 2 期。

③ 《浙省学校联合拒款会致各府县学堂电》，载《江浙铁路风潮》第 2 期。

④ 《陕西学生热心路事近闻》，载《盛京时报》，1907 年 7 月 18 日。

⑤ 《滑邑士民之公敌》，载《河南》第 2 期，1908 年 2 月 1 日。

⑥ 《江浙铁路代表许九香演说纪略》，载《爱国报》第 396 期，1907 年 12 月 28 日。

团体中坚，骨干又因事他去而一度消沉。后"学生中有热血志士陈霆锐，合二三君子更创拒款之会，奋力集股，二三日中，得四五百股"；"乃公选陈霆锐、陈海澄二君为干事员，孙孟刚为书记员，而事遂以集"。① 尽管这些组织尚不完备稳固，但毕竟增强了学生的团结，有助于坚持活动。

（三）日益鲜明的激进倾向

学生群体在历次收回利权运动的全过程中，始终显示出一股不可遏制的激进倾向。虽然受到环境和自我的约束，他们仍无时无刻不寻找突破迸发的缺口。当然，这种趋向不限于学生，而以学生最为突出；学界并非人人激进，但总体趋向最为明显。

学生的激进倾向，首先表现在意志坚定和情绪激愤。河南高等学堂学生争浦信路时，慷慨陈词："豫人即凉血遍地，决不让外人尺寸。"② 江浙学生在风潮中纷纷表示："他日学成，断不甘受外人驱策"③；"我人生死所系"，"让死不让寸分"④。他们不仅心怀以死相争的信念，而且付诸行动。1910年云南学界保矿会大会上，陆小学生刺臂血书，激励会众后该校学生200人赴谘议局要求公禀至院，议长不允，学生赵尔昌挥刀断指，以示决心。浙江女子师范学生"认为强权世界，非武力不能争存"，要求练习兵式体操。⑤ 一些学生为争利权忧愤而卒，更使同学血涌气疾。河南修武学堂一位年仅15岁的王姓学生在5000人抵制福公司大会上演说，未讲数语而晕厥。次日各校学生纷纷告假赴会，监督堂长以扣分相难，"而该生等毫不顾惜"⑥。浙江铁路学堂学生邬刚闻借款警耗，连日不食，捶胸夜泣，喷血以殉。其绝命书写道："外邦逼我贷款，吾知国贼志在冒利，必且无可转圜，款成而路去，浙江片土已为国贼断送，愤激无所泄，痛日加剧。""呜呼！

---

① 《路款集股》，载《学桴》第2年第2期，1908年2月。
② 《汴学界电争浦信之激昂》，载《盛京时报》，1907年12月17日。
③ 《浙路业务学校全体学生致外部电》，载《中国日报》，1907年11月1日。
④ 《留沪浙江学生致杭州拒款会电》，载《江浙铁路风潮》第1期，1907年12月19日。
⑤ 《江浙铁路风潮》第1期，1907年12月19日。
⑥ 《河南抵制福公司事件》，载《民呼日报》，1909年6月3日。

吾身即死，吾心不死，吾愿吾浙人勉其后。"① 字字泣血，催人泪下。安徽 16 岁的学生倪启骥得知清廷欲将浦信路作为江浙路抵押，"忽拍案大怒，面惨淡无人色"。"既又大言曰：'皖南北之路矿权失，吾皖人之身家性命及财产皆灭亡于无形不觉之中。吾皖人也，誓不与卖国贼共戴天。'"当晚即发狂热，昏迷中呓语"皆浦信铜官事也"。临终前他犹切切叮嘱同学说，"吾行且入地，然浦信铜官路矿之权千不可失，万不可失，种种不可失，子其努力，则吾死且不朽矣"，并留言家人："愿节衣衾棺椁之费认为路股。"② 这种至死仍不忘忧国的境界情怀，既燃烧着对强盗的满腔怒火，饱含对破碎山河的忧愤惋惜，也充满对汉奸国贼的切齿痛恨和对卖国政府的彻底绝望。他们的壮烈殉国对民众产生了强烈刺激，引起了十分广泛的社会反响。各地民众纷纷举行悼念活动，以表达爱憎。

学生们昂扬的爱国激情，虽不免带有血气青年的狂热和传统士人的忧患意识，但更主要是对专制卖国政府的仇恨火花迸溅与国民权利义务观念光芒闪烁撞击而成的弧光。郑州中学堂学生在《废除福公司矿约启》中指出："溯自海通以来，若干种条约，大都政府倾向外交一方面，而轻视国民一方面，故着着失败。""我今日乃始披露我主人翁之面目，发表我主人翁之言词，恢复我主人翁之权利。""福公司能运动我交涉局，运动我外务部，而不能运动我豫人坚忍不拔之志。"③ 浙江旅沪学生干脆公开宣称："此次路事，政府殆不啻与国民宣战也！"④ 他们视清王朝为救亡图存的障碍、出卖主权的罪魁，而以争回利权作为民众恢复国家主人地位的契机。在这种思想的指导下，学生们明里暗中鼓动突破原有文明界定，促使斗争进一步深入发展。苏州铁路学堂学生发起的拒款会，自成立之日起就明确宣布："不拘泥'文明'二字，其罔上营私之钱奸，必须人人各尽义务，尽力处治。"一位上海代表演讲时说："尝观各国立宪，均由国民流血要求而成。今次拒款若

① 《邹刚之绝命书》，载《中国日报》，1907 年 11 月 14 日。

② 《倪烈士之行述》，载《大公报》，1908 年 1 月 18 日。

③ 《声讨民贼之檄文》，载《民呼日报》，1909 年 6 月 1 日。

④ 《浙江旅沪学会大会纪事》，载《盛京时报》，1908 年 3 月 6 日。

成，则立宪亦有可望，否则将为印度、高丽之续。"① 救亡图存与政治革新在主观上已经沟通。该校学生在拒款意见书中大声疾呼："同人等敢为天下倡曰：与其死于脂膏吸尽之秋，何如死于血气刚强之日，对外人对政府，知有拒款而已，其他非所知也。"②

"对政府"问题既经提上日程，就须预为筹措。杭州法政学堂拒款大会上，一位教员在学生群情激愤的感染下，意味深长地指出，"愤激之言，在旧日尚能耸动政府，而于今日观之，已等为老生常谈。彼专制手段，持之甚坚，断非一纸空言所能救济。惟际此倒悬之势，急不暇择，万不得已而出此下乘之策"③，把和平合法斗争视为解救燃眉之急的权宜之计。长元吴公立高等小学学生分析道，抵制有"决裂""和平"二法，决裂必趋争端。"我国右文已久，枪炮不良，无以为力。"万不得已，只好暂取"和平之抵制"，筹集股款。④ 而且连权宜之计也别有深意。江苏学生说是"以集股塞两侍郎之口"⑤。浙江学生更加直言不讳，声称："若是铜钱足了，试问外务部还有什么话说。就使再有闲话，就好用强硬手段对付他了。"⑥ 可见，在学生看来，和平方式绝非向清政府示弱恭顺，而不啻为隐含杀机的最后通牒。他们的确有所准备，浙江、江西等省学生曾计划实行暗杀，浙江学界还成立了铁血会。

一般而论，收回利权在斗争形式上还是比较温和的，东京革命党人对此颇为不满，批评道："上禀—打电—举代表，上列三大要件，皆我国现今学界商界所屡屡试行者也。""不为独立救国计，其终也卒无所得，第博得'亡国'二字。纵诸君自以为热心，然亦不过生为啼血

① 《苏州拒款会开会情形》，载《江浙铁路风潮》第 1 期，1907 年 12 月 19 日。

② 《苏省铁路学堂拒款意见书》，载《江浙铁路风潮》第 2 期。

③ 《记杭州法政学堂开拒款会事》，载《江浙铁路风潮》第 1 期，1907 年 12 月 19 日。

④ 《江浙铁路风潮》第 1 期，1907 年 12 月 19 日。

⑤ 《苏州高等师范游学预备科东吴法政中学公立中学陆军巡警铁路等学校合致拒款会函》，载《江浙铁路风潮》第 1 期，1907 年 12 月 19 日。

⑥ 《敬告同胞》，载《江浙铁路风潮》第 1 期，1907 年 12 月 19 日。

之杜鹃，死为塞海之冤禽而已矣。其如神州陆沉之梦已人魔化何耶？① 浙江留日学生断言："不有地，何有路？非使浙江独立不可。"② 由于环境所迫，国内学生虽有打破僵局的欲望，却无此实力和条件，难以公开提出更加激进的口号，采取更为激烈的手段。即便如此，他们的态度行动也显得比绅商坚定，后者至少取得了纸面的合法权利，而学生的活动始终处于非法状态。其罢课退学、联盟纠众、立会演说、干预国政、参与党会等，均在清政府明令严禁之列。而且随着斗争的扩大激化，限制与压抑还不断加码。完全被剥夺了合法权利的学生，即使采用同一斗争形式，也比绅商风险更大，压力更重，牺牲更多。

然而，这些并未使学生犹豫顾忌，他们力所能及地与清政府进行针锋相对的斗争。其爱国观与统治者截然相反，清王朝以学生永不干政为"敦品爱国"，学生则说："此次变出意外，存亡之机间不容发，若路亡而国亡，为亡国民，虽有学将安所施？固不得以寻常得失比附。"③ 有人尖锐地提出："争路权即为爱朝廷。"④ 为此，许多学生因参与爱国活动而遭到当局惩治。河南信阳师范学生为浦信路演说集股，被教务长以违背校章罪名斥退多人。京师一所高等学堂曾下令，凡出名会衔奏请挽回浙路者，一律取具同乡妥保，"出以永不再干预政务切结，方准留堂，否则即行饬革"⑤。

因为早有心理准备，面对高压，学生们奋起反抗。云南学生两度大规模罢课，直隶、河南、山西、江苏、浙江、安徽、江西等地，也爆发了罢课退学风潮，以抗议当局压制。南京学生抵制提学使不准开会的禁令，坚持成立救亡团体。绍兴中学监督"戏言汤（寿潜）书生，无总理材，此次革职，浙路之福"。学生们闻之大哗，当面质问道：

---

① 重瞳：《国民对内对外之唯一武器》，载《河南》第 2 期，1908 年 2 月 1 日。

② 《记留日苏浙学生集议拒款事》，载《江浙铁路风潮》第 2 期。

③ 《致嘉郡师范府中两校函》，载《江浙铁路风潮》第 1 期，1907 年 12 月 19 日。

④ 《浙江旅沪同乡会纪事》，载《江浙铁路风潮》第 2 期。

⑤ 《学堂之所谓爱国》，载《大公报》，1908 年 1 月 4 日。

"汝亦欲入军机耶？抑欲得邮部侍郎耶？"① 清廷的高官显爵在学生心目中已成为罪恶的化身和汉奸国贼的代名词。河南滑邑学生公函声讨相互勾结、压制爱国的县令与高等小学总董教习，不仅表达了"路存国存，路亡国亡"的民族意识，而且呼喊出"路权所在，即民权所在"的民主心声，宣布顽固官绅在文明国无容足地，将其判入"牛马套""奴隶圈"。②

学生的激进情绪影响和推动了运动的领导层，其中一些激进之士根据形势变化，公开表态：拒款"不可专恃和平，迁延贻误"③；"疏通法不尽可恃，须预备最后之手段"④。不赞成革命的人面对学生也言不由衷。马湘伯在以学生为主体的江苏铁路协会大会上演说时指出："以今日之政府敢推翻以前之朝旨，是政府首先实行革命也。"⑤ 浙路公司总理汤寿潜在京师大学堂学生面前，也做出坚定姿态，一面赞扬学生"仗义陈辞，前驱后盾"，"如诸君者皆负笈都下，居学生之列，下有私论，其上必有责言。而诸君子乃举足步某先生后，一仆百起，唯恐言之不尽，行之不力，此非义愤发于中，诚而谁能之"，一面表示："守护尺土，唯力是证，万一竟败，必以死殉，此所以报也。"⑥即使如此，学生仍不满意，有人于"风潮澎湃中，责言日至，尚疑潜过事和平"⑦，使其左右为难，只好表面顺应大势，暗中向官府剖明不得已的"苦心"。

抵制美货是国民与外强相争，收回利权则不仅争之于外，更需与出卖主权的清政府斗争，并在收复利权的同时，完成从官办国有到商办民营的转化。因此，人们必须考虑以何种态度手段对付官府朝廷。有人提出，"今日之立宪预备时代，非昔日之专制手段可得而从事。昔

---

① 《浙路事变之纪闻》，载《大公报》，1910 年 9 月 13 日。
② 《滑邑士民之公敌》，载《河南》第 2 期，1908 年 2 月 1 日。
③ 《纪国民拒款会开会详情》，载《江浙铁路风潮》第 1 期，1907 年 12 月 19 日。
④ 《甬郡教育会开第二次拒款大会》，载《江浙铁路风潮》第 2 期。
⑤ 《江苏铁路协会开会纪事》，载《江浙铁路风潮》第 2 期。
⑥ 《汤总理致大学堂函》，载《盛京时报》，1907 年 12 月 17 日。
⑦ 《汤总理复浙藩电》，载《江浙铁路风潮》第 1 期，1907 年 12 月 19 日。

日政府人民之关系，家属之关系；今日人民政府之关系，法律之关系"，要求"仿欧洲立宪国'不出代议士不纳租税'之例，而曰：不依吾民之公论，不纳各项之租税"。① 有人表示："外部既欲妨害人民权利，则吾辈之抵抗本在文明法律之中，今日之事，无所谓和平、激烈也。""使外部而能保我土地者，人民孰不愿和平？使外部而必弃我土地者，人民又谁不激烈？"② 江浙铁路风潮中，苏人自愧不如浙人"慷慨激烈"，批评上海"热心志士平日奋袂攘衿，怒目切齿，慷慨谈论。及此间不容发之际，亦不闻立一会出一言以抵敌此压制之政府，则吾为吾上海人耻"，并反躬自省，"实有侥幸依赖之心焉"。他们说，"夫言非必出于激烈之为当也，特人方引绳以束缚我，执刀以刲割我，而我惟戛戛慎其词以与之疏解，是无异虎狼屯于殿陛而犹谈因果也"，呼吁人们"广集议会，联合团体，用强硬手段以对待部众，用坚毅手段以抵抗政府"。"而触政府之怒，充其压制之技量，不过杀吾身已耳。杀吾身死也，为奴隶牛马亦死也；死于英人之手死也，死于政府之手亦死也，死一也。与其死之迟，毋宁死之速，与其求死不得而卒不能免，毋宁杀身成仁而速即于死。"③ 打电、上书、举代表之外，罢课罢市、抗税抗捐也已提上议程。在绍兴、杭州等地还正式形成了决议。

　　和平运动的激烈化，使清政府进退失据。地方督抚唯恐激成暴动，引发革命，不敢死力镇压。顽固官绅也心存顾忌。曾在湖南主持剿杀学界革命势力的陆元鼎在晋见时说："若过事摧抑，诚恐激成意外，内乱与外侮交乘。""轻重相权，内乱之来，较外侮尤迫。"④ 运动领导者则担心行动过激引起暴动，使民心趋向革命，不敢轻易将罢市抗捐付诸实现，真正实行的主要是学界罢课。有人出于预防革命的考虑，重弹文明争拒的老调，鼓吹民气"有文明野蛮之分"⑤。这种曾由学生大

---

① 高朔：《宣布拒款最后之方法》，载《江浙铁路风潮》第 2 期。
② 《敬告苏州拒款会》，载《江浙铁路风潮》第 2 期。
③ 《为苏杭甬铁路借款事上江苏同乡书》，载《江浙铁路风潮》第 1 期，1907 年 12 月 19 日。
④ 《陆元鼎召对详志》，载《中国日报》，1907 年 12 月 12 日。
⑤ 《忠告争拒借款诸君》，载《大公报》，1907 年 12 月 1 日。

力倡导的策略口号，在时过境迁、对象主体均已变化的情况下重现，效果截然相反。当学生突破既有文明限定，逐渐把矛头对准专制政府时，坚持原来的文明界定就成为桎梏。对于上层以文明争拒、防止革命的意向，学生很少苟同附和。他们从来不以文明与革命相对立。而绅商的主观动机无论是为了恫吓清政府抑或是真的害怕革命，客观上都不免带来消极影响。革命党人虽不赞成国内公开斗争拘泥于合法和平形式，予以尖锐批评，但也看到了其中的激进倾向与革命殊途同归的发展趋势。《中国日报》指出："当局者既对外不能不筹所以重言诺而固邦交，而对内又不能专恃威权而强事压抑，此问题纵令当局者颇难解决也。"[1] 民气发达强盛，已由蛰伏于专制统治之下或避甘锋芒，发展为公开对抗统治权威。这种由自觉群体引导，不是恢复自发状态的突破，意味着爱国救亡运动正朝着民主革命的方向顺利发展。

四、保路风云学生潮

学生在收回利权运动中显示了突破合法和平形式的文明界定的意向，并有限度地付诸实施，但未能推动整个斗争越界发展。社会矛盾激化的总趋势和学生冲击力的进一步积聚增长，终于促使保路运动的风云变幻跨越了既有的文明界限，不仅诉诸罢课罢市和抗捐抗税（一般学生心中的"文明"），而且实行武力反清与共和革命（革命分子认定的"文明"）。

保路运动向革命转化，革命党人固然施加了各种影响，而学生的自我突破则是加强这一趋向的内在动力。他们既非高高在上的立宪派所能左右，又不同于一般下层民众的单纯义愤冲动，对上把激烈升腾的民气集中起来，形成冲击温和领导层的强劲气流，对下把崭新的近代意识灌输进去，抑制民众的自发盲动倾向。他们不仅促使运动激化，而且保证它朝着民主革命的正轨转化，避免回到自发斗争的隘路上去。他们自身力量有限，离开群众便无力推动上层，影响运动的基本方向；

---

① 《中国日报》，1907 年 12 月 4 日。

同时又缺少有足够威望和实力的领袖，离开上层领导，则不能得到一定的合法性保护，形成号令四方、指挥民众的中枢。同样，民众和领导层少了这一中介环节，联系便会断裂，无法相互沟通补充，上层的软弱和下层的盲动都将恶性膨胀。这种在连环式政治组合中的特殊地位，使得并不强大的学生能够充分发挥其能量，成为推动甚至左右运动发展趋势的重要群体。

铁路国有政策一经公布，保路风潮立即在湖南掀起。5 月 14 日，长沙召开全路大会，有人提出以罢市停耕、罢学停工、抗粮抗税为最后办法，得到热烈赞同。而湘路公司总理余肇康所谓"须出以和平，措词勿过激烈，免碍大局"的论调，则引起普遍不满。学生的积极参与，一开始便使当局震惊。湘抚闻讯，命学司下令各校严加约束。① 这时黄花岗起义余音尚存，统治者杯弓蛇影，对学界控制尤为严密，局势十分险恶。但学生们冲破重重限制，率先履行大会决议。他们先期刻印传单，暗中散发串联。6 月 7 日，长沙官办、公立、私立学堂一律停课。② 6 月 10 日，长沙府中学堂学生假座城隍庙大开会议，各堂学生到者三四百人。提学使急调巡防队前往弹压，并开枪威吓。赤手空拳的学生毫不畏惧，群起鼓噪，与荷枪实弹的士兵大起冲突，聚众至数千人。湘抚派人分赴各学堂勒令复课，虽"有一二上课者，多数学生即摇铃喝令停止。各监督无可如何，只得以'休息'二字报告到院"。巡抚杨文鼎大为震怒，扬言："各学堂如敢抗违明谕，停课要挟，无论官立民立，即予全堂解散，以示惩儆。"③ 但学生们根本不予理会。6 月 11 日，大批学生列队前往谘议局请愿，与议员约定三事：第一，议员应一律辞职；第二，严劾盛宣怀甘心卖国；第三，责问王

① 《详纪湘人争路之大会议》，载《大公报》，1911 年 5 月 29 日。
② 关于长沙学生罢课的时间及过程，各种记载有所不同。《民立报》1911 年 6 月 19 日《湘人争路之风潮》称从 6 月 10 日（五月十四日）开始；《盛京时报》6 月 20 日《湖南罢学大风潮》记为 6 月 7 日（五月十一日）开始；《大公报》6 月 24 日《湘省争路风潮之片闻》称，到 6 月 8 日已有数十校停课。至于具体过程，《民立报》和《盛京时报》均谓因事先有传单联络，故一致停课；《大公报》则称系相率停课，优级师范与公立法政两校到 6 月 9 日始停课。
③ 《湘人争路之风潮》，载《民立报》，1911 年 6 月 19 日。

世琪为何以少数人意见抹杀多数。议员均表同意。后来议员们果然相率辞职，以抗议清廷压制保路。为了动员各界响应，学生们在官府严禁各机器印刷局代印传单的情况下，冒着生命危险，秘密手刻油印，赶制出大批传单，广为散发，号召全城罢市，以争干路。商界为传单和学生罢课行动所激励，决定自 6 月 11 日起一律罢市，先开半板，三日内若无复电到湘，即全行罢市。

　　鉴于学生的坚决斗争促使运动不断扩大激化，统治者愈加感到局势严重，仅照常规办法，将难以控制局面，势必引起更大危机，因而采取非常手段，"以路事风潮及革命党人多出于军学两界，而尤以预防暗通消息为第一要义"①，下令阻断各校联系，各堂搜查及委派专人收受学生往来函电，以簿记注明寄发函电人的姓名住址；公共缄电传单须送堂长监督拆阅，不准径交学生；提学司随时派员赴各学堂督查簿记，倘有违犯，从严惩办；派出大批巡防队、警察队和临时增募的侦探队，沿街串巷，武装巡逻；禁止集会，取缔印刷店；信行邮局检查军学界往来函电，刊登广告须经巡警道派人核阅；出示悬赏举发缉拿私刻传单的学生；派遣密探暗中查访，凡有煽动风潮者，按名访拿，"尽法惩治"，12 名高等学堂学生因此遭到逮捕。② 长沙城实际上进入全面紧急戒严状态。在极其险恶的形势下，学生经过几个回合的反复较量，终因上层退却、各界消沉，以及反动势力过于强大，被迫且战且退。到 7 月上旬，长沙四区学堂已复课者 34 所，停课者仍有 27 所之多。

　　放弃省城，并不意味着结束斗争。许多学生以退为进，把斗争引向府厅州县，与当地学生汇合。长沙罢课风潮兴起，宁乡县学生积极响应，遍发传单，倡议开会，声讨出卖路权的罪魁王世琪，并提议掘其祖坟。其他地方闻风而起，"均以各学堂学生为最激烈"。他们与省垣归来的学生聚合后，气势更盛，"均以停课罢市或抗不纳租等词耸动全体，传单四出，谣信蜂起，一与省城无异"。地方官吏手足无措，飞电告急，要求调兵弹压的报告如雪片般飞来。杨文鼎自顾不暇，鞭长

　　①　《湘声最近之风声鹤唳》，载《大公报》，1911 年 7 月 15 日。
　　②　《闲评》（二），载《大公报》，1911 年 7 月 21 日。

莫及，"大为焦灼"，只好派学司人员驰往各属，聊以应付。① 统治者
认为此时"大可虑者"有三，一是银根吃紧，二是罢市罢工抗税，而
最要紧的，"为各学堂学生现已放假，纷纷各回原籍，沿途演说，秘密
开会，提倡反对，地方官防不胜防。连日以来，各属风潮相继而起者，
已指不胜屈"。② 这一阶段运动虽只发展到罢课罢市，抗粮抗捐决而未
行，但火种已经布下。9 月中旬，在四川保路风潮荡激下，长沙学生
再度全城罢课，刊发传单，号召罢市和抗粮抗捐。一些学生早就怀有
"绝对否认铁路借款、铁路国有，而欲以暴力临之"③ 的决心，乘势转
向反清革命，暗中准备起义。云南学界也曾罢课一天，抗议铁路国有。

四川保路运动最为完整地显示出学生推动合法和平斗争不断激化，
最后进入革命轨道的历程。

风潮乍起，学生就是保路同志会中的活跃力量。成立大会盛况空
前，"人多，看来各色各样的人都有，学生和做手艺的年青人，好像更
要多些"④。高等、铁道、体育及各中小学堂分别组织了保路同志协
会，并组成四川学界保路同志会作为总机关。小学生黄学典、黄斌等
人还发起童子保路同志会，血书签名，誓以死争，时人赞为"感天地
泣鬼神之学生"⑤。年仅 9 岁的女学生也有志"聚会同学，商议积资助
公"⑥。各府县在蓉学生则主动返回原籍，组织保路同志分会。学生们
积极进行宣传鼓动，成都法政学堂、第二小学、叙属中学 600 余名学
生在同盟会会员的指挥下，深入大街小巷，开展宣传。到保路同志会
讲演部工作的全是学生，有的分途运动省垣各界，有的奔赴府厅州县

---

① 《湘中路事之风潮》，载《民立报》，1911 年 6 月 25 日。《湘路风潮续
志》，载《民立报》，1911 年 7 月 15 日。

② 《湘省风潮种种》，载《民立报》，1911 年 7 月 10 日。

③ 宓汝成编：《中国近代铁路史资料（1863—1911）》第 3 册，1260 页，北
京，中华书局，1963。

④ 李劼人：《大波》，见《李劼人选集》第 2 卷上册，33 页，成都，四川人
民出版社，1980。

⑤ 《四川保路同志会报告》第 12 号，见隗瀛涛、赵清主编：《四川辛亥革命
史料》（上），243～244 页，成都，四川人民出版社，1981。

⑥ 《九龄稚女之爱国热》，载《四川保路同志会报告》第 19 号。

策动响应。尽管同志会《讲演要旨》明确规定，"不得以激诡之论耸人暴动"，"不必涉及其他问题"，"不可以此罢市罢课"①，但学生们显然并未循规蹈矩。官府因"讲演员四出过纵，固属不可阻遏，亦恐生变"，很快感到某种潜在危险，于是"苦心斟酌，通函各州县有司"，对其活动大加限制刁难，规定：须有同志会图纪委托证书；每州县限1人；限在各法团向有会议地方，不得随地讲演；不得下乡；讲演时须有地方官在场监察，如有激动乱机、破坏秩序之意见言论，可随时截止。② 这从反面印证了学生实际上正在冲破自我约束和官方容许的限度。

运动的发展日益深入，学生的激进情绪也日趋强烈，社会影响愈加明显。起初，同志会领导层反对采取任何过激手段。通省师范学生汪子宜在大会上慷慨陈词，提出"农民罢耕、工人罢业、商人罢市、学生罢课"的"四罢"主张，得到广泛而热烈的响应。③ 8月24日，当同志会首脑们还在为是否罢课罢市争论不休、犹豫不决时，成都学生已和群众一起将罢课罢市付诸实施，促使领导层承认既成事实。9月初，因风传清政府有改线之说，同志会请各界代表分头召集本界协会，研究下一步行动的进退。9月2日举行大会公决，各协会代表当众宣布大会讨论结果。学界代表首先表明议定三种办法：其一，坚持罢课，必达目的；其二，以停课名义请假回里；其三，回里后实行大会决议的抗捐抗税。此三种办法均为进取之策。而商界则以开市为念，处处考虑退路。尽管其一度表示"准则于学界"，但最终确定方针为："准则于股东总办事处着手实行办事，不生问题即开市。"④ 态度差异体现于行动之中，富顺、资阳、酉阳、合江、内江、三台等县在省学生纷纷集会，决定执行学界总会的决议，回乡发动民众，坚持斗争，

①　《四川保路同志会报告》第3号。
②　《关于讲演之要闻》，载《四川保路同志会报告》第9号。
③　四川大学校史编写组编：《四川大学史稿》，29页，成都，四川大学出版社，1985。
④　《保路同志协会纪事》，载《西顾报》第40号，1911年9月5日。

"务期众志成城，全川如一"①。在同志会任职的学生一直以激进派姿态出现，在与赵尔丰面对面交锋时，学生阎一士、罗一士被有意安排为激烈代表，以打击赵尔丰的气焰。法政学堂学生则在会场公开散发《川人自保商榷书》，促使矛盾进一步激化。

保路运动发展至此，已触及清朝统治的基本国策和根本利益，和平手段不能彻底解决矛盾，于是，统治者诉诸武力，而民众也不得不武装抗暴。斗争在和平的圈子里走完由合法到非法的路程。反动派的压力，革命党的鼓动，都是促成转化的重要原因。而学生从内部推动，更有助于上层领导改变态度。有人谈其感受道："每当演说时，愤激不顾前后，则听众欢迎。若果瞻前顾后，研究办法，则众极不满。愈演愈烈，已成风气，不易挽回矣。"② 而学生正是听众中情绪最激昂的成分。领导层改变态度是他们明智的表现，否则，运动的发展仍将不以其意志为转移，"而主持之士绅，亦太阿倒持，虽欲操纵而不可得"③。这种朝向反清革命的突破，只有在以青年学生为代表的激进民主力量的推动下才能实现。赵尔丰显然看出了这场运动与往日民变有本质的不同，他说："川人性本浮嚣，易生滋扰，会匪遍地，素好结社。自立宪之说鼓吹，人人有自由观念；自留东学生归来，多半狂悖言论。今借口路亡国亡，浸润灌输于一般人民之心理，群情疑愤，矢志决心。其中有人欲利用此时机以实行改革主义，初犹存诸理想，近乃见诸事实，影响所及，全国蒙祸。"④ 虽然只提到留日学生，但留学生一则与国内学生息息相通，二则人数有限，集中于东京尚可成气候，分散于国内则孤掌难鸣，要想有效地影响民众，就必须与国内同侪携手合作。事实也正是如此，在双方的共同努力下，天府之国里已是革命军号震天动地了。

---

① 《西顾报》第 40、41 号，1911 年 9 月 5 日、6 日。

② 彭芬：《辛亥逊清政变发源记》，见中国史学会主编：《辛亥革命》（四），334 页。

③ 《上海岑宫保寄内阁请代奏电》，见盛宣怀：《愚斋存稿》卷八十四，4 页，沈云龙主编：《近代中国史料丛刊续编》第 13 辑，台北，文海出版社，1975。

④ 戴执礼编：《四川保路运动史料》，297～298 页，北京，科学出版社，1959。

赵尔丰血腥镇压的屠刀刚一举起,学生们立即奋起反抗。学生会首先用"水电报"传讯各地,呼吁武装抗暴,同时"密议回籍办团"。① 通省师范学堂一时间离校者达 40 余人,铁路学堂学生也竭力鼓动。成都血案后,赵尔丰于 9 月 12 日下令各校强迫学生复课,但直到 9 月 16 日,多数学生仍继续散归各方,或拒不上堂。据存古、陆军等 29 所学堂调查,总共 5340 名学生中,上课者仅 1938 人,不到 2/5;其中一所拥有 500 名学生的学堂,仅 29 人上课(详见表 5-1)②:

表 5-1 四川 29 所学堂 1911 年 9 月 16 日后的复课情况 单位:人

校名	应有人数	上课人数	校名	应有人数	上课人数
存古学堂	200	82	尧光寺法政学堂	200	64
陆军测绘学堂	200	90	西玉龙法政学堂	200	63
陆军讲武堂	80	42	桂玉桥法政学堂	200	28
法界法官养成所	300	91	九曲祠法政学堂	500	29
陆军官弁学堂	80	55	上阱里法政学堂	100	29
高等巡警学堂	90	52	冬青树法政学堂	200	51
官弁巡警教练所	170	71	四圣祠法政学堂	100	25
陆军军医学堂	100	90	红布街法政学堂	90	29
英法文官学堂	100	80	官班法政学堂	200	92
两广公所法政学堂	400	93	绅班法政学堂	300	94
商业讲习所	200	87	农政学堂	200	99
工业学堂	200	85	高等学堂	200	74
藏文学堂	100	67	府中学堂(二)	200	89
成都中学堂	200	73	华阳中学堂	120	62
分设府中学堂	110	52	共计 29 所	5340	1938

这时,在保路同志会成立和成都罢课后奔赴府厅州县的两批学生,已在各地协助组织了同志会。特别是成都各属的不少学生家庭,既为地方绅富,又是舵爷袍哥,不仅势大力强,而且有开展武装反清斗争的条件,革命党乘机利用,将同志会改组成同志军。赵尔丰屠刀一举,

① 《七月十五日之成都》,载《大公报》,1911 年 9 月 18 日。
② 《新蜀碧》,载《民立报》,1911 年 10 月 29 日。

同志军立即直扑成都，形成合围之势。在一次遭遇战中，由 500 余位青年组成的学生军，凭着一股英勇无畏的牺牲精神，与清军展开白刃格斗。学生军虽然伤亡惨重，但迫使清军畏缩不前，鼓舞了同志军的士气，并留下了鲜血换来的经验教训，使同志军及时改变战术，与清军迂回周旋，终于赢得了促成革命形势总爆发的宝贵时间。

此后，奔赴各地的学生公开宣传反清革命，把保路与光复结合起来，正式与革命合流。在忠州，从成都来的学生"在街上张贴着'顺天报'，宣传革命党人的成就"①。在叙州，"学生在通街遍张揭贴，鼓动甚力。罗守以拿办为恐吓，众仍不从。于是拿获数人，发交首县监禁"。愤怒的民众拥至府署要求释放。知府慌不择路，急忙凿穿后墙逃遁藏匿。② 在重庆独立过程中，学生也发挥了重要作用。

"文明抵制"是战略指导性的策略思想，从"文明抵制"到"秩序革命"，则是战略转换意义的策略变化。总体上看，学生们从未将自己置于革命党的对立面，不存在一个从抵制革命到转向或投机革命的变化过程。其"文明"在战略方向上并不排斥革命。双方的并行互补关系表现为：一方面，在和平形式的斗争中，学生始终带有激进倾向，一旦时机成熟，自然走向革命；另一方面，"文明抵制"以近代新理性约束自发盲动倾向，使爱国运动升华为民主革命。具体斗争形式的改变在某种意义上是依据条件变化进行的策略调整。当然，策略变化毕竟受制于战略方针。学生们与革命相并行的"文明抵制"，又和立宪派在一定程度上与革命相抵牾的"文明抵制"结合于国内和平运动之中，学生斗争的不合法性为立宪派领导的合法地位所笼罩。而且，从不排斥、同情革命到参加革命，学生也要有一个心理的变化适应过程。同为不合法，文明抵制与武装反清毕竟程度大不相同。因此这一转换包括两方面突破，即冲破立宪派的限制和自我心理障碍，把游移的策略界定所提供的可能性变成实际行动。从爱国运动到辛亥革命，学生们正好经历了这一复杂的变化过程。

---

① 《忠州教会（英）高文明致启尔本信》（1911 年 9 月 28 日），见四川省档案馆编：《四川保路运动档案选编》，298 页，成都，四川人民出版社，1981。

② 《叙州亦失守矣》，载《大公报》，1911 年 10 月 5 日。

第六章　学生与清末社会民主化进程

1910 年年底到 1911 年年初的国会请愿高潮中，青年学生以激进姿态出现在斗争前列，掀起中国历史上第一次公开要求政治民主化的大型学生运动。在当时政局全景的衬托下，这场斗争似为立宪运动推波助澜。对立宪派的非议本来就有偏颇，而缺乏具体分析的笼统批评，更使所有参加国会请愿的政治势力玉石俱焚，大大贬低了学生行动的历史意义。事实上，这是近代中国民主进程的强劲潜流在水面激起的一阵狂涛。只有将其置于历史发展链条的连续环节之中，才能准确估价这场运动及学生在民主化进程中的地位与作用。

一、学生与近代中国民主化进程的关系

关于近代民主理论与实践的研究，是一个比较薄弱的环节。而对一般性民主理论与历史发展，以及中国近代民主化进程的特殊性有一个全面概括的认识，乃是正确把握学生与近代民主化关系的必要前提。

由分散自然形态的农业经济走向工业化社会大生产，和由中世纪专制蒙昧主义过渡到民主政治，是近代化的两大基本构项。所谓民主化，至少包括社会体系、意识形态和人三个层面。社会体系的民主化，是指与权利义务相联系的权力来源。它不单单局限于国家政权的政体形式，更主要的是民主精神原则在各个领域延伸扩展，以及由此产生的社会变动。社会体系的民主化具体表现为五种力之间的关系：第一，社会团体内部是否以各成员为主人，并以多数取决方式处理团体事务；第二，国家对其他社团是绝对的任意统治，抑或相对限制；第三，政府权力是否来自人民，受人民控制；第四，权力组织与运作在中央地

方两个层面及其相互关系上是分权还是集权；第五，国与国之间是否摆脱强权，平等自立。这五种力相互制约。权力组织与运作的分权，只能形成政权机构间的制衡。在社会团体普遍实行权威式决策以及国家对社团拥有绝对任意统治权的情况下，权力来自人民，受人民控制，就是一句空话。为了建立和保障民主政治，必须由社会制衡机制来制约权力制衡机制。前者对于民主化更具本质意义。而民主社团的广泛存在，是以民众为主体的社会制衡机制的重要载体。社会体系的民主化与个性心理及群体文化密切相关，个性解放导致主体意识增强和群体尊重人权法制，将促进养成公民的参与意识，使公民增强责任感和权利义务观念，并习惯于遵循多数取决原则和稳健的民主领导方式。

民主化的历史进程包括以下几步。首先是物质基础的改良充实。原始民主制、中世纪城市民主制和近代民主制的发展，正是由物质生产不足到商品经济初盛再到社会化大生产逐步增长的结果。其次，范围不断扩大。社会化大生产把既有的一切人与物纳入统一体系，又不断开辟新领域，都需要推行民主原则于其中。再次，民主运动不断增强，制度体系日趋完善。物质条件的改善产生了民主化的前提与要求，但只有通过人的能动作用，才能实现并发展。最后是主体的扩大与优化。民主是个性自由的社会体现，其最高形式为：每个人的自由发展是一切人的自由发展的条件，达到个性自由与群体自由的高度统一。片面发展往往导致畸变蜕化。

民主化在地理、社会空间的广泛延伸发生于近代，但民主不仅限于近代以来的人类历史。在阶级社会中，特定民主反映体现了一定阶层和社会集团的利益意志。同时民主又具有相对独立性，特定形式中蕴含着通行的基本原则，可以继承影响。否定这种相对独立性，只能有利于专制制度苟延残喘或死灰复燃。近代民主作为民主化进程的重要一环，不仅取决于资本所有制，更重要的是决定于社会化大生产。这使近代民主化在有限阶级内容与社会普遍需求的尖锐矛盾中曲折地发展扩大。一旦资本的独立性与个性垄断被打破，民主将向全体社会成员招手呼唤。辛亥以后学生普遍由信奉民主主义转而向往社会主义，这是向着更高的民主阶段跃进，而不应被视为对民主一般原则和有效形式的排斥否定。

民主与专制相对。从奴隶制到垄断资本时代，都出现过极端独裁统治。而专制的前提是集权。在民主制下，民主与集权之间限制反限制的矛盾不仅依然存在，有时还相当激烈。民主的主要功能之一，就是有效抑制集权倾向。

世界范围的近代民主化首先从西方发端。与丰富的民主遗产相比，西方传统社会中的专制成分略显薄弱，割据纷争的政局和凌驾世俗的神权及其相互摩擦，减弱了人们对皇权无上权威的敬畏心理的积淀和专制体系向全社会渗透的势头。当神权光环幻灭、王权威势待举之际，人权便乘机而起。西欧王权的重建在一定程度上借助于人权复兴对神权的冲击，不能不顺应人权崛起否定专制的历史潮流。再者，西欧封建统治的中心在乡村，城市处于和领主对抗的地位。而王权复兴时，却将统治重心移向城市。结果第三等级很快取得相对优势，以城市暴动一举成功。

尽管如此，不少欧洲国家也无力独立完成这一变革。只是由于地利之变，受到若干先进国家的直接冲击影响，特别是拿破仑战争横扫欧洲大陆，摧毁了封建壁垒，这些国家才步履蹒跚地跨入近代门槛。而在亚洲异军突起跻身列强的日本，更经历了反复较量的漫长历程，且借重于外力，才使民主制度相对稳定。

东西方社会文化有着巨大差异。除上古传说中的原始遗风外，中国几乎没有民主传统可言，甚至原来民主的概念也意指"民之主"，即黎民百姓的统治者。所谓周公共和，只是少数大臣临危受命。从孟子君民社稷说到魏徵舟水之辨的民本思想，虽然反映出对独裁专制的不满情绪以及约束君权的意向，但本质上还是统治者中开明派的治民之术，而不是从民的立场来"非君"。与农民的平均平等思想一样，这种把君民关系理解为统治与被统治，不承认民众社会主体地位的观念，与近代民主思想并无共通之处。明中叶以后崛起的新兴市民阶层和思想异端，对君主专制的批判也只是表现出否定的模糊意向。在社会体系层面上，传统之于民主几乎是一片空白。

与民主小精灵相比，中国的专制妖魔却是庞然大物。在分散的农业经济和习俗的乡土文化基础上，横暴权力与教化权力共生并存，大一统的中央集权统治持续了两千余年，经过不断强化，形成一整套无处不在、无孔不入、无所不包的万能机制。另外，中国的君主专制又缺少事实上的绝对权威，没有万世一系的神圣化，也很少有真正大权独揽的独裁者。这使高度中央集权的帝制蒙上了一层柔光。社会与专制冲突的不充分，影响了民主精神的生成。人们不仅没有民主的欲望需求，而且不知何为民主，甚至视民主为反常。在专制秩序中才能保持心理平衡的奴性，以及将伪民主反民主视为民主，而指真民主为异端的倒错意识，乃是窒息近代中国民主空气的两大毒瘤。

历史有时是冷酷无情的，没有或来不及自行变革的中国，不得不在外来冲击下，以西方为楷模开始其民主化进程。借鉴吸收西方民主思想及其制度形式，无疑需要分析取舍，与国情相适应。但是，第一，中国没有现成的民主传统，以国情的现状否定国是的方向，等于否认民主的可行性；第二，西方民主不仅包含着普遍原则，还有大量行之有效的内容形式；第三，对西方民主的分析取舍和对国情的认识受主观局限，从文化融合角度看，真正的顺态结合只能出现于不断调整的实行过程中，中国社会对民主化存在双重异体排他性障碍，文化差异使政治冲突更为复杂激化；第四，民主能否实行的条件尺度并非固定不变，作为能动的主体，有消极适应与积极进取两种选择。

民主化是动摇专制基础的根本变革，清王朝可以容忍许多革新，唯独害怕民主。从夷夏之辨到体用之争，统治阶级无论态度如何分歧变化，反对民权的立场一致而且固执。张之洞作《劝学篇》，重在抨击守旧，鼓励趋新，但对民权却大张挞伐。从洋务运动到新政，是清朝企图排开民主化、推行近代化的失败尝试。即使被迫允行宪政，也是作为抵拒革命的缓冲。而官员中热衷新政、赞成立宪者一旦触及民主实质，都不免露出狐狸尾巴，要么公然反对，要么歪曲阉割。问题在于，在缺乏民主传统的国度实行民主化，国家政权杠杆的作用不容忽视。而变革的目的，又是改造其专制结构，消除社会过分依赖于此的不良机制。因此，权力来源与组织运作的民主化固然重要，民间社团的增多及其内部决策的民主化更为关键。近代学生十分强调"合群"，也许正是这种需求的反映。没有社会主体民众的民主重组，就不可能有国家政权的民主重构。

民主化不能脱离近代化的统一进程孤军冒进，也不能被动依赖于其他方面的推动。忽视民主化的能动作用，将影响近代化各构项的协调并进。统治阶级乃至不少进步人士常常以民智未开怀疑否认民主化的现实意义。然而，历史表明，人们的努力既能促进条件的成熟，又能改变对条件要求的量度。机器工业不会直接产生社会民主，开展思想启蒙，宣传民主理论，试行民主制度，就是民主化最理想的加速剂。缺乏条件的民主当然不能巩固，而不实行民主，条件永无成熟之日。中国古代农商共生的经济形态以及变相的伦理化人文精神，缓解了冲突变迁对专制制度的瓦解作用。因此，中国的民主化更不能单纯依赖于社会经济与文化环境的变动，而忽视人的主观能动性。如果以静止的现状为依据，那么中国只有专制的温床，没有民主的基础。

上述分析表明，在存在专制对民主的抵拒和传统对西化的排斥双重障碍的近代中国，要成为民主化的前导与媒介，必须同时具备反对专制和学习西方两种素质，既能产生本能民主意识，又有中西文化交融的新学根基。新兴产业者带着商人长期被压抑歧视之下形成的卑屈心理的沉重负担，经济富裕迟迟未能激发其主体意识，甚至革命时还做出跪着造反的怪象。他们不满于专制统治的压迫限制，但维护既得利益的关心远甚于对理想化民主社会的憧憬，间或闪现的民主意念只是伴随着要求改善振兴实业条件而萌发的模糊意向。为了免遭民主变革所带来的社会动荡之苦，他们宁可最大限度地与专制政府妥协。

农民和仍处于自在状态的工人，分别是中国最广大和最彻底的民主力量，是民主化的主要载体。然而，蕴藏于其中的，只是潜在的可能性。文盲或半文盲的蒙昧状态，使劳动群众的觉悟有赖于外力启迪，不能自发地产生近代民主意识。同时，源自乡土社会的农民民主热情与土地紧密联系，很可能是平等平均的原始民主意识的重新浮现。这不仅与近代自由平等观念毫无共通之处，而且有着严重的干扰破坏作用。在彼此隔绝的情况下，农民难以形成共同利益关系，没有全国性联系和组织，既是一个阶级，又尚未形成一个阶级，"他们不能代表自己，一定要别人来代表他们。他们的代表一定要同时是他们的主宰，是高高站在他们上面的权威，是不受限制的政府权力，这种权力保护他们不受其他阶级侵犯，并从上面赐给他们雨水和阳光"①。只要分散的小农经济大量存在，专制主义就难以根除。劳动群众不摆脱蒙昧分散状态，非但不能发挥民主潜能，反而成为滋生专制主义的温床。

可以成为近代民主化力源并把握方向的新兴社会群体，一是开明士绅，一是新式学堂学生。前者的宣传作用突出，个人影响巨大，但群体感较差，而且由于传统观念的束缚，对西式民主存在心理障碍。他们或者求助于古代圣贤，或者舞弄起国粹盾牌，以调节心理失衡。旧框架成为新思想的紧箍咒，本人也不免滑向旧学泥淖。这样，学生群体作为民主化媒介和酵母的主导载体，作用更显重要。他们从一开始就面向世界和未来，是唯一能够独立接受与自我萌生民主意识的新兴社会群体。其特殊地位和群体内部的平等关系，容易激发本能的自由民主要求，这种感性激情有助于防止新旧理性的简单移位；同时他们可以利用各种传播媒介，自我实现民主意识由感性到理性的升华，并向社会广泛传导。

学生本是世界化的产物，文化障碍和心理负担较轻，而且眼界开阔，对世界潮流感应敏锐。作为民的一部分，他们虽与劳动群众有些隔阂距离，但已是最接近下层的觉悟者。学生社团内部的民主制，成为社会民主化的示范，而其对政府的监督制衡，则激发了其他阶层的主体意识。此外，学生是当时最有可能打破专制横暴权力与长老教化权力之牢固结合的群体力量。他们与专制权力直接对立，反对的呼声最高，行动最急；同时又能直接广泛地冲击乡土社会的封闭凝固状态，动摇专制统治的社会基础。由新学教育而来的科学精神是蒙昧愚钝的天敌。轻视民主化的意义与贬低学生的先驱引导作用相互关联。对于学生而言，财富和土地都不能成为寄托与替代，只有实现民主化，他们才能获得生存发展的良性环境。因此，中国近代学生群体从降生之日起，就高揭民主大旗，以此为团结战斗的口号和不断奋进的目标。

---

① 《马克思恩格斯选集》第 1 卷，693 页。

学生民主追求的前驱性，主观上旨在显示前进方向与变化趋势，客观上则是对民主化缺损现象的反应。在后进国度的近代化进程中，民主化的相对滞后状态几乎成为通病，这刺激着学生更加努力奋斗。

民主的倡导传播者自身首先须具备相应素质，这不仅需要理论熏陶，更有赖于实际探索、实验与训练。在恶劣的逆境中，学生们开始了艰难曲折的自我磨炼历程。

二、学生自治

学生群体与专制社会存在天然对抗，由此产生本能的自由趋向。而感性激情升华为理性精神，则是西方民主思想传播影响的结果。清末大众传播媒介发生近代化变革，手段形式增多，结构途径更新，特别是民间化的显著趋势，直接推动了民主思潮的勃兴扩散。1905 年至1911 年，全国先后发行报刊有 600 余种之多，其中直接间接为清廷所控制的不到 1/10。传媒在信息来源与内容、编辑经营、发行与受众等方面的民间化，加速了正统思想旁落的趋势，导致意识形态失范。新思想不再以隐蔽和片断的异端姿态出现，而是公开树旗立帜，与正统思想形成对垒之势，并逐渐占据舆论主导。虽然其对小社会的影响不够深入，却有效地改变着主流文化的流向。无论这些报刊政治面目如何千差万别，大都不同程度地对民主思想有所传导，不少还以此为主要内容。外资在华报刊对民主政治也有所介绍，其主办者本想借以消除中国人的排外心理，客观上却成为启迪民智的催化剂。

书籍的编撰出版发行权同样主要操之民间，从 1901 年到 1904 年，中译西书 533 种，其中社会人文科学类 401 种[1]；从 1896 年到 1911年，中译日书（包括转译西书）958 种，其中社会人文类 786 种[2]。特别是 1905 年以后，有关法律政治的报刊书籍大量涌现，广为流传，学

---

[1]　顾燮光：《译书经眼录》，见张静庐辑注：《中国近代出版史料》（二编），100 页，北京，中华书局，1957。

[2]　谭汝谦主编：《中国译日本书综合目录》，41 页，香港，香港中文大学出版社，1980。

堂与学生首获其益。依据《奏定学堂章程》，高等学堂、中学堂、小学堂应分别设立藏书室或图书室，大学堂则应设立图书馆。不过，由于经费所限，除京师大学堂和教会学校比较重视并切实收集图书外，多数学堂有房无书或少书，甚至无房无书。加之学务初起，侧重点在教科书建设，统治者又担心学生广读博览引起思想情绪波动，一般不鼓励多看参考书和课余读物。《学务纲要》规定：高等学堂以上学生准许带书入堂，以备自习参考，但须由监督管理员查验，不悖教法者方准带入。所以，清末学堂的图书设施相当差。例如，河南1907年学务视察中发现，各府州中学"能略置图书仪器标本者，已不可多得"①。甚至像长沙明德学校这样颇有名气的民办学堂，开始也只有"捐置书籍数箱"②。

为此，一些学堂和学生采取各种应急补救之策。一是设立阅报处，以报刊代书。二是借地利之便，利用各地正在兴办改造的藏书楼、图书馆。三是有选择地分别自购书报，然后相互交换。四是由同学集资购买。江西高等学堂学生要求总办增置书报，遭到拒绝，遂捐款3000元，派人到上海操办各种新书报。这样，在扩大知识面与改善知识结构的基础上，民主传播从泛泛而论发展为对具体制度的分析比较，大大强化了学生对民主理论的认识。民主观念以半公开姿态在中国大地上游荡，并堂而皇之地进入讲堂书斋、寝室操场。以学生为重要读者的报刊书籍，其内容固然体现了发送者的主观态度，但也在一定程度上反映了受众的取向。遍布各地的演说会，也以学生为基本听众。尽管当局严禁学生与会演说听讲，可是禁而不绝。各地官府告急公文交驰纷呈，指责演说"借此美名，以耸听闻，诚恐各学堂学生受其煽动"，下令警局"示禁""查拿"。③观剧看戏之类的娱乐活动同样成为学生接受民主启迪的良机。上海学生看了新舞台演出的《国民爱国》

---

① 《光绪三十三年二月学部视学官调查河南学务报告书》，载《学部官报》第53期。

② 《光绪二十九年湖南明德学堂规则》，载《四川官报》第4册，甲辰年（1904）。

③ 《演说亦禁》，载《竞业旬报》第4期，1906年11月26日。

一剧后，致函主办者，盛赞该剧"慷慨激昂，苦口婆心，诚当头棒喝，唤起国魂不少"，感动之下，捐献手表，并报名参加商团操练。①

世风变化所及，正课所习新学知识无不透出民主气息。法政学堂的大量开设，又使西方政治学说合法进入校门。虽然清政府力图加以控制，限定民办法政学堂的规模数量，以及其他学生阅读法政书籍的程度范围，严格审定中学以下的课程教材，删除任何可能诱发民主意识的内容，但毕竟不能照搬旧学老套。任教的进步人士充分利用讲台的合法权利，将民主精神贯穿于教学之中。环境允许之地，他们公开批判专制皇权，直接宣传自由平等观念和民主制度的优越，甚至在清朝督抚大员在场的情况下，也敢于向学生宣讲《民约论》。有所限制之时，他们则借古讽今，寓理于事，进行暗示诱导。讲台上下，师生心心相通，情感交融。苏州常昭公立高等小学学生在修身考试中对三纲五常大加鞭挞，就与教员的引导密切相关。两名在学务官员看来"尚无谬论"的学生试卷各只得 10 分，"其余分数较多者，大都谓君臣夫妇二纲可以不设"。而那些"离经畔道，妄发狂言怪论"的试卷，则得到高分奖励。因此，不仅学生受到斥革记过处分，教员也分别被处以撤差、剥夺功名、追缴文凭以及交地方官看管的重罚。②

自然科学知识也会诱发学生的联想，因为科学依靠说理，不承认包括皇权在内的一切权威。针对清政府限制学生课程的做法，有人批驳道，自立军起义后，张之洞也曾主张之后学生"但许其学格致，不许学政治，革命当可免"，当即被人反唇相讥，指出："政治之源，息息关连于格致也。""既为四体百骸相同之人，即不容有独肆于上者，生而骄贵，世为治人之人，以破人类平均之公例。""果明动植物进化之例，则凡帝命奉天种种愚民之旧说，亦将不摧而自破。"③ 科学发展既是宗教神权的克星，也是专制皇权的天敌，走出蒙昧迷信的蛮荒世界，人们自然渴求自由的清新空气。中学旧学的主流使专制皇权正统

---

① 《学生观剧之感念》，载《大公报》，1911 年 5 月 7 日。

② 《总督部堂札准江督咨据提学使樊详请维持名教整饬士风文》，载《四川教育官报》第 7 期，1909 年。

③ 拾得：《粤事钩沉》，载《民立报》，1911 年 5 月 6 日。

合法化，西学新学则成为民主思潮勃兴的源泉。

学生自治的兴起，还受到梁启超大力倡导的民权观念和盛行一时的地方自治思潮的刺激影响。民权在梁启超那里是一种不彻底的有限民主观念，它没有根本否定皇权，但强调天赋人权及其须经启迪培养才能实现的必要性。地方自治在某种程度上成为民权主张的社会实践与体现，尽管在大小社会犬牙交错关系的影响下，其呈现出复杂的社会内容，并带有割据势力抬头的趋向，但本质上无疑是对集权专制的制度化否定。

立宪运动的兴起和政体形式的调整，使清朝专制统治发生松动，绅商组建社团的合法权益至少在纸面上得到承认，各种民间社团因此层出不穷。这些组织的存在与活动，提高与增强了它们所代表的各种社会群体集团的地位与作用。受此影响，学生愈发不满于自己公民权利的被剥夺，更加感到合群组织的必要。他们不仅以社会未来主人翁自命，而且要求享有现实的国民权利。北京、浙江、江苏等地出现了由学生主办、"以提倡学生自治为宗旨"① 的报纸杂志，学生自治团体也不断涌现，使学界潜在的民主趋向逐渐公开化。

早在1904年制定的《各学堂管理通则》中，清政府就明令严禁学生立会结社，或参与党会，学生自治团体从一开始便处于非法状态。因此，思想转化为行动，需要经过血与火的洗礼。学生自治团体正是在学潮的风云激荡中迸发出第一声惊啼。它们有的诞生于山雨欲来风满楼的临战前夕。上海徐汇公学、山东测绘学堂和潍县自治研究所校方动辄体罚，学生开始敢怒不敢言，继而以此"为各学堂所无，颇以为辱"，于是结团抗争，"严行自治"，表示"如再被夏楚，即一律退学"②，在一定程度上克服了散漫软弱，斗争性大为增强。有的出现于两军对垒的刀光剑影之中。北京高等实业学堂学生罢课后，每天聚集于礼堂演说，一些骨干分子为坚持斗争，发起名为"研究会"的自治团体，发布会章，设立报告员、纠察员、干事员、书记员等，广泛发

---

① 《各省报界汇志》，载《东方杂志》第 4 年第 7 期，1907 年 9 月 2 日。
② 《学堂以夏楚示威》，载《武学》第 1 期，1908 年 6 月 28 日。

动同学入会，"一堂之内，严防密探，俨成敌国"①。安庆陆小学生在
斗争处于僵持状态时实行自治，由各班推举干练同学组成临时守卫队，
"照察一切出入人等，夜间不时梭巡，以严大政"②。长春中学堂学生
在学校与地方当局双重高压下斗争陷入危境之际，乘民众声援之势，
成立自治会，"会中立有编辑、评议部，约期会议"③，决心抗争到底，
部分抑制了青年学生狂热—彷徨—失望的动摇性通病。更多的自治团
体则是斗争胜利的成果。学潮迫使当局妥协后，学生们除了提出各种
善后条件外，还普遍着重要求自治权利。湖北方言学堂，八旗师范，
安徽、陕西高等学堂退学胜利后，不仅要求撤换肇事教职员，不准介
入冲突的监学日后插手学生事务，取消对学生的处罚，而且提出"改
良教授管理法"，"与学生以自治之权"，"开除学生须下各学生议询谋
佥同"④，"以后学堂监督必由教育总会及学生公举。又堂内大小各事
（关于学生各事）必经教育总会及学生认可，方准施行，监督不得独
断"⑤。他们希望通过自治使学堂摆脱专制统治的直接控制，成为自由
小世界。

　　爱国救亡是促成学生自治的又一动因。清王朝腐败贫弱，无力御
侮，必须发动和依靠民众来救亡图存。但民众缺乏民主素质，散漫无
序，难以担此重任。因此必须用自治方式使之联合，逐步养成和完善
国民素质，形成民间政治实体。学生自治便是国民自主的先导与表率。
京师法律学堂集会成立自治团体时，学生们纷纷演说，阐述自治原因
及其与救亡的关系，指出"法律有关于收回领事裁判权之重大问题，
故不可不先注重自治之要点"⑥，视学生自治为民族独立、主权恢复的
前提起点。在抵制美货、收回利权运动中成立的学生爱国团体，已带

---

① 《学部奏议复翰林院编修陈骧条陈学务折》，载《东方杂志》第5年第1
期，1908年2月26日。

② 《陆军小学之风潮》，载《民立报》，1911年5月1日。

③ 《长春学生痛哭记》，载《民立报》，1911年7月1日。

④ 《方言学堂大风潮》，载《大公报》，1905年7月9日。

⑤ 大无畏：《陕西高等学堂之纪事及评论》，载《夏声》第6号，1908年7
月25日。

⑥ 《法律学员大开自治会》，载《盛京时报》，1906年12月25日。

有自治性质，有一些还固定为自治团体。

自由平等作为民主的个性化基本观念，绝非毫无限制的极端个人主义。学生们否认一切专制规范。在统治者看来，民主毫无秩序可言；而对于学生，则表现为一种崭新秩序。这种更新重构经历了一个从混沌到有序的发展过程，而自治正是学生民主追求的初级形式。他们反抗专制的言行中，理性精神夹杂着本能的逆反心理与散漫习气，不免盲动浮躁，招致不少非议。为此，学生们主动借助自治形式实行自我约束，以改良旧习，化本能为自觉，变混沌为有序，树立文明新形象。例如，扬州学生"以近日学生中颇有败坏名誉之事，转于学界进步有碍，特邀集官私各学堂学生创立学生自治会"①。一些地方官绅鉴于无力管束，被迫允许学生自治，以期相安无事。例如，四川叙州府学董"以近日学生不就范围，特约集府属各学堂倡立学生自治会"②。有的官吏从促进宪政出发，支持学生自治。顺天中学堂自立会成立后，府尹两度到会演讲，企图把学生自治纳入官方轨道。③ 然而，自治并不能使学生驯服于专制统治，相反，势必导致与旧秩序更激烈的冲突。

除标明"自治""自立"的团体外，校友会、联合会、同乡会、联谊会等组织在民主风气的影响下，也逐渐以自治为重要特色和基本内容，或成为辅助机构。

学生自治主要有以下几方面内容。

第一，抵制压迫，挣脱专制束缚，由权威他律转为民主自律，通过自我管理教育，提高民主素质，培养遵循民主原则和制度的心理习惯，结成新型群体关系，与当局抗衡。学生自治的矛头直指学堂当局，而根本目标则是反对清政府颁行的规则章程以及赖此维持的教育宗旨和秩序。学生暂时无力改变国家专制制度，又不甘忍受专制之苦，于是以内部民主对抗外在压力，摆脱清政府的直接控制。自治团体形式结构各异，但无不以自由平等的民主自律为基本准则。陕西宏道学堂学生多次尝试组织全堂自治会，均因个别人从中阻挠而告失败，遂采

①《东方杂志》第 2 年第 4 期，1905 年 5 月 28 日。
②《七、八月大事记要》，载《四川》第 1 号，1908 年 1 月 5 日。
③《好开通的尹宪》，载《爱国报》第 15 期，1906 年。

取"联邦制","各班立一会，而后联络，由小及大"，以期"敬业乐群，课程完备，保全人格"。① 安徽高等学堂实行"代议制"，"堂内共有五斋，每斋八房，每房六人。先由六人中举一人为代表，次由每斋八房中举一人为代表，合五斋，共举五代表人。其自治规则即由五人创订。另择数人为书记员"。② 湖南常德府中学的自治形式可称为"舍监宪政"，甲乙丙三班各由部长委派评议、检察、裁判各二员，"学生如有违犯规则者，由各员白之舍监，分别情节轻重办理。如检察员失于觉察，或评议裁判未尽允协，准各学生商同部长撤换，均受裁于本学舍监"。③ 上海义务学堂学生自治会下设四大部，"一检查部，各生自行检查，互相检查，养成记过之习惯。一遗失物代收及发还部，无论微细物贵重物妥为收拾，互相保护，养成廉洁之习惯。一劳作部，人人以整齐清洁坚忍耐劳为分所应为，养成精勤之习惯。一法律部，稽察严密，有善行公奖之，有劣迹公斥之，养成守法之习惯。会中办事人员共十五人，正副会长各一人，记录一人，议员四人，警察六人，正副干事二人"④，俨然一个体制完备的微型政权，实际上取代了校方的行政管理权限。由留日退学生发起组建的中国公学，则以自治"行共和之法"⑤，"一切组织多含有试行民主政治之意"。创办之初，实行立法、行政分权，设执行、评议两部，执行部职员由学生投票互选，有任期，对评议部负责。评议部由班长、室长组成，定期开会，有监督弹劾职员之权。胡适形象地称之为"雏形共和国"。之后官府乘借款给该校之机，委派监督，学生主体制变成董事会主体制，学生经过斗争无效，退学另组中国新公学。⑥

---

　　① 本社同人启：《宏道开除学生之颠末》，载《夏声》第 7 号，1908 年 8 月 25 日。

　　② 《安徽高等学生自治规则》，载《岭东日报》，1905 年 9 月 19 日。

　　③ 《学生新订自治规则》，载《北洋官报》第 1187 册，1906 年 11 月 12 日。

　　④ 《道德之芽》，载《大公报》，1905 年 7 月 22 日。

　　⑤ 《湖南姚烈士遗书》，载《直隶教育杂志》第 15 期，1906 年。

　　⑥ 胡适：《中国公学校史》，见《胡适选集·历史》，1～6 页，台北，文星书店，1966。

　　自治之下的学生表现出了高度责任感、严格自制力和良好公德心，他们积极维护和增进团体荣誉，纷纷表示："全体宜保全名誉"，"规则宜实力遵守"①。通过自治与专制的现实比较，学生们对民主原则的认识更加生动具体，对民主制度及其优越性的了解体验更加深刻真切，提高了组织管理的能力，从而进一步增强了民主精神和追求欲望，反专制情绪更趋激昂。上海义务学堂和广州岭南学堂学生在自治会的民主管理下，"范围身心，习练能力"，"全校学生之驯良者居十之九"②，成为学界一大特色。破坏旧秩序的顽童成了遵守新秩序的模范。否定专制与遵循民主，正是学生自治的双重功能。青年们在自治与专制环境中表现出的巨大反差，形象而有力地证明其民主追求绝非单纯导致个人放纵。指责学生对旧秩序的冲击为个性恣意膨胀，或批评其自治下的驯良是安分屈从于专制统治，都是片面的。他们反对专制，服从民主，专制下表现为躁动莽撞，民主中显示出严谨秩序。以权威他律条件下学生行为的紊乱来否定其民主精神和自治能力，刚好因果倒置。遏制学生本能冲动的唯一有效方法，就是实行民主自律。压制只能激化或积蓄矛盾，导致频率不断加快的学潮的周期性爆发。

　　第二，把自治自立与救亡图存紧密联系起来，以自治培养爱国合群的精神品质，形成抵御外侮的政治实体，确立和提高学生的社会地位。河南申阳高等官立小学堂自治会所发序言，充满激情地论述道：开 20 世纪之新幕，能与列强"踯躅于舞台上者，仅我黄帝子孙"，乌止谁屋，鹿死谁手，"均于今日决最后之战胜"。然而，"府海官山，着着失利，欧风美雨，咄咄逼人，远者讥我为睡狮，近者鄙我为散沙。祖国青年，岂无蔚起，抚近时，瞻现况，虽不及祖逖中宵之舞，犹可操鲁阳日暮之戈。彼丈夫，我丈夫，宁为鸡口，勿为牛后。于斯时组织斯会，研究自治，借以谋种族之发达，促文明之进步，当仁不让，有志竟成，非敢谓后生可畏也，夫亦曰匹夫有责耳"，呼吁海内同学

---

① 《法律学生大开自治会》，载《大公报》，1906 年 12 月 19 日。

② 《道德之芽》，载《大公报》，1909 年 7 月 22 日。《岭南学堂之特色》，载《教育杂志》第 1 年第 6 期，1905 年 7 月 12 日。

"举同舟以共济","合群力以竞存"。①

京师大学堂师范馆学生则着重强调立会合群的主旨，所谓合群，"不在形式而在精神，不在少数而在多数，不在理论而在实行，不在一日而在永久，而后合群之心，乃骎骎焉团结而不可解"。"社会由群而演成，竞争以群而剧烈，非合群不足以强国，非合群不足以保种，非合群不足以与外界之风潮相搏击，非合群不足以交换个人之智识。"他们把合群看成强国保种竞存的关键，以自治为谋种族发达、促文明进步的手段，以为国家民族的兴衰存亡系于民众合群自治，无自治则群不能合，或合而不固，并希望以学生自治为社会合群的先驱中坚，促使那些"企足翘首""视吾辙望吾旂者"接踵而起，造成万众一心的巨大合力。②

政府本是当然的民族代表。然而，丧权辱国的清王朝早已失去代表能力，学生以自治谋合群救国，反映出民众主观上否定其代表资格，取代其社会职能的意向。表面服从掩饰不住离异排斥倾向，这是爱国精神民主化的体现。

第三，以学生自治为社会民主的先导表率。京师师范、仕学两馆学生以"区区百数十人，行将支配于十八行省之政界，各肩一任，以导世而匡时"，成立联合会，预备"上以助国家组织完全之宪典，下以为吾民开发普通之知识，相得者益彰"。③ 广东东莞学生在反对豪强劣绅把持沙田局的斗争中，组织协助自治会，倡行民主选举法，刊行选举册，分派城乡，"凡邑人之合选举资格者，按名填列，缴回会所换给选举票，群情由是踊跃"④。可见，学生自治具有三重意义，对于专制统治者表现了国民主体意识，对于国家政权蕴含着参政意识，对于民众则显示了倡导示范的启蒙意识。激进人士对此表述得尤为明确。禹

① 《河南》第 6 期。

② 《京师大学堂仕学师范两馆联合会之祝词》，载《大公报》，1906 年 6 月 23 日、24 日。

③ 《京师大学堂仕学师范两馆联合会之祝词》，载《大公报》，1906 年 6 月 23 日、24 日。

④ 《东莞沙田局自治会议选举纪盛》，载《中国日报》，1907 年 3 月 26 日。

之谟从狱中致书祝贺长沙学生自治会成立，欢呼"学子已能自立矣！"，希望他们抵制"必含多分的奴性，藉奴势以伸权力、行压制"的湘学堂，"以百折不回之气概，振刷精神，整齐秩序，力求进步，毋少懈怠，毋少退让。以自治会为政党会、新国会之基础"，并鼓励学生们"再进一步，创立群治大会，为各省倡"。① 这样的学生自治，不仅是对清王朝腐败统治的否定，而且是对专制制度的根本否定，表明了学生参政主政的意愿。

学生自治团体的广泛涌现，反映出学界民主倾向普遍强化，推动了不断扩大的联合趋势。有的团体按学科组成，如京师高等巡警学堂的中国警察协会，"以研究警学，团结警界为宗旨"，吸收在堂与毕业的巡警学生入会，"拟办《中国警察学报》，以期改良全国警务"。② 北京八旗师范前后班组织"宗室觉罗八旗师范同学会"。法政、陆军、实业、专门、普通和教会学堂，均有不同形式的学生自治团体。有的据民族籍贯联合，如京师大学堂的八旗同学会，"誓凡中学以上之学生教员以及本国外国各学堂之旗生皆行入会"③。江苏泰州姜堰镇旅外学生10 余人暑假回里时，也相互联络，"公同组织一自治会，专以发达德育，实行自治为宗旨"④。有的则跨学堂学科而设，如北京仕学、师范两馆合组学界联合会，旨在互相补充促进，"诸君之入政界以政法为己任，仆等之入学界以教育为己任。政治之所不及，恃教育以补助之；教育之所不足，恃政法以提倡之"⑤。

区域性联合的自治团体也相继出现。1905 年成立了扬州学生自治会、广东全省学界公会、山西全省学会；1906 年成立了湖南全省学生自治会、芜湖皖南学会、浙江全省学会；1907 年吉林法政馆学生发起组织吉林全省学会，陕西三原宏道学堂与西安学界联合成立国民自治

---

① 陈新宪、禹问樵、禹靖寰等编：《禹之谟史料》，33 页。
② 《警察协会之成立》，载《大公报》，1907 年 12 月 4 日。
③ 《立同学会》，载《大公报》，1906 年 12 月 13 日。
④ 《创办自治会》，载《盛京时报》，1906 年 11 月 1 日。
⑤ 《京师大学堂仕学师范两馆联合会之祝词》，载《大公报》，1906 年 6 月 23 日、24 日。

会；1911 年黑龙江成立学界联合会，云南学生则以三迤总会名义展开活动。这些组织多以"联络群情，交换知识为宗旨"①。江苏、河南、四川、江西、直隶等省的学生救亡团体也起到了合群自治的作用。还有一些省份则在 1905 年以前已经产生省级学生自治团体，如福建的学生自治会。

在区域联合的基础上，出现了成立全国性学生组织的尝试，把邹容 1903 年提出的建立全国学生同盟会的构想付诸实施。1905 年，上海成立了以国内外高等学堂学生为对象的环球中国学生会，以"助中国进步""联络环球中国学生情谊""交通社会，互相扶助"为宗旨，"无论已毕业未毕业在本国在外国曾进高等学堂以上者为合格"，计划设总会于上海，"其他无论何处，凡有中国学生者可立分会"。② 由于高等学堂学生数量不多，该组织的活动与影响受到局限；况且国内就学与国外留学、在校与毕业相混合，不能完全反映国内在校学生的动向。1908 年，上海学界"以各省人士来学海上者颇有蒸蒸日上之势，惟风习不齐，学派殊别，不有机关以为之汇，何以融结国团，交换知识，爰发起二十二省学生总会，已刊布简章，签注名册，由各校分布"③。该会得到陈佩忍、于右任等人的支持，"以破除省界，融结各校团体，以为他日敷设国会之权舆"为宗旨，提倡"尚公德""惜名誉""重实践"④，准备开展办报宣传、社会调查、赞助自治、研究法政、传播西学、兴办实业、联络学界、发扬国粹、促进女学、推动教育、挽救路矿等一系列活动。但该会只是旅沪各省学生的联合体，而且虽有详细计划，此后却不见活动踪影。

到 1911 年 4 月，终于出现了全国性的"中国学界联合会"，以"联合全国学界，实践救亡责任"为宗旨，计划"首具规模于上海，依

---

① 《吉省学会之阻力》，载《盛京时报》，1907 年 12 月 24 日。
② 《环球中国学生会章程》，载《大公报》，1905 年 8 月 23 日。
③ 《各省教育汇志》，载《东方杂志》第 5 年第 6 期，1908 年 7 月 23 日。
④ 《各省留沪学生总会第一次简章》，见舒新城编：《近代中国教育史料》第 4 册，169 页。该简章原刊于《江宁学务》，署期为 1906 年，疑误。

次扩充于各行省，每省复设本会之支会数所"。① 国会请愿风潮中，天津也曾组织"在津全国学界国会请愿同志会"。南北两大学生团体的成立，反映出学生群体独立意识的增强和社会地位的提高，表达了学界联合的共同心愿，推动和加强了全国学界的团结。在此影响下，改良学塾也组成大型团体。1911 年，25 所学塾的 758 名学生"以时事多艰，凡为国民者当力图振作，共谋自强"，在上海首次召开学艺联合会②，奏响了学界同盟的副旋律。

学生们在自治活动中表现出高涨的热情。京师法律学堂学生在松筠庵讨论自治规则，赴会者近 200 人，陆军部附读生也致函赞同。大型团体活动时，学生更形踊跃，人数动逾千百。早在 1906 年，《新民丛报》就敏感地指出："中国近来之团体思想发达极矣，其学界中为尤甚。"③ 学生民主热忱的普遍高涨和学界自治团体的迅速发展，对统治者构成严重威胁。按照清政府制定的章程，学生不得以任何形式集会结社。经过斗争取得自治权利并建立组织，不仅是对专制权威的蔑视，而且具有某种合法性，造成统治秩序的紊乱。因此，各级官吏千方百计地阻挠破坏，必欲去之而后快。陕西的宏道学堂、师范学堂，奉天的锦州中学堂学生组织自治会，被当局认为是"为抵抗教员与管理员而设"④，遭到开除斥革。浙江法政学堂学生要求组织同学会，提学使声称，"法政科目繁多，时间短促，学生于听讲后稍有余暇，正宜温习功课，终日伏案不遑，更何有从容开会之时。若再编辑调置，分其心力，则正课必多荒废"，因而批复道："不必特设专会，致滋纷扰。"⑤南京东台学生乘星期日在鸡鸣寺举行同乡会，地方督抚虽明知"但为联络乡情起见，既未开会演说，更无迹涉悖逆之举"，亦予查禁，理由是："结会本干例禁，当此事杂言庞，人心不靖之际，难保无匪徒诱惑，误人歧趋。"地方督抚又借口会中有常捐特别捐、会员名誉赞成员

① 《学界联合会出现》，载《民立报》，1911 年 4 月 20 日。
② 《学艺联合会志盛》，载《民立报》，1911 年 9 月 13 日。
③ 《论主张竞争者当知法制》，载《新民丛报》第 3 年第 24 号（原第 72 号）。
④ 《宏道高等学堂之风潮》，载《夏声》第 4 号。
⑤ 《不准组织同学研究会》，载《大公报》，1908 年 12 月 19 日。

等名目，荒谬地推论道，"论其心则无他，推其极即为敛费结党之渐"，遂以"学界中人不得借切磋学业互换知识为言，设立学会，聚众演说，致长嚣凌而为厉阶"① 为口实，把它打入冷宫。吉林学生倡设全省学会，也被当局指为"非真为求学起见，不过预备同盟罢课，要挟长官"，借口"结党立会，国有禁令"，牌示禁止。② 当局甚至对各学堂校友会"皆极力反对，运动使之解散而后快"③。陕西蒲城县令更因学生自治于己不利，派兵捆捉拷打，酿成血案。

民众任何改变无组织散漫状态的努力，都意味着专制权威的沦落丧失。而学生自治的威胁更具有双重性。一方面，自治联合的学生争得小块自由天地，受到制度化民主的加速陶冶感化，反专制情绪更为炽烈，容易走向反清革命。另一方面，学生从中学习到管理自我和社会的技能，成为地方自治的先导，并对民众理解接受民主原则和制度起到表率作用。维新派倡导民权，但对皇权的敬畏使之不能脱离臣民姿态。革命党鼓吹国民意识，而公开活动限于海外，且只有思想影响，缺少实体示范。学生自治虽然是民主制的初级形态，却使近代中国的民主化进程由宣传、运动进入实行，由理论演变为制度。他们在封建城堡中公然树起一面民主大旗，现身说法，使缺少民主传统，又没有感性认识的国人亲眼看见、亲身体验到实实在在的民主制雏形，弥补了中国没有民间民主社团以及由此形成的社会制衡机制的缺陷。尽管学生自治的程度、影响仍然有限，但潜力强劲，将全面推进民主化由低级走向高级。所以，统治者不得不拼死抵拒学生自治。

面对高压，学生们坚定地捍卫和争取自己已得应有的权利。有的打击群体中的败类，如浙江法政学堂学生在大庭广众下揭露痛斥个别破坏团体的学奸，使其无地自容，绍兴府中学堂学生严惩蛊惑人心，瓦解校友会，使"此番团结力不能如前此之固"④，从而导致斗争失利的变节分子。有的逆流而进，愈挫愈奋，如吉林组织学会事一度受阻

　　① 《札饬严禁学界立会》，载《盛京时报》，1907 年 7 月 26 日。
　　② 《吉省学会之阻力》，载《盛京时报》，1907 年 12 月 24 日。
　　③ 《吉省学界之前途》，载《盛京时报》，1909 年 1 月 19 日。
　　④ 《府学生蛮法三千》，载《民立报》，1910 年 11 月 18 日。

于当道，学生们"加意运动，期于必达目的"，不到一个月，即拟就章程，择期开会①；陕西学生发动全省总罢课，向破坏自治的官吏发起强大攻势。学生为自治而战的斗争加剧了统治秩序的紊乱失范。清政府明令禁止的学生自治团体广泛持久地公开半公开存在发展，既表明政府机器已不能对社会各层面实施有效控制，又反映出统治集团内部的态度分歧，有人容忍，有人同情，有人大打出手，有人但求自保，有人畏之如虎，也有人掉以轻心。清政府陷入被迫变革与变革结果否定其存在价值的两难境地，这为力量有限的学生的自治活动留下了发展间隙。

当然，这时的学生自治尚未汇成全国统一行动，相继出现的各省学界团体缺乏稳定持久性，往往是一省刚刚建成，他省已形涣散。全国学界大联合的蓝图也只是组建起中枢机构，尚未来得及争取各省的实际加盟（与五四时期不同，中枢机构并非建立在各省学界联合的基础上）。由于力量分散，学生自治容易被各个击破。1905—1906 年，湖南学生自治运动颇具声势，在禹之谟等人的发动、组织和领导下，通过抵制美货、收回利权，为陈天华、姚宏业举行公葬，打击学务总办俞浩庆等一系列重大活动，显示了力量，使官府和地方顽固势力受到强烈震撼。但是，这时其他各省学生自治活动尚未进入高潮，而学生又缺乏更为广阔的群众基础与后盾，加之策略上操之过急，在禹之谟被捕后，湖南虽然成立了学生自治会继续斗争，终究孤掌难鸣，回天无力，在当道孤立分化和严厉镇压下被迫转入低潮。湖南学界因此元气大伤，长期沉寂，直到 1911 年才开始恢复原有声势。

三、国会请愿中异军突起

学生并不以自治这种民主的初级形态和国民素质的简易训练形式为满足，他们公开投身民主政治运动之中，要求变革社会政治制度，把一般民主意识升华为国民主体意识，以自由平等为政治民主的基础，

---

① 《吉省学会又将成立》，载《盛京时报》，1909 年 1 月 29 日。

而以政治民主为自由平等的保障。当统治集团还在为是否预备立宪争论不休、犹豫不决之时，有的学生上书呼吁其中的立宪派"勿为浮言所动，勿为流俗所移，化专制共和之局，特焕新猷，洗封建郡县之规，勿沿旧习，庶几醒数百年之狮睡，扬九万里之龙徽也"①。1906 年 9 月 1 日，清廷宣布"仿行宪政"，京师、直隶、河南等地学生欢欣鼓舞，举行各种庆祝活动。京师 70 余校学生隆重集会，保定城厢内外的官公私立大中小文武学堂 6000 余名学生举行盛大庆典，天津学界在李公祠集会演说，河南卫辉也有千余学生开会庆贺。入夜，一些地方的学生还举行了热闹非凡的提灯游行。

预备立宪虽是千呼万唤始出来，犹抱琵琶半遮面，但在专制皇权统治了 2000 多年的老大帝国，连朝廷也不得不"仿行宪政"，的确有如平地一声惊雷。官方支持当然是庆贺活动大肆铺排的主动力，但稚气未尽而渴望甚殷的青年学生对这石破天惊的喜讯确实也情不自禁地感到兴奋激动。这若隐若现的一线曙光使他们对于实现民主的理想充满无限希望，天真地认为："从此君民一体，上下同心，政界既放绝大光明，而学界实蒙无涯幸福。我辈当兹盛典，尤宜极力阐扬，以振学界精神，而育国民资格。"② 有人一厢情愿地提出："立宪者立限也，宪法者限法也，乃限制君民权限之义。""朝廷既将利权分与人民，令人民共保之，而人民不争，内患何来？人心巩固，抵御强权，人人有国民之义务，外人不敢乘衅，不敢强迫，外患何来？内忧外患，悉可捐除，共享世界和平之福，皇权又可永固，诸君诸君，中国立宪，岂非万年有道之基乎？"③ 他们大呼"立宪万岁"，高唱"庆贺立宪歌"，会场内外，讲坛上下，一派"合群尚武"气象。他们甚至爱屋及乌，对一向极为厌恶的慈禧太后也顿生好感，尊之为"女中尧舜"。这些幻想与渴望相混杂的言行，虽情有可原，但也明显地暴露出近代学生民主观念中的倒错意识。民主不能由权威赐予，更不能单纯以权威主观的善恶为保障。赐予和依赖只能造成统治者掌握生死予夺大权的伪

① 《中学堂学生上泽尚两钦使禀词》，载《大公报》，1906 年 7 月 26 日。
② 《约诸君开特别大会》，载《大公报》，1906 年 9 月 15 日。
③ 《北洋陆军学堂庆贺立宪之演说》，载《大公报》，1906 年 10 月 14 日。

民主。

狂欢中不乏清醒者，深知中国绝非从此"宣布立宪万民欢，圣清亿万年"①。在天津学界立宪庆贺会上，有人含蓄地指出："夫实行立宪之事，其权力操于朝廷。而预备立宪之事，其责任则在我国民。""朝廷之意，全视我国民之程度而定断也。""苟吾民程度进化，则立宪事有水到渠成之势；苟吾民程度退化，则立宪事乃吾民自阻之也。"所谓"预备之法"，就是"行预备立宪之教育，急养成政治思想、法律思想之国民"。因此，归根结底，"则实行与预备二者皆在我国民也"。②揣摩其意，并非"民智未开"的旧调重弹，其中蕴藏着国家主体何在、权力何属的犀利词锋。

清廷的伪立宪与民众的期望很快发生尖锐冲突，人们的喜悦振奋变为失望愤懑，大骂立宪进程"若妇人之已示人以产期，使举国之人喁喁相望矣。乃迟之又迟，至去年七月始产得一半阴半阳不男不女立宪结果，更迟之又迟，乃产得一少头无尾畸形异状之内官之制"，以及"今日胎死腹中之外官之制"。③青年学生更加大失所望，从资政院到谘议局再到厅州县议事会，他们的选举权被选举权被剥夺尽净，甚至各级地方自治机构选举亦将其排斥在外。④绅商或屈从或顺应清政府的淫威，牺牲学生权利，招致学生的不满。在一些地方的自治议员选举中，学生们发动斗争，反对以纳粮数作为选举资格标准。官绅既害怕学生利用其接近民众、影响广泛的优势左右选举，也担心民众在学生言行的启迪下逐步觉醒，增强组织性，使之丧失控制力，难以施展愚弄离间的伎俩。1910年，河南某府窃踞巡警局总董的三户巨绅在组织地方自治研究会时意外落选，便"认为此次选举，学界中人投票居多；且学界在堂群居，凡遇选举，皆可预商公举某人。今不举己而举

---

① 《纪庆祝会》，载《大公报》，1906年11月30日。
② 《大公报》，1906年9月24日。
③ 《说痛快》，载《大公报》，1907年5月11日。
④ 《厅州县议事会董事会章程拟稿》，载《大公报》，1907年11月10日。《各省谘议局章程及议员选举章程》，见刘锦藻编：《清朝续文献通考》卷三百九十四"宪政二"，上海，商务印书馆，1936。

他人，显系与己反对。因之怀愤成仇，遂令所统巡警前往学堂殴打"①。官绅的畏惧典型地反映出，学生在缺乏民主传统的近代中国民主化进程中，具有举足轻重的地位和作用。他们既反对专制独裁的君主集权统治，又反对长老垄断的地方绅权分治，力图突破横暴权力与教化权力的结合，使民主化进入全面协调的良性发展轨道，以消除滞后和虚假所带来的各种流弊。考虑到民国以后民主与专制的冲突一度蜕变为中央集权统一与地方分权割据的对抗，而各派势力内部并未改变集权结构的事实，学生的追求尤其难能可贵。

清政府专制和立宪派自私，使学生对国会产生一种隔膜感。而革命风潮勃兴，又引起他们对立宪可行性的怀疑。当立宪派为国会请愿而上下串联、四处奔走之际，学生却一反常态，表现出少有的冷淡平静，显示出他们与立宪派在国内合法运动中的貌合神离，已由思想分歧暗潮发展为行动上公开脱轨，打破水乳交融的表象，显露分道扬镳的本质。立宪派屡次请愿失败，意识到无法抛开民众独尝禁果。但不将实际利益与民主要求直接联系，劳动群众难以迸发热情。在民众阵营中，唯有学生可以对宪政产生思想共鸣。因此，立宪派对学生复趋重视，支持其争取被剥夺权利的正当要求，想方设法把他们拉入请愿行列。

学生们对于君主立宪虽有所抵触保留，但主观上要在不能公开进行大规模反清活动的情况下正面显示力量，以打击专制统治，推动民主思潮和社会变革进程，客观上与清政府的矛盾不断激化，必须寻找解决冲突的方式和发泄情绪的渠道，而国会请愿恰好提供了一次斗争良机。从第三次请愿起，学界的反应渐趋积极。1910 年 10 月 7 日，请愿代表前往摄政王府上书时，东三省旅京学生赵振清、牛广生等拦道割体血书，以为激励。直隶、河南、四川、奉天、福建等省学生则参加了当地的请愿集会和游行，并表示愿以罢课行动声援响应。不过，与历次运动相比，学生的反应总体上仍缺乏应有热度。立宪派发起的大规模签名活动，虽然罗列了不少学生的名字，但多属照册填表，不

---

① 《绅学警三界之交哄》，载《大公报》，1910 年 5 月 27 日。

能直接反映实际动向。

第三次国会请愿得到 18 位督抚将军都统联名电奏的策应，迫使清廷将预备期限缩短为 5 年。立宪派头面人物认为目的已达，同时清廷宣称"万不能再议更张"，难以进取，再则累年奔波，似也疲惫，因而准备偃旗息鼓，鸣金收兵。人们对这一结局虽大为不满，却一时也束手无策。这时，青年学生异军突起，将请愿迅速发展扩大为一场真正的群众性民主运动。

第三次请愿由于部分学生的壮烈举动而出现激化征兆，引起人们的密切关注和种种猜测。有人断言："夫此次之请愿，不啻全国人民之请愿也，若仍不得达其目的，则咸晓然于立宪之虚伪。""民疑其上，一变其沸热之真诚而为冷淡之态度，革命党且得利用其时机相为鼓煽，则各省不逞之徒因是蠢动，而大局立见其危。"① 此话绝非危言耸听。请愿结果不仅没有满足学生的热望，反而激起更加高涨的斗争热情。他们一反立宪派的温文尔雅，情绪举止十分暴烈。北京浙学堂高等小学年仅 11 岁的学生王克意挥刀断指，血书"请开国会"四字，以示抗议。② 江苏谘议局副议长兼江南高等小学监督蒋炳章命学生开会欢祝国会缩期，"学生群起反对，并发起拒祝会，广布传单，声明监督欢祝之举，实与反对国会无异，学生决不承认"③。松江学生对立宪派举行的庆祝活动痛加斥责道："竭各省人民代表之力，仅得此区区缩短三年之效果，将吊不暇，何贺之有！"④ 浙江学生也公议开会研究国会之事。立宪派的所谓胜利，在学生看来恰恰是失败的象征。这与他们本人 4 年前的倾向举动判若天渊，显示了突破性进步。

东南一带立宪派的全线退缩，使当地学生虽然壮怀激烈，却无力孤军奋进。而奉天、直隶和四川学界则掀起狂涛巨澜。12 月 2 日，奉天学生到谘议局要求速派代表再次请愿，并刺股血书，以示决心。两天后，5000 余名学生聚集督署静坐示威，其代表大声疾呼"至死不当

---

① 无妄：《三次国会请愿之感言》，载《大公报》，1910 年 10 月 19 日。
② 《小儿曹血染国会》，载《民立报》，1910 年 11 月 15 日。
③ 《学生不愿祝国会》，载《民立报》，1910 年 11 月 19 日。
④ 《满街都是国会》，载《民立报》，1910 年 11 月 21 日。

奴隶！""宁死于钦帅之前，不死于外人之手！"①，迫使总督允诺代奏。
这是中国近代史上第一次大规模学生静坐示威。在学生督促下，谘议
局于 12 月 6 日组织了万余人的请愿大游行，并与总督进行了面对面的
斗争。请愿代表晋京之日，学生们纷纷血书壮行，以坚其志；同时推
举数人前往天津，联合直隶学界，扩大声势。

　　12 月 15 日，包括 19 省旅津学生在内的天津各校学生代表 1300
余人召开全国旅津学生会，"公决全体辅助第四次请愿进行"。随后，
广东、直隶在津学生分别集会。18 日，学生们又于三条石自治研究所
召开全国学界大会，"各生为东三省所激刺，热度太盛，多数主张激
进"②。军医学堂学生方宏蒸，北洋法政学堂学生江元吉，北洋师范学
堂学生杨畅时、张雨亭，高等工业学堂学生沈恩印等割臂断指，激励
同学奋勇坚定，义无反顾。广大学生斗志旺盛，纷纷停课告假，踊跃
投身斗争行列。恰在此时，清廷发布上谕，对受到资政院弹劾的军机
处曲意袒庇，更如火上浇油。19 日晚 7 时，学生代表再度聚集自治总
所，讨论进行方法，大会一直持续到深夜 11 时。次日清晨，各校同时
宣布停课，学生齐集广东会馆。提学使傅文宗闻讯赶来劝阻，被学生
痛斥为"意在破坏"③，替其帮腔的官绅也险遭群殴，慌忙狼狈溜走。
接着，由 3859 名学生组成的大军整队游行，浩浩荡荡前往商会、县议
事、董事各会及谘议局，联合各界人士同赴督署请愿。直督陈夔龙迫
于声势，被迫答应立即电奏。这是近代史上第一次大规模学生示威游
行。从此，中国学生为民主而斗争的战场从课堂、会场、校园，扩展
到大街通衢、闹市广场，形式由退学罢课集会发展为更具气势的静坐
游行，充分展示了学生群体力量于社会影响最直接最广泛之所在，大
大加强了打击敌人、号召群众的社会效应，逐渐成为学生民主运动的
主要斗争形式。

　　游行结束后，学生们趁热打铁，每堂推举两名代表集议具体行动
步骤，决定选派代表晋京及分赴各省，联络各界，大起请愿；并通电

---

①　《叩头流血泣请代奏详述》，载《盛京时报》，1910 年 12 月 8 日。

②　《学界国会热》，载《大公报》，1910 年 12 月 20 日。

③　《要求国会之热潮》，载《大公报》，1910 年 12 月 21 日。

全国各地的谘议局、教育会、商会，呼吁群起以为后援；同时还提出全国学界总罢课的动议。虽然未获表决，但在以"在津全国学界请愿国会同志会"的名义向云、贵、川、新、甘五省所发长电中，通告奉津学界"现已一律罢课"，"并组成同志会以为后盾"①。在天津学界公启中又公开写明"学界唯一之手段曰全国学界罢课，共谋对待"②，实际上等于发出总罢课的信号。保定、成都两地学界立即响应，分别于12月23日、24日停课集会，要求督抚电奏即开国会。保定学生罢课后，陈夔龙派提法使驰往勒令解散。"讵料风潮颇大，较津尤甚"③，不得不调拨人马，赶去弹压。四川学界则成立常务机关，协调各校行动。

向清政府请愿和要求督抚代奏，只是学生行动的一方面，同时他们还把目光投向民众。早在奉天学生请愿时，其代表就说："东三省学生不过占全数百分之一……老百姓若都知道国破家亡的道理，就是东三省亡了，也有恢复之一日。若是老百姓全不知道国破家亡的道理，仅我们几个学生知道，也是枉然。"④ 为此，他们努力发动民众参加斗争。直奉学生利用年假回籍之机，广泛宣讲开国会以救危亡的道理。有的组织同志会、宣讲所，在县城聚众演说。一些小学生年虽幼稚，所言"均能切中时事"，因而大受欢迎，"一时围听者十分拥挤"⑤，"鼓掌之声不绝于耳"⑥。有的则深入乡镇村庄，发动民众。天津法政学堂学生曾君宪"特行血书，敬告乡镇父老同胞速醒速醒，勿甘为亡国奴"⑦。他们的行动得到广泛而热烈的响应支持，各地纷纷举行盛大集会，迎送归籍和下乡的宣讲员，掀起颇具声势的民主宣传热潮。

诚然，国会拥有和代表的民权十分有限，连学生自己也被排斥在外的立宪，更难引起下层群众的共鸣。但对于专制皇权，国会却是实

---

① 《联合进行》，载《大公报》，1910年12月22日。
② 《津学生死要国会》，载《民立报》，1910年12月26日。
③ 《两头蛇之提学使》，载《民立报》，1911年1月7日。
④ 《叩头流血泣请代奏详述》，载《盛京时报》，1910年12月8日。
⑤ 《演说之动听》，载《盛京时报》，1911年1月7日。
⑥ 《组织同志演说会》，载《盛京时报》，1910年12月21日。
⑦ 《见惯犹惊之血书》，载《民立报》，1910年12月18日。

实在在的威胁。面对风起云涌、迅速蔓延的风潮，清政府感到了统治危机的迫近，决定采取极端措施，一面下令押解请愿代表回籍，逮捕津、蓉两地的领导人，一面出动大批军警侦探，镇压罢课风潮，并严令各学堂限制学生行动，惩办"闹事"学生。在前逼后却的形势下，学生独力难支，被迫且战且退。保定学生连续四次集会抗议，成都学界公议继续坚持罢课，天津学生在重兵围困下，"名为上课，实则纷纷四散，全体学生在者不及十分之四五"①。他们已经不是在为立宪派的国会而战，而是在争取和捍卫自己的天赋权利。因局势变化，孤掌难鸣，在统治者的严厉镇压和分化瓦解之下，风潮渐趋平息，一场群众性民主运动悲剧性地结束。但是，学生们内心的激情并未平复，而是向着其他的薄弱点转移，酝酿着更大规模的斗争风暴。

四、和平斗争的激进民主派

学生争取政治民主的斗争，作为清末立宪运动高潮中的顶点，其闪光处不仅因随即爆发的革命而黯然失色，也受到对立宪派非议的株连和轻视民主化偏向的影响。国会三次大请愿均由立宪派策动领导，但并非所有参加者在政治上都属于立宪派。换言之，国会请愿并不是每一位参加者政治主导倾向的直接表露。以青年学生为主角演出的罢课请愿新剧，与立宪派活动更有显著的区别。它不仅仅是立宪运动的组成部分，从更广阔深远的角度来看，这是近代中国民主化潜流浮升所激起的滔天巨浪。国会请愿对于包括学生在内的广大进步人士的强烈吸引力，不在于君主立宪主张和叩头方式，而是反对专制、要求民主的本质与趋向。参加者宗旨不同，行动自然有异。

立宪派在清末政治风云变幻中的表现与作用，有不少自相抵牾之处，但也不乏前后一贯的基调。其中之一，便是企图以立宪防止和抵消革命。当然，清政府以立宪防止革命的主要目的在于保障皇权，而立宪派绅商则是要求参政分权。而且立宪派的主观动机也不尽相同，

---

① 《陈夔龙之倒行逆施》，载《民立报》，1911 年 1 月 8 日。

多数人害怕革命引起的动乱局势直接间接地危及自身利益，一些人则试图以防止革命作为迫使清廷让步的砝码。不过，在要求立宪的前提下，畏惧、反对甚至敌视革命，仍是立宪派政治属性的重要方面。学生则不同，他们参加请愿，只是希望推动民主化进程，在此基础上完成爱国救亡大业，而没有以立宪抵制革命的意向。立宪派视国会请愿为政治斗争的最高形式，只是在走投无路之时，才顺应革命大势。而在学生们看来，请愿不过是多种斗争形式之一，他们主观上不排斥包括武装起义在内的一切手段。在国内以学生为主体的社团中，像贵州自治学社那样既公开以立宪为宗旨，又附和保皇派的"革命招致亡国论"，明确将武装暴动视为"革命排满家之谬见"① 者，确属罕见。

学生们没有立宪派画地为牢的迁见，当然也缺乏革命党泾渭分明的认识。为了实现建立民主新秩序的崇高理想，理智与本能都促使他们利用一切时机和方式向专制统治发起冲击。至于具体采用何种形式，则依环境条件的变化而定。革命党人在理论和实践上坚持以武力革命为最佳变革方式，并就此与保皇派长期论战，扩大了革命影响，积极意义不可低估。但把合法和平斗争与武装反清割裂甚至对立起来，则不免失之偏颇。论战中的针锋相对使理论发挥到极致，对革命党自己也形成约束力，策略运用反而不如此前灵活。事实上，和平斗争与武力反清完全可能统一在民主斗争的总体战略之中，不仅并行不悖，而且相辅相成，这已为后来的历史进程所证实。当起义时机成熟之际，无拘无束的青年学生自然而然地投身军旅，横枪跃马，驰骋沙场。他们非但不存在立宪派"最后五分钟"式的告别过去、附从未来的痛苦转折，而且革命使之比以往任何时候都更能痛快淋漓地抒发救亡革新的豪情壮志。

立宪派政治属性的另一特质，是反对共和，坚持君主立宪。他们抗拒清廷的伪立宪，要求权力真正下移，通过君主立宪达到参政目的，与封建阶级分享政权，但并不希望直接实现普遍民权，因为彻底的民

---

① 张百麟：《发起自治学社意见书》，载《自治学社杂志》第 1 期，1907 年 11 月。据该期杂志公布的社员姓名表，29 名成员中，法政、将弁、师范、蚕桑、武备、中学等校的在校生及毕业生共 23 人。后由于巡抚的干预，学生大都退出。

主共和制反而妨碍他们利用权力谋取私利。让贵族代管政权，曾是西方软弱的资产者逃避责任与压力的惯技。一切基于自身利益考虑的立宪派，以国会为终极目标，反对专制与抵拒共和同样真诚，国会可以说是立宪派在专制与共和间偏重取舍的准绳。学生则不同，他们不能通过国会直接获得任何社会政治权利，也没有既得利益有待于国会加以确认和巩固。在他们看来，国会仅仅是民主化进程中的一个阶段性目标。君主立宪提供的有限绅权将他们排斥在外，而共和制的普遍民权，才能够恩泽四海。因此民主共和对于笃信民权、痛恨专制的学生更具吸引力。辛亥后举国上下一片共和之声，固然有不少人出于对胜利者的附和，但学生对君主制的抨击批判和对共和制的欢呼鼓噪，无疑是影响舆论群情的重要因素。立宪派把实行君主立宪作为最高纲领，请愿学生则以开国会为发挥民权的先决条件，认为"国会一日不开，我同胞议政一日无根据地"①，希望像东西方各强国那样，"由专制而立宪，由立宪而共和，国势蒸蒸，享有今日之黄金时代"②。保皇—立宪派理论上抽象承认共和，不过视之为遥遥无期的理想。学生们虽然多少受到梁启超循序渐进观念的影响，却把共和当成指日可待的现实目标。其争取国会的斗争与立宪派主导的国会请愿有着明显分别。

政治上既无自圉自缚，学生潜在的革命意向便不可避免地流于言表，其激进言行使斗争大为激化。早在第三次请愿时，他们就表示，"势不能再如前之和平，学生等与其亡国后死于异族之手，不如今日以死饯代表诸君之行"③，并且深刻地指出：清王朝"狃于积弊，醉生梦死"，"不足与列强较优劣比强弱"，"所赖者我同胞激发热诚，以爱种爱国之心出而理天下事"，因而"此次将以血购国会，决不似前之以文字购国会者之不足动我政府也"。④ 这种精神在学界要求开国会的高潮

---

① 《奉天旅京学生赵振清牛广生送各团体国会请愿代表诸君血书》，载《大公报》，1910 年 10 月 10 日。

② 《保定学界停课传单》，载《民立报》，1911 年 1 月 8 日。

③ 《割股割臂泣送国会代表团》，载《大公报》，1910 年 10 月 10 日。

④ 《奉天旅京学生赵振清牛广生送各团体国会请愿代表诸君血书》，载《大公报》，1910 年 10 月 10 日。

中进一步得到发扬。天津学生在公启中严词斥责清政府"丧心病狂，惟恐亡之不速"，宣布其犯有"送四万万同胞于死地"，令"国民更无从过问，惟有待死而已"的"亡国""专制"两大罪状。① 北京学界的罢课传单中，还出现"不认政府""焚毁学堂"字样。② 奉津等地数十名学生割股刺臂，断指自刭，撰写血书，激励同学同胞，人称"流血生"。天津女校学生詹转珠因母病羁留扬州，每阅报载开国会事，则扼腕叹息："我恨不能立身伍英雄豪杰，以三尺剑斩尽佞臣头，为天下同胞吐气。"她听说北方学生割股请愿，跃然而起，曰："英雄固如是也！男子且如是，吾侪女人宁无这一腔热血耶？"说罢亦破指血书"女国民詹转珠请速开国会"。③ 他们的行动使同学们激情暴涨，对清政府仇恨倍增。

立宪派欲以国会防止流血暴乱，学生们却以青春热血模糊了和平斗争与武装革命的直观界限，客观上起到了加强革命氛围的作用，因而特别引起清政府的恐惧。学部以"学生每有刺臂割股，缮写血书，以期炫人听闻，此种举动殊属不合规则"为由，下令"再有刺血上书之事，立将该生斥革，以免鼓动风潮"。④ 有的官吏更直接将"流血生"与革命的留学生相并提，视如心腹大患。⑤ 统治者"一视同仁"，反证出二者殊途同归。

立宪派以全副希望寄托于统治者的恩准妥协，虽然也发动民众以壮声势，但目的仍在迫使朝廷让步。这种跪着造反的姿态使斗争成败系于专制者的权衡取舍或一念之仁，颇为被动。学生们仍然向上请愿，可基点却落在壮大自身和民众力量之上，以力量对比的大小强弱为斗争成败得失的决定因素。立宪派以求为基调，学生则以斗为准则，求的重心在于叩头请愿，斗的焦点在于罢课示威。用学生自己的话说：

---

① 《津学生死要国会》，载《民立报》，1910 年 12 月 26 日。
② 《某学使不稳》，载《大公报》，1911 年 1 月 3 日。
③ 《女学生之国会热》，载《民立报》，1910 年 10 月 19 日。
④ 《学部痛恶流血主义》，载《大公报》，1911 年 1 月 1 日。
⑤ 《张怀芝要捆学生》，载《民立报》，1911 年 1 月 3 日。

"要求督宪代奏，不过告以国之将亡，我辈要做事，先不得不通告耳。"① 他们宣称："现在国会问题非令其速开亦开，不速开亦开不可。上凶下愚，造原动力者确为学界。学界唯一之手段曰全国学界罢课，共谋对待，希图进行。学界团体坚，而农工商继之，务达目的而后已。"② 立宪派斗争无非为请愿增几分威慑力，以便求有所成。学生请愿却无异下一封战书，以示决胜信念。

学生们虽无力直接诉诸武力反清，不得不退而求其次，但积愤情绪使其在请愿活动中也显出虎虎雄风。奉天学生闯入督衙，掀翻有意拖延通报的差官的棋盘，揪住装腔作势的巡官，质问他："是中国人不是？若是中国人，就当即时传禀。"见到总督后，学生唇枪舌剑，论辩交锋，迫使其对"民情可使上达，民气不可嚣张"的上谕表态，承认："若是民气不嚣张，便不能知道国家之亡不亡。"③ 四川学生在兵警刀枪环列中从容集会，不屈从官府的武力威逼，也不轻信立宪派说客的诡言劝诱，坚持罢课。天津学生游行时对前来阻止的提学使及其帮手拔拳相向，并打毁招摇过市、冲击游行队伍的总办的马车，痛殴总办及差人，"至旁行大马车红顶子敢怒不敢言"④。在他们整齐雄壮的阵容气势面前，重权在握的督抚大员们一个个"汗流浃背，及学生走后犹喘息不安"⑤。一介武夫的张怀芝扬言要将天津学生"用麻绳来一个捆一个"，同僚心有余悸地反诘道："岂三千八百余人尽能一一绳捆乎？"⑥ 果然，直隶总督陈夔龙虽立即派出大批军警，包围封锁津保两地学堂，但学生毫不畏缩动摇，会场上"任招待员者均身际利刃"。官府请来的说客在群情感召下，反而告诫学生"不可不于停课之外另筹办法"，以免到时"手无寸铁，毫无准备"。⑦ 罢课学生坚守阵地，相

---

① 《津门流血补记》，载《民立报》，1910 年 12 月 30 日。
② 《津学生死要国会》，载《民立报》，1910 年 12 月 26 日。
③ 《叩头流血泣请代奏详述》，载《盛京时报》，1910 年 12 月 8 日。
④ 《津门流血补记》，载《民立报》，1910 年 12 月 30 日。
⑤ 《田文烈好大官量》，载《民立报》，1911 年 1 月 4 日。
⑥ 《张怀芝要捆学生》，载《民立报》，1911 年 1 月 3 日。
⑦ 《津学界哭声止矣》，载《民立报》，1910 年 12 月 29 日。

约不离堂，"若官吏以兵力迫之解散，亦誓必付之一炬"①。冲突的白热化使得国际舆论也将此举比为革命。美国《时谈》杂志评论道：中国革新"开场第一出业已揭幕，即争开国会是也。上书者为血为墨，沉愤悲痛，请愿者露宿宫门，坚持勿退，大似法兰西革命初动时法人围攻华沙利宫之状"②。

　　立宪派请愿，可以打着合法旗号，而学生即使在调整后的统治体系中也找不到政治行动的合法依据。随着矛盾冲突的持续激化，学生的行动赢得了越来越多的同情、理解和支持，各种进步势力加紧抨击清政府政治上排斥学生的政策，声援学生的正义斗争。早在 1907 年，舆论界就掀起一场风波，反对清廷发布禁止学生集会结社干政的上谕。革命党人针对官府援引西方和日本不准学生干政的说法，以学生在近代东西方革命与变革中发挥重大作用的史实严加驳斥："旷观东西史乘，其国之脱荒暴于文明，奠屯艰于盘石者，靡不有学生。德之倡统一也以学生，俄之除奸卢也以学生，澳大利之逐梅特涅也以学生，意大利之御法师也以学生。日本维新之初，亦有西乡之鹿儿岛学校，板垣之土佐同志社奔走扬榷其间。"③ 有人认真分析了中国的国情，认为虽然一般而论，"学生在教育时期内，年幼识狭，学问肤浅，经验单简，不宜预闻政治，致贻害于修学"，但中国学生在社会政治生活中有其特殊地位与作用，"惟今日我国学生年龄多满二十余，学识能力虽多寡不一，然较普通国民为优。近人谓若准据一国之政治权必归于有智识之人为原则，则今日之学生宜预闻政治，而执政者多半不学无术，不可不退位。是故徒执他国之条文以为可用，必至与本国之时势及内情相枘凿。且也著书演说实行政治运动者，以现在国情审之，几舍学生莫属"。④ 有人则依据现实进一步具体论证道，"近年川汉粤汉之路，

① 《津学生死要国会》，载《民立报》，1910 年 12 月 26 日。陈夔龙后来记述此事时，有意歪曲粉饰。参见陈夔龙：《梦蕉亭杂记》卷二十一，108～109 页，北京，北京古籍出版社，1985。

② 《清人之国会》，载《东方杂志》第 8 卷第 8 号，1911 年 11 月 15 日。

③ 《学生与政治》，载《四川》第 3 号。

④ 微全：《申论吾人究竟之目的并敬告我国民》，载《半星期报》第 4 期，1908 年 4 月 14 日。

晋豫闽皖之矿，滇桂蒙古之危机，何一非学生之力？而仅乃收保。即公等口头至宝，悬以欺人之预备立宪等字，亦拾诸学生之余唾。学生干预国家政治，亦何负于国家乎？苟无学生任意要求，肆口诋讥于其间，则十年以内已失者固不能挽，未失者又不知断送几许与人矣"，充分肯定学生政治活动的作用，以学生干政为保国卫民的善举，而视清廷禁阻为丧权辱国的劣行。他们一针见血地指出，清政府禁止学生享有政治权利，"盖恐蹈奥国学生逐梅特涅、俄国学生组织民党之前辙，预为之防焉"，然而，"政府不欲吾辈为购股救路之学生，为空论政治之学生，殆欲吾辈轰轰烈烈为澳大利、俄罗斯之学生"①，激励学生由民主救亡斗士进为铁血革命先锋。

一般开明人士同样愤愤不平，认为人民必须享有言论、出版、集会三大自由，才是真正立宪，否则仍为专制。清政府禁止学生参政，"非但夺国民之言论自由集会自由权，是亦夺其一切固有之权也"。学生们"为保主权，何计学业。学生亦国民一分子，岂以精研学业之故，遂可坐视其主权丧失而不顾乎"②？他们不仅义正词严地为学生行动的正义性进行辩护，而且强调指出，学生"爱国之热诚溢而为逾分之论，悲愤慷慨之中怀发而为越俎之运动。因学生有此运动，中国之父老始觉破其迷梦，养成一种之政治思想，而国民合群之运动亦启其端绪"，肯定学生的言行对于中国民主变革具有先驱表率意义，并警告清廷："政府若徒咎其流弊而不知利用转圜之策，或恐士气郁积，有一旦激愤爆发之时。"③

立宪派也揭露清政府援引外国成例时要弄欺瞒伎俩，指出西方各国只限制军人和官吏，而"日本学生无选举权之陋制，则其绝对的不可采者也"，教育未普及之时，"优秀之民，逾中年而为学生者必多"，剥夺学生的选举权，"何异举凡神骏者系枥中，而惟恃驽骀以致千里

---

① 《学生与政治》，载《四川》第 3 号。
② 《此之谓预备立宪时代》，载《大公报》，1907 年 12 月 4 日。
③ 《学界对于上谕之意见》，载《盛京时报》，1907 年 12 月 31 日。

也"①，揭露清廷缺乏改革诚意，对其立宪的虚伪性隐加抨击。蒋观云更撰长文逐条批驳上谕，其词几与革命党同出一辙。他直截了当地宣称，"学生按理不得与闻政治，而独中国今日之学生宜与闻政治之事"，因为"中国今日当新旧过渡之时期"，学生"年龄已长，各有多少之经历，而学问识见，其大小不同，固已优于一般国人之士，而居先觉者之地位。试举中国全体之人数而抽出其为学生之人，则其余不过碌碌之愚民与腐败之官场已耳。虽有若干贤智之人不为学生者，而其数固甚寥寥。然则今日不容国民之得与闻政治则已，若容国民之得与闻政治，去学生则事不成"，以学生参政权的得失为政府政治革新真伪的试金石。他结合中国的实际，全面论述了学生参政的正当必要："且夫学生之所以不得与闻政治者，则以一国之政治权不可不归于有智识之人为原则。而学生者于国人求智识，而非能以智识予国人者也。然中国今日之学生，于一方当求智识于人，而于一方又不能不以智识予人。使准据一国之政治权必归于有智识之人为原则，则今日学生之得与闻政治为理之当然，而执政诸人实不当握政治之权，而不可不去位。"②

崇尚英雄革命的近代政治家对民众的轻视不无偏见，但对学生的推崇重视则不无道理，尤其在中国的特殊环境和民主化的特定问题上，这些带有片面性的认识见解有其独到的贴切深刻之处。

舆论异口同声的支持，更加坚定了学生为权利而战的信念。以学生为主体的贵州自治学社在接到抚宪"学生宜专心向学，不宜干预政事"，"碍难核准立案"的批文后，虽然大多数发起者迫于压力而退出，但也有人公开提出不同意见，表示"明知集会结社原有资格之限制，去岁因瓜分警告，刺目伤心，知救亡问题研究宜急，乃暗窥一般老年人，则暮气已深，观察一般少年人，则稚气尚存，惟已受教育现有经验之学生，尚通达时变，同具热诚，忠爱所积，闻风兴起，则自治学

---

① 沧江：《中国国会制度私议》，载《国风报》第1年第11期，1910年5月29日。

② 《今日中国之学生宜与闻政治之事者也》，载《政论》第2号，1907年11月15日。

社成立，不能不借重学生，亦势也"①，并将批文内容解释为"默许而兼怀疑"②，变压制的禁令为坚持的依据。请愿运动中，国会只是学生们寄托信念的负载和统一行动的目标。天津罢课后，官方诬指系受温世霖挑唆，学生立即公开驳斥道："同人等既非丧心病狂，孰肯受他人唆使？能唆使一人，岂能尽千余学生而唆使之乎？"③ 理性与本能相统一的学生的民主意向既不能臆造，也无法压抑。由此产生的痉挛阵痛，与变革一样不可避免。高压暂时得逞，冲突并未结束，"人心更为愤激"。天津法政学堂一位"素日勤学安分"、淡于政治活动的学生，在当局残酷镇压的刺激下，"愤愤不能自已"，挥刀断臂殒命，以死相抗④，强烈表达了广大学生的愤怒心声，预示着风暴的再度降临将更为猛烈。

　　革命党人对国会请愿始终持批评态度，但也不是不分青红皂白地一概骂倒。斗争由少数立宪派代表的叩头请愿、伏阙上书扩展为群众性民主运动，引起一些目光锐利者的关注，他们在抨击嘲讽立宪派的迂腐之余，也从正面向民众发出革命呼唤。第三次国会请愿失败后，有人不失时机地指出，当政府无立宪观念时，"吾民第一步向于在上者不得不日鞭挞之"，是为"用民气之时代"。但是，"自今以往，则吾民非复恃一时之民气可以与之对抗，当由第二步再进一级，而为实体的动作，以蕲将来建设创造，达于沉着坚固之地位"，是为"用民力之时代"。时代不同，行动方略与重心各异。"今日之立宪，若一任在上者之所为，非唯不足以救亡。""故吾国民不必如向之自立于旁观之地而日日责备政府。今日以后，时局已变，须更进一境以图自救之法，而日日责备吾国民之自身。""民德已进，民力既充，然后大政党有运转国权之能力，大资本家有左右外交之本领。而立于政府之旁者，亦得

---

① 《紧要任务：二次上各大宪禀稿》，载《自治学社杂志》第 2 期，1908 年 9 月。

② 《对于庞抚帅批本社事由之感言》，载《自治学社杂志》第 2 期，1908 年 9 月。

③ 《血泪玉关之温世霖》，载《民立报》，1911 年 1 月 12 日。

④ 《陈夔龙之倒行逆施》，载《民立报》，1911 年 1 月 8 日。

以实行监督而辅助一切政治之施行。即不然，奋□而倒内易，一易事耳。"①

学生以罢课静坐游行示威要求国会，使运动的重心由求转为斗，与革命党的反复呼吁和殷切期望不谋而合。在风潮高涨之际，《民立报》热情赞扬道："天津学生人怀利刃，四川学生联合罢课，一则视死而如归，一则万众而一气。噫！西北起风云，神州生色矣。纵使国会不能开，然固足寒政府诸公之胆也！"② 革命党人似乎从学生的行动中看出其与君主立宪派的政治分歧，希望他们团结崛起，成为和君主立宪派抗衡的力量。《民立报》发表《与读十年书者一夕话》的文章指出："苟人民不厚集其强力，以为最后自卫之坚盾"，则"国会成立之日，即此辈伪立宪新党助政府以克服平民之日"。③ 革命不能单线作战，暴力反抗需要和平合法斗争的呼应配合。关键在于，要使这种配合紧密协调，而不仅仅体现为客观上的殊途同归，还应当能动地进行统一部署指挥。革命党人没有适时地担负起国内和平斗争的指导责任，把它纳入自己的战略体系，双方的协调只能在实际进程中自发实现。这样，彼此间难免出现局部或暂时的不吻合甚至抵触现象。这一战略失误造成思想倾向相符的革命党与国内激进民主力量在组织和运动方面严重脱节，对此后的政局产生了深远影响。

五、宝贵的经验教训

学生在民主运动中也暴露出不少缺陷弱点。本能可以推动程度参差、态度各异的学生不约而同地起而抗争，但热情不能代替理智，缺乏足够的新理性指导和组织保障，又使他们的行为带有几分非理性躁动，形成理性综合缺乏症。这主要表现在三方面。

第一，民主思潮的勃兴反映了学生痛恨专制、渴望自由的迫切心情，但囫囵吞枣式的理论接纳留下了产生民主倒错意识的病灶，很少

---

① 心玺：《论国民最后自救之方法》，载《民立报》，1910 年 11 月 29 日。
② 《爱国青年》，载《民立报》，1910 年 12 月 27 日。
③ 《与读十年书者一夕话》，载《民立报》，1910 年 10 月 31 日。

有人能够系统全面地理解掌握民主思想武器。由于缺乏制度的感知体验，透过本位"文化眼镜"来理解西方民主观念，不免产生隔膜偏差，形成认识误区。同时，国会请愿毕竟是直接追随立宪派，行为方式难免受后者的影响。例如，奉天学生率先兴起，并能全体一致行动，在督署请愿时对官吏差役的软磨硬抗进行了坚决斗争，但又屡次采用跪地哭求，"叩头抢地，流血满面"的方式，试图打动清朝官员。学生代表一面大呼"至死不当奴隶！"，斥责"在上的多方压制，握教育权的极力束缚，不教有一点的动作"，一面又说，"学生的知识不是自己就能发达，全仗在上的提倡，施教育的化导，才能知道爱国忠君的道理"，并对提学使反复叮嘱的"守秩序"颔然首肯。① 尽管此类言行为请愿这种特定形式所需要，而且的确感动了部分良知未泯的官员，但也反映出学生民主意识的浅显。

第二，领袖骨干分子与一般群众的思想行为存在明显距离，又没有稳固的组织系统弥合调节。群情激愤的热烈氛围使热血青年斗志陡增，而好奇心理则驱使他们在理性思索之余追求直观的感官刺激，只要有人登高一呼，立刻从者如潮，相互撞击摩擦，情绪顿趋炽烈。他们狂热地要求民主，但坚定的信仰、坚忍的意志、牺牲的勇气等应付恶劣形势的心理准备普遍不够充分，一旦遇到高压和离间，松散的联盟便难以撑持，很快分化瓦解。

为了将大规模的民主风潮压制下去，清政府专门制定了《学生罢课善后办法》，采取层层分离政策，对"始终不受煽惑、照常上课者"加分给奖；"事出后曾敢言不应为者"分别奖励；参加过运动而"先归以避纷者"记过一次，准予回堂；凡"出头滋事"、出堂不考试者，斥退；阻挠他人上课者，斥退赔款；任纠察者，除斥退赔款外，通告各学堂不得收录，亦不得担任教职。② 直隶、四川等地学生在坚持中已出现动摇暗潮，各个击破的分化政策最终涣散了军心。领导运动的教师遭到逮捕流放，坚持罢课的学生代表也由于群众的彷徨观望顿形孤立，被当道杀一儆百，开除斥革，成为民主祭坛上的牺牲品。四川学

---

① 《叩头流血泣请代奏详述》，载《盛京时报》，1910 年 12 月 8 日。

② 《国会热之断根方》，载《蜀报》第 7 期。

生面对荷枪实弹的军警毫不畏惧，无一退缩，而立宪派说客的花言巧语却使一些人解除精神武装，离开会场。学生领袖骨干对官府镇压坚决反抗，但当他们发觉自己处于当局暴政和群众退却的孤立境地，精神立即陷于崩溃。不同学堂之间也存在差距。以声势浩大、斗争坚定著称的天津学界，游行请愿之日，北洋大学堂竟无一人参加，引起同侪的强烈不满。其他各校学生一怒之下，声言要当晚聚众前往将其捣毁。①

由于学生流动性大，社团组织很难稳固，各组织之间更缺少常规联系，以保证有组织的对抗态势和持续冲击力。第四次国会请愿兴起时，学生曾力图改变这种局面。奉天学生派人到天津争取支持，使学界的政治斗争首次突破省界，实现跨省联合。各省旅津学生则各举代表二人，返回本省，准备联合大起请愿；并向路远山遥、无法派遣代表的西南西北五省发电通报，呼吁响应。但由于缺乏经常性联系，很难一下子统一步骤，除四川、云南两省有所回应外，回省代表仓促间无法打开局面。

第三，民主要求的迫切与基本素质的奇缺形成尖锐矛盾。民主不是空泛抽象的概念，不能仅仅懂得一般的民主原则或精神；只有经过制度一化训练，才能正确掌握使用民主权利，适应遵守民主制度，并且内化为文化习惯。就群体而言，学生无疑是近代中国最富民主精神的部分。然而，这些民主先锋对抽象原则概念的表象认同，远过于对具体制度程序的切实掌握，除了自治的微型初级形式，他们从未真正接触过民主制度和享有过民主权利。因而他们一旦骤然进入较高层次的社团活动，就不免带有几分迷茫。成都各校学生代表在集议国会请愿事宜大会上的混乱情形，充分暴露出缺乏必要的制度化训练所带来的严重危害。如果没有教习刘栋及时出面组织，大会很可能流于乱哄哄的你方唱罢我登场的闹剧。

① 屠季和：《清廷查办吴樾炸弹案和天津学界请愿立宪之见闻》，见中国人民政治协商会议全国委员会文史资料研究委员会编：《辛亥革命回忆录》第6集，388页，北京，文史资料出版社，1963。据《大公报》报道，北洋大学堂学生参加了12月15日的全国旅津学生会大会。

　　从无到有需要经历由幼稚而成熟、由混沌到有序的过渡，问题在于，民主热情极高的学生竟不适应他们长期向往追求的民主制度，说明对原则的抽象认同与实际遵守规范程序不一定吻合。学生的民主本能追求如不纳入理性制度轨道，就不可避免地产生情绪化躁动，加重学生的非理性倾向，使其社会公德心与责任感发生扭曲（如一味以破坏性冲击来表现自我），令社会陷入周期性动荡的痛苦循环。通过情绪制度化达到本能理性化，是变破坏力为建设力的唯一有效方式。清政府表面高唱预备立宪，奉学生为国家未来的栋梁，却严禁他们接受和接触任何形式的制度化训练，这种釜底抽薪的做法，目的在于使民主永远成为专制者手中欺骗愚弄民众的工具。学生虽然在非法状态下进行过局部性的自我初级训练，但学生自治与社会政治民主制度在程度、规模、内容、程序、形式等方面均有很大差别，不能相互替代。统治者以民智未开为民主缓行的借口，阻挠实行民主制度，实际上剥夺了开民智的必要条件，把民主化进程推入循环往复的怪圈。这样，学生民主运动发生的频率规模，便成为衡量检验近代中国民主化进程的真伪深浅的重要标志。

　　斯大林有一个观点符合社会实际，他说："在学的青年，当他们还没有投身于人生大海，还没有在那里占有一定社会地位的时候，他们比任何人都热心地追求那号召他们为自由而斗争的理想。"① 近代中国学生心中美妙的蓝图，就是建成独立、民主、富强的新型民族国家。民主追求不仅构成他们的思想主导与活动中轴，而且一再表现出代表民众的强烈意向，具有雅各宾党人那种"革命民主派"特色。他们的勇敢探索与奋斗，为中国的民主化留下了极其宝贵的经验教训。

　　戊戌以来，中国民主进程一直处于两难境地，一方面民智未开，总体上民主精神严重缺乏，另一方面民主思潮风起云涌，民主运动接连不断。特别是学生群体崛起后，民主化由少数思想家政治家的宣传鼓动向着变革制度的群体运动发展，矛盾更为尖锐。以下层社会民智未开指责新兴力量的追求努力为躁进，抹杀民主运动高潮迭起本身就

① 《斯大林全集》第 1 卷，19 页，北京，人民出版社，1953。

是民智部分开启的表现，将严重阻碍发展进程。透过现象看本质，关键在于解开国情与国是的缠绕，澄清主导载体与主要载体的混淆。由于缺乏民主传统，从某种意义上说，民主化就是与既定国情格格不入。本土文化不仅不是近代化的生成系统，即使作为接受系统，也有很强的排斥畸变作用。因此，不能单从国情现状判断民主是否可行，而必须改变现实，以创造条件。国情是变革的依据，国是则为变革方向。要求具有前驱意识的学生了解国情，是为了更好地利用改造，而不是消极适应。掌握社会支配权的清政府借口民智未开缓行宪政，又压制民主宣传和运动，这正是国情中阻碍民主化的最主要症结和病灶。所以，对于近代学生的民主思潮与民主运动，不能到正统礼教文化那里验证可行性，也不宜超越时代加以苛求，而应从社会发展趋势来把握方向性。

民主化符合中国社会发展的趋势，但又是移植借鉴的产物，需要学习和示范，因此，必须特别重视先导媒介力量，尤其是学生不可替代的群体地位与作用。民主化与人的文化素质和文明程度成正比，而各社会群体的文化文明具有不平衡性。因此，尽管民主制形式上意味着承认大多数人享有平等的权利义务，但当社会分裂为不同的阶层、群体和利益集团时，民智不可能同步开通。所以，在实际进程中，特别是在派生的中国的特殊环境里，只能依据不同区域和群体的民智开启程度，实行区分层次、各有侧重的差别程序。对于不能自发产生民主精神的主体性载体，首先应当改变物质条件，进行启蒙教育，使之滋生民主意愿和需求，然后通过示范性引导和影响，将其领入民主化正轨。而对于接受和传播民主思想的主导性载体，特别是处于突前位置的学生，则应以试行民主制度来培养心理习惯，对制度进行调适，为民主制的建立健全进行探索与示范。这样既可避免主要载体的民智未开阻碍整个民主化进程，又可使主导力量的宝贵活力免于低效耗费，循序渐进由消极遁词变成积极进取，两种载体间的关系由矛盾走向协调，使民主化进入良性顺态发展轨道。否则，将主导力量的追求强加于一般民众，或以主体力量的蒙昧限制新兴群体，就会造成错位和压抑，使超前与滞后现象同时削足适履地出现于民主化进程中，主导力量斗争的失败成为民智未开的论据，主体力量试验的挫折又导致民主无用的心理倾斜，循环往复，遗患无穷。

清末学生的民主斗争主要指向专制权力。虽然他们不断地试图把文明民主之风吹向广大乡村，并且发动了一次又一次宣传启蒙运动，对封闭落后的乡土社会有所震动，但总的说来，思想冲击不能从根本上动摇教化权力的基础。这可以说是近代学生民主运动的最大局限之一。不改变乡村社会教化权力的基础结构，就会不断产生对专制独裁的需求。甚至作为变革力量出现的时势权力在向统一权力转化时，受到权威崇拜的影响，也会有发生畸变，转为专制权力的危险倾向，从而损害民主的声誉，造成民众对民主的二重离异。

单纯的民主主义不能打破帝国主义强权政治与专制权力的牢固结合，因此，"五四"前后学生普遍转向社会主义。不过，这一转变是将民主主义与社会主义相融合。一方面，纠正辛亥革命时期学生的民主追求以"民权"为概念，过于集中在政治权利一点，影响了个性解放的偏向，更着重于改良社会土壤，更新文化心理，纠正倒错意识。另一方面，以经济平等充实政治平等，争取真正的普遍参与，防止民主制度被少数人利用而发生变质，根本改变民初共和形式与民主内涵严重不符的状况。

千百年来，中华儿女无不以金榜题名、沙场扬威或作为忠臣义士而留名青史为荣。诚然，疆场之上、帷幄之中、樽俎之间，都是少年英俊叱咤风云、建功立业的广阔舞台，方寸之间、斗室之内也可以成为莘莘学子成才立艺的小小世界。然而，经历了2000多年专制统治的中国，更需要众多青年打破牢笼，走出象牙之塔，争当舍身求法的民主斗士。这并非传统士人为民请命的沿袭，而是近代主体意识的再现。民主是近代中华民族的神经中枢，学生们不断敲击民主之弦，才使古老文明在刺激震颤中重现生机，焕发精神。因此，和平形式的民主斗争，不仅被统治者视为大逆不道，也往往被平民百姓认作犯上作乱。青年们为此奋斗的英勇献身精神，其悲壮激烈，不仅丝毫不逊色于杀敌卫国的民族英雄、冲锋陷阵的沙场骁将和大义凛然的仁人志士，而且更加集中地体现和发挥了他们在中国近代化进程中的功能与作用。

正是由于他们开天辟地、惊世骇俗的壮举，民主才得以奠下深深扎根于神州沃土的基石，艰难曲折地发展生长，并为后世青年开创了新的风范。

清王朝在风雨飘摇中辞旧迎新，国会请愿风潮虽然暂时平息下去，但统治者并未得到片刻安宁，他们已经预感到末日将临的沉重阴影。后来的历史进程证明，这的确是大清一统江山仅存的最后一个新年了。"立宪者，朝廷所利用以加增吾民负担之契券也。"清政府在镇压学生民主运动中撕破伪装、赤膊上阵的拙劣表演，使之彻底失去蛊惑人心的漂亮幌子，直接暴露在民主浪潮的冲击之下。革命党人大声疾呼："公等苟欲希望国会者，则自今以往不可不与朝廷立于对付之地位，不可不自为国会之主动者，而使政府立于被动之地位。""铸此数十百万人之血泪，片片皆化为政治之实力、国会之草稿、宪法之模型，一一经吾人之手造而出，彼三数人之手足耳目，直为吾人之势力所牵率利用之为傀儡有余，夫如是而后可以自救。"① 学生们不再向清政府要求民主权利，转而经营自己的政治实体，更有不少人直接投身革命。曾任旅津全国学界请愿同志会副会长的北洋法政专门学堂学生胡宪，就成为天津共和会副会长。新年伊始，社会各阶层都在密切注视着时局变化，制定应变方针，寻找各自的出路。果然，一面迎风招展的国民会大旗出现于华夏九州，召唤着青年学生奔向民主新天地。

---

① 大哀：《噫吾民之迷梦犹未醒乎》，载《民立报》，1910 年 12 月 27 日。

第七章　民主、爱国、尚武、革命的交响乐
——国民会、国民捐与国民军

　　戊戌以后的近代中国革新史，在政治领域就是以民主民权反对专制皇权的历史。维新变法试图使清政府接纳民权，在皇权之下挤占一席之地，由此开辟一条连接民、绅、官、皇权的通道。变法惨败的教训使人们开始怀疑和抛弃皇权，为民权寻找真正的依托和归宿。以1900年上海中国议会为发端，兼有政党和政权某些功能特性的民间社团应运而生，延续不断。它们表面上不一定与专制政府公开对立，没有直接要求取代清朝统治，但实际上不再以承认清王朝的存在为改革的前提条件和单纯以现存统治机器为改造利用对象，而是在现政权之外依靠民众建立民主政治实体。他们并不要求统治者接纳民权，而是强制性地以外在分权形式把民权楔进旧秩序框架。不合体的合法外衣掩饰不住反专制的锐利锋芒。成立于1911年春，吸引了广大青年学生的国民会，就是其中的典范。

一、溯源寻踪：1901—1903 年的国民会

　　清末政治社团千姿百态，各以民主、爱国、尚武、革命为基调。而1911年的国民会则是时代四大强音的和弦共鸣。从一脉相承的历史发展和变化轨迹中追根寻源，有助于准确认识其性质与意义。

　　古代中国的"国民"概念，仅仅泛指一般百姓，其内涵与近代来自日本的概念相差甚远。"国民"观的传入，与"民权"一起，成为近代中国民主思想的重要概念。近代民主思想大师梁启超在主办《清议报》期间，大张旗鼓地倡导和宣传国民意识。他说："国民者，以国为

人民公产之称也。国者积民而成，舍民之外，则无有国。以一国之民治一国之事，定一国之法，谋一国之利，捍一国之患，其民不可得而侮，其国不可得而亡，是之谓国民。"① 梁启超批判了屈从专制的奴隶思想，认为"国家之主人为谁，即一国之民是也"②，号召人们洗刷奴性，树立国民意识，并且把救国与民主联系起来，提出"民权兴则国权立，民权灭则国权亡"，"故爱国必自兴民权始"的"民权救国论"③，以民主爱国取代忠君爱国，为爱国主义开辟了新境界。围绕阐发这一思想提出的国民与奴隶、朝廷与国家、国家与国民等范畴，经过青年学生的吸收理解而广泛传播，初步奠定了中国民主政治生长的思想基础。

理论是行动的先导，爱国与民主结合促使民主化由思想进程变为实体追求。既然主权在民，民众是国家主人，当然需要体现和代表民意的权力机构。专制政权不给民权以立足存身之地，民众只好另辟蹊径。1900年的上海中国议会，是一次在清政府之外实行分权的尝试。与戊戌变法时期要求参政分权不同，由依靠或通过皇权到国民自设权力机构，民主进程迈出实质性步伐。不过，中国议会并未公开否认清廷，只是"不认通匪矫诏之伪政府"④。其直接要求为议政权。这种权力资格是非常情况下应急之策所必需，而且具有象征性。政治上更加激进的留日学生态度要强硬得多。1901年，东京留日学界为了抵制新政诱惑，发起国民会，取代濒于解体的励志会。其公开宗旨为"革除奴隶之积性，振起国民之精神，使中国四万万人同享天赋之权利"。实际上"以革命为宗旨"，拟"运动各埠华商，刺激内地志士"。⑤ 该会章程规定，"凡中国之人，苟有愿为国民而不愿为奴隶者，无论海外内地，皆可入会"，并表示要搜集和取法"东西各国政党之章程"，"与各

---

① 哀时客：《论近世国民竞争之大势及中国之前途》，载《清议报》第30册。
② 梁启超：《中国积弱溯源论》，见《饮冰室合集·文集五》，16页。
③ 《爱国论》（三）、《民权论》，载《清议报》第22册。
④ 孙宝瑄：《日益斋日记》，见杜迈之、刘泱泱、李龙如辑：《自立会史料集》，113页，长沙，岳麓书社，1983。
⑤ 《敬告国民会发起诸君》，载《苏报》，1903年6月4日。

国政党时通声气，以为将来办理外交之地；联络海内外中国各会，以期共济"。① 国民会政党色彩较浓，又俨然以国民权力代表自认。由于缺乏相应的条件，国民会筹而未成，便告流产。但准备作为该会机关报先期出版的《国民报》，则成为早期激进民主思想的重要宣传阵地。

中国议会与国民会的出现表明，由于清政府拒绝与新兴势力分享政权，而后者暂时无力领导民众以政府形式与清廷公开对峙，或是取代其位置，严重的民族危机又迫切需要他们承担起现政权不能履行的内外职能，于是促成同时兼有政党、政权双重性质的民间政治实体实行外在分权。表面看来，他们仍然承认清政府，只是部分代理其力不胜任的职能，实际上，承认是手段，分权则是目的。离开表面承认这一前提，外在分权无从实现；而没有外在分权要求，表面承认就失去意义。因此，这种带有间接性的承认，有别于接受王朝对臣民的绝对统治。国民不能立即实现主观上已达到的否定，便以内部民主聚合抗拒专制政权的直接控制，使其统治权限只能界临外缘，从而维持有距离的共存。中世纪西欧自治城市与封建领主之间，就存在过这样一种外部承认与分权关系。当然，这类政治实体对外只代表民众，其作用并非政权与政党职能的完整叠加。所以，历次爱国运动中，开明士绅、商人和学生均试图排开统治者直接对外交涉。国民会将国民观与民族性相结合，反映了这种趋势。

外祸日剧，内政日坏，热血青年渴望唤醒睡狮，重振雄风。为了改变屡弱的民族形象，他们破除重文轻武的积习，鼓吹尚武好勇之风，并与近代国民意识相结合，以民权为尚武的基础，提出风靡一时的军国民主义，"欲建造军国民，必先陶铸国魂。国魂者，国家建立之大纲，国民自尊自立之种子"②。从此，民主、爱国、尚武交织成救亡图存、革故鼎新的时代进行曲主旋律。1903 年拒俄运动高潮之际，上海各界爱国人士发起成立中国四民总会，"以保全中国国土国权为目

① 《苏报》，1903 年 5 月 31 日。
② 奋翮生：《军国民篇》，载《新民丛报》第 11 号。

的"①，随即改称国民总会。这一字之变，使亘古"判若天渊而不可合"② 的"四民"在"国民"的旗帜下联合起来，结为一体，标志着民的政治觉醒。该会虽有保皇派参与发起，并隐去一些锋芒，所用章程却是照搬 1901 年东京国民会的定章。③ 这反映出其中的激进分子希望它能继承后者的未竟之业。如果说东京国民会政党色彩偏重，那么国民总会则突出强调政权职能。它公开宣称"可与各国政府直接交涉"，表示"我政府不敢言，而我国民敢言之"，并决定先设议事厅于上海，"以为各省议事厅之先声"④，显示出集中代表民权与清政府并立的意向。国民总会的活动得到江浙、两湖、河南、安徽、江西、福建和东北等地学界的热烈响应，他们组织拒俄义勇队，开展军事训练，民主、爱国、尚武在组织上正式融为一体。

从 1901 年到 1903 年的短短三年间，中国的形势发生了重大变化。东京国民会孤悬海外，响应者甚少。国民总会不仅移师国内，而且吸引了成千上万的各界群众。与民主、尚武交相作用的爱国运动，一反从前忠君爱国观主导下的皇权轴心运转，对专制统治的精神离异物化为包括权力机构和民众自动武装在内的实际威慑力量。

温和分子唤起民权，却不敢得罪官权，抛弃皇权。他们大概认为"国民总会"的名号过于刺激，改称"国民议政会"，使具有多种政权功能的权力机构变成议政清谈馆，大大降低了它的政治地位与作用；又进而把所议之事限于"归政"一点，以归政与否为团体进止的准的。⑤ 其倒行逆施不仅遭到革命派的激烈抨击，也迅速失去群众的拥护。上海学生开始对该会的组建十分积极，至此则断然抽身。他们追求的绝不仅是无关大政的议政权，更无心于已经蜕变为清廷内部权力之争的归政，而需要集中体现国民权力的政治实体，代表国家民族施行政府职能，以捍卫独立主权。国民总会虽然昙花一现，但民主爱国

---

① 《中国四民总会处知启》，载《苏报》，1903 年 4 月 30 日。
② 《四民公会》，载《浙江潮》第 5 期，1903 年 6 月 15 日。
③ 《敬告国民会发起诸君》，载《苏报》，1903 年 6 月 4 日。
④ 《中国四民总会处知启》，载《苏报》，1903 年 4 月 30 日。
⑤ 《呜呼国民议政会》，载《江苏》第 4 期，1903 年 6 月 25 日。

尚武之风继续在神州大地鼓荡狂卷，激励青年学生不断起而斗争。

二、学生与国民捐

学生的国民主体意识与分权倾向，除了反映在历次爱国救亡运动中，以及寻找组织寄托外，还通过国民捐的特殊形式曲折地表现出来。1905 年和 1909 年，国内学生曾两度兴起筹办国民捐热潮。1905 年 10 月，京师大学堂及仕学馆学生出于爱国热忱，倡办国民捐，筹还国债，"以纾国力"，得到直隶、江苏、山东等地学界的热烈响应。苏州武备学堂学生分头劝说"常备军各营管带至兵丁量力捐助，各营将士激于公义，无不慷慨解囊"[1]。女学生也倡兴女子国民捐，借此"唤醒国民"，起而救亡。[2] 直隶女学生高唱"毁家纾难奠国基，同乐自由天"，在人海如潮的会场上奔走募捐。[3]

由于清政府态度消极，这项活动持续到 1908 年被迫中止。次年，风闻海牙国际和平会议有监督中国财政之说，天津商界发起筹还国债会，一时间"全国响应，学界尤盛"。江宁、浙江、直隶、京师、安徽、江西、湖北、江苏、奉天、吉林、四川、广东等地学生纷纷集会捐款。江宁学生成立国民捐会，两江师范、法政，江南高等、蚕桑等19 所学堂同时加入。[4] 上海由大清银行学堂学生发起筹还国债会。安徽、江苏、直隶、浙江、吉林等地学生也设立专门机构。四川和吉林的女学生还组建了"女学筹还国债会"，"一时女校各生乐输恐后，甚至有典钗饰以为捐款者"。[5] 京师学生再度试图发挥中枢作用，"纷纷电致本省学堂"，"提倡拟设国债赞助会，联络各省学会及教育会，并

---

① 《苏省办国民捐》，载《大公报》，1905 年 12 月 13 日。
② 《济南师范学堂倡办国民捐公启》，载《时报》，1905 年 11 月 5 日。
③ 刘清扬：《天津国民捐和同盟会活动的回忆》，载《近代史资料》1955 年第 2 期。
④ 《学界国民捐汇志》，载《教育杂志》第 1 年第 13 期，1910 年 2 月 4 日。
⑤ 《女生筹还国债》，载《大公报》，1910 年 2 月 22 日。

政治会社，共画凑款之策"。各地学界"连日会议"，通电响应。① 直隶、奉天、江苏等地学生以当今世界"强权是逞，武装和平，以外交始者，恒以兵战终。有外交以持其先，必有兵战以盾其后，然后可以享有世界之公权，以侪于各文明国之列"②，还曾发起筹办海军捐。

国民捐之举，直接表现了学生们对列强新的侵略手法的高度警觉，他们指出："庚子以还，各国知兵力之不足以毙我也，则毙我以财力，于是易土地瓜分之政策，起监督财政之问题。夫祸患之逼来，莫急于外债，莫急于赔款，分年摊还之法，已不啻吸瘵夫之精而徐以毙之，况有迫不我待之势，殆哉岌岌！""倘不急起而图，异日财政大权入人掌握，罗雀掘鼠，悉索以归，埃、印覆车，殷鉴不远。"③ 另一方面，这种行动表面似为代清王朝筹还国债，以免外强控制国家命脉，与一般收回利权无异，但值得注意的是，它特别强调国民与国家的直接关系。学生们不仅承袭了天下兴亡、匹夫有责的士人传统爱国精神，而且从国民的高度来认识个人对民族存亡、国家兴衰所负重任；不仅要做未来的社会主人翁，而且是现实的国家主人；不仅从此自责，而且号召民众，潜藏的主体意识公开化和直接化了。

在教员"发明国民与国家之关系"的启示诱导下，"学生等感奋兴起，爱国之忱，不能自已"。他们说："民心巩固者国必强，众力团结者事易举。""现今各学堂学生虽学业各有浅深，而皆□负有国民资格。"④"国由家而成，家由个人而成，家有债累，家即不兴，个人即难生活。国有债累，国即不振，通国人民荣誉亦由此堕落。我国既欠外债，自应人人齐力偿还，不可漠视，谓国与我无涉也。否则瓜分惨祸，近在眉睫。国既瓜分，我等将存身于何处？更悉能坐拥财产以安度岁月耶？"⑤ 当国家"势疲力弱，不克振作"之际，"凡属国民，皆

---

① 《拟创国债会协助会》，载《大公报》，1909 年 12 月 19 日。《关于国债会之要电》，载《大公报》，1910 年 1 月 5 日。

② 《新民公学学生筹办海军捐公启》，载《盛京时报》，1910 年 1 月 23 日。

③ 《筹还国债会小启》，载《大公报》，1910 年 1 月 4 日。

④ 《天津府中学堂学生合同集资备偿国债恳请立案禀》，载《大公报》，1905 年 10 月 28 日。

⑤ 《女界筹还国债会开会纪事》，载《大公报》，1910 年 5 月 7 日。

应担任捐责"。①

学生们的国家观与统治者截然相反，他们认为，国家并非政府王朝，而是由国民组成，属国民所有。政府作为国家代表，却无力阻止列强侵夺，只有国民自己起来捍卫主权。倡导国民捐如果实现，绝不会使清朝内外交困的窘况得到缓解，而是导致其权威的彻底动摇。在专制统治下，民众从来被排斥于一切国家大政之外，此时学生却以主人的姿态关注和干预内政外交，公开实现由封建臣民到近代国民的转变，并主动以国民倡导者的身份向民众施加影响，启迪其国民主体意识。大清银行学堂学生声称："沪上国民捐办法，首从学界入手。良以士为四民之首，必自以提倡而任劝导之责耳。"② 北洋客籍学堂学生也说，"我学界诸君素以热诚闻于时，北洋学务又最称完善，为全国冠，对于斯举似尤宜极力提倡，俾稍尽国民一分子之义务"③，表达了强烈的责任感和使命感。

国民捐的兴起不仅显示出民气旺盛、龙气衰微，更重要的是将民气由关心地方公益提升到直接维护国家民族利益的高度，并且使国民主体意识由以具体利权为寄托转为直接与国家民族观相联系，从而减少了由地方性和实利性的曲折表现带来的副作用。当时有人明确将收回利权与筹还国债作为近代中国国民意识发展的两个阶段性界标，指出："自商办铁路之说起，我国民争投资以购路股，于是乎始知个人与地方之关系。自筹还外债之说起，我国民争投资以偿赔款，于是乎始知个人与国家之关系。此诚民德民智之进步，为人人所公决。"④ 这一飞跃，意义重大。地方主义与传统乡土社会的长老权力较多合拍，易为绅权所控制利用，只有坦坦荡荡的国家民族观念，才能真正激发国民主体的参政意识。

此外，学生严格区分国家与政府的概念界限，在认识上与一些新

---

① 《北洋客籍学堂全体学生公启》，载《大公报》，1909 年 11 月 26 日。

② 《筹还国债会小启》，载《大公报》，1910 年 1 月 4 日。

③ 《北洋客籍学堂全体学生公启》，载《大公报》，1909 年 11 月 26 日。

④ 郑孝胥、陆尔奎、高凤谦：《论筹还外债》，载《大公报》，1910 年 1 月 10 日。

派人物也有所不同。《大公报》一篇《倡办义捐以促开国会论》的社说肯定了国民捐风行是"民气之磅礴，民德之增进"的象征，认为"人民爱国心之勃发"，说明中国不仅不会亡国，而且"将从此勃兴焉"。但同时该文又说："有如此对于政府，则见国家观念之发达，洗程度低微之诋諆，吾民德之继长增高也。"① 把个人与国家民族相联系的国民观念转变成个人与政府相联系的国家主义观念，内涵便发生了本质变化。后者以清政府为国家代表，而前者强调国民主体性，并不直接表明对现政权的基本态度。民主与专制的对抗在此演化为民权主义与国家主义的对立。而建立于教化权力之上的横暴权力，恰好能够从现代民族国家理论中断章取义地接受国家主义观念，而抽掉其民主主义内涵。统治者对此十分敏感，国民捐就像是一块放到他们手中燃烧的火炭。学部对于此举"颇不满意"，早怀杀机，"拟即严行禁止"，只因事关爱国，"恐阻挠之转于名誉有碍"，才"颇费踌躇"②，不敢贸然下手。当然，国民捐并非表达国民主体意识与地位的最佳方式，两次活动都因清政府消极对抗而不了了之。学生们认识到此举无益于国家民族，反倒被官绅乘机取利，失望痛悔之余，更坚定了彻底改造的决心。

三、学生与国民会（军）

1911 年的国民会与国民军，在形式和精神上既是国民总会与拒俄义勇队的承继，也是学生不断发出救亡呼声的结果。每当外患迫临，他们就猛烈抨击卖国政府，积极鼓动民众武装抗敌。1909 年，报载东三省局势危迫，上海浸会大学堂全体学生致函《民吁日报》，提出："当今之世，各国合群力以谋我，我不可不以群力拒之，是非铁与血不足以救亡也。我国民当速行组织国民军，无人不尚武，无人不当兵，男子有男子军，女子有妇女军，商有商团，农有农团，工有工团，渔有渔团……以造就全国皆兵之资格，必若此方可以救亡也。"③ 顺天中

① 《倡办义捐以促开国会论》，载《大公报》，1910 年 1 月 20 日。
② 《学部对于国债会之意见》，载《大公报》，1910 年 1 月 6 日。
③ 《黄金时代之望》，载《民吁日报》，1909 年 11 月 16 日。

等农业学堂学生也主张："我国民宜编义勇队，以御外侮。"① 南京学界还付诸实际行动，"以外患日烈，非尚武不足以图存"，由师范、高等两校发起，联合组织"学生军"，"以人人皆兵，共扶国危为宗旨"。各校学生一致赞同，纷纷聘请兵学教习教授兵法。② 同年，广西盛传法兵入侵镇南关，要求驻兵南宁，日本则在海牙会议上提议瓜分中国，将两广、云贵划为法国势力范围，桂林学界起而筹议抵抗之策。优级师范学堂学生特邀革命教员演讲，打消对清廷的幻想，自保自救。他们要求把学校改成军事训练机构，并派代表到各校联络，使全城乃至全省学生均弃文习武。由于缺乏强有力的组织核心和广泛响应，刺耳的警笛未能汇聚成震撼全局的轰鸣。但在国内革命风潮高涨，起义暴动接踵不断，并且多与学界牵连的背景下，学生尚武之风常盛不衰，造成统治者中枢神经的高度紧张。即使学生的活动以爱国为旗号，还是横遭压制。

1911 年春，英国抢占片马，法国增兵云南边境，沙俄则在东北蠢蠢欲动，同时又传来巴黎会议上列强策划瓜分中国的噩耗。狼烟四起，举国震惊！东京中国留日学生立即召开大会，决定成立留日中国国民会，组织国民军，通电各省报界、谘议局，呼吁组建会、军分支机构，并计划在上海设立总机关。会后，留学生代表相继归国，奔赴各地。5月，上海成立国民会事务所，设置临时干事部。在此前后，商、学各界团体纷纷告成。6 月 12 日，中国国民会总部在上海张园举行正式成立大会，通电全国，呼吁各省各埠各府州县组建分会。在归国代表的活动和国民总会的号召下，各地爱国志士群起响应，云南、福建、山东、浙江、江苏、江西、陕西、广西和东三省成立了国民分会和国民军，四川、湖南、湖北、广东、安徽、直隶等省也有不同形式和程度的反应，这一风潮迅速发展为全国性救亡运动。

国民会吸引了各阶层民众，青年学生则再度充当先锋，成为各地最积极的参加者。其主要活动如下。

第一，不顾当局禁令，踊跃参加国民会的组织筹备和宣传工作，

---

① 《爱国热忱》，载《大公报》，1909 年 12 月 5 日。

② 《宁垣学生之军事热》，载《大公报》，1909 年 12 月 18 日。

特别对国民军的建立起了重大作用。

国民会与同盟会的密切关系，及其迅速发展壮大的声势，使清政府一开始就极为警觉。尽管迫于社会压力和内部意见分歧，清政府不敢断然拒绝绅商的正当爱国要求，只得虚与委蛇，却唯恐学生的卷入使运动激化。学部和政务处相继严令，预禁学生聚众开会，严格检查来往函电，不准学生参与国民会活动。然而，学生们不畏强暴，以极大的政治热情和牺牲精神冲破禁令。4月，上海中国公学、复旦公学、留美预备学校学生发起成立中国学界联合会，"联合全国学界，切实预备武装，并研究一切救亡方法"①，以此为国民总会做准备。随后学生又组织了敢死团、童子会、中国少年会等辅助团体。国民总会成立后，上海各校学生积极参加活动，踊跃报考该会的模范体操团，实行军训。广西桂林，由法政学堂发起，优级初级师范、崇实农业中学、桂林中学、大成师范、私立岭右法政、陆军小学、混成协干部学堂等一万余学生赞同，组织国民会和广西学界义勇团，并驰函各府学界推举代表前来会商，得到广泛响应。此举虽遭官府禁止，但同学们不为所动，继续集会，进一步讨论成立救亡会和军事研究会、改良团练、训练义勇队等项事宜，扩大运动规模，以俾长期坚持。江西南昌学界和上海总会代表共同发起组建国民分会。九江学生也与商界联合组织国民军，专习体操，"入军者异常踊跃"②。福州的高等学堂、法政学堂、师范学堂、英华书院、南台商立高小等校分别成立了体育会、体操会，凡年龄身体合格者一律参加军训。厦门公立中学、大同、商业、鸿麓、紫阳等校的250名学生加入由社会人士组织的体育会，开操之日，"各荷木枪悬水瓶，有军乐一队为之先导，精神焕发，沿途之人无不啧啧称羡"③。在奉天，由师范、法政、高等、蒙文、警务等校学生代表联合发起，公函省垣全体学界，准备召开大会，研究行动步骤，"立组织国民军之基础"④。山西的陆军学堂学生组建了体育会、演武会，集资

① 《中国学界联合会章程》，载《民立报》，1911年6月15日。
② 《九江国民军出现》，载《民立报》，1911年4月16日。
③ 《军国民轰天震地》，载《民立报》，1911年7月7日。
④ 《尚武精神入满洲》，载《民立报》，1911年5月20日。

翻印同盟会救亡传单，四处散发。各校学生也纷纷集会，并准备发动总罢课。陕西学界成立了体育会，北京师范学生创立了崇俭会，集资置备器械，组织义勇队。学生们还发起募捐筹款活动，支持国民军。浙江陆军学堂小学生风闻上海义勇团成立，在堂中创办"襄义社"，"劝勉同学捐助义勇团"①。上海培青私塾几位十二三岁的小学生将饼饵费节省下来，送交国民总会，以"尽一国民一分子之义务"②。

云南学生为了参加国民会活动，与官府发生激烈冲突。先是留日学生代表归滇，与进步人士共同设立爱国演说会。为了避免国民军名号引起当局猜忌，由陆军小学总办李协和出面组织体育总校，以为掩护。学生们每逢星期日赴演说会听讲，并成批投报体育总校，使该校学生几逾千人。一些学生还决心请假回籍，发动乡里民众。学界热度猛涨，使地方督抚担心激起更大风潮，赶紧下令取缔。鉴于演说、体育等团体为方便学生，多在星期日举行活动，学司先以举办郊游为名进行干扰，未能得逞，继而干脆变更假期，不准同日放假，以免学生外出聚众活动。此举立即遭到学生的坚决抵制。他们一面继续出席各种集会，一面举行联合罢课，要求恢复惯例。校方试图阻挠，但"各生皆不应命，遂致有打伤管理员者，有毁坏校园者"③。滇督李经羲借机取缔爱国演说会，解散体育总校，并严禁星期日集会，重申不准军学两界集会的禁令，双方矛盾迅速激化。

第二，推动其他各界参与支持。

国民会得到社会各界广泛积极的响应，但学生显得更为敏捷活跃，不少地方的反响首先始于学界。当瓜分消息传到福建时，学生会立即呼吁谘议局通电各省"筹办民团，以图死抗"④。而是时"各社会亦无所动于心"⑤。当九府二州学生代表赶赴谘议局请愿时，局中空无一人，议员都到副议长家赴宴去了。学生代表义愤填膺，"痛詈一番，挥

①　《少年军》，载《民立报》，1911 年 4 月 21 日。

②　《小国民之爱国热》，载《民立报》，1911 年 7 月 30 日。

③　《滇人不忍断送片马之苦心》，载《大公报》，1911 年 7 月 26 日。

④　《闽生之急迫呼号》，载《民立报》，1911 年 4 月 10 日。

⑤　《学生军之萌蘖》，载《民立报》，1911 年 4 月 22 日。

泪而返"①。云南、湖南、广西及东北等地的学生，在群情激昂中更显锋芒。例如，"湘省风声所布，颇有提倡是说者，而尤以学界为最甚"②。在云南，学生的活跃激进与谘议局士绅商人的懈怠冷漠形成鲜明对照。留日学生代表在保界会召集的一次会议，竟然只有 5 人到场，令满腔热忱的代表不禁痛哭失声。河南、四川等省的旅沪学生也及时通电本省，呼吁组织民团。可以说，在反应普遍之地，学界更强烈，在反应迟钝之处，学界最敏感；有学界响应他界观望之地，无他界活跃学界沉寂之所。

第三，积极要求军训，努力掌握武装。

东京和上海国民会均提出"各校须注重兵式体操"③ 的动议，并确定为行动重点。各地学生对于此举"尤为赞助不遗"。奉天学界议决："提倡各学堂一律改演兵操"，"一律改穿戎服，以便鼓荡尚武之志气"。④ 在学生的强烈要求下，该省中学以上学堂全都"改习陆操战术，视为必修之科"⑤。湖南虽未能成立国民会，但学生向各校遍发通告，要求添加兵学课程，并发给枪械，演习兵操。提学使闻讯大惊，下令严禁。而各校学生联络一气，坚持前议，"务以得达目的为限"⑥，巡抚不得不让步，满足学生要求。浙江两级师范学生在校友会中加设军学部，由体操教员义务任教，课余练习兵操及野战勤务，并拟联络全省学界群相提倡，"以养成少年军资格，而必达人尽能兵之目的"⑦。云南学生不仅积极从事军事训练，还有数十人要求参加新军，充当目兵。就连处于官府严厉控制下举步维艰的江苏学界，也有一些学堂开展了射击等项军事活动。"素以文弱"著称的两江师范学生，"竟一跃而强乎健儿"。各校"闻风兴起者颇不乏人"⑧。"凡在中等以上学生，

① 《闽人对外人之风云》，载《民立报》，1911 年 4 月 23 日。
② 《湘政界之过眼风云》，载《民立报》，1911 年 4 月 10 日。
③ 《中国国民会议案》，载《民立报》，1911 年 4 月 24 日。
④ 《尚武精神入满洲》，载《民立报》，1911 年 5 月 20 日。
⑤ 《和平之真诠》，载《民立报》，1911 年 4 月 16 日。
⑥ 《湘政界之过眼风云》，载《民立报》，1911 年 4 月 10 日。
⑦ 《少年军》，载《民立报》，1911 年 4 月 21 日。
⑧ 《学生军之造胎》，载《民立报》，1911 年 4 月 16 日。

于本堂正课外，复多讲究武事"，并且领取枪支。① 由于保皇派的干扰，1903 年的学生拒俄义勇队未能与国民总会有机结合，而国民军则直属国民会领导。学生们以充当准军事组织的主角来表达其激进情绪和要求。这些充满民主思想、掌握军事知识和武器装备、受过训练的有组织青年担任国民会的行动队，使其政权机能更趋完备，对清朝统治构成严重威胁。

四、相互吸引与双向互动

国民会（军）得到学生广泛而热烈的拥护响应，有其深刻的社会历史原因。国会请愿失败后，学生的激愤情绪郁积于心。亡国惨祸迫在眉睫，非革故鼎新无以图存；内政改革遥遥无期，非合群自救无以应急。学生们认识到："以外缘压迫遭触之变异，内部性能不能不变其生机构造，以御抗外境之冲激"，因而均"持普变竞存之义"。他们变革内部构造的方法，不是请愿要求清廷更新，而是试图强制排除统治者的干涉，建立自己的权力机构。虽然形式上仍继续走外部分权之路，但要做到外抗强权、内拒专制，实力后盾的有无强弱，效果作用大不相同。正如学界联合会所说："谛审隐况，确定国是，欲获健硕碉固之国疆，必先有伟悍不挠之武力，以夷平外迫，澈贯畛域，摄络主权。"② 这种不受清政府支配制约，又有很强实力的独立民间权力机构，可以使学生抒发郁情，发泄积愤。国民会（军）的出现，刚好顺应了这一趋向。该会发起者的思想心绪与学生贯通契合，他们说，依据常理，"民为国本，国即民身"，"积民为国，无所用其会也"。③ 但"醉生梦死之政府，言宪政则因循苟且，办外交则畏葸退让，借洋债则志在必得，兴路矿则金钱是卖，而惟坚持防家贼之谬说，务弱民气以尊主权"，"必使之束手缚足就毙于外人刀俎之下而始以为快"。"消耗

---

① 《学生之缔制》，载《民立报》，1911 年 5 月 16 日。
② 《中国学界联合会序》，载《民立报》，1911 年 5 月 27 日。
③ 《国民总会宣言书》，载《民立报》，1911 年 6 月 15 日。

吾民之血汗而曾不能保护吾民之生命财产，是已失其国家之资格。"①
绝望于政府，便寄希望于民众。可是，由于专制统治的压抑束缚，国
与民不相联属，民与民不相维系，"国愈弱而民益弛其责"。这样，一
方面专制横行无忌，"民于是国，不知爱护，专制之毒，思之可怖"②，
另一方面列强恣意侵蚀。内忧外患，催人猛省，"非国民自身具独立之
精神，一致之决心，秣马厉兵，以为之备，不相牵以没不止。以是众
口一辞，有国民会之倡设"。国民会确定宗旨为："一、救国之义，以
战斗为基础，蹀血腥而起立，以武装而和平。二、救国之任，负之自
民，以公意为导，以公权为守。三、救国之行，期于一致，以联合为
基，以并进为鹄。"国民会还规定了四种进行方法：第一，设立国民会
倡导一切；第二，倡兴地方公会能力以提挈全体人民；第三，组织正
式联合机关；第四，筹办国民军。③ 活动重心无论从宗旨倾向还是行
动方略看，都完全放在增强民众的实力之上。

从实际进行情况看，国民会在上海设总部，各省各埠设分会，而
各省又以省垣为总机关，外府为分支机构，这样层层相属的组织系统，
将分离涣散的各阶层民众结合为统一有序的政治势力，形成具有内外
职能和实际社会控制力的民间权力机构。它对外公开宣称"自求为外
交之主体"，即"以商务、工业、学术种种诸方面，组织国民的团体以
与外人为直接之交际，而无俟听命于政府"。④ 虽然没有直接涉及政
权，但这种民间外交主体的出现，就是政治权力转移的表现，所谓商
务、工业、学术，显然包含路矿利权和国际条约。在内政方面，该会
虽公开声言"非吾人所问"，但同时又表示："然而朝局政态，日就欺
罔，凡吾民前此所要求之条件，日渐发表，非但不能慰情胜之切，而
荒淫偷窃，甚于畴昔。此益可以坚国民自卫之心，而不敢冀政府之有
以福我。是其反激，正我国民会之后援旁助，而代我说目者也。"⑤ 显

① 无妄：《伟哉国民军》，载《大公报》，1911 年 3 月 14 日。
② 《国民总会宣言书》，载《民立报》，1911 年 6 月 15 日。
③ 《为国民会事敬告全国父老兄弟》，载《民立报》，1911 年 6 月 10—13 日。
④ 练：《论国民当求为外交之主体》，载《民立报》，1911 年 8 月 21 日。
⑤ 《国民总会宣言书》，载《民立报》，1911 年 6 月 15 日。

然该会绝非不问，只是不与清政府公开争辩，而径自以民间权力取而代之，以民众自治与清廷专制相抗衡。国民会的政权功能，正是建立在拥有军、政、财、外交等项实权和能够控制社会的组织系统的基础之上。

中央集权与地方分权的双向移动，在近代中国社会变动中具有特殊复杂性。传统社会集权统一与分裂割据的矛盾仍然在继续，又出现了中央专制与地方自治的对立。后一趋向反映了地方绅商权力地位的强化提高，他们要求减轻政府的直接控制，参与地方政权，以维系、巩固和扩大其既有的地位权利。不过，要彻底摆脱在专制体系内分权与集权、统一与割据的循环，民间政治实体的内在结构必须贯彻民主原则与制度，从而形成社会制衡机制。湖州国民分会成立时，归国代表特意声明：该会与前此之尚武公会不同，"前会不过强身体防盗贼"，"今宜认定'国民'二字，为国防问题、民族竞存而发生者"。① 而"国民之要，在人权二字"，"无人权思想则不得谓之国民"。民间权力机构就是要集平等自由的人权为民主自治的民权。国民会成立之日，人们纷纷赞道："今日国民成立大会，可谓中国国民第一纪念日。"②"今日开幕，国事存亡，惟贵会之实力是赖。"③ 这种以"人权"为基础的民间政治实体，要求权力来源与权力结构的根本改变，而不是权力重心的简单转移。

国民会表面承认清政府，实际上不仅认定其不能维护国家民族利益，而且是民众合群自保的严重障碍。这种只承认其存在的现实性而否定其合理性的态度，与维新立宪派的双重承认也有明显甚至本质的区别。当清政府阻挠国民会活动时，有人愤然指出："将欲请承国会，则政府指为浮嚣，将欲扩张民权，则政府疑为抵抗，欲合团体以谋自保，则政府加以煽乱之诛，欲伸公愤以折强邻，则政府责以排外之罪。""吾不解政府何厚于外人，何仇于国民，而不恤倒行逆施如此

---

① 《国民尚武分会成立记》，载《民立报》，1911 年 7 月 28 日。
② 《国民会成立记》，载《民立报》，1911 年 6 月 12 日。
③ 《专电》，载《民立报》，1911 年 6 月 12 日。

也。"① 表面承认是权宜之计，只要"政府不阻挠，则办事自好着手也"②。而要实现真正的宗旨目标，"必求之公意，成于众力，掌以公权，为政府官吏所不能为，为保固邦本所必宜有事。其对于政府，不为异变以肃其心，不为附随以厉其行"③。以民众为后盾和依靠，坚持"吾民自出其力，自保其生命财产，以保国家之生命财产为唯一之目的。政府而阻挠我也，不必因此而生畏缩心，政府而赞助我也，更不必因此而生倚赖心，作一日国民尽一日国民之义务，苟利国家，死生以之"④。不畏缩不依赖，对政府的独立性表现得相当彻底。有人更明确指出："二十世纪之中国，非武力不足以立国，非铁血不足以图存。""贼民之官吏不可恃也，弃民之政府不可恃也，渺茫之国会不可恃也，伪行之立宪不可恃也，可恃者吾民而已，可恃者吾民之武力与铁血而已。国民会也，商团联合会也，学界联合会也，敢死团也，义勇队也，少年军也，轰轰烈烈，翘翘皇皇。虽其间有已成未成有成无成之别，然要皆足以表证吾民武力与铁血之真精神者也。"⑤ 以国民会取代和否定清政府的意向跃然纸上。民众有了自己的权力代表，就不再需要异己的统治者，凌驾于社会之上的专制政府成了社会的赘物毒瘤。在行动方略上，该会明确规定："不得再请国会。"⑥ 这固然是为了避免与当局在此问题上冲突纠缠，但也反映出，含有承认清政府存在合理性意味的国会请愿，不仅作为政治行动纲领已失去号召力，甚至连策略意义也不复存在。

在具体筹办过程中，国民会组织者们的态度行为反映了上述变化。例如，在程序上士绅主张"先呈递章宪，俟其批准，始有效力；而代表则主张先组织筹办机关"⑦，不理会官府是否允许。个别人谋诸地方

① 梦幻：《呜呼国民军》，载《大公报》，1911 年 4 月 6 日。
② 《留学界空前大会》，载《民立报》，1911 年 5 月 4 日。
③ 《为国民会事敬告全国父老兄弟》，载《民立报》，1911 年 6 月 10—13 日。
④ 无妄：《伟哉国民军》，载《大公报》，1911 年 3 月 14 日。
⑤ 永江：《提倡尚武精神说》，载《民立报》，1911 年 4 月 28 日。
⑥ 《中国国民会议案》，载《民立报》，1911 年 4 月 24 日。
⑦ 《军国民轰天震地》，载《民立报》，1911 年 7 月 7 日。

官被拒，人们奚落道："以国民事业而与奴隶知县谋，何见之浅耶？"①思想上皇权与民权的对立，外化为官民间的严格分界，人们虽不能立即打倒皇权，却坚决排斥官权。在国会请愿失败，武装起义受挫，而民族危机加剧，社会矛盾激化的形势下，民间分权实体的出现，使广大青年学生变革救亡的焦虑心情有所寄托，对他们产生了极大的吸引力。国民会以人权为基础的组织原则，以独立为宗旨的政治态度和以尚武为手段的斗争形式，更与青年学生的内心追求相印相通，因而双方一拍即合。

学生的积极响应与国民会的有意争取相辅相成。国民会既然把重心放在民权合群方面，就不能不特别重视学生的作用。为了"取诸人人之怀中而尽其固有之良知良能"，"实行国民应尽之义务"，它规定："凡年在十五岁以上，赞成其宗旨者皆可为会员。"② 首先在原则上恢复学生被剥夺的国民资格及其权利义务，进而在行动方针上确定以学生为重点发动对象。该会议案中专列有学堂增设兵操，以及在各府州县设立与工团、商团、农团并行的"学团"③ 等项内容，希望学生发挥先锋作用，"合同学子，督勉国人，展发热力，贡献国家以药砭"④。这样，国民会（军）不仅以民主、爱国、尚武、独立的形象博得了学生的赞赏，而且以积极主动的姿态赢得了他们的信任和拥戴。

五、帷幕后的革命预演

国民会得到学生的全力支持还有一个潜因，即蕴藏其中的革命精神和组织动力。表面看来，国民会与历次反帝爱国斗争一脉相承，没有显著区别，实际上，此前的救亡运动只是广义上属于民主革命范畴，而国民会则是帷幕笼罩下革命的直接预演。

国民思想本是容易导致共和革命的政治观念。从理论逻辑意义看，

① 《嵊令仇视国民团》，载《民立报》，1911 年 8 月 6 日。
② 《国民会成立记》，载《民立报》，1911 年 6 月 12 日。
③ 《国民尚武大会记》，载《民立报》，1911 年 7 月 6 日。
④ 《学界联合会敬告国人》，载《民立报》，1911 年 5 月 28 日。

国民是国家主人，政府为国民公仆，国家事务应由国民决定，政府不过是执行机构，其自身的存废亦须取决于国民。从现实上看，清政府专制腐败，丧权辱国，非但未能履行国家职能，反而成为民族独立与兴盛的障碍。前提具备，余下的只是简单推理和心理突破。狂热鼓吹过国民思想的梁启超及其追随者们，也不免受自己理论宣传内驱力的促动，曾一度情不自禁地倾向革命，只是在祖师爷康有为的训斥胁迫之下，才驻足不前，临歧而返。也许由于礼教忠孝观作祟，康有为不忍背弃有恩于他的明君，梁启超则不忍反对有教于他的师尊。但要在国民思想体系中为皇权帝制保留一席之地，也难为了梁启超这位才子，他不得不常常自我解嘲似的曲意辩解，显出师徒之间的思想间距。而未沾"龙恩"点滴，却大受专制之苦的青年学生，更难容忍在这个马厩牛圈继续存身。在国民思想影响鼓动下奏响的国民会第一乐章，就是金鼓齐鸣的革命进行曲。此后，思想激进的青年学生无不以国民自命，日益扩大的影响还渗入革命党的政纲之中，同盟会的《军政府宣言》即以"国民革命"为口号，而用"中华国民军"作旗帜。1903年的国民总会在革命分子影响下，也闪现出激进火花，温和派要改变组织的政治宗旨，就不得不连名称一并更换。国民思想在传播中与学生关系日益紧密。梁启超在鼓吹国民思想最为狂热的时期，很自然地对中国民主化的青年先锋寄予厚望。一旦退缩，他对学生的态度也立即改变。不过，理论一旦形成，就有其相对独立性。创立传播者不辞而别，理论固有的特性并未随之消失。国民思想的革命内涵在梁启超告别共和后依然熠熠生辉，鼓舞和推动广大青年学生与君主专制进行斗争。国民、学生与革命，构成民主化进程从思想到组织再到运动形式的联系环节。

1911年的国民会不仅客观上具有革命内涵，而且是在革命党人有计划有目的地发动组织下产生和形成的。它负有公开反对列强侵略，秘密联络力量，配合响应广州起义的双重使命。政治上坚定彻底的独立姿态，与组织上的革命动力和中坚密切相关。1911年1月，同盟会在香港设立负责筹备广州起义的统筹部，派熊越山赴东京主持工作。熊担任中国留日学生总会干事长后，与同盟会东京本部负责人刘揆一、李肇甫等人一起，发动留日学生组建国民会。在成立大会上，刘揆一、刘贵炎、陈策、何畏、夏重民等同盟会会员相继演说。该会理事长即由同盟会书记部书记李肇甫担任，4 位章程起草人也都是同盟会会员。他们借留日学生归国组建国民会为掩护，将革命骨干派往国内各地，发动和联络力量，响应广州起义。有案可查的 27 位正式归国代表中，同盟会会员占 18 人，还有一批同盟会会员则借机潜回国内。①

　　大批革命分子归国和起义紧锣密鼓地筹备，惊动了清政府，使其嗅出二者之间存在联系。尽管同盟会会员竭力避免让国民会的反清革命意图表象化，但很难保证滴水不漏。当广州起义已如箭在弦上之时，4 月 21 日东京国民会举行大会，留日学生的革命激情如火山喷发，倾泻而出，他们争相登台，痛斥清政府"直外人之走狗，直瓜分我国之戎首耳"，并公开表示："吾骂外国，吾不能不先骂政府。"既然"满洲政府之虐待我断送我如此其甚，我辈尚不与之断绝交涉乎？"因此他们大声疾呼："学葡萄牙人，整起精神，把那一般卖国贼杀尽。"有人倡言组织暗杀团；有人提议，"全体归国，运动劳动人起而反抗政府"，争取美国"赞助我独立"。② 台上台下，群情激昂，一片沸腾。国民会揭出与同盟会革命方略相同的"国民军"旗号，绝非偶然巧合，也不单是心有灵犀一点通，它把学生与革命党、爱国青年与起义将士联结成有机的整体。大批青年学生正是在这一旗帜的引导下走向革命的。

　　为了便于在国内站稳脚跟，与社会各界建立广泛联系，东京国民会规定：归国代表"不得煽动革命"③。但这只是对公开活动的策略性限制。实际上，代表们肩负秘密使命，他们依据具体环境，分别开展了不同形式和程度的革命活动。因此，各地国民会的性质并不一致，大体可分为几种类型。其一，归国代表与当地同盟会会员结合，使国民会成为团结各界人士的政治联盟和同盟会的外围组织。这种类型以上海国民总会和江西、福建国民分会为典型。中国国民总会会长由同

---

　　① ［日］小岛淑男：《中国国民会与辛亥革命》，见《辛亥革命史丛刊》编辑组编：《辛亥革命史丛刊》第 6 辑，258～267 页，北京，中华书局，1986。
　　② 《留学界空前大会》，载《民立报》，1911 年 5 月 4 日。
　　③ 《中国国民会章程》，载《民立报》，1911 年 4 月 24 日。

盟会会员沈缦云担任，39 名干事中同盟会会员 11 人，其中主管实际事务的 4 名庶务干事中，有 3 人是同盟会会员。所以后来该会宣称：成立时即"坚抱编练民军，改革政府之主义"①。江浙两省的国民分会是上海总会的直属机构，江西国民会则是上海总会为响应武昌起义而派人前往组建的。福建国民会的骨干也大都为归国和国内的同盟会会员。其二，借国民会的名义公开发动联络各界民众，并以此为掩护，秘密组建同盟会机关，如云南、山东。山东归国代表丁惟汾和云南代表杨大铸、王九龄等人分别负有"密组机关部"② 和"团结全省民众，推倒云南政府，实行革命"③ 的使命。他们一面公开联合各界人士组建国民会，一面暗中发展革命势力。其三，单纯从事爱国救亡斗争，组织与个人均未开展革命活动。尽管如此，由于全局形势及东京、上海总会的影响，国民会作为民权的代表机构，仍与清政府尖锐对立。矛盾激化到了必须以对抗形式彻底解决的临界点，不能不外化为实力较量。虽然有人还在唱着"嚣张之气不可长，而锐进之气不可忘"的陈词滥调，把"少年豪侠"那种"时悬一推翻政府之意想"的激烈倾向认作"不能忍小忿而就大谋"④ 的盲动，但社会思潮的主导趋势已在激励人们突破"畏政府"的心理。广东留日学生的广民会发布《为国民会事敬告全国父老兄弟书》，指出：如清政府"执其顽迷，妄欲害此"，"是则我侠士雄夫所必不许，是则我父老兄弟当更操其决心前仆后继以求此义之实行，是则某等将不惜其志士之血，激为群义之光，庄严而致之日月光辉之下"。⑤

国民会难以掩饰的革命色彩使国内外舆论不约而同地看到了它与反清革命的密切联系，认为清廷"犹猿防不已，继以压制，则国民之气愈挫而愈厉，政府之力愈用而愈衰，恐英伦巴黎之惨剧，不免重演

①　《国民总会职员会》，载《民立报》，1912 年 2 月 11 日。

②　《丁惟汾》，见中国国民党中央委员会党史史料编纂委员会编：《革命人物志》第 1 集，台北，"中央文物供应社"，1969。

③　张大义：《同盟会云南分部之成立及其活动》，载《开国文献》第 1 编第 12 册。

④　《论民气消极之可虑》，载《大公报》，1911 年 9 月 11 日。

⑤　《为国民会事敬告全国父老兄弟》，载《民立报》，1911 年 6 月 10—13 日。

于我邦"①。特别是对以青年学生为基干的国民军，几乎将之视为革命的预备队。俄国革命党人预言："现在中国成立各民团，组织国民军队及体育会等，将来若与新军联合，举行革命，曾与政府大有关系。"②《盛京时报》也说："近时中国每有革命党之举动，一旦民兵练成，恐与有影响。今中国特教练民兵，不啻自寻纷扰耳。"③ 守旧势力对此更为敏感，有人惊呼："今日国民军成立后，倘亦不服训令，庞然自大，则其患更甚于敌兵。"④ 革命与反革命争夺的焦点之一在于武装，民众试图建立新型自动武装组织，去反对统治阶级作为国家主要强力工具的特殊武装队伍，这一行动不仅出现于辛亥革命中，而且在预演阶段就登台亮相，敲响了清朝暴政的丧钟。

事态的发展果然印证了人们的预见。由于广州起义仓促发动便遭失败，各地国民会又遇到重重阻碍，进展不一，发动民众响应首义的具体计划未能实现。清廷对学界更加担忧畏惧，进一步全面加强控制，取缔一切尚武活动，使国民军陷于停顿，国民会也面临困境，只能勉强支撑。但民主尚武的巨大热情已汇入反清革命洪流，推动革命力量迅速发展壮大，形成总决战态势，只待导火引爆。广州起义失败后，广东出现以"中国大汉会"名义发布的公启，宣称："国民军起，出师堂堂，建立民国，光复家邦，不设地王。"⑤ 国民军成为各地义军普遍采用的正式旗号，既是同盟会《革命方略》所规定，也是由于国民会的广泛影响。在各省光复中，国民会及其附属团体发挥了重要作用。上海国民总会和模范体操团在"东南光复时尤著伟功"。中华民国成立后，"该会职员大半服务临时政府"⑥。由同济德文医学堂学生朱家骅、邵骥等人发起，附属于国民会的敢死团，在南京、汉口、广州、昆明等地密设分团。辛亥革命时该团成员组成学生军，随黄兴驰援武汉。

---

① 无妄：《论政府猜治国民之非计》，载《大公报》，1911 年 4 月 1 日。
② 《俄民党之论中国》，载《盛京时报》，1911 年 5 月 7 日。
③ 《国民军》，载《盛京时报》，1911 年 5 月 7 日。
④ 《敬告》，载《刍言报》第 38 号，1911 年。
⑤ 《广东官场之对头》，载《民立报》，1911 年 6 月 24 日。
⑥ 《国民总会职员会》，载《民立报》，1912 年 2 月 11 日。

江西、福建的国民会也是当地促成光复的主要力量之一。中华民国成立后，国民总会因"我会昔日既系由同盟会发生，是同盟会员所组织，两会之会员，犹一会之会员"，"总会发起诸君又皆同盟会之分子"，不必另立门户，遂将总部及各地分支正式并入国民党。①

利用兼有政党政权双重性质功能的民间社团，通过公开合法斗争发动民众，积聚革命力量，配合响应首义，这是同盟会战略决策的重大改进。尽管同盟会的领导层投入力量不多，思想重视不足，许多工作由东京本部和国内各分支会员自发进行，但毕竟是一项由领导集体决策，并通过同盟会组织系统（包括中部总会）加以实施的战略方针。在许多地方，同盟会机构和成员对此倾尽全力。就连对国内和平合法斗争一贯轻视批评的革命报刊也一反常态，《民立报》的态度在舆论界最为热烈，报道也最为详尽全面。由于和保皇—立宪派的严重政治分歧，同盟会长期对国内民主爱国运动冷淡隔膜，存在着把群众斗争与立宪派活动相混淆等同的模糊认识，缺乏必要的针对性宣传和组织引导，使之与革命运动有机地协调配合。尽管革命党人的活动对国内学生不断发动和长期坚持斗争有着重要的刺激推动作用，而后者对前者客观上也有所呼应，但双方行动的脱节毕竟分散了力量，使起义暴动缺少群众基础和直接响应，显出几分军事冒险色彩。而国内学生的民主爱国运动则带有一定的自发倾向。

随着国内民主爱国斗争的发展扩大，民众与清政府的矛盾日益尖锐激化，各种势力的态度差异逐渐清晰，以青年学生为代表的激进潜流日趋表面化，从而缩小了与革命运动的政治间距，思想沟通要求转化为行动结合，宗旨一致朝着组织联系发展。有鉴于此，革命党开始调整战略，力图把国内民主势力直接纳入革命轨道，使武装起义由军事暴动发展为社会革命。国民会期间，同盟会会员活动的重点不是争取立宪派，相反，在一般情况下反而有意避开立宪派领袖，直接发动青年学生和社会各界，试图利用和扩大他们之间存在的裂痕，改变国内合法斗争的原有结构组合，切断立宪派的指挥系统，接管领导权，

①　《江西国民总会致沈缦云函》《宁支部宰忠汉致总会函》，均载《近代史资料》1961 年第 1 期。

率领民众开展民主爱国运动，扩大自己在国内的社会基础，然后进一步削弱立宪派的影响，使和平斗争向反清革命过渡。这样，以国民会为起点，国内民主运动正式开始总体性脱离立宪派支配，逐渐接受革命党领导，进入双方协调配合的良性轨道。

从一定意义上看，国民会是同盟会对其社会动员组织和指挥能力的一次检验，为武昌起义后革命党人在光复中的决策方略提供了参照。尽管同盟会的战略转移太晚，组织实施又不够得力，仅部分实现意图，来不及树起声望超过立宪派头面人物的地方性领袖群，在争夺对国内民主力量领导权的斗争中占据优势，只能吸引原已倾向激进的青年学生，但学生的响应不仅直接扩大了革命党的群众基础，而且对其他阶层的民众具有影响和引导作用，这是辛亥革命成功的重要原因。中华民国临时政府时期，孙中山曾经表示：中华民国得到了必须得到的知识分子阶层的拥护，可以影响"总是跟着走"的群众。① 而国内外青年学生作为新式知识分子的主要成分，对此显然起着举足轻重的作用。就此而论，革命党后来一度失去群众，固然由于知识分子与下层民众有所距离，当革命氛围淡化消失后，前者激进情绪的社会鼓动效应大为降低，但更主要的是因为革命党未能有效地巩固和发展它与新式知识分子的相互依赖关系，使得这一与之联系最为紧密的社会群体大失所望，弃之而去，自己陷入孤立状态。

国民会的三部曲变化，显示出清末十年间同一时代主旋律经过反复变奏而不断强化的历史进程，国内民主运动激化与革命党的活动发展互为作用，学生与革命党人的政治共识逐渐形成并不断加强。认识深化与范围扩大，都是革命形势上升发展的标志。学生们尝试过一切在暂不触动清王朝的条件下救亡振兴的努力，结果一无所成。经过国民会民主、独立、尚武之风的熏陶训练，他们终于在革命浪涛汹涌而来的时刻，吹响了学生军威武雄壮的冲锋号角。

① 中国近代经济史资料丛刊编辑委员会主编：《中国海关与辛亥革命》，133页，北京，中华书局，1983。

第八章　学生与反清革命

　　作为激进民主势力，国内学生的各种活动客观上一直为反清革命创造条件，并日趋紧密地与武装反清协调并进，成为冲击清朝统治的第二战线。然而，殊途同归只是就和平方式而言，在层层涌进的学界救亡变革浪潮之中，始终奔腾着一股革命激流。学生与革命党的直接关系，既是学生活动的重要方面，又是革命运动的有机组成部分。

一、革命党的战略思想及其在学界的活动

　　学生与革命运动的关系，受革命党对国情的认识及其战略决策的影响支配。在后者看来，中国社会分为上中下三层，上层已经腐败，下层愚昧无知，启蒙去腐的历史使命只能由中层肩负，而学生便是能担此重任的主要角色。同时，革命党自己也大都是学生，身份近似性更使他们对学生有所偏倚。同盟会是辛亥革命时期领导和影响革命运动的主要团体。该会集国内各省学界精英而成，对学生尤为重视。1906 年，同盟会重要领导黄兴在《民报》周年庆祝会上发表演讲，引证了欧洲革命与日本明治维新"是学生担任去做的"实例，呼吁听众"莫要说今日做学生的时候，是专预备建设的功夫，须得要尽那革命的责任"。[①] 这番话明确表达了同盟会战略上对学生的倚重态度。

　　公开演讲毕竟比较抽象，而且对象又是留学生。同盟会组织松散，几度分裂之后，更是群龙无首。其在国内的分支及附属团体认识不尽

---

　　① 民意：《纪十二月二日本报纪元节庆祝大会事及演说辞》，载《民报》第 10 号，1906 年 12 月 20 日，23 页。

相同。而同盟会以外的革命组织也态度各异。一般而言，革命党在国内选作发动对象的主要是新军、学生和会党，其战略思想的组织体现，就是如何处理三者之间的关系。总体上看，他们以学生为宣传发动骨干，并承担革命的指导和成功后的建设之责，而以新军、会党为武装斗争的主力。由于学生的作用无法取代，对该群体的态度没有直接分歧，但在新军、会党的侧重上则差异较大。同盟会、光复会、共进会都曾以会党为工作重点，只是在屡起屡败的教训下，才将目光逐渐转向新军。只有湖北文学社系统一直注重新军。会党、新军成分不同，战略要求各异，二者的轻重取舍，将间接影响对学界的倚重程度。此外，各地社会环境、历史条件千差万别，三种势力的状况与比重不同，也导致各地革命党对学界态度的变化，形成战略总方针基本一致下的诸多分歧，影响着学生与革命运动关系的具体形态。在会党势力强盛之地，革命党对会党寄予厚望，而在新军倾向开明之区，则以军队为发动重点。同为共进会，在四川和湖北就有不尽相同的战略眼光。随着新军力量的增强和素质的改善，革命党愈加感到争取这支新式武装的必要。而新军自身也朝着有利于革命的方向转化，其中的重要条件之一，就是新军中学生比重的增大与结构的变化。由于新军组建进度不一，在量的积累未达到压倒旧军优势的地区，即使将新军全部争取，亦无济于事，因此个别地方的新军尚未引起革命党的重视。北方各省的旧式教门愚昧落后，新军又被北洋集团严格控制，革命党虽经艰苦努力，仍无法打开局面，只得固守学界。

从区域形势看，革命党与学生的关系主要有如下类型。第一，以学界为立足点和活动基地，如湖南、山东，革命势力一直集中于学界，河南、直隶等省情况类此。一般而言，以学界为主是发动阶段，1906年至1908年最为突出。学生思想开放，易于接受革命宗旨；革命党人与学生具有相似性（即年龄、能力、智力、经历、学历等一致性和共同性），容易沟通感情；学生与社会各界的联系既广且密，又有学校为合法掩护，便于组织联络，聚集力量。因此，革命党人往往以学堂为秘密机关，湖南的明德、唯一，安徽的尚志、安徽公学，山东的东牟、震旦，陕西的健本，河南的中州，浙江的大通、明道，四川的东文、叙属、崇庆中学，广东的南武，上海的爱国女校、中国公学，云南的讲武堂，保定的育德，天津的北洋女师，广西的梧州中学等，均被人们誉为"革命胚胎之地"①。特别是在相对闭塞的基层社会，革命党更加倚重学界，府厅州县以下的革命机关大都设在学堂。第二，立足学界，争取会党。革命党以武力反清为主要活动形式，不能只靠学生从事小规模暗杀。会党拥有武装和一定的组织，是现成的行动力量，但缺乏进步宗旨和近代意识，成分复杂，破坏有余，建设不足。同盟会成立之初就提出："必其联合留学，归国之后，于全国之秘密结社有以操纵之，义旗一起，大地皆应，旬日之间，可以唾手而摧虏廷。"② 当在学界站稳脚跟，聚集起一定力量后，四川、浙江、东北等地的革命党便着重发动会党，利用学生与会党的既有联系，或鼓动学生直接加入会党，以便掌握和改造。第三，以新军为主，军学并重，这是组织准备的成熟形态。其中又可分为两种形式，湖北以士兵为重点，兼顾学界，广东、云南等省则着重利用官佐，特别是通过军校生的毕业任职来争取和掌握新军。据统计，仅由同盟会会员任职任教的军事学堂即达 30 所，占总数的 2/5 强。③ 云南讲武堂学堂，江宁水陆师学堂，浙江弁目学堂，保定陆军速成学堂，南京第四陆军中学以及湖北、广西、云南的陆军小学等，都成为新军革命的摇篮。军校生是近代中国学生群体的重要组成部分，革命党的倚重，表明即使在武装行动方面，学生的作用仍不可忽视。不过，利用军校毕业生来控制新军虽不失为捷径，基础却欠稳固。第四，军、学、会党三足鼎立，各有分工侧重，浙江、陕西、甘肃等省较典型。该形态在辛亥革命前夕最为普遍，实际是前三种类型的混合。

由此可见，无论革命党人的战略方针如何分歧变化，学界始终是

---

① 陆殿舆：《清末重庆府中学堂》，见中国人民政治协商会议四川省委员会、四川省省志编辑委员会编：《四川文史资料选辑》第 13 辑，51 页，内部发行，1964。

② 《程家柽革命大事略》，载《国史馆馆刊》第 1 卷第 3 期。

③ 周兴梁：《武昌起义前同盟会在国内的活动和斗争》，见中南地区辛亥革命史研究会、湖南省历史学会编：《纪念辛亥革命七十周年青年学术讨论会论文选》上册，274～288 页，北京，中华书局，1983。

其重要的依靠力量，或者说他们不可能完全脱离学界展开活动。辛亥革命不同于历史上的农民战争或近代民众反帝斗争，只有民主与科学培养起来的一代新人才能掌握方向与性质，不仅以武力反对腐朽的清王朝，而且以文明民主反对愚昧专制。因此，民主与科学色彩最为鲜明的学生自然得到革命指导者的高度重视。据不完全统计，仅同盟会会员在国内创办和任职任教的各级各类学校即达 155 所（不含军校），分布于全国 20 个省区的城市乡镇。革命党人或直接吸收学生加盟，如武昌的共进会和文学社在方言、工艺、矿业、铁路、测绘、师范等 12 所学堂设有代表，因为在秘密状态下能够大批量地扩展组织，只有学界和新军；或通过骨干建立外围组织，及利用公开社团，以吸引广大青年。云南公学会一度在 60 余县设立分会。有时一所学堂中几个团体并立，以便发动各类学生，如湖北陆军三中的撼怀诗社、竞存社，洛阳小学的自治会、时事评论会等。有些组织则跨堂而立，如保定共和会吸收了育德、高等师范、高等农业、法律、陆军中小学等校学生，贵州历史研究会由陆小、公立中学、优级师范选科等校学生共组。其他如安徽合肥学会、云南三迤总会、天津克复学会、黑龙江新民爱国会，都成为区域性革命外围团体。

除组织联络外，革命党还以各种形式向学生宣传爱国革命，启发反清意识，灌输民主思想。他们凭借课堂讲坛，或公开宣讲民主革命的理论史实和著名党人的事迹主张，或借古讽今，诱发学生的"反满"情绪和对专制皇权的仇恨心理。他们不仅改换正课内容，还出题令学生畅抒己见，或课外集会演说，或以郊游、实地考察名义，凭吊民族英烈，唤醒种族意识。杨毓麟在北京译学馆教授国文时，"学生课卷有稍合革命主义者，虽文词草率，辄奖励之；有颂扬君后而抬头书写者，必勒抹而痛斥之"①。同时，他们十分注重传播媒介的功效，鼓励学生阅读各种"反满"革命书刊。

多方努力下，学界革命化由认识进入行动阶段，青年们担负起宣传、组织、联络工作，并在历次起义暗杀的枪林弹雨、刀光剑影中留

---

① 蔡元培：《杨笃生先生蹈海记》，见《蔡元培全集》第 2 卷，118 页，北京，中华书局，1984。

下勃发英姿。特别是宣传联络方面，青年的作用更为显著。云南学生组织文明演说会，"每晚自携桌椅，在各通衢登台演说"①。各地学界编印多种革命书刊，广为散发，因此而遭清廷迫害事件时有所闻。更有借演剧向各界特别是下层社会进行宣传者。1911 年活跃于长江中下游的进化团，由来自四川、江宁、上海、杭州、湖南、江西等地 17 所学堂的 20 名学生和 5 名留日学生组成，上演《东西风云》《黑籍冤魂》《劫余灰》《离恨天》《白山碧血》等剧目，"专以恣骂政界为主义"，在江宁、芜湖、安庆、武汉等地巡回演出，大受民众欢迎，"有劳动社会以数日之所积而购券入场，一扩眼界"。② 地方督抚赶紧以"肆意诋毁政治，毫无忌惮"③ 的罪名，取缔驱逐。一大批文武双全的学生活动于睡榻之侧，令清朝统治者如坐针毡。同时，国内革命党人逐渐意识到不能一味武装暴动而轻视排斥其他形式的斗争，也支持革命学生利用一切机会扩大影响，如策动罢课，打击学堂当局和地方官府，鼓动罢课罢市、抗捐抗税，将收回利权和保路运动引向革命，以及在国民会中积极掌握武装。尽管同盟会并未统一部署，多是会员自发的行动，但这毕竟是革命党人主观努力的表现。

二、学界革命倾向的普遍化

学界革命化不仅表现为革命分子及其活动的增多（相对说来，这仍是少数），更重要的是整个群体的强烈反清意向。没有正式加入组织的广大学生，思想也日趋"排满"革命，并且将内心希望显现于言行举止，形成以此为特征的小社会氛围。学生的道德标准、行为规范、价值观念发生根本转变，与专制统治的陈规截然相反，而与革命党的宗旨完全契合。一位道学家在 1909 年便忧心忡忡地说：自平等自由、革命"排满"之说倡行，"少年后学于古今之政术、中外之史书茫无所

---

① 张大义：《同盟会云南分部之成立及其活动》，见丘权政、杜春和选编：《辛亥革命史料选辑》上册，237 页，长沙，湖南人民出版社，1981。

② 《白山碧血》，载《民立报》，1911 年 4 月 28 日。

③ 《进化团之人物志》，载《民立报》，1911 年 8 月 5 日。

知，一闻其言，从风而靡"，"而其毒乃遍于学校，裂纲毁纪，视为当然，相习成风"。他举例证明道："有一人尝食于我者数载，平居固甚驯谨也。入军校数月，以假日来见，则革命排满，信口谰言。言之以严词，夷然答曰：'公无独责我也，全校皆如是；公亦无独责我校也，各校皆如是。使弗与之党，将不可一日容。势之所趋，非一二人能自立异也。公何独责我？'予闻此神为之噤。姑再询其状，则其言皆人之所不敢言，与人之所不忍言者。"清廷为培养奴才而设的学堂，不仅化为革命制造所，而且成了卫道士的禁地和坟场。

学界对于革命的态度由暗中同情到公开声援，进而有人敢于大声疾呼，再进而不谈革命则不能立足其中，专制权威扫地殆尽，正统观念变作异端邪说，革命与反革命在学界内部的尖锐冲突演变为学界与旧势力的公开对垒。这样，处于政治热点的学界又成为反清情绪扩散的重要渊薮，在其影响下，整个社会的观念行为准则都发生了强烈波动，所谓"邪说朋兴，是非倒置，而大防隳矣。犯上而死，美以烈士之名，创乱而诛，加以救国之誉。于古昔圣贤豪杰不能举其一二，而崇拜洪秀全、杨秀清，尊之为汉族之英雄；于西洲政治典章未尝窥其崖略，而推重克林威尔、段敦，师之为革命之鼻祖。久已习非成是，竟为倒行逆施。故此数年中，谋逆之为、兵变之事时有所见，时有所闻。事败伏诛者累累相望，而此响彼应，奔走呼号，谓为汉族复仇，代国民流血，天职所在，义当如此。患根遍布，随地萌生"。面对此情此景，这位卫道士不禁哀叹："呜呼！人人具无所不敢无所不忍之心，所至尚堪问乎？""妖氛戾气，遍布于人间，如种在田，终当萌蘖，岂特人心世道之忧耶？"[①] 他预感到清朝的垮台只是时间问题。这种末日将临的哀鸣表明，早在辛亥前三年，青年们不仅已经走完了对清政府由厌恶不满到仇视否定的心路历程，而且实现了群体心态的革命转化，企盼着新的民主政权诞生，并随时准备为此奋斗。清王朝的统治在学界失控，进而导致社会影响中枢的移位，这正是革命来临与成功的先兆。

---

① 《阅各报记兵警交哄事感言》，载《砭群丛报》第 1 期，1909 年 6 月。

典型事例从一般状况中得到了印证。学界革命趋向的普遍化具体表现如下。

第一，蔑视以皇权为代表的旧权威旧秩序。1908年，慈禧太后、光绪帝相继死去，清廷通令学界致哀百日，戴孝哭灵。然而，学生们把所发白布当作腰带或随地乱抛，祭灵时"不仅不哭，反而轰闹甚欢"①，"有的作鬼脸，有的拉拉扯扯"②，甚至于举哀之际哄然大笑。在场的提学使只能装聋作哑。江苏、广东等地学生干脆请假躲避。学生们印制的同学录，废光绪年号，用黄帝纪年，还有人故意经常大呼历代清帝的名讳。前此，慈禧太后的专制余威和光绪帝的明君残光使人们尚有所顾忌，而宣统小皇帝闹剧般的偶像统治撕破了皇权神秘的面纱。当学生们按例向摄政王怀抱三岁小儿像行三跪九叩大礼时，彼此一问一答地调侃道："假如宣统皇帝坐在金銮殿上哭起来了怎么办？""叫宦官在午门外去买一根麻花糖，不是就把他哄住了么？"③ 学生们不一定真懂民主共和学说或坚信"排满"革命宗旨，但不乏自由精神与科学新知，这使他们一反千百年来芸芸众生对皇权偶像诚惶诚恐地顶礼膜拜，把真龙天子与凡人百姓等而视之。皇权的灵光散去，革命狂飙必将迎面而来。

蓄辫是清王朝强加于每个臣民身上的物质枷锁，服饰则是专制等级秩序的重要体现。以国家主人自命，充满近代文明思想的学生对此深恶痛绝，公开斥责蓄辫为陋习，不断掀起剪辫易服风潮。早在1907年，云南陆军学堂学生就因此与当局大起冲突。1910年年底，社会矛盾急剧尖锐，学界突然爆发剪辫热潮。学生们乘资政院提出剪辫动议之机，争相传告动议已获批准，纷纷断发。风潮一下子波及京师和东

---

① 李健侯：《武昌首义前后忆事八则》，见中国人民政治协商会议全国委员会文史资料研究委员会编：《辛亥革命回忆录》第2集，82页，北京，文史资料出版社，1962。

② 萧华清：《一个县城学生看到的辛亥革命》，见中国人民政治协商会议全国委员会文史资料研究委员会编：《辛亥革命回忆录》第7集，368页，北京，文史资料出版社，1982。

③ 萧华清：《一个县城学生看到的辛亥革命》，见中国人民政治协商会议全国委员会文史资料研究委员会编：《辛亥革命回忆录》第7集，368页。

北、直隶、山东、两湖、江浙、两广、四川、云贵等十几个省份。学生们不仅身体力行，而且鼓动倡导。在上海张园剪发大会上，他们宣称，"吾人受发辫之辱二百余年矣，对于卫生对于操作对于经济均有所害。今日剪发之时机已到，但愿同胞快快扫此奇辱，以图自新"①，把除辫视为解放的先声。是日各界到会者达 4 万之众，"总而论之，剪发之举，官绅两界反对者多"，"商界则赞成反对者半，而实行者十中只有一二。学界则实行者竟十居八九"。"故会场中俨然满面以主人翁自命者，皆学界中人也。"②

统治权力的象征受到如此蔑弃，使清政府感觉到风潮中潜伏着严重危机。发型服饰体现了等级隶属关系，所谓"国家制服，等秩分明，习用已久，从未轻易更张"③，与专制制度根本相联，牵一发而动全身，清廷当然不肯退让，遂以"事关体制"④，下令严禁，并专门颁布对断发学生的处罚条令。正因如此，学生也不把剪发易服简单地视为一根辫子的去留和外形的改观，"而是不惜冒生命危险和清朝彻底决裂的表示"⑤。由此引起的冲突，便具有反抗专制统治的明确意义。学部禁令一下，北京各校学生联议决定，"以辫发至今日已成天然淘汰丑物，人人尽可自由剃去"⑥，罢课反对。奉天、黑龙江、湖北等省学生也罢课抗议当局对剪辫同学的迫害。同时，继起剪辫易服者益形踊跃。湖北两湖师范学生主张以全体剪辫来支持已剪同学，湖南等地学生则成立剪辫会，大张旗鼓地行动。甚至颁行禁令的学部尚书和各省提学使的儿孙子侄也在学堂纷纷割去豚尾。⑦ 在学界抗争下，所定惩治办法根本无法执行，当局只得步步退缩，由开除改为记过，又由记过而听之任之。

---

① 《张园剪发大会记》，载《民立报》，1911 年 1 月 16 日。
② 《记者之耳闻目见》，载《民立报》，1911 年 1 月 16 日。
③ 《剪发问题之解释》，载《民立报》，1911 年 2 月 12 日。
④ 《学使以空纸保头毛》，载《民立报》，1911 年 1 月 4 日。
⑤ 雷沛鸿：《同盟会在南宁的活动和广西独立前后》，见中国人民政治协商会议全国委员会文史资料研究委员会编：《辛亥革命回忆录》第 2 集，470 页。
⑥ 《学界对付学部之办法》，载《盛京时报》，1910 年 12 月 15 日。
⑦ 《剪发者多》，载《大公报》，1911 年 5 月 12 日。

　　黄花岗起义失败后，清政府在各地学界大肆搜捕革命党人，并再度严禁剪发，不少剪辫学生无辜受害。但失败噩耗使学生大受刺激，寻隙发泄怨愤，剪辫热潮进一步高涨。北京学生再度提出联合罢课动议。一时间，剪发学生几乎成了革命党的同义词。尽管剪发在当时具有一定的社会性，并不等于革命，但学生们表现出来的激愤情绪和对统治权威的轻蔑态度，却无疑是革命倾向加强的体现。对此卫道士从反面加以印证。有人说："剪发一问题也，全国之对于国家之制服，应听中央政府之命令，此又一问题也。无论专制政体，立宪政体，共和政体，皆不能越此范围，否则为乱国矣。今不敢剃发，而谨听中央之命令，于此法合也。而各报乃嘲之，而于任意剪发者反从而赞扬之，甚至于学部禁止学堂学生剪发反诟为野蛮，何其糊涂悖谬，一至于此。"① 事实上，剪发与抗命，正是学生对清朝统治的明确否定。革命者与守旧派从对抗的立场同时触及了行为表象的本质。

　　第二，公开同情革命志士，反对顽固官吏。清末数年间，几乎每一位革命烈士都成为青年学生疯狂崇拜的偶像和竞相仿效的"角色模式"。他们举行各种悼念活动，表达敬仰缅怀之情。1906 年，湖南长沙万余学生在同盟会会员的组织领导下为陈天华、姚宏业举行公葬，并"议为陈、姚二烈士各铸一铜像，以标乡望而励群儒"②，与当局发生大规模冲突。浙江光复会起义失败后，在清政府残酷镇压的血雨腥风中，学生们毅然为秋瑾集资修墓。同时，"学界风潮大起，咸抱不平，其播为诗歌，传作告启者，载在各日报中，连篇累牍"，齐声痛斥清廷"野蛮"。③ 学生王熙普特将此案"演成戏本，广为传颂"④。这些行动虽然并非公开以革命名义进行，且往往把官府所加罪名说成"诬指"，为受害者鸣冤，但陈天华、秋瑾的言行著述在湘浙学界流传已久，呼冤显系寻找合法抗争的依据。1910 年广州新军起义失败甫一

---

① 《记怪》，载《刍言报》，1910 年第 10 号。

② 《湘学界为陈姚铸铜像》，载《大公报》，1906 年 7 月 13 日。

③ 遇知氏：《读〈查缉党人勿妄株连折〉注》，载《大公报》，1907 年 8 月 21 日。

④ 《秋瑾案之余波》，载《大公报》，1908 年 10 月 20 日。

月，高雷廉琼钦罗蛭阳八属学会和惠州、潮州、嘉应州学会便联合发起，邀集全省学界于 3 月 13 日"公订追悼日期"，"以恢复军人之荣名"。受此鼓动，粤商自治会亦于 4 月 3 日集会要求"维持新军前途"①，更是名为呼冤，实则控诉。这种毫不掩饰的对抗，引起强烈震动，当局急令各校严禁学生赴会。特别是黄花岗起义后，全国学界激情暴涨，立志复仇。云南学生悲愤交集，有人梦中频呼："中国亡矣！"② 在碧血黄花的广州，时隔不到两个月，即有女学生携花圈花球到烈士陵墓祭奠，"行鞠躬礼，欷嘘流涕，徘徊至数小时始行联袂归去"③。此次起义公开揭出反清旗号，学生的行动清楚地反映出他们内心的倾向。湖北革命党人被捕后，各校学生慕名前往探监，"狱中几成为学生之俱乐部"④。随着角色内化，越来越多的学生效法革命志士，成为起义暗杀的骁将。革命报刊横遭封禁，学生也公开声援。1909年，上海《民吁日报》被封，安徽籍主笔就逮，该省旅京学界遍发传单，邀集各校同乡筹议对策。1911 年广州《天民报》因登载革命党人的长文被勒令停刊，几位学生抬着花圈宝烛到报社门口凭吊，挽联上大书"民失所天"，"问诸君待何时卷土重来"⑤。

与此形成鲜明对照的是，那些助纣为虐、死心塌地反对和镇压革命的官绅，遭到学生的顽强抵制与坚决打击。在学堂中，学生们经常以上书等形式揭露顽固教职员的劣迹，将其挤迫出堂。秋瑾遇难后，参与此案的反动官绅不仅在浙江无法立足，运动他调，亦皆不能安身。巡抚张曾敭调往山西，学界联合绅商通电力拒。标统李益智谋职广西陆小，学生罢课驱逐之。知府贵福移官安徽宁国，各界群众集会抵制。学生率先倡议退学罢课，商界即以罢市响应。一少年当场"大声疾呼

---

① 《禁止学界干预新军事》，载《大公报》，1910 年 3 月 20 日。《广东新军作乱事余闻》，载《东方杂志》第 7 年第 3 期，1910 年 5 月 4 日。

② 范石生：《云南革命史》，见丘权政、杜春和选编：《辛亥革命史料选辑》下册，142 页。

③ 《粤乱后之血花泪史》，载《民立报》，1911 年 6 月 29 日。

④ 梁钟汉：《我参加革命的经过》，见中国人民政治协商会议湖北省委员会编：《辛亥首义回忆录》第 2 辑，16 页，武汉，湖北人民出版社，1957。

⑤ 《天民报〉之风云》，载《民立报》，1911 年 7 月 2 日。

曰：'□□□贵福败类，世所不容，非□不可！'全会哄然，一若欲暴动之势"①。该府中学生纷纷改投别处学堂，并散发传单，引述俄国、葡萄牙人民"炸弹铁血，争购自由"，"揭竿崛起，龙战龟翻"的事实，认为这是"政府宴安，官吏贪虐"，"罗织党人专制法律使之也"，视为"民权发达"的象征，并宣称："中国专制迄二百余载，其间人民受官吏所荼毒，指不胜屈"，为官如贵福者，"人人得而诛之"。② 后贵福虽觍颜抵任，但已是杯弓蛇影，出门常带众多亲随，严密防范，夜晚还亲自掌握大门钥匙。③ 盛传为秋瑾案告密者之一的绍兴山阴劝学所总董、山会禁烟局总办胡道南也被两少年刺死。④ 学生对清朝统治的抵拒由学界而社会，由不言革命的学生不能立足学堂，到镇压革命的官吏不能见容于民众，使旧势力受到猛烈冲击，并发生分化。山阴县令李钟岳在处理秋瑾案时即表示，"宁甘参处，不愿作灭门县令"⑤，拒绝奉行上命。同时，每次党狱发生，清廷均以"学堂为致乱之阶"⑥，大肆清洗，地方官乘机株连邀功，更激起学生反抗，促使他们走向革命。

第三，革命书刊在学界广为流传，学生均以阅读禁书为快事，"重视之过于正课"。由于学生争相购取，这类书供不应求，不仅革命团体和个人通过各种渠道秘密发行，就连民间书坊也暗中大量翻印，销售图利。当局害怕此类文字"流入内地，贻误青年"，"为害于风俗人心者，较洪水猛兽尤为惨酷"⑦，三令五申，塞源截流。但学生根本不予理会，不少人因阅读禁书被屡记大过甚至开除而在所不惜，由此引发的罢课退学风潮层出不穷。有的学堂干脆禁阅一切报刊，学生乃乘节假日外出之机自行购阅。风气所及，即使那些并不赞同革命的学生，对于同学阅读革命书刊也予以庇护，并将这种举动视为"义气"和

①《宁国府人之抵制贵福》，载《盛京时报》，1908 年 8 月 12 日。
②《宁国府绅商对于贵福之传单》，载《盛京时报》，1908 年 5 月 17 日。
③《贵太守到任后之举动》，载《爱国报》第 720 期，1908 年。
④《京外近闻汇录》，载《东方杂志》第 7 年第 9 期，1910 年 10 月 27 日。
⑤《山阴县李令愤激自缢详志》，载《中国日报》，1907 年 11 月 14 日。
⑥《南洋华侨电请以极刑处办周爱谏》，载《中国日报》，1907 年 9 月 10 日。
⑦《直督严禁书报札文》，载《中国日报》，1907 年 3 月 31 日。

"美德".① 在学生的坚决抵制下,当局只好听之任之,"在学校内禁阅完全成了具文"②。

第四,学界小群体轴心的革命化。由于学生的能力水准参差不齐,各校都有若干领袖式人物,并且围绕他们形成了小群体。在清末,富于反抗精神和叛逆性格是成为学界首领的必备条件。他们有的"功课并不好,但是喜欢阅读禁书和进步的刊物,有志参加革命活动,不屑于呆在自修室作蛀书虫,因此,大家认为他们是未来的民族英雄人物,所以都尊重他们"③。这不仅受一般学生的本能逆反心理驱使,也是英雄角色内化的群体表现,即把对东西方民主伟人、革命志士的崇拜,具体化为对身旁激进分子的追随。黄花岗起义烈士中的林觉民、陈与燊、刘元栋,曾分别是福建高等学堂、侯官高等小学和福州普通学堂的学生领袖,他们或为自治会成立时众望所归之人,或罢课之际因"素为同学钦仰,举为代表"④,或以"不畏强圉","校中数起风潮,同班辄推君为魁"⑤。其精神品格对同学具有强大的吸引力作用。1905年以前,这些核心人物大都仅具一般的叛逆性格,随着时间的推移,其反清革命色调日趋明显。而学堂中的革命团体及其外围组织,更是当然据有群体轴心地位。

第五,反清激情成为强化学生斗争性,促使其积极参与各种社会政治活动的催化剂。国内和平斗争在形式和组织上与革命并无直接联系,但学生参加这类活动,却是清政府明令禁止的"违法"行为,仅凭热情与冲动并不足以形成持久动力。透过学界和平斗争的风风雨雨,

①　朱峙三:《张之洞与两湖总师范学堂》,见中国人民政治协商会议全国委员会文史资料研究委员会编:《文史资料选辑》第99辑,111页,北京,文史资料出版社,1984。

②　李健侯:《武昌首义前后忆事八则》,见中国人民政治协商会议全国委员会文史资料研究委员会编:《辛亥革命回忆录》第2集,81页。

③　李健侯:《武昌首义前后忆事八则》,见中国人民政治协商会议全国委员会文史资料研究委员会编:《辛亥革命回忆录》第2集,79页。

④　《刘元栋小史》,载《民立报》,1911年6月25日。

⑤　《黄花岗十杰纪实》,见陆保璿辑:《满清稗史》,上海,新中国图书局,1913。

可以强烈感受到革命的电闪雷鸣。其政治热情高涨，无疑受到革命情绪日益加强的影响。清廷曾发布上谕道，"比年以来，士习颇见浇漓，每每不能专心力学，勉造通儒，动思逾越范围，干预外事，或侮辱官师，或抗违教令，悖弃圣教，擅改课程，变易衣冠，武断乡里。甚至本省大审拒而不纳，国家要政任意要求，动辄捏写学堂全体空名，电达枢部。不考事理，肆口诋言其。以致无知愚民随声附和，奸徒游匪借端煽惑，大为世道人心之害"①，察觉到和平中潜藏的革命底蕴与趋向。一些大规模风潮还由革命党人直接发动和领导。1906 年长沙学生公葬陈、姚之事与 1908 年陕西蒲城学案，就与同盟会会员直接相关，并被视为当地革命事业的发端。参加和平斗争的各种势力动机目的不同，态度表现各异，学生的卷入当然不排除立宪派的影响，但革命情绪的激昂应是更深刻的动因，否则就很难理解他们对立宪派言行定向取舍的激进态度，以及由和平方式向武装革命的自然跨越。

革命化使学界在很大程度上摆脱了清王朝的控制，成为国内革命活动的重要基地。在政治格局大体定型的 1908 年，日本《大阪每日新闻》曾将中国革命势力的分布状况列表显示如表 8-1②：

表 8-1　日本《大阪每日新闻》所列 1908 年中国革命势力的分布状况

地　名	社会势力	秘密结社
上　海	学生　官吏　商人　新闻社	哥老会　盐枭
南　京	学生　官吏　军队　警察	哥老会　三合会
厦　门	学生　商人	哥老会　三合会
青　岛	学生	
天　津	学生　官吏　军队	
湖　北	学生　官吏　军队	哥老会
四　川	学生　官吏　军队	哥老会
湖　南	学生　官吏　军队	哥老会

①　朱寿朋编：《光绪朝东华录》（五），5806～5907 页。
②　《清国革命党之势力》，载《竞业旬报》第 19 期，1908 年 6 月 1 日。

续表

地　　名	社　会　势　力	秘密结社
云　　南	学　　生	苗族
广　　东	学生　商人　劳动者	哥老会　三合会
广　　西	学生　官吏　军队	哥老会　三合会
浙　　江	学生　官吏	哥老会　盐枭
江　　西	学　　生	哥老会
安　　徽	学生　官吏　军队	哥老会　盐枭
山　　西	学　　生	
满　　洲	学生　官吏　军队　商人　劳动者	马贼

　　由上表可见，其他社会势力的倾向在不同地区有所变动，只有学界毫无例外地是革命党的基础，在一些省份还是唯一的基本依靠力量。有学界革命著其先鞭之地，无他界革命而学界旁观之所。1908 年后，新军革命倾向明显增强，但上述格局没有实质性变动。

　　由于"革命党中以学生居多数，而清廷之视学生也，几无一而不以革命党目之"。清朝官吏惊呼："宁知学堂之害，于今为烈，试问今日革命巨子，何一非学生造成！"① 特别是徐锡麟案后，"朝野间目国内外之学生皆为党人，有闻学生其名者而掩耳而走，有见学生其人者则望风而避，思为一网打尽之计，以服色之略异而被逮者有之，以举动之疑似而祸及者有之"②，"专欲以敌人等视之矣"③。官府千方百计企图阻遏学界革命倾向的增强蔓延。有的主张禁止新进少年进入政界④；有的提出国内学潮多由留日学生"倡言平等自由之说所激起"，应多派留学生赴德国，以国家学派"为中国学堂之模范"⑤；有的鼓吹"西洋学生鲜犯上作乱，东洋学生每挟革命之思想，两相比较，尤宜专

---

① 陈夔龙：《梦蕉亭杂记》。
② 郭心培：《新学界之二大阻力》，载《大公报》，1907 年 8 月 4 日。
③ 《近日清廷对于学生之举动》，载《中国日报》，1907 年 9 月 20 日。
④ 《用老臣办新政》，载《中国日报》，1907 年 11 月 14 日。
⑤ 《议定中国学界宗旨》，载《大公报》，1906 年 7 月 17 日。

输西洋教育于中国之青年为合宜"①；有的认为："学界士心未靖，故革命党多，宜讲王阳明心学以正之。"② 更有甚者，扬言"多一学堂适多一般乱天下人材"③，"消弭革命之唯一方法"，就是废学堂复科举。④

然而，外国的歪理与传统的旧学，都无法挽救清廷的厄运。革命党人对学界革命化感到欢欣鼓舞，视之为革命形势成熟的重要标志。就在 1908 年年初，《中国日报》载文评论《今年以来之党势》，肯定了革命党历次起义的重大影响，同时特别强调指出："党势之潜伏于隐微，而或为秘密之运动，或为笔舌之招徕者，其势力较之刀锋炮子为尤烈。""目下中国内地之青年学子，悬重金以购阅民族书报者实繁有徒，此等人之在清国境内，不啻劲敌之埋伏暗陬，有足制满人之死命者。无怪清政府之禁开会演说及禁民族书报，如临大敌，方之派兵剿乱为尤汲汲不遑也。"⑤ 学界革命化成为清王朝的大隐患和革命党的大希望。

当然，国内学界革命化及其影响并不平衡。在偏远落后地区和北方各省，学生地位更显突出。而在经济文化发达区域，学界绝对能量虽大，但相对于绅商反而逊色。在新军革命倾向明显之地，学生也只能退居偏师。这对辛亥光复进程具有重要影响。

三、光复声中学生军

武昌起义的枪声激发出广大青年郁积已久的革命激情，他们迅速行动起来，投身于反清洪流，许多人将青春热血抛洒在广袤的中华大地上，绽放朵朵绚丽的自由之花。

学生在首义光复中的作用，主要表现在三方面。

（一）积极推动起义独立

武昌首义的主要发动者是新军，但军校学生积极参战，对于巩固

① 《江督趋重西洋教育之见》，载《中国日报》，1907 年 2 月 19 日。
② 《李翰昌学界之条陈》，载《现世史》第 1 号，1908 年 6 月 23 日。
③ 《无学堂天下便治乎》，载《民呼日报》，1909 年 6 月 4 日。
④ 《周爰诹与学生有仇耶》，载《中国日报》，1907 年 10 月 12 日。
⑤ 《中国日报》，1908 年 1 月 25 日。

起义阵地，保障武器弹药供给，切断清军供应，发挥了重要作用。黄花岗起义骤起骤败，各地学生响应不及，这次决心不再坐失良机。浙江、湖南、北京、天津、保定、南京等地学生纷纷停课告假，有的"高谈时局，言及国民军，无不喜溢眉宇"，"咸尊黎元洪为法国拿破仑"①；有的终日鹄立码头，守候汉口来船，打听消息，抢购报纸；有的赶赴武汉，支援首义；有的就地策划独立，扩大战果，"以树后援"②；有的返归故里，联合同志，准备夺取基层政权。南北各省独立时，学生积极配合新军、会党行动。福建学生少年敢死队，重庆学生敢死队、炸弹队、突击队，上海模范体操团以及各军校学生在战斗中表现尤为出色，普通学生亦争先恐后。时人赞道："此次举义，讲武堂、体育校及陆军小学堂各处学生踊跃先登，搴旗斩关，颇能发扬军人尚武之精神。一般学生欣羡不置，大有愿附骥尾之慨。"③ 贵州不仅自治学社派学生跃跃欲试，就连宪政派控制的优级师范选科、公立中学和宪群法政学堂三校学生"也自动地找老师商量，要起来推翻清廷"④。江苏、福建、天津等地学生还策划刺杀顽固官僚，使起义"减少阻力"⑤。学生的主动精神、高涨热情和出色表现给世人留下深刻印象，各地海关报告中时有提及，如福建"地方绅士在这次斗争里大部分不积极，让那些没有地位的血气方刚的青年学生去积极参加"⑥，重庆"大多数学校的学生在他们的校长和激进的老师领导下获得了政治上的优势"，使"推翻满清的统治万事俱备，只欠东风了"⑦。

---

① 《浙省鄂乱影响》，载《大公报》，1911 年 11 月 7 日。

② 《湖南张钊传》，载《民立报》，1911 年 12 月 31 日。

③ 《学生之热潮》，载《民立报》，1911 年 11 月 30 日。

④ 张彭年：《贵州辛亥革命的前前后后》，见中国人民政治协商会议全国委员会文史资料研究委员会编：《辛亥革命回忆录》第 3 集，445 页，北京，文史资料出版社，1962。

⑤ 《烈士詹蒙事略》，载《民立报》，1912 年 6 月 8 日。

⑥ 《1911 年 11 月 16 日闽海关税务司单尔（P. von Tanner）致安格联第 17 号函》，见中国近代经济史资料丛刊编辑委员会主编：《中国海关与辛亥革命》，180 页。

⑦ 《重庆海关（英）代理税务司呈北京海关总税务司的报告》（1911 年 11 月至 1912 年 5 月），见四川省档案馆编：《四川保路运动档案选编》，365 页。

在新军、会党及商民革命势力强大的省份，学生对光复独立的推动作用相形之下不显突出。而在直隶、山东、河南和东北，学生的能量得到充分发挥。当社会各界还在犹疑观望之际，他们便义无反顾地果断行动，克服各种阻挠，成为光复独立的主要动力。

首先，学界最早对起义产生共鸣。山东、黑龙江等省学生闻讯表示："吾辈置身学校，自命文明，顾不能拼热血以争自由之权利为万世造幸福，而驯伏专制之下，局促若辕下驹然，共和告成之后，有何面目对南中诸同志耶？"① 他们决心"趁此起义，以与彼辈并驾齐驱"②。

其次，学界队伍整齐雄壮。山东学界先后于 11 月 5 日、13 日、14 日举行 5000 人大会和 3000 人武装游行，"各奏军乐，执校旗，军装肩枪"，高举写着"中华民国万岁""山东独立万岁"字样的大旗，沿路观者塞途，莫不欢欣鼓舞，外国侨民也"大加惊羡，称赞不置"。舆论界认为："此次成功，皆由学生主动，故每次开会，会场内学生居十之九，莫不精神百倍，人人有死忾之概。"③ 黑龙江各界集会时，学生也达 2000 余人。除以行动影响社会外，学生们还积极开展发动联络工作。山东"学界志士日夜奔走运动，联官绅军商学各界为一气"④。吉林学界呼吁各界"共结团体"，并派代表前往奉天联络，以期厚集势力。黑龙江学界也联合各界向当局施加压力。

再次，学生态度坚定，斗争性强，革命宗旨明确，既反对当局的压制破坏，又排除同路人的干扰。他们在集会演说中大声疾呼，"不独立不足救亡"，"假使刎颈流血之祸，即在眉睫，非学界之所畏也"，同时散发揭帖，号召民众认清"民主立宪，是其宗旨"，力争达到"共和目的"。⑤ 山东谘议局议长议员反对独立，拒绝提供会场，学生"强行占领谘议局"，驱逐议员，并集会取消议长资格，停止该局活动，推动

---

① 毕元椿、丛钟浩编：《辛亥文登五十九烈士传》，见中国史学会济南分会编：《山东近代史资料》第 2 分册，203 页，济南，山东人民出版社，1958。

② 《人民光复之动机》，载《民立报》，1911 年 12 月 2 日。

③ 《山东光复之详报》，载《民立报》，1911 年 11 月 29—30 日。

④ 《山东光复之详报》，载《民立报》，1911 年 11 月 29—30 日。

⑤ 郭孝成编：《中国革命纪事本末》第 2 编，268～272 页，上海，商务印书馆，1912。

成立山东联合会。在济南的日本外交官报告说："关于山东独立问题，高等师范学堂似为（都督）府之中坚。"① 吉林学生反对当局借保安会之名压制革命，坚决"主张宣布独立"。他们一面抵制保安会集会，一面派人演说，表示："保安会学界万不赞成，实非保安，非独立不可。"演讲者"气色惨变，声若洪雷"，"口如悬河，词同锋利，纯由法理指拆而陈，由热诚流露而出"。在学生的斗争和感召下，不少议员转变态度，原来支持官府的绅界"亦默示承认"②，保安会因而不能如期成立。当局企图以提前放假瓦解学界，不料"旋里者不过四分之一，其余仍留省内，竭力要求，必达独立之目的而后已"③。黑龙江学界由中学堂发起，每校派代表 2 人，组成国民联合会，以要求"宣告独立，改良政治，保全永久公安为宗旨"。他们对布政使在谘议局召开的各界群众大会上公然破坏独立进程的言行十分愤慨，会后"即欲齐攻学署"；又因联络谘议局议长不果，反遭其诬指为"欲谋造反"④，一怒之下，将其痛殴。

最后，学生们在力争和平解决的同时，积极准备武力革命。山东学生不仅武装游行，还计划"组织学生军，效力疆场"⑤。吉林学生秘密召开会议，决定"倘官府不与相当之权利，即行激烈从事"，并计划夺取新军枪械弹药，迫其协助，"倘不允从，即以暴力相加"。⑥ 长春中学堂学生一面与民军联络，一面决定发动新军第三镇起事。舆论界普遍认为："学界既极力主持独立，目的一日不达，其心一日不甘，吉林之风云，将由学界起矣。"⑦ 黑龙江学界在要求独立的同时，"买布

① 《相羽驻芝罘副领事致内田外务大臣电〔第 82 号〕》（1911 年 12 月 20 日），见邹念之编译：《日本外交文书选译——关于辛亥革命》，28 页，北京，中国社会科学出版社，1980。

② 郭孝成编：《中国革命纪事本末》第 2 编，268～272 页，上海，商务印书馆，1912。

③ 《东三省之惨淡风云》，载《民立报》，1911 年 12 月 14 日。

④ 《东三省之惨淡风云》，载《民立报》，1911 年 12 月 13 日、14 日。

⑤ 《山东光复之详报》，载《民立报》，1911 年 11 月 29—30 日。

⑥ 《东三省之惨淡风云》，载《民立报》，1911 年 12 月 13 日、14 日。

⑦ 郭孝成编：《中国革命纪事本末》第 2 编，269 页。

若干，制造白旗，急为进行。军界立待响应"①。直隶、河南学界因无和平斗争条件，全力策划起义。他们组织决死队，实行暗杀，联络新军会党，准备夺取政权，截断清军南下通道，威逼京畿。

大都市风气开通，人才荟萃，学生虽别具光彩，但并非一枝独秀，绅商名流的个人声望使其群体优势相形减色。然而，都市之于城镇乡村同时存在引导与依赖的双重性。新兴势力集中于都市，可以取得对清王朝的局部性相对优势。但如果没有城镇乡村的附从，暂时的优势和胜利便难以维持。而在府厅州县，对革命的狂飙骤降缺乏准备。由于"当时革命力量未能深入到农村、工厂，只有学校方面风起云涌"②，因此在地方政权的改弦易辙中，学生起了举足轻重的作用。武昌起义爆发后，都市省垣学生纷纷"联袂归里，欲组织义军"③。他们与乡间同学联合，促成独立。例如，"苏省各府县独立时革党皆不过数人"，往往是"一人由申返里，鼓吹革命"，学生"争相和之，少有名望者多不与闻。适地面已乱，始勉强出而办事，亦非本意也"。④ 这在全国各地中下层政权的更替中颇具典型性。在鲁、浙、湘、粤等地的府厅州县，学生们有的拿起武器，攻入官署衙门，夺取政权；有的相互联合，欢迎革命军政府的光复代表；有的发动新军会党，团结各界，实行接管。苏、浙、两湖、云贵川及广东的省城光复后，学生"分道带兵往县，逐官收地"⑤。西安光复后，都督府派遣在省各校学生回县倡办民团，支持民军作战。这对发展扩大起义成果，维持南北对峙局面起了重要作用。东三省虽未正式独立，但营口、凤凰厅、辽阳等地的商业、巡警学堂学生也联络军警和民间武装，策划起事。

学界革命的突出表现，引起反动势力的极端仇视，南京、奉天清军在面临革命巨浪冲击时，下毒手屠杀学生。同时，没有民众的广泛

---

① 《东三省之惨淡风云》，载《民立报》，1911 年 12 月 13 日、14 日。

② 孙介人：《徐州北伐军的王虎臣与孙屺》，见中国史学会济南分会编：《山东近代史资料》第 2 分册，231 页。

③ 《奉天义士殉难记》，载《民立报》，1911 年 12 月 23 日。

④ 《无锡革命之现象》，载《大公报》，1911 年 12 月 21 日。

⑤ 《四川最近之通信》，载《大公报》，1911 年 12 月 16 日。

支持，单靠学生的力量，即使起义暂时取胜，也难以承受反动派的疯狂镇压和反扑。河南、直隶、黑龙江、吉林等省学界虽经艰苦努力，牺牲惨重，仍不能推翻旧政权，实现独立。山东名义上的独立危机四伏，一旦实权在握的旧势力倒戈相向，形势势必全盘恶化。一些已经易手的中下层政权也不能巩固，被清军和地方顽固势力绞杀。孙宝琦取消独立后，济南学生无力对付继之而来的大规模搜捕，纷纷走避，"均回本籍组织民军，拟联兵赴省，决计与孙宝琦决一死战"①，但仓促行事，缓不济急。河南开封学界的起义计划屡遭破坏，南阳淅川学生组织秘密机关，约期起事，被清军包围，虽"竭力奋斗，无如枪械不足"，死亡达 250 人。② 血的事实告诉人们，学生单枪匹马打不出一个民主自由的新世界，独立先锋必须有浩荡大军为后盾，才能立于不败之地。

（二）冲锋陷阵与巩固后方的双重任务

辛亥革命以武装起义形式向专制统治发起总攻，在各地风起云涌的革命队伍中，闪现出一支精悍干练的学生军。学生军大旗最早出现于四川保路同志军中。成都血案后，同志军围攻省城，由 500 余名各校学生组成的学生军大队担任前卫，在犀埔附近与清巡防军遭遇，白刃格斗，浴血奋战，大队长蒋淳风（成都蚕桑学堂学生）以下捐躯者 83 人，遏制了清军长驱直进的凶焰。他们的壮烈行为给陷于困境的同志军以巨大鼓舞，一些首领以此激励部下与敌人血战到底。武昌起义后，各地学生"睹革命军之成立，即欲投身入伍；闻暗杀党之英风，亦想厕身其间"③。在武汉，"各学堂学生均愿短衣从军"④，成为革命军迅速扩编的重要兵源。江、浙、皖、赣等省学生蜂拥至武汉，长江轮船乘客中，"倒有百分之八十是去武汉参军的，青年学生占了一大半"⑤。仅 11 月 1 日由上海行抵汉口的"大贞"轮上，就有沿途登船

---

①　《山东放倒独立旗》，载《民立报》，1911 年 12 月 4 日。

②　《南阳府之新消息》，载《民立报》，1912 年 1 月 20 日。

③　《陈叔毅致总务部函》，广东岭南学堂学生筹饷队文件（原件），中山大学孙中山研究所藏。

④　《大革命之风云》，载《民立报》，1911 年 10—30 日。

⑤　王振民：《参加独立将校决死团经过》，见中国人民政治协商会议全国委员会文史资料研究委员会编：《辛亥革命回忆录》第 2 集，63 页。

的各地青年学生 300 余人。① 湖南以及在清军严密控制下的京师、直隶、河南等地学生也大批联袂北上南下，不少学堂为之一空。当局禁止学生请假外出，学生则"相约不肯上课"②，进行抵制。半月之内，各省志士到武汉投效者"踵相接，尤以军学两界为最多"③。而所谓军界，主要也是保定、杭州、南京、南昌、安庆等地的军校学生。

随着起义区域的扩大，学生们又陆续奔赴其他战事激烈的前线，有的甘当士卒，有的担任各级指挥官，有的则集中编队。这可以说是近代中国首次学生革命大流动。热血青年们杀敌心切，渴望"亲临战场，以马革裹尸为快"④。他们在战场上冲锋陷阵，身先士卒，极大地鼓舞了士气。南京陆军学堂中学生詹蒙于首义后携同学 30 余人到武昌组成南洋独立混成队，"每战必先，弹不虚发"。激战中他头部负伤，血流不止，仍坚持不下火线，"以手拭之，随拭随击"，直到壮烈牺牲。⑤ 参加镇军决死团的徐州中学生陈兴芸冲锋时"身受二伤，终不肯退"⑥，血洒沙场。武汉民军作战勇猛，"而以学生队为尤可敬"⑦。汉宁战场的学生敢死队则始终执行最危险的作战任务。

鉴于投笔从戎的学生越来越多，各地均编组学生军。据不完全统计，在光复各省及山东、奉天，至少组织了 40 余支学生军。因报名者络绎不绝，各地学生军不得不一再扩展额限，以容纳四方来投的青年。山西学生军成立后，一位因年龄过大被要求退伍的老生临操时"负枪列队，步趋极其奋勇。及操毕，又贾余勇上城竞赛，而众生瞠乎其后"，管带破格准许留队。⑧ 湖北、奉天、山西等省女学生曹兰新、吴

① 《1911 年 11 月 5 日有吉驻上海总领事致内田外务大臣电》，见邹念之编译：《日本外交文书选译——关于辛亥革命》，15 页。

② 《鄂江潮中之江西》，载《民立报》，1911 年 10 月 24 日。

③ 《专电》，载《民立报》，1911 年 10 月 25 日。

④ 沈铸东：《南京陆军第四中学生赴武汉参加革命经过》，见中国人民政治协商会议全国委员会文史资料研究委员会编：《辛亥革命回忆录》第 2 集，71 页。

⑤ 《詹烈士蒙行略》，载《民立报》，1912 年 1 月 27 日。

⑥ 《陈烈士兴芸行述》，载《民立报》，1912 年 3 月 1 日。

⑦ 《大革命之风云》，载《民立报》，1911 年 11 月 3 日。

⑧ 《风虎云龙之山西》，载《民立报》，1911 年 12 月 16 日。

淑卿、唐俊美也上书请缨，要求仿效木兰从军故事。浙、鄂等省年幼学生以"任事在智识不在年龄"①，还专门成立童子队。由学生组成的炸弹、测绘、地雷、炮兵等特种分队，利用娴熟的专业知识和军事技术，在战斗中发挥了重大作用。上海、浙江等地学生则组成赤十字救护队、学界救伤社，开赴汉宁前线，担任战地救护。学生们认定"祖国安危在此一举，汉族兴灭责吾曹"，高唱"学生军兮学生军，单刀匹马斩胡头，那怕枪与炮"② 的雄壮军歌，在枪林弹雨中浴血奋战。

疆场上出生入死，固然体现了学生为共和献身的英勇气概，同时他们还肩负着稳定秩序、巩固后方的千钧重担。同盟会为夺取政权做了大量准备，但起义来临之际，仍缺乏强有力的军政领导和系统的组织保障。民军主力需全力对付清军，会党则破坏有余，建设不足。安定后方的任务自然落到学生肩上。起义过程中，各地学生主动列队巡逻，守卫要害部门，防止溃兵盗匪乘机抢劫，迅速恢复社会治安，深受民众欢迎。陕西学生在起义突发之际，立即自动奔向藩署，成功地阻止了会党的劫掠，保住了革命政权赖以维系的重要财源。③

在交战地区，学生们承担着镇守后方的主要责任，起到了稳定人心、支援前线的作用。上海、福建、江西、江苏等地的学生成立守卫团、学团、保安团、警察队，把不够参军条件的学生组织起来，自备操衣饮食，以尽国民义务。"学生军意在进攻，关于战事；守卫团意在防守，属于治安。"④ 各省光复政权鉴于学生信仰坚定，深明大义，认真负责，同时为了保留骨干，以备日后军政建设之需，安排学生军负责要害机构和市面的警卫巡查。湖北军政府成立不到两天，就发现卫队司令通敌谋叛，于是换上一连学生军。武汉战事紧张时，后方勤务完全由学生军两个营担任。他们果然不负众望，汉阳失守后，守卫军

① 《风虎云龙之山西》，载《民立报》，1911 年 12 月 16 日。
② 《中华学生军之先声》，载《民立报》，1911 年 11 月 5 日。
③ J. C. Keyte，*The Passing of the Dragon*：*The Story of the Shensi Revolution and Relief Expedition*，London，New York，Toronto，1913，p. 19.
④ 《筹办学生守卫团之意见书》，载《民立报》，1911 年 11 月 10 日。

政府的学生军冒着龟山敌军的猛烈炮击，"巍然屹立，毫不动摇"①。守卫藩库、官钱局、楚望台及巡查街道者，在汉口汉阳相继失陷、人心浮动的危急关头，也"表现得异常坚定"，稳定了军心民心。除固定勤务外，他们还要执行临时紧急勤务。"总之，在军政府心目中，学生军是一支极为可靠的军队，只要认为哪里是重要的地方，哪一个勤务是紧急的，就调学生军去了。"② 童子队也负责巡逻，防止奸细破坏，维持市面交通。广东学生军还专设分巡队，"以本省不靖之各属，出而镇静之"③。此外，各地学生纷纷进入各级政权机构，担任一般工作人员，缓解了革命党人手奇缺而旧人员又不可靠的矛盾，保证了新生政权的正常运转。

光复政权从清政府手中接下一副烂摊子，战乱又断绝了正常的财政收入，列强和地方势力乘机塞源截流，而战争急需大量军费物资，这一切都使得新生政权的财政问题空前严重，成为生死所系的关键。为此，学生们以极大的政治热情和坚韧毅力，广泛开展募捐筹饷活动。上海、浙江、福建、广东等地学生成立了募饷团、筹饷队、节费助饷会、游艺募饷团、扑满助饷会、宣讲社等众多团体，自己节衣缩食，省下膳费、糕饼费，甚至典衣助饷，并向社会呼吁，"今日之事，成则吾四万万人俱受其福，不成则俱受其害"④，"人出头，我出手，人流血，我流汗，人捐命，我捐钱"，义不容辞，理所应当，号召人们"各出代价，构成民国"⑤，"毁家纾难"，"搜索筐箧，推敲盆盎，以益军实"⑥，以各种形式广泛募捐。厦门学生举行运动募饷大会；上海启秀

---

① 周克之：《辛亥革命时期湖北学生军始末记》，见中国人民政治协商会议全国委员会文史资料研究委员会编：《辛亥革命回忆录》第 2 集，59 页。

② 刘林模：《守卫武昌的学生军》，见中国人民政治协商会议全国委员会文史资料研究委员会编：《辛亥革命回忆录》第 7 集，36 页。

③ 《广东学生队宣言书》，见郭孝成编：《中国革命纪事本末》第 3 编，122 页，上海，商务印书馆，1912。

④ 《明强学生节费助饷会启》，载《民立报》，1911 年 12 月 13 日。

⑤ 《义务学堂助饷热》，载《民立报》，1911 年 12 月 14 日。

⑥ 《岭南学堂学生劝捐军需启》（原件）。

女校学生出售自制手工，"连本助饷"①；上海学生游艺募饷团则"练习新旧等剧，出发演唱"，"开通民智，协助军饷"②，一举两得。最普遍的形式为演说募捐，学生有的于星期假日结队分赴城厢内外大街小巷，有的深入乡镇村落。上海学生宣讲社计划"先从上海入手，日后渐次进行，以及内地各城镇乡或外省"③。青年们极具毅力，"虽有旁观之揶揄，道途之跋涉，皆不以为苦"④，"反复解说，痛哭流涕，闻者莫不酸鼻，故捐者颇为踊跃"⑤。

广东岭南学堂学生筹饷队表现尤为突出。该队在广州设立总办事所，在省港澳分设代收捐款处，并向香港、澳门、佛山、石岐、新会、新宁、梧州"分队四出，匍匐奔走"。有的分队还计划远涉重洋，向华侨募捐。除演讲演戏外，该队又挨家挨户沿门劝捐，并发动地方社团代募。该队"自成立之后，一概费用俱由本队员担任"⑥，外出募捐亦"自备资斧"。队员们克服了因局势动荡而"各乡盗风日炽"⑦、个别队员畏难动摇以及内部意见分歧等重重困难，坚持活动。一些因家贫亲老不能留省出县的队员，返里后仍不敢"可惜半年之时间，而忘应尽之义务也"⑧。一名队员回家后受到总务部"始勤终怠"的批评，立即复函剖白："盖鄙人对于革命思潮，已表同情于十三四岁之间矣。矧共和将成之日，功亏半篑之时，敢萌偷安苟且之志，舍国事于不顾耶？"函中力陈在乡无日不到代捐处"襄理一切事务"。⑨ 学生的义举得到社

①　《启秀女校校长徐婉珊来函》，载《申报》，1912年1月2日。
②　《学生游艺募饷团简章》，载《民立报》，1912年1月21日。
③　《学生宣讲社简章》，载《民立报》，1911年12月11日。
④　《小学生募饷热》，载《民立报》，1911年12月12日。
⑤　《学生募捐助饷》，载《民立报》，1912年1月9日。
⑥　《散队要告》，广东岭南学堂学生筹饷队文件（原件），中山大学孙中山研究所藏。
⑦　《陈荣翰致总理杨锡宗函》，广东岭南学堂学生筹饷队文件（原件），中山大学孙中山研究所藏。
⑧　《总务部致香江分部函》，广东岭南学堂学生筹饷队文件（原件），中山大学孙中山研究所藏。
⑨　《陈叔毅致总务部函》，广东岭南学堂学生筹饷队文件（原件），中山大学孙中山研究所藏。

会各界特别是下层民众的热烈响应，在永安轮劝捐时，"该船主与办房各人皆极欢迎，给以免费票。当时卖药各志士，亦表同情，互相演说。各搭客皆为感动，故极力捐助"①。一位家境贫穷的寒医读过募捐公启后，"侠义勃发"，遍索家中布篓竹筐，尽囊捐赠，"夕炊粮乏，巧妇生憎，不暇计也"②，还主动向队员介绍当地情况，以利募捐。在乡村劝募时，"父老欢迎，民团保护，且各村乡排列军队，燃炮烧枪致敬。凡入一乡，必有千元捐款"。学生无不为"乡民诚朴真挚，爱国情切"③所感动，倡议积极深入乡村，发动农民。据保存下来的账单统计，该队共向6914人（或单位）劝募，得款51807.97元。多数捐款面值在1元以下，既反映了下层群众的热忱，也透示出募捐的艰辛。

考虑到募捐的困难，学生的努力可谓成效显著。广东1912年度财政赤字为1000余万元，仅岭南学生助饷队募集的款项，即可弥补千分之五。④ 加上其他捐款，在一定程度上缓解了军政府的财政危机。更为重要的是，募捐同时又是一次大规模政治宣传，使革命政权与下层群众在精神和物质上直接沟通联系，通过捐献表达出来的群众对革命的普遍赞成支持，显示了双方对彼此利益一致性的共识，说明辛亥革命对民众有强大吸引力，能够激发其政治热情，因而政治意义比财政意义更为深远重大。

（三）民主革命性质的重要保障

要确保革命沿着自觉的轨道运行，必须具备相应的机制。辛亥革命时期，革命党在国内缺乏完备的组织，不能切实保证在实际斗争进程中有效地贯彻其政治路线。各种力量的松散联合、涣散无力的领导中枢、君主立宪派的争权夺势和会党旧军的盲动破坏，都可能使自发

---

① 岭南学堂学生筹饷队所存剪报，广东岭南学堂学生筹饷队文件（原件），中山大学孙中山研究所藏。

② 《陈东平致岭南学生筹饷队函》，广东岭南学堂学生筹饷队文件（原件），中山大学孙中山研究所藏。

③ 《杨锡宗致陈璧如函》，广东岭南学堂学生筹饷队文件（原件），中山大学孙中山研究所藏。

④ 段云章整理：《辛亥革命时期岭南学堂学生协助军政府筹饷队》，见《辛亥革命史丛刊》编辑组编：《辛亥革命史丛刊》第1辑，228～232页，北京，中华书局，1980。

性膨胀失控，斗争脱离民主革命正轨。陕西等地在光复时发生的"仇教屠满"骚动，固然是民众反清仇洋情绪的爆发，但无疑也偏离了革命党的政治方针，说明单有革命纲领、领袖，还不能保证实际进程依轨运行。当政党在质、量两方面存在严重缺陷时，要想有效地控制局势，确保其政治指导，必须借助于现存的社会势力。而在当时的中国，能够担此重任者唯有学生。为了防止斗争失控偏航，进入"屠满排外"、骚动暴乱的岔道，革命党人十分注重利用学生来保证形势按照既定的战略方向顺态发展。没有学生的努力，革命中的每一次行动不一定都当然具有革命性。

　　光复后民军迅速扩编，为使短期内仓促成军的部队能够承担作战任务，大批军校学生被抽调担任军官。例如，武昌首义后，一周内扩军八协，加上马、炮、工程、辎重、宪兵各队及水师，干部奇缺，军校生尽数调充中下级军官。他们不仅有良好的军事素质，带领士兵实现由百姓到军人的转化，而且富于政治理想和高尚品格，言传身教，将民主意识注入士兵头脑，使其同时完成由行伍到革命军人的转变。没有这些中坚力量，军队就难以在战争过程中实施改造。学生们作战勇敢，不计名利，表现出革命者的优秀品质，为广大官兵树立了典范。学生军自备军装，不取报酬，"纯为担负社会进行之责任，全系义务性质"，而且明文规定，革命成功之日，"除受全国社会之名誉奖励外，概不受权利奖励"。① 沪军先锋队的松江中学学生蒋闻钧从火线致书家人，表示国民天职重大，"男儿岂畏死哉"，日夜奋战，家人均以为他已阵亡。攻克南京后，全队论功行赏，他在队前慷慨陈词："钧亦国民一分子也，为同胞请命而来，不求名亦不求利焉……毅然奉璧。全队韪之，皆不受赏。"闻者赞道："为子者尽如蒋君，非特专制政体可以一扫而空，即环球列强不难驾而上之矣。"② 寿东公学学生张金彩在南京前线战则"为士卒先"，"叙功同志多富贵，君独不屑之"，表示："吾等起义为同胞请命，非借以梯荣阶宠也。"③ 陕西的一位外国传教

① 《中华民国学生军团暂定章程》，载《民立报》，1911 年 12 月 25 日。
② 《请松江中学校学生蒋君闻钧详述战况开会公启》，载《申报》，1912 年 1 月 12 日。
③ 《志士张金彩事略》，载《民立报》，1912 年 3 月 14 日。

士对民军中学生的表现大为赞赏,他目睹一位身负重伤、年仅 19 岁的少年军官面不改色地签署了手术协定书后说:"一些青年军官显示出证明中国新式学生美好前景的优秀品质。人们常常恼怒这些学生的肤浅傲慢,但是在考验人的关键时刻,他们表现极佳,特别是军校学生。""在中国的学堂里,有足够的优质材料来铸造优秀人物。"① 革命党人也特别注意吸收使用军校生。当风闻清军阴谋屠杀倾向革命的保定入伍生队时,武汉军政府即提出,"派人赴保速救众学生"②,南下充实革命军。这一动议果然付诸实现。

学生军不仅与清军有着本质区别,与其他友军相比,军政素质也明显占优,成为军政府信赖依靠的崭新力量。安徽独立开始为旧官僚操纵的骗局,之后又试图借重由巡防营改编的浔军。安徽青年军领导人韩衍(原江南高等学堂退学生)等人痛定思痛,认为症结在于缺少革命武装,遂以陆小、测绘、尚志学堂学生组成青年军,镇压制裁反动分子,局面才有所改观。学生军文告满怀自豪地阐述了这一"原于法,传于英,泛滥于新大陆,纵横于全世界"的新式军队的使命与责任:"盖其利有四:素受军事教育,故一旦有事,即日可成军接战,其利一;富爱国心,尚勇敢气,故攻必克战必胜,至死不稍却,其利二;用科学上之智识以应敌,能知己知彼,算无遗策,其利三;借此以长见闻广智识,胜读十年书,为将来伟大国民之预备,其利四。有此四利,学生军乃为军队中不可少之物。"③

对于新旧军队的本质区别以及学生军的特殊作用,学生们有着明确的认识。中华学生军军团长沈剑侯说:"帝国之兵,为帝王作鹰犬,一人之私物耳,利用愚;民国之兵,为社会作牺牲,同胞之公物也,利用智。惟智可言勇,勇可言仁,如其智如其勇如其仁,而后可谓完全无缺之学生军。夫中国之军队亦多矣,初皆隶彼清政府也,何一入我民军,其暴竟立革?位势之变迁异,公私之效用别耳。然卒以旧染深入,教育浅鲜,纪律或失其效,故间有不满于人意者。不然,同一

---

① J. C. Keyte, *The Passing of the Dragon: The Story of the Shensi Revolution and Relief Expedition*, p. 116.

② 《危哉保定汉学生》,载《民立报》,1911 年 11 月 21 日。

③ 《中华学生军之先声》,载《民立报》,1911 年 11 月 5 日。

军也，又何贵乎学生？职是而言，学生军者，今之模范军也。"安徽青年军同样强调新旧军队的区别——"彼以一死赴将军之命令，我以一死争世界之是非"，要求学生"以四万万人的精神为精神"。[1] 他们不仅确认革命武装与专制工具的根本对立，而且提出了革命后建设新型常备军的重大课题。打击敌军，改造友军，正是学生军军事上的双重使命。通过他们的示范，新军人将持有崭新的利、权、名观念，为个人，"无一钱之名"，"无寸土之操"，"无巍官显爵"；为国家民族，"均吾民以富"，"挈全球而舞"，"安吾中华民族于最高之位置"。[2] 他们不仅是当时民军的榜样，也堪称后世青年的楷模。作为坚持革命军政领导权，确保民军性质的重要保障，学生军这一具有居民自发武装组织性质的军事力量，在中国历史上开创性地使军队与全民族大多数人的利益相协调，成为自觉执行民众和民族意愿的武装行动队。

会党曾是革命党赖以发动起义的重要支柱，在光复军中也占有显要位置。会党的破坏性、散漫性，革命党早已洞悉，鉴于其对现存统治的冲击力极强，而缺乏近代意识，曾一度设法引导改造。但依靠会党举事屡起屡败，革命党遂改变方针，只是单纯利用，组织和思想改造工作无形中止。因此，光复时革命党无力对会党实施组织领导，只能进行外在约束钳制。政权更替造成的暂时无序，使会党破坏性激增，游勇散兵乃至一般民众也纷纷卷入，骚乱蜂起，对无组织状态的民变也须加以控制疏导。在战争进行之际，这一任务便由学生兼任。革命党认为，近代革命的正途是文明造反、秩序革命，或者说形式上就表现为文明与秩序。这并不单纯是软弱性的表现，其中有两重含义。其一，他们的确担心战乱延长引起列强的武装干涉，宁肯接受旧势力倒戈，速战速决，以免由于民众广泛加入导致事态扩大。宋教仁曾经总结葡萄牙革命的经验教训道："一、革命不得外国之承认，则其目的不得完成；二、革命进行时不可不预计对外关系，而出使外国乐于承认之手段；三、革命成功后不必虑及对外关系之困难而恐其不承认。"为

---

① 政协安徽省委员会文史资料工作组：《记韩衍》，见中国人民政治协商会议全国委员会文史资料研究委员会编：《辛亥革命回忆录》第 4 集，452 页，北京，文史资料出版社，1963。

② 《布告学生军文》，载《民立报》，1912 年 2 月 1—11 日。

此，"革命国所执之手段，当以务使现状不致大变动而容易恢复为主旨"。进而他提出革命成功的三项原则："一革命之时宜神速而短（不可久事战争）；一革命之地宜集中而狭（宜于中央）；一革命之力宜借旧政府之所恃者（用政府军队）使为己用。"[①] 革命党自身力量有限，既要动员民众对付敌人，又要保证有效地控制局面，只能在避免干涉、支配全局、争取胜利三者的平衡中确定发动和利用民众的量度。

其二，新兴势力领导的革命必须与历史上的农民起义及同时代的民众自发斗争区别开来，才能显示进步性。这种区别既反映在内容上，也体现于形式上。防止自发盲动是一切近代政治指导者在革命进程中必须严格遵循的原则，而文明秩序正是把民众自发斗争转变为或是纳入自觉革命的重要条件。只有当它成为自觉斗争的障碍时，才显出消极性。革命党的弱点，在于不能以彻底的革命纲领和艰苦的组织发动，激发民众的斗争热情，提高民众的政治素质，把自发散漫性消灭于起义爆发之前，以坚强系统的领导率领阵容整肃的大军发动总攻，使革命始终井然有序地进行。革命打乱了旧秩序，也使民众的斗争性与盲动性同时高涨。如果任其发展，不仅不能给革命前途带来光明，反而会在国际舞台和国内政局中投下阴影。从主观上看，革命党的文明秩序不是为了束缚民众的手脚，仇洋排外不等于反帝，"屠满杀鞑"也不同于反封建。既然他们不能先期消除自发性，事后防范就是唯一可行的策略。因此，在起义后的动荡形势下，面对强敌压迫，革命党不得不再分心去防止社会的混乱无序，用文明秩序抑制自发性的过度膨胀，防止出轨翻车。这样客观上势必要部分牺牲民众的斗争性。陷于两难境地的革命党人无法在抑制与放手间协调平衡，只好两害相权取其轻。革命的首要目标是推翻清朝统治，结束专制皇权，如果不苛求前人，应当承认，强调文明秩序是实现这一目标的重要条件。对革命党软弱性的批评，不能变调为对自发盲动的颂歌，这实际上是如何认识自发斗争与自觉革命的地位与作用的问题。如果自发斗争能够解决近代中国的社会矛盾，就无须发展到自觉革命。当群众尚未以自觉姿态卷入革命洪流时，限制自发性的文明秩序仍以积极作用为主导。列强在革

---

① 渔父：《葡国改革之大成功》，载《民立报》，1911 年 9 月 25 日。

命期间保持"中立"当然别有用心，但在近代国际舞台上第一次树立起中国文明革命的形象，得到世界各国许多有识之士的同情支持，这对列强政府不会毫无影响。

如果说秩序革命的主张至少还反映了革命党软弱的一面，那么作为贯彻实施这一方针的保障力量，学生抑制民众自发盲动倾向的行为则完全不是什么软弱的表现。他们在前线后方的对敌斗争中，表现出无私无畏的英雄气概和牺牲精神，不畏强敌凶焰，也不担心民气高涨。他们懂得自己肩负着造反与文明、革命与秩序的双重使命，一面努力激发民众热情，一面自觉维护斗争方向，非但不是压制民众的消防队，而且集敢死队、鼓动队和纠察队于一身。孤立地看待其中一方面，难以做出公正评判。

革命党的民主共和政纲与君主立宪派有着严重分歧，由于革命形势飞速发展，君主立宪主张一下子失去市场。但当斗争进入僵持状态时，清王朝、袁世凯、立宪派和革命党几股政治势力相互牵掣，奔腾的革命浪涛下暗潮横生，中国何去何从，仍需通过力量对比与较量才能解决。学生长期与专制统治对立冲突，具有激进民主主义倾向，向往和追求彻底否定专制皇权的共和制度，坚决反对在民主躯体上保留君主头颅。他们在光复中不仅冲击清王朝，也与旧官僚、立宪派的"独立"进行斗争。进入革命政权机构的学生虽很少担任要职，但其思想情绪对旧官僚和立宪派有所钳制，对革命党却是有力支持。特别是各地学界为共和制的降临大声疾呼，使世风为之一变。学生军不仅有具体的军事目标，而且有明确的政治宗旨，一出马就公开宣布要"助军政府达政治改革之目的"[1]，之后又进一步确定"以扫除专制，造成共和，并除去凡为共和之障碍，而保持世界之和平为宗旨"，并且声明，"本军团以中华共和制完全成立后，即退归社会原位；对于共和制度有障碍，得随时征集，以求达最初之目的"[2]，主动承担巩固共和的义务。商学两界联合组建的中国全国商学青年军，也以"辅助民国，促进共和"为宗旨，规定成功后退归原业，"唯一有战争，仍即召集成

---

[1] 《中华学生军简章》，载《民立报》，1911年11月5日。

[2] 《中华民国学生军团暂定章程》，载《民立报》，1911年12月25日。

军，以备扫除共和前途之窒碍"。① 他们敏锐地预感到在中国真正实现民主共和制任重而道远，不仅以武力创造民国，而且以武力捍卫共和。

起义是对共和主张最有力的宣传，但由于革命党人长期处于秘密状态，又曾偏重于种族"排满"鼓动，正面宣传的宽度与深度受到局限，因此光复后须行弥补。武昌首义爆发时，居民不明真相，关门闭户，路断人稀。军政府遂命学生三人一队，分赴大街小巷，挨家挨户宣传革命意义，又在街头巷尾进行演说，很快赢得民众的理解和拥护。江苏学界专门组织了共和演说会，发行《共和演说报》。② 福建学生则随军深入各乡进行宣传。学生结合筹饷开展的广泛宣传，更是一次大规模民主共和思想的普及教育。正是这些活动，才造成举国上下一片共和呼声。影响所及，甚至一度深受人们欢迎的《国粹学报》也严重滞销，而改名《共和杂志》，则大为畅销。有人目睹学生踊跃拥护共和革命的盛况后惊叹："今日惟'共和'二字稍可卖几钱耳！""人心愤激如此，欲保守旧有主义，能乎不能？""大局将变，即以项城之毅力，亦难挽之使回。断言之，即专制政体决不容于今日是也。"③

当然，充分肯定学生的地位与作用，并不排除其内在差异。和其他群体一样，不同的学生个体在革命中的表现大相径庭，胆小怕事者有之，逐利求名者有之，怀疑观望者有之，顽固反对者亦有之。但作为群体存在和活动时，其趋向却不等于个体的机械排列组合，个性差异整合于群体定势之中。

四、中流击楫　易水悲歌

起义烽火燃遍了半壁河山，继起踵接的各省独立使清朝中央政权风雨飘摇，名存实亡。但清皇族有恋栈之心，枭雄袁世凯有问鼎之意，

① 《申报》，1912年1月18日。

② 管劲丞：《掘港光复记》，见扬州师范学院历史系编：《辛亥革命江苏地区史料》，234～235页，南京，江苏人民出版社，1961。

③ 徐兆玮：《棣秋馆日记》，见扬州师范学院历史系编：《辛亥革命江苏地区史料》，79～83页。

不少"咸与维新"的实力人物犹疑观望，首鼠两端，革命仍可能功亏一篑。当此危难之秋，具有近代民族国家意识的学生表现出高瞻远瞩的全局眼光和宏大宽广的政治胸怀，坚定不移地大声疾呼北伐，决心直捣黄龙，夺取最后胜利。

还在各省光复的一片凯歌声中，上海学界就发表《上各省都督书》，对形势做出清醒的分析，认为欢庆胜利为时尚早，"当今之时，正我族生死存亡之秋，成败之机，在此一举"。如能"光复燕京，驱逐胡虏，消除意见，建设共和"，则人民可"一跃而处于光天化日之下"。否则，"分崩离析之痛亦即在于目前"。该文进而指出，当前局势"有极可危者五，有不可不急为者三"：清廷盘踞北京，发号施令；光复政权不相统属，意见分驰；倒戈军队依违两可，不肯用命；少数革命党人难以有效控制局面；战事旷日持久，内乱外患将接踵而至，主权统一均受威胁。欲"转危为安"，必须建立统一革命政府，选举总统，划一军政大权，集各省兵饷，"大举北伐，直捣京师"，同时建立对外联系，开国会，革弊制，颁新律，确立共和政治。① 上海警监学校学生也致函沪军都督，要求"联军直捣幽燕"②。原奉天师范女生吴淑卿曾因与同校旗生争论满汉之别，忿而退学返回汉阳原籍，临行声言："再来北地，非兴汉灭满不可。"这时她上书黎元洪，要求随军北上，舍身赴敌。③ 四川涪州女生刘汉英三次上书蜀军政府，呼吁与成都合兵北伐，均未获准，竟至剖腹死谏。④

除呼吁鼓吹之外，学生们更以实际行动为社会倡导。各地学生踊跃报名参加北伐军，上海、福建、广东、广西、湖南、江苏、江西等地学生单独组建北伐团队，开赴汉宁前线和上海，待命北进。两淮16岁的学生洪乃溥还发起童子团，招收13～20岁的学生"编制成队，以襄北伐"。各学生军在将士们的强烈要求下，纷纷派遣北伐分队，"以

① 《上各省都督书》，载《民立报》，1911 年 11 月 15 日。
② 《民立报》，1911 年 11 月 28 日。
③ 《民立报》，1911 年 10 月 31 日。
④ 《巴蜀女史画》，载《申报》，1912 年 3 月 3 日。

渡黄河捣幽燕，犁满虏之庭穴，启汉族之光荣为唯一之宗旨"①，誓死扫荡元凶，除恶务尽，"与我学界青年相见于三色旗下"②。广东、福建还成立了北伐女学生队，上海也组成以天津师范女学生为主体的女子北伐敢死队。青年们表示，"天下事有人为而无天命"，"中国必以革命而获救"，决心"以铁血博万民之幸福"，"联合全国学生组织北伐团，驱除满虏，恢复神京，苟不达到吾同胞尽得自由之目的，我侪所抱之宗旨虽死不变"。③ 立誓"渡江击楫男儿意，燕然勒石功无计，北逐胡儿万万里"的中华学生军，在成立大会上向每位来宾分发白兰花和青果，军团长沈剑侯解释道："这朵花是我们新中国的自由之花，愿它开遍全国。这青果就是满清的结果，永不再生。"来宾大为感奋。④

为促成北伐大业，学生们不辞劳苦，力排险阻。厦门组建北伐军时，因政出多门，"富者又一毛不拔"，屡次策划，均无结果。后得到学界的大力支持，既保证了兵源，又解决了饷械，终告成立。⑤ 福州学生组织北伐军也历尽艰辛，开会募捐，"登台演说，气竭声嘶者三次"，"左支右绌，中夜起舞，未尝不呕血三升"。⑥ 不懈努力之下，北伐壮举终获各界赞助。学生军出师之日，"一路国旗摇曳，炮声隆隆"，万余人聚集码头欢送，各界代表一直送至马江。同日出发的北伐女学生队也受到千余市民的夹道相送。青年们壮士一去不复还的悲壮行色，令人感奋不已。女学生辞行时，见都督以"北地严寒，恐闺中弱质不宜从军"等语稍加劝阻，立即展示预先备制、上书"祈战死"大字的纸旗，表示："既愿以死报国，岂可以北地寒冷挫折素志乎？"都督潸然挥泪告别。学生军所发《留别闽中父老书》情深义重，义薄云天，他们说："处多难之世，视舍生取义为天职所应尽。""队中健儿皆父老

① 《学生北伐队简章》，载《民立报》，1911 年 11 月 8 日。
② 《学生北伐队宣告文》，载《民立报》，1911 年 11 月 7 日。
③ 《组织学生北伐团序》，载《民立报》，1911 年 11 月 14 日。
④ 陈雪涛：《回忆中华民国学生军团》，见中国人民政治协商会议全国委员会文史资料研究委员会编：《辛亥革命回忆录》第 7 集，557 页。
⑤ 《厦门近事种种》，载《申报》，1912 年 1 月 17 日。《学生助饷》，载《申报》，1912 年 1 月 18 日。
⑥ 《闽省学生北伐军出发纪盛》，载《申报》，1912 年 1 月 29 日。

之子弟，在父老爱惜青年，或疑其恝然无情，掉头不顾。然于大同有所保全者，于私情必有所割弃。父老之顾惜出乎情，而少年之决绝裁以义。""牺牲少数人之家族以保全多数人之家族，孝悌之广义也。"凯旋团聚固为幸福，万一不测，"健儿之英灵亦在父老之侧，非敢一日忘父老也"。① 后方留守学生与北伐队员以书信联系，相互激励。广东学生北伐军在徐州一带"身经弹雨，危险非常"②，后方同学纷纷赋诗称颂："义旗北指，誓扫胡儿，觥觥学子，热血于斯，匈奴不灭，何以身为。昔时衿缨，坐不垂堂，今时硝弹，陵冰冒霜。上马横戈，下马成章，检点山河，还我皇唐。青天白日，壶浆以将，桓桓学生，青史之光。"③"济济多士，为国之英，及锋而试，荡涤北平，时不可失，直捣燕京。"④

学生对袁世凯的假议和真备战十分警觉。福建学生军在袁贼弄权之际誓师出征，以实际行动戳穿其鬼蜮伎俩，同时告诫人们："袁贼反侧，战事方长"，"遇有慷慨从军，而家属辄加折遏者，更晓以大义，无任阻扰"。学生"踔厉风发，父老更从而鼓舞之"，饷械兵员，源源而至，为北伐之后盾。⑤ 安徽青年军领导人韩衍坚决反对让位于袁世凯，公开撰文演说，指袁为董卓，声称"三万万九千九百九十九人都承认，我孤云（衍的笔名）一个人也不承认袁世凯做大总统"，并痛斥投机者："清廷而在，则摇尾为奴；虏社既颠，则涂面革命。"⑥ 他组织青年军的目的之一，就是北伐。由于种种原因，北伐未能实现，但沪军政府在直鲁豫等省学生的强烈要求下，先后派遣沪军北伐先锋队和闽军增援山东，其中有学生队 200 人。由各省学生组成的沪军政府炸弹队和湖南学生北伐暗杀队也相继北上，活动于京津保和山东一带。和谈告成后，学生军还要求"带领""管教""因革沿替之军队"，将旧

---

① 《闽省学生北伐军出发纪盛》，载《申报》，1912 年 1 月 29 日。
② 《许女生剑魂来书》，载《灌根年报》，1912 年 2 月 24 日。
③ 女生冼玉清：《学生军颂》，载《灌根年报》，1912 年 2 月 24 日。
④ 学生李祖培：《学生军颂》，载《灌根年报》，1912 年 2 月 24 日。
⑤ 《闽省学生北伐军出发纪盛》，载《申报》，1912 年 1 月 29 日。
⑥ 政协安徽省委员会文史资料工作组：《记韩衍》，见中国人民政治协商会议全国委员会文史资料研究委员会编：《辛亥革命回忆录》第 4 集，450 页。

军改组成中华民国殖民军，开赴西北西南，开发边疆，巩固国防，遏制列强的侵略蚕食①，表现了一片共和爱国赤忱。

辛亥革命在一片拥袁共和的变调中虎头蛇尾地草草收场，做出重大牺牲的学生一腔热血尽付东流，除了有形的皇冠落地，社会几乎一如既往。青年们淡于名利的精神品质诚为高尚，但抛开个人名利不等于放弃民主权利，过早功成身退不利于巩固共和。两种相反的表象都显示出学生未能从民主政治的高度来理解和把握个人与权利的关系。有些学生试图为新生的共和政权效力，但这些战场上出生入死，刑场上大义凛然，广场上慷慨激昂的青年没有被敌人的枪炮、屠刀和棍棒吓倒，却被出神入化般弄权于官场之上的官绅拨弄得晕头转向。湖北军政府教育司成立时，"各科组织人员既未用正式之考选，亦未经学界之公举，只凭二三绍介，以为进退之权衡"。后虽有所"改革"，"行政既未革新，用人依然仍旧"。文普通学堂和两湖学堂毕业生均抱不平，"特团结群力，据理直争，意欲文明之干涉，作天然之淘汰，势不达目的不止"②。杭州陆军小学毕业生成绩优异，光复中表现上佳，又当军政用人之际，可是"同学诸生纷纷禀请投效，均因人浮于事，迄未安插。复经两班全体联名陈请，亦久留中不发"。后由军界维持会"以人才难得"出面力争，才咨送南京，分拨陆军各校补习肄业。③

在中国，由共和取代帝制，如果原封不动地接收旧的官僚体系，等于宣判民主政治的死刑。吸收学生参加各级行政，本是抵制官僚的封建化倾向，确立和保障革命政权性质，不断强化民主机制必不可少的条件，但他们却受到多方排挤。陕西光复后，由于陆军学堂学生在收复潼关途中被土匪重创，革命党无力控制军队，以与哥老会抗衡，致使后者势力坐大。"没有文化的哥老会缺乏对被训练来管理公务的人应有的感情与尊敬"，"这些夺取并保持权力的'大哥'们，无情地排挤有知识的学生"。因此，"能在政府中做公务员或秘书的学生已是幸

①　《布告学生军文》，载《民立报》，1912年2月1—11日。
②　《改革后之八面观》，载《民立报》，1912年3月13日。
③　《陆军学生咨送肄业》，载《申报》，1912年3月21日。

运儿，没有诸如此类的足够位置留给每一个人"。①

　　会党军人倚仗武力恃强凌弱，官僚士绅则运用权术纵横捭阖。湖南都督府成立之初，大批学生自愿协助，"吃自己的饭，办大众的事"。对此，旧人员冷嘲热讽，野心家点火煽风，攻击诋毁"'尽义务'是玩把戏、打花鼓，要求'唱大戏''名角'出台，'内行'跑龙套"。于是蛰伏待机的绅士重新抬头，"旧官吏弹冠相庆，青年则退出政府工作。都督高高在上，指挥不灵，形同孤家寡人了"。②

　　起义成功把革命党拥上权力顶峰，但民初共和制的尝试却未能为新知识群体开通一条程序化的参政道路。学生的失望离异，使革命党与民众的联系脱节，失去广泛的社会支持，内部分化加剧。这样一方面导致政权蜕化，另一方面使革命党在对敌斗争中更加软弱无力。孙中山就任临时大总统后曾表示："民国并不需要'群众'的主动精神，群众总是跟着走的，过去一向如此。但是民国需要知识分子阶层的拥护，这种拥护已经获得了。"③ 轻视群众固属偏见，注重知识分子却不无道理。遗憾的是，没有正常的参政途径，仅凭热情刺激起来的拥护很快就随着中华民国的名存实亡得而复失。新知识群体政治上的建设性一面严重受压，而批判性一面则急剧膨胀，对后来中国政局的风云变幻产生了深远影响。

　　革命引起的社会变动使投身其间的学生发生分化。少数人随波逐流，或混迹官场权坛之上，或沉醉花天酒地之中；一部分人不肯与旧势力同流合污，坚持斗争；更多的人却感到身心双重苦闷，失望彷徨，甚至悲观厌世，归隐者有之，出家者有之，自杀者有之。革命的悲剧结局和袁世凯的倒行逆施，使曾为共和流血奋斗的青年悲切痛愤，仰天长啸："嗟夫已死志士，昔之革命希望共和者，其结果今竟留与他人

---

　　① J. C. Keyte，*The Passing of the Dragon：The Story of the Shensi Revolution and Relief Expedition*，p. 34.

　　② 邓介松：《辛亥革命在湖南所见》，见中国人民政治协商会议全国委员会文史资料研究委员会编：《辛亥革命回忆录》第 2 集，207 页。

　　③ 《1912 年 1 月 13 日卢力飞致安格联第 47 号函》，见中国近代经济史资料丛刊编辑委员会主编：《中国海关与辛亥革命》，133 页。

乐帝王矣，可胜慨哉！"①

这些真正的革命功臣成了野心家篡权擅政的障碍，袁世凯集团处处压制打击进步学界，处心积虑地分化瓦解军队中的学生骨干，以防革命势力东山再起。保定入伍生队光复时散归各省充任民军军官，袁世凯以举办保定军官学校的名义诱其北上，许多人辞职就学，但到校后却横遭压抑排挤。各地窃据军政大权的军阀极端仇视学生，进行疯狂迫害。张镇芳在河南任都督仅两年，竟杀害学生数千之众。②

旧势力的嚣张是社会基础陈陈相因的反映。参加北伐的女学生出征前函责因婚期在即不愿随军北上的同学："胡虏未获歼尽，而世俗纷纷结娶，国破家亡在迩，亦置脑后。吁！是可忍孰不可忍也！"何等丈夫气概！然而，北伐半途而废，马革裹尸的干云豪气变成"春郊试马"的儿女嬉戏，解甲归来顿觉心灰意冷，颓然叹道："此行北上，一事无成，羞为故人陈也。果如姊潜居向学，余暇课授生徒，其乐胞妹等徒劳跋涉，思之能不悲乎？"革命前因抗婚出走，返回后家庭又以婚约相逼，历尽颠沛流离，怅望渺渺前途，只能一死了结。其自尽时身着血红衣装，立誓死后变为厉鬼，"报复一切！"③。这种生不复仇鬼复仇的凄厉之声，既是对社会黑暗的控诉，也是对革命结局的绝望。曾经英姿飒爽的巾帼英豪，却不得不以这般令人惊心动魄却又苍白无力的方式进行抗争，从极端消极的角度对革命和自我做了总结。

青山遮不住，毕竟东流去。学生们用鲜血和生命为中华民族塑造出一代革命青年的光辉群像。许多稚气未尽的少年血染战旗，含笑沙场，慷慨赴义。任滦州军政府决死队团长的保定入伍生队学生熊朝霖

① 赵连城：《同盟会在港澳的活动和广东妇女界参加革命的回忆》，见中国人民政治协商会议全国委员会文史资料研究委员会编：《辛亥革命回忆录》第2集，321页。
② 许乐山等：《民初张镇芳屠杀革命党人和青年学生的片断回忆》，见中国人民政治协商会议全国委员会文史资料研究委员会编：《辛亥革命回忆录》第6集，421页，北京，中华书局，1963。
③ 赵连城：《同盟会在港澳的活动和广东妇女界参加革命的回忆》，见中国人民政治协商会议全国委员会文史资料研究委员会编：《辛亥革命回忆录》第2集，319～321页。

临刑前痛斥清军官吏："汝何人？非吾黄帝子孙耶？奈何爱戴满虏，为我汉族羞？吾恨不手刃汝腹，一视汝具有心肝否！"[1] 河南学界举义失败，50 余人被捕。当局行刑时"一回只击一人，令其他目睹，俟一人击碎后再缚一人"，残忍至极。而学生们"皆从容就义，毫无惧色"。[2] 这种视死如归的精神刺痛了反动派，山东、河南、南京等地学生均因参加革命惨遭清军大规模屠戮，湖南、陕西、安徽等地学生在光复中也受到清军和地方顽固势力的夹击，牺牲惨重。中华民国成立后，军阀、官僚、政客当道，黑暗暴政与光明民主之间的冲突斗争再度重演。青年学生不愧为支撑古老中华民族新生肌体的脊梁和神经，他们不仅以血肉之躯奠定共和基石，而且前仆后继，很快从悲愤中振作起来，开始新的探索和奋斗。

---

[1] 《滦州殉难熊君传》，载《民立报》，1912 年 2 月 2 日。
[2] 《河南健儿血泪史》，载《民立报》，1912 年 1 月 4 日。

第九章　学生与清末社会变迁

辛亥革命的政治领导者们试图将政治革命与社会革命并举，数以百万计的国内学堂学生对此心领神会，正如中华民国成立时临时政府所在地南京的金陵大学学生所指出的："对于大多数中国人和外国人来说，目前的革命仅仅是反满运动，这是事实，但不全面。""如果不是为了改善受压迫人民的悲惨社会条件，革命就没有意义。"① 革命是社会变动的集中反映，又以改变社会状况为目的。国内学生始终以自己的言行创造社会变革的条件，发展政治革命的成果。这一群体在少数思想先驱之后崛起，弥补了留学生数量有限而旧士人分化缓慢的不足，不仅加快扩展了社会变动的速度幅度，而且对改良社会土壤结构，更新民族文化心理素质，产生了深远的影响。

一、新型社会功能

国内学生这一新兴社会群体，作为中西文化交流媒介、社会变革力源和走向世界的前导，具有以前中国社会不曾存在、同时代其他群体无法替代的特殊功能，主要表现在三个方面。

第一，推动社会化主导倾向由守旧转向趋新，使之成为人的近代化的主要途径。社会化指人为适应社会需要而对价值取向、道德规范、行为方式和知识技艺等社会遗产进行学习继承的角色内化过程。在动荡变革时期，社会化具有双重性，一方面，沿袭中求稳定，另一方面，变动中求适应。近代化要求突破专制蒙昧，文明程度越高，变化节奏

---

① 《中国革命与社会革命》，载《金陵光》第 3 卷第 1 期，1912 年 2 月。

和幅度就越快越广。因而后发展社会的近代化首先是人的近代化。学校教育不仅是社会化的主要方面，而且日益普及定型。尽管清政府竭力维持旧的价值体系，具体施教者却不同程度地鼓励学生力求适应和推动社会变革。同时，学生不是单纯被动地师承前人经验，他们与其他社会成员同步甚至更为敏锐地感受到社会变动的震荡冲击，以新知识形成的新眼界重新审视思考既定的观念规范，积极参与文化创新。社会变动幅度越大，新眼界与既定事物之间的差距就越明显。由于清末学生的年龄普遍偏大，独立思考和判断能力强于一般学生，相互影响往往超过家庭和学校，对教育者、教学内容及各种事物有着很强的选择性，因此，清末学生的社会化过程，同时就是人的近代化的重要环节和途径。而人的大规模迅速更新，会形成产生社会变动加速度的内驱力。人与社会的反差扩大，不仅加剧了学生群体与现实的摩擦，而且使他们毕业后难以与旧规范重新调适。社会的稳定与变动和社会化的适应与突破的矛盾交相作用，增强了学生的不平衡感，严重的角色矛盾成为出自学堂的近代知识分子大批投身政治变革洪流并且表现出强烈激进倾向的重要原因。

第二，增强先进知识分子、大众传播媒介与广大民众的沟通联系和引导呼应。在近代社会变迁过程中，大众传播媒介迅速发展。清末十余年间，相继创办发行的报刊达六七百种之多（含停刊者），发行量据 1913 年邮政系统运送的报纸印刷品数，就有 51524800 份。图书出版的种类和数量也大为增加。这改变和扩大了人们的时空观念与认知空间，使先驱人物的精辟思想很快传导给一般民众，引起广泛的社会反响。由于信息量的大幅度增长，信息处理（接收、整理与传播）成为社会存在与发展的一大要务和衡量尺度。但是，近代中国的大众传播受到三方面的限制。其一，传播媒介多用印刷文字符号（书刊、报纸），由电子机械媒介实施的音像传播尚未问世（如广播、电视）或影响甚微（如电影）。而文字符号的接收还原，相比音像符号要求更高的文化素养和理解能力。其二，印刷、邮政、电信事业落后，传播范围狭窄，速度缓慢。其三，文盲半文盲占人口的大多数。据当时海关的估计，文化普及程度最高的江苏省，男子中粗识文字者为 60%，女子为10%～30%①，而且其中多数仍处于半开化状态。有人指出："四万万人中，其能识字者，殆不满五千万人也。此五千万人中，其能通文意、阅书报者，殆不满二千万人也。此二千万人中，其能解文法、执笔成文者，殆不满五百万人也。此五百万人中，其能读经史、略知中国古今之事故者，殆不满十万人也。此十万人中，略知外国语言文字，知有地球五大洲之事故者，殆不满五千人也。此五千人中，其能知政学之本源，考人情之条理，而求所以富强吾国，进化吾种之道者，殆不满百数十人也。"② 显然，仅仅粗通文字，无法完全理解传媒发送的各种信息。加上书面语和口语相分离，造成受众接收和理解的严重障碍，难以产生预期效果。学生群体的出现与发展，不仅大幅度增加了直接受众，而且形成了有助于下层民众理解传媒信息的接转中介。近代中国的大众传播，实际上呈如下模式：

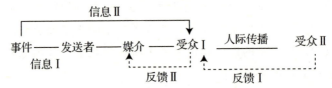

学生不仅参与充当发送者，而且是第一级主要受众，将直接、间接获得的信息通过演讲、通信、演剧、说唱等形式再传达给不识字、理解力不足，或不能即时接触传媒的偏远闭塞之地的广大民众；并将接收的信息反馈经过滤后转达给传媒及发送者，在城乡学生及发达与落后地区间形成辅助传播网。缺少这一中介，传播与反馈都将受阻，不能产生广泛的社会影响。大众传媒的突出作用之一，是在迅速及时的信息扩散，使各种政治事件成为世人普遍关注的中心，从而加强社会成员反应行动的协调性，形成推动社会变革的冲击潮。学生的中介作用大大扩展了大众传媒的实际覆盖面，在历次爱国民主运动中掀起一次又一次启蒙宣传热潮，使千百年来几乎与时政无缘的下层民众焕发出空前高涨的政治热情。同时，在很大程度上以学生为测试标准的

---

① 《海关十年报告之二》，见徐雪筠、陈曾年、许维雍等译编：《上海近代社会经济发展概况（1882～1931）》，96 页。

② 《论中国积弱在于无国脑》，载《万国公报》第193卷。

信息反馈，影响和加强了发送者与传媒民主变革的意向，尽管由此带来了不能从反馈中准确把握社会实际动向，将学生的前驱意识混同于民众心态的错觉。

第三，改变社会流动的性质与趋向。在古代四民社会中，通过科举取士实现的纵向流动虽然很普遍，但并不触动社会结构，反而使之持续稳定。士子童生以读书为仕进之阶，以做官为正道，决定了取材的数量有限。三年一次的科考，平均每年取士总共不过 1632 人（进士 105 人，举人 537 人，贡生 990 人）。① 士人进则为官，退则设教，而后者的目的主要还是为科考服务，能够发扬独立精神，开创学术风气者，已属凤毛麟角。近代以来，由于教育内容和社会化走向的变更，学生取代士子，不仅拓宽了社会流动的层面幅度，而且对于改变社会的结构性质产生了重要作用。在欧风美雨的冲刷荡击下，中国传统社会的各个群体都在不断发生分化调适，但仅仅从外部推动是不够的，必须有新的基因改变内在结构。学生刚好适宜扮演这一角色。作为社会群体，他们没有稳固统一的政治经济地位，只是在人生一定阶段上结成的社会文化联系。由于来源不同，走向各异，学生处于连续不断的分解过程之中。另外，学生群体具有相对独立性，处于人生中至关重要的特殊阶段，形成有别于其他群体的共同性质特征，又反过来影响和改变每个人。绝对流动性与相对独立性交相作用，使学生既有震动社会整体的群体效应，又有改造部件分支的具体功能。他们的渗入逐渐改变着各个领域和群体的内部结构与外在形态，使之适应和推动社会变迁的需求。

辛亥革命时期，学生群体主要是流向政、教、军、警、报及实业界等。以上海复旦公学高等正科为例，1909—1911 年共毕业学生 50 余人，除 5 人亡故、6 人去向不明外，担任教职者 23 人（大学 2 人，高等学堂 4 人，师范 1 人，专门学堂 4 人，中学 9 人，小学 2 人），进入各级政府部门者 9 人（外务部 2 人，教育、交通、司法部及驻美公使馆、奉天督署各 1 人），经商者 2 人，在报馆出版界任职者 5 人，出

---

① 崇有：《学堂奖励章程疑问》，见舒新城编：《近代中国教育史料》第 4 册，73～77 页。

国留学者 5 人①，反映了一般趋向。

官僚是专制国家机器的主要成分，由中世纪向近代社会过渡，权力体系的更新改造一般发生在政权易手之后。但中国的近代化进程开始于外力的强制推动，它要求政权机构相应调整。而旧官吏不能适应政权职能的变化。早在科举制废止前，清政府已经开始吸收留学生和国内毕业生参加求新活动，新政的全面推行和预备立宪，更使之迫切感到新式人才匮乏。一些历来重视洋务的地方督抚尤觉时不可待，争相以优惠条件引诱国内外学生辍学从政，一时间形成风潮，连紫禁城亦为之波及。有人提议改革皇宫内廷制度，裁撤太监，挑选女学生充任女官。② 在校学生人心浮动，清政府不得不明令禁用肄业生，才稳住局面。不过，留学生入仕更受重用，国内学生则位卑权轻，数量影响较为逊色。1902—1907 年，主要为更新官吏而设的法政科总共只有 1860 人毕业。预备立宪后，各地大量创办法政学堂，但 1908 年、1909 年的毕业生也不过 1352 人和 903 人。③ 多数新设法政学堂在辛亥前尚不能提供毕业生。尽管如此，学生进入较多的部门，近代化倾向也明显优于其他机构。

学堂是培养"文明种子"的"公圃"，学生则是"未苗芽之种子"。"立教育之基本，作立国之原素。"④ 学堂之优劣，不仅直接决定学生质量的好坏，而且影响制约着社会的变迁。而教职员素质是决定学堂水准的重要因素。教育界故态与时代需求极不适应，除少数留学生和开明人士外，多数教职员思想保守，知识陈旧，言行迂腐，极大地限制了学生的觉悟和求知。特别是小学堂，师资尤为低下。而基础不稳，又制约着中高等教育的效果，造成小学堂"大半难请教员"，中学堂则学生"合格的甚少"的恶性循环。⑤ 留日学生绝对数量虽然猛增，但

---

① 《1908—1911 年高等正科毕业学生名单》，见朱有瓛主编：《中国近代学制史料》第 2 辑上册，711～713 页，上海，华东师范大学出版社，1987。

② 《内官选用学生之罢议》，载《大公报》，1909 年 10 月 29 日。

③ 参见第二、第三次教育统计图表的《各省各项学生人数历年比较表》。

④ 《人间最乐之生涯》，载《盛京时报》，1907 年 6 月 9 日。

⑤ 梦梦生：《说奉省的学界》，载《爱国报》第 719 期，1908 年 11 月 27 日。

仍是杯水车薪，缓不济急。国内毕业生的逐年增加，使矛盾有所缓和，淘汰了部分不称其职的旧教员，补之以初级速成师范简易科毕业生，后来又以专修生更换力不胜任的简易生。据统计，到1909年，全国高小以上学堂共有教师18389人，其中国内毕业生除在高层次上与留学生平分秋色外，就整个师资结构看，占有明显的优势（详见表9-1）[①]：

表9-1　至1909年全国高小以上学堂的师资情况　　单位：人

类别		本国毕业	士人	留学生	外籍人士	比例
专门学堂		379	297	370	122	3.24：2.54：3.17：1.04
实业学堂		748	445	243	108	4.8：2.9：1.6：0.7
师范	优级	152	80	144	91	3.3：1.7：3：2
	初级	876	349		27	7：2.8：0.2
中学		2108	1107		51	6.45：3.39：0.16
高小		10039	700		53	9.3：0.65：0.05
总计		14302	2978	757	452	7.74：1.61：0.41：0.24

　　从1906—1911年学部及各省学报、教育杂志登载的大量学务调查报告看，尽管总体上仍存在着校舍破旧、设备缺乏、师生素质低下等缺陷，但由学堂毕业生担任教职之地，比较塾师山长把持之所，各方面状况确有明显改善。因而各视学员在总结时不约而同地强调指出：今后聘请教师，应由司札派师范毕业生，以"化除自为风气之弊"[②]。此外，国内学堂毕业生还进入各级教育行政机构。湖南学务公所共有员绅24人，其中新式学生9人，而5人为国内毕业。[③]

　　军界是国内学生力量渗透较深的部门。清政府建立新军的目的，在于制造更加得心应手的统治工具。然而，装备编练更新必然要求人员素质改善，除目兵中有部分小学生外，军官中学生的比例相当高。

---

　　① 据《第三次教育统计图表》有关各表编制。

　　② 《光绪三十二年省视学高奎照等查视天津各学堂情形报告》，载《直隶教育杂志》第4期，1907年。

　　③ 《湖南学务公所员绅衔名履历清册》，载《学部官报》第43册，1907年12月25日。

以江宁第九镇、湖北第八镇及第二十一协为例，国内毕业生分别占军官总数的 48％、23％和 40％（详见表 9-2）①：

表 9-2　江宁第九镇、湖北第八镇及第二十一协军官的构成类别　　单位：人

类别＼部别	国内学生	留学生	士人	行伍	比例	总计
江宁第九镇	340	15	272	87	4.8：0.2：3.8：1.2	714
湖北第八镇	154	19	497	23	2.2：0.3：7.2：0.3	693
湖北第二十一协	53	4	73	3	4：0.3：5.5：0.2	133
总计	547	38	842	113	3.6：0.2：5.5：0.7	1540

广东第一协队官以上军官 47 人中，国内毕业者即占 41 人。② 云南第十九镇的中高级军官多为留学生，下级军官则由国内毕业生担任。他们当中多数人来自各级名类军事学堂，少数为非军事专门学堂毕业（如医学堂）。

在军事辅助机构中，国内学生也占有相当比重。两广军医局共有职官 5 人，其中 4 人为国内毕业。③ 两广和东三省督练公所职员中的国内毕业生分别占 65％和 42％，只有湖北督练公所因大量使用留学生，国内毕业生的比例较小（详见表 9-3）④：

---

① 《陆军第九镇全镇职员表》，载《南洋兵事杂志》第 9 期，1907 年 5 月。《湖北陆军同官录》，光绪三十四年（1908）八月刊。

② 《广东军事调查》，载《武学》第 4 期，1908 年 8 月 30 日。

③ 《广东军事调查》，载《武学》第 4 期，1908 年 8 月 30 日。

④ 《广东军事调查》，载《武学》第 4 期，1908 年 8 月 30 日。《湖北陆军同官录》，光绪三十四年（1908）八月刊。《东三省督练公所干部人员一览表》，载《武学》第 9 期，1909 年 5 月 19 日。

表 9-3　两广、东三省、湖北军事辅助机构职官的构成类别　　　单位：人

省别＼类别	留学生	士人	国内学生	总计
两广	2	4	11	17
东三省	12	2	10	24
湖北	21	25	3	49
总计	35	31	24	90

各种军事学堂的教职员也以国内毕业生为重要来源。据广东、湖北、云南三省的 12 所军校调查，国内学生、留学生、士人和外籍人员分别占教职员总数的 36％、24％、37％和 3％，其中 7 所学堂的国内毕业生达到一半甚至 2/3，其余 5 所则吸收留学生较多（详见表 9-4）①：

表 9-4　广东、湖北、云南 12 所军校教职员的构成类别　　　单位：人

部别＼类别	国内毕业生	留学生	士人	外籍人士	总计
广东陆军小学	23	5	2		30
广东陆军速成学堂	6	7	3		16
广东陆军医学堂	4	5	7	3	19
广东测绘学堂	15	2	7	2	26
广东水师学堂	8	4	4		16
广东宪兵讲习所	6	1	1		8
广东乐兵讲习所	2			1	3
广东学兵营	8		3		11

① 《广东军事调查》，载《武学》第 4、5 期，1908 年 8 月 30 日。《调查云南测绘学堂》，载《武学》第 7 期，1909 年 1 月 22 日。《湖北陆军同官录》，光绪三十年（1908）八月刊。

续表

类别 部别	国内 毕业生	留学生	士人	外籍人士	总计
云南测绘学堂	7		6		13
湖北将校讲习所		23	7		30
湖北陆军特小	20	14	60		94
湖北陆军小学	1	5	8		14
总计	100	66	108	6	280

国内毕业生还进入实业界。为了适应铁路、工矿、电信、航运等部门的开发和培养技术人才，清末各种实业学堂陆续开办。在抵制外货和实业救国热潮的推动下，1905 年以后中国的实业教育有了长足发展。1907 年至 1909 年，实业学堂由 137 所增至 254 所，学生由 8693 人增至 16649 人，而且部类增多，程度有所提高。例如，南洋公学（邮传部高等实业学堂）设置了商务、铁路、航海、轮机、电机等专科，并筹备开设大学本科；在教育宗旨上则竭力改变学而优则仕的传统观念，勉励学生求实学务实业。该校 1906 年至 1911 年的 4 届专科毕业生共 41 人，均由邮传部安排就业。① 截至 1909 年，全国共有 2651 名工商类毕业生，其中多数对口供职。其他学科的毕业生中还有不少人热衷于振兴实业。一些企业为解决人才荒而独力开办专科学堂，自教自用。

大众传媒的发展，为国内学生提供了施展才能的新机会。特别是新政以后，民办华文报刊突飞猛进，从 1902 年至 1908 年，每年以 20～40 家的速度递增。据 1869—1908 年有创办时间的 397 种华文报刊统计，商办、官办及外资各为 271 家、44 家、82 家，前者占 2/3 强。② 加上民间出版业的兴盛，为毕业生开拓了新的职业取向。同时，

---

① 《交通大学校史》编写组编：《交通大学校史（1896—1949 年）》，66～67 页，上海，上海教育出版社，1986。

② 《报界最近调查表》，载《大公报》，1905 年 5 月 11—25 日。此处亦参考了 1904—1908 年 7 月《东方杂志》各期《各省报界汇志》。

由于社会风气的变化和传媒自身的改良，过去那种"由于主笔、访事等员之位置不为世所重，高才之辈，莫肯俯就"①，甚至以报馆"为无赖文人之末路"，报业"为不名誉之职业"，"不仅官场仇视之，即社会亦以搬弄是非轻薄之"② 的陋俗偏见被打破，大众传媒成为开通风气、启迪民智、表达政见、引导舆论的重要工具，知识界英才鲜有不与之结缘者。到报馆和出版机构任职，自然成为以向导自命的青年学生孜孜追求的目标之一。不少人还在求学时代，就已成为报刊的热心作者。此外，在医疗卫生等社会公益事业中，国内毕业生人数也逐年增加。

学生的大量渗入，使社会变迁出现新的趋势。首先，学生向各个新领域加速扩展。清末数年间，中国的近代化出现前所未有的发展速度。洋务新政历时 40 余年而进展甚缓，除其他因素制约外，人才缺乏的影响不能低估。派遣留学生毕竟人数有限，杯水车薪。清末留学生归国任职者累计不过万余人，其中多数还是名不副实的速成班毕业生。1907 年以后，留日学生人数明显减少，原因之一便是一些"从事非法销售毕业证书的无耻集团，损害了所有认真授课的大学和中学的声誉"，使"中国人饱受诈骗"。③ 一般而言，速成生程度较差，引起舆论的普遍不满。尽管留学生在许多方面处于优先领导地位，但如果没有数量优势的国内同侪扶助配合，也难以充分发挥作用。国内学生群体的膨胀扩散，在一定程度上缓解了人才供需矛盾的紧张状况，使新领域的加速发展具备了一定的前提条件。进入教育界的国内毕业生人数激增，是新式学堂数量猛长的重要动因。从 1904 年到 1909 年，学堂总数由 4222 所增至 52348 所，使大量士子童生在短短几年内被吸收同化，从根本上改变了这个具有重大社会影响的群体的性质和趋向。而新军扩建也得利于军校毕业生的增多。兴办实业和增设报刊，均有

---

① 梁启超：《本馆第一百册祝辞并论报馆之责任及本馆之经历》，载《清议报》第 100 册。

② 姚公鹤：《上海报纸小史》，载《东方杂志》第 14 卷第 6 号。

③ 《致姬乐尔函》（1907 年 5 月 14 日），见［澳］骆惠敏编：《清末民初政情内幕——〈泰晤士报〉驻北京记者、袁世凯政治顾问乔·厄·莫理循书信集》上卷，499 页。

待于专业人才的供给。清末进入近代化过程的各部门，已经开始形成国内毕业生、留学生、开明士绅和外籍人员相互补充协调的新型人才结构。毕业生到铁路、航运、邮电、工矿、海关等部门供职人数的增加，使得中国人独立掌握国民经济命脉的可行性有所提高，刺激了收回利权运动的进一步高涨。

其次，学生数量规模的增长扩大与素质的改善提高同步进行。由于缺乏人才，以往求新活动的规模质量均受影响，旧瓶装新酒、换汤不换药的情形比比皆是。随着毕业学生的不断渗透，各部门领域的更新由表象趋于实质。学校师资的更新换代带来教学结构与内容的变化，一些名不副实的课程得到改造，新学科有所加强，普遍增添了音乐、体操、工艺等课目，还增设了新的专科或专业化学堂。这样，当时进步人士极力倡导的德、智、体教育方针部分得以贯彻实施，教育从旧日的精英主导向着提高国民整体素质方向发生根本转变。学生不仅在外观形式上，而且在实际能力上也与旧士人有着根本不同。学生入伍对于改善新军素质尤为重要。袁世凯的北洋军以发端早、投资多、训练严、装备精而颇负盛名，与后起各镇相比，的确略胜一筹。但北洋六镇官兵的文化素质却稍逊于南方各省新军。驻扎山东的陆军第五镇队官以上军官共 117 人，其中虽有留学生 6 人，国内毕业生 56 人，但行伍出身者达 51 人之多。① 北洋军表面威武，其实痼疾甚深。时人批评其"敷衍旧习"，"徒饰观瞻，不求实际"②，怀疑它的实战能力。而且外观的光彩很快也黯然失色。1906 年练兵处巡阅时，起步晚而基础差的湖北陆军，"进步转较北洋为速"③，令人刮目相看。究其原因，人们不约而同地指出：北方新军中"官长有学问者恒少，而兵丁不识字者甚多"④；湖北新军则"将弁多以学生充当，入伍兵亦多具有知识

---

① 武士：《驻扎山东之近畿陆军第五镇》，载《武学》第 10 期，1909 年 9 月 15 日。

② 《军队教育私见》，载《武备杂志》第 12 期。

③ 《汇录》，载《武备杂志》第 20 期。

④ 《训兵白话篇》，载《武备杂志》第 12 期。

者"①。辛亥武汉保卫战中南北两军战斗力对比悬殊，是在民军仓促编组、失去常规建制和指挥系统情形下较量的结果，不足以证明北洋军技高一筹。

当然，学生渗透影响的力度，还取决于各领域的内部结构。南北新军除学生绝对数量有差异外，有三点明显区别。其一，南军中旧军官少，第八、第九镇及第二十一协出身行伍的军官仅各占3%、12%和2%，而第五镇则高达44%。旧军官不仅顽固保守，而且相互攀缘盘结，具有强烈的集团排他性，对于很少近似性的学生军官怀有本能的敌意。因此，北军中新旧军官之间的摩擦冲突远比南军激烈，以致不断有人出面呼吁，取"中体西用"方针，以西法战术加传统战略思想和"忠义果敢之气"，企图"泯畛域之私见，化为水乳之交融"。②同时，南军出身士林的官佐中，无功名的文武童生占绝对多数。例如，第八镇的这类军官共410人，而有功名者仅87人。他们既通文墨，易受新思想的感染影响，又少心理负荷，易与学生沟通感情。其二，南军的标、营、队三级主管军官中，学生所占比重较大，而行伍士人出身者多任排级官佐或司号长、书记官、司事生、司书生、司务长等辅职。湖北第八镇及第二十一协共有819名军官，其中士人出身者570人，约占7/10，国内毕业生、行伍和留学生分别为207人、26人、16人。而在标、营、队三级主官中，国内毕业生则接近或超过士人（详见表9-5）③：

表9-5 湖北第八镇及第二十一协标、营、队三级主官的构成类别

单位：人

类别＼部别	第八镇			全镇总计	第二十一协			全协总计	合计	百分比
	标	营	队		标	营	队			
国内毕业生	5	11	29	45	3	11	13	27	72	49.3%
士人	7	4	45	56		3	4	7	63	43.1%

---

① 张继煦：《张文襄公治鄂记》，24～25页，湖北通志馆，1947。
② 李士锐：《调和新旧将弁说》，载《武备杂志》第3期。
③ 《湖北陆军同官录》，光绪三十四年（1908）八月刊。

续表

类别 \ 部别	第八镇 标	第八镇 营	第八镇 队	全镇总计	第二十一协 标	第二十一协 营	第二十一协 队	全协总计	合计	百分比
行伍			2	2					2	1.4%
留学生	2	3	1	6	3			3	9	6.2%
总计	14	18	77	109	6	14	17	37	146	

江宁第九镇直到排级主官亦由国内毕业生担任，士人与行伍出身者多任辅官，因此国内毕业生与军官总数之比和与主官数之比相差很大（详见表9-6）①：

表 9-6　江宁第九镇各级军官的构成类别　　　　　　单位：人

级别 \ 类别	全镇军官分布（按在编单位） 国内毕业生	全镇军官分布（按在编单位） 留学生	全镇军官分布（按在编单位） 士人	全镇军官分布（按在编单位） 行伍	各级主官 国内毕业生	各级主官 留学生	各级主官 士人	各级主官 行伍
镇	8	2	21	10	6	2	1	
协	5	2	8	2	4	2		
标	19	5	31	3	11	5	1	
营	42	5	102	8	33	5	1	
队	89		70	47	71			
排	177	1	8	17	177	1	8	17
总计	340	15	240	87	302	15	11	17
百分比	50%	2%	35%	13%	88%	4%	3%	5%

而北洋第五镇不仅行伍出身者多，还在营队两级主官中占有很大比重（详见表9-7）②：

---

① 《陆军第九镇全镇职员表》，载《南洋兵事杂志》第9期，1907年5月。

② 《驻扎山东之近畿陆军第五镇》，载《武学》第10期，1909年9月15日。

表 9-7　北洋第五镇各级官军的构成类别　　　　单位：人

级别＼类别	国内毕业生	留学生	行伍	士人
镇	3	1	2	1
协	5		1	
标	10	2	4	
营	14	3	13	
队	23		31	

任中级主官的学生向任低级辅官的童生施加影响，比制约很少相似性的行伍要容易得多。其三，南军中目兵识字开通者多，如"湖北军队之长处在目兵人人能识字写字"①，江南新军"读书有身家之人极占多数"②，北军则文盲甚多。这也对南北军中学生作用的发挥产生了影响。

再次，增强了各趋新领域的民主变革意向。士人的出路在于仕途宦海，旧军队则是君王手中的工具。废科举练新军，形式变换不能直接导致性质的彻底更新，贪图功名利禄的学生和甘愿为虎作伥的将士依然存在。而学生大批涌入教育界和军界，使这种状况有所改观。由于师资成分的改变，教学内容得到改善，新的知识结构产生了新的思维行为方式，使学生易于接受民主思潮的鼓动影响，言行日趋活跃激进。军校学生亦形成所谓"妄倡自由，诽谤压力"的风气，"各立党类，以相援助"。统治者担心"此风一染乎陆军，则其害毒所及，实有不堪设想者"。"不唯为学堂之蠹弊，实为国家之荼毒。"③ 学生加入新军，带去了新思想的酵母。各省新军革命化程度的深浅，在一定程度上受制于新军成分的差异，官兵文化素质的高低与其接受新思想的易难基本成正比。学生进入政界商界，也有助于促其接受民主变革主张，顺应共和革命潮流。

最后，加强了旧群体的分化离异和新势力的内部协调。学生进入

---

① 《汇录》，载《武备杂志》第 20 期。

② 《南京新军统制徐详请设立陆军监狱文》，载《武备杂志》第 25 期。

③ 田景光：《自由论》，载《武备杂志》第 22 期。

军政绅商各界，加快了旧群体分化的趋势，使开明士绅集团不断扩大，其转化的程度与接纳学生的数量成正比。例如，清政府驻外机构中官吏的近代化就远比其他部门显著。师资队伍的改善，使教育界逐渐脱离专制政府的直接控制，成为培养清朝皇权统治掘墓人和新国民的摇篮，形成了中国民主化的重要源泉。这不仅缓和了师生间一度存在的紧张关系，而且促使双方携手合作，减少了进步势力的摩擦内耗，有限的民主革新力量拧成一股，集中冲击专制统治，效应倍增。官绅是统治集团的主要成分，常备军和警察是国家权力的主要强力工具，而舆论媒介和教育则分别是专制者思想统治的喉舌和培养亲己继嗣的温床，学生的渗入，开始改变国家权力杠杆的旧式结构，使专制体制朝着自我否定的方向演变，最终导致皇权统治的彻底崩溃。

二、反弹与约束

学生进入社会各界各领域，在冲击震动的同时，也遇到重重阻碍。首先是内在张力的局限。由于新式教育正式起步晚，相对落后，供需间存在严重缺口。据学部统计，从 1902 年至 1909 年，各级各类毕业生共 82769 人（除去升学差额），其中师范毕业生占 38961 人，而且主要是仓促赶办的速成师范的毕业生。后因程度不符，速成科相继下马。1908 年的师范类优级、初级和传习所毕业生分别为 86 人、3709 人、3088 人，而 1909 年为 901 人、1247 人、2879 人，程度略有提高，数量则减少 27%。加上基数的不断扩大，整个毕业生的高增长率逐渐下降（详见表 9-8）[1]：

表 9-8　1902—1909 年毕业生人数及增长率

年份	1902	1903	1904	1905	1906	1907	1908	1909
毕业人数（人）	32	250	1087	2236	10195	15066	17929	23361
增长率（%）		681	335	49.2	356	47.8	19	30

[1] 参见第二、第三次教育统计图表的《各省各项学生人数历年比较表》。

与一衣带水的近邻日本相比，1909 年日本全国毕业生共 1279608
人（未减去升学差额），较上年增加 128428 人，仅一年的净增长数就
比中国历年累计还多 50%。①

数量奇缺只是问题的一方面，更重要的是结构不合理，学生素质
差。历年毕业生总计，共有专门类 10131 人，实业类 4068 人，师范类
38961 人，中学 3418 人，小学 28029 人，蒙养、半日和女子学堂共
2002 人。而日本仅 1907 年就有中学以上毕业生 43334 人，具体学科
等级分布如表 9-9②：

表 9-9　日本 1907 年各校毕业生人数　　　　　单位：人

学堂种类		毕业生数	每级合计
第一级	分科大学	1300	1300
第二级	高堂学堂	1239	6696
	专门学堂	4124	
	高等实业学堂	1093	
	高等师范学堂	240	
第三级	中等师范学堂	9554	35338
	初级师范学堂	8482	
	中学堂	17302	

从明治九年（1876）到四十一年（1908），帝国大学一校即培养
8501 名毕业生，其中法科 2589 人，医科 1427 人，工科 2051 人，文
科 1166 人，理科 523 人，农科 745 人。③ 这基本可以满足该国近代化
进程的全面需求，保证各个领域协调发展。况且中日两国名义上同级
别的学生实际程度相差很大。严格说来，清末学堂教育充其量只达到

---

① 《日本明治四十二年全国学校之状况》，载《教育杂志》第 2 年第 2 期，
1910 年 3 月 20 日。

② 崇有：《学堂奖励章程疑问》，见舒新城编：《近代中国教育史料》第 4
册，73～77 页。

③ 《日本帝国大学卒业生数》，载《教育杂志》第 1 年第 2 期，1909 年 3 月
16 日。

专科程度，多数学堂的实际水平较常规标准至少低一级。内在驱动力质与量的双重不足，使学生不能有效地发挥功能，对其他群体的冲击穿透能力大为减弱。

其次是既有社会的抵拒。学生的到来有如异物侵入，引起各群体的排他性反应，于是出现一种悖理的怪象：从逻辑上看，落后的中国迫切需要各种新式人才，毕业生数量远远赶不上社会发展的需求，而实际上到处可见他们非但不能适得其所，甚至无处容身。军事改革是新政的重项，全国计划编练新军三十六镇，以每镇军官 600 人计，共需 21600 人。即使以实际成军者计，也需要 15000 人。加上军事学堂等辅助机构以及改造旧军，总需求至少增加一倍。留日士官生人数有限，而军校生额不过万人，清政府又比较注意笼络，却仍有许多人毕业后得不到相应职位。广东武备学堂 1904 年应届毕业生 110 余人，到 1908 年，除官派自费留学近 40 人外，出任军职者不过 20 余人，而且多无实权（军校教员 12 人，职员 6 人，学习官 2 人，边防总稽查、巡防营管带、督练公所提调、队官、排长各 1 人），另外 50 人只能另谋生计。① 浙江武备学堂毕业生 200 余人，"在军界授职任事者十不二三，而大半投闲置散"。各生走投无路，被迫联名要求陆军部任命。② 湖北陆军特别小学毕业生因无处安置，难以分配，陆军班散归原营，海军班被逐出堂，终于激犯众怒，两班学生结成团体，坚持必录用方离去。③ 警务为新政重点，而奉天警务学堂毕业生"见用者百无三四"④。就连缺口极大的师范毕业生也得不到合理安排。以优级专修生替换简易速成生固不无道理，但小学教师仍多由塾师充任，而且后来优级师范生也无处安插。1910 年京师督学局接到师范毕业生 200 余人，"一时无可位置，颇有拥挤之患"，于是下令："嗣后无论何项毕业生，一律停止札派。"⑤ 供求口径如此阴错阳差，可谓咄咄怪事。其原

---

① 《广东武备卒业生之闲散》，载《武学》第 3 期。
② 《武备毕业生之闲散》，载《大公报》，1908 年 9 月 17 日。
③ 《京津时报》，1910 年 5 月 28 日。
④ 《警务生风流云散》，载《盛京时报》，1907 年 6 月 25 日。
⑤ 《师范生之拥挤》，载《大公报》，1910 年 6 月 20 日。

因也很复杂。专制者好大喜功，各级官吏相互攀比，教育发展出现缺乏基础和协调性的跳跃，伸缩起落间，造成人力物力的巨大浪费。不过，归根结底，这种畸形人才过剩，乃是近代中国社会变迁动力与惰性矛盾冲突的病态表现。只有真正迈开近代化步伐，才会感到人才缺乏的迫切和更新人才的必要。反之，稍加点缀，只图装潢门面，短暂的优待热过去，接踵而来的便是到处人满为患的困境。由虚假片面的社会变革引起畸形人才过剩与奇缺的周期循环，正是近代中国人才危机的真正病灶。

清政府对学生强烈的民主革命情绪十分忧虑，虽然做出开明姿态，实际上极不情愿大批激进学生迅速涌入各要害部门。每一次起义暗杀风潮之后，都要刮起一阵禁用学生的阴风。朝廷口是心非，地方官则变本加厉，"顾排满之思想与革命之风潮非目不识丁者所得而鼓荡也，若辈知其然也，遂以排击学士文人为升官发财之捷径"①。而既得利益集团唯恐学生危及其利禄前程，上下贪缘，排斥异己。吉林长春一所学堂为顽固势力所把持，校长聘请两位师范毕业生任教，旧教习皆谓："如用师范生，吾辈安有容身之地？"② 他们竭力反对，迫使其被解聘。奉天警务学堂学生受冷遇后，曾气愤地诘问当道："若以程度尚浅不堪委任，彼非警务出身者何以反委优差？"③ 一语道破天机。官场恶习长期浸淫，使旧势力盘根错节，荣辱与共，他们不仅拒外，而且要遮丑，防止其无知低能在学生的对比反衬下暴露无遗。这实际是革新与守旧的对抗。与一切社会变革一样，近代化必然导致利益的重新分配。本应是动力的青年学生反而成为负累，变革结果的错位反映了变革本身的虚伪。旧势力抵拒成功，说明他们与社会现状协调适应；而学生落魄失所，则不仅显示出社会变动的幅度小范围窄，而且曲折地反映出统治者的主观意向仍是把近代化当成自保自救的手段。受到前后夹攻的学生，一开始就面临毕业即失业的危机。尖锐的地位矛盾（教育界域高而职业界域低）强化了他们对现实的不满情绪。如不彻底改造社

① 许鼎新：《恽毓鼎排击清流》，载《广州总商会报》，1907 年 9 月 21 日。
② 《不用师范生之笑话》，载《盛京时报》，1908 年 3 月 12 日。
③ 《警务生之风流云散》，载《盛京时报》，1907 年 6 月 25 日。

会，就只能自生自灭。这使学生及新知识群体的破坏性功能超常发挥，而建设性功能受到抑制。

最后是传统社会的同化引力。学生的冲击同时引起旧势力抵拒和同化的反应。清政府以功名利禄引诱学生，而刚由士子童生脱胎而来的青年旧习未去，也易于动摇趋附。有人指出："学堂之异于科举，一恃朝廷以谋生计，一使自谋生计而已。今科举废而举贡生员之名目不废，则人人挟一科举之旧思想，犹将赖仕进以为生活之路。"① 实官奖励为祸更甚，各地学生"率皆改就官职，不愿升学"。1909 年，学部担心照此下去"高等实业学堂因无升入学生，不能成立"，奏请"略示限制"，凡年在 25 岁以下者必须升学，不准改就官职。② 但直到 1911 年，有识之士仍在为此奔走呼吁，称"举贡生员之名目不废，京外实官之奖励不废，则人人各挟一科举之旧念"，"学生既艳得官之虚荣，自不惮考试之劳瘁，而工农商之事，若浼焉有所不屑"③，要求学部停止实官奖励，以利于倡导新风。1911 年 4 月 9 日，各省教育总会联合会做出决议，指出奖励实官功名有"害吏治""害教育"两大流弊，要求立即停止。④ 在强大压力之下，学部才于 1911 年 9 月奏请停止实官奖励。但清政府来不及斩断枯枝，就被革命风暴连根拔起。

科举与学堂混合，使近代中国的社会变迁大受干扰，造成严重痼疾。梁启超民初曾愤然斥责"前清学制之弊"道："其误国最甚者，莫如奖励出身之制。以官制为学生受学之报酬，遂使学生以得官为求学之目的，以求学为得官之手段。其在学校之日，希望者为毕业之分数

① 宣统二年教育法令研究会报告：《研究各学堂奖励章程》，载《教育杂志》第 2 年第 6 期，1910 年。

② 《宣统元年四月二十七日学部奏高等实业预科改照中等实业功课教授并限制中等实业毕业改就官职片》，见《大清宣统新法令》第 5 册，23 页，上海，商务印书馆，1909。

③ 唐文治：《咨邮传部转咨学部咨文》，宣统三年（1911）四月，西安交通大学档案，第 2461 卷，转引自《交通大学校史》编写组编：《交通大学校史》，66～67 页。

④ 舒新城编：《近代中国教育史料》第 3 册，203～204 页，上海，中华书局，1928。

与得官之等差；及毕业以后，即抛弃学业而勉力作官矣。""故中国兴学十余年，不仅学问不发达，而通国学生，且不知学问为何物。"① 当然，学生的就业取向主要决定于社会现实。专制权力控制操纵一切，权柄在握便可为所欲为，离开权力中枢则难以有所作为，因而争权夺势历来是世人竞争角逐的热点。旧士人以入仕为正途，从政为目的，近代学生同样有此偏向。尽管近代商办企业、大众传媒和社团党派的出现，使民间势力有所上升，但清政府不允许危及其权势地位的民间实体存在，后者的实力、地位与作用颇受局限。因此，学堂无论官公私立，毕业生仍以政府录用为出息。他们把社会成员对权利的平等享有与个人对权力的占有等量齐观，或追逐权力，或把个人权利系于权力偶像，主体意识蜕变为权势欲和依附性。社会不由集权垄断向分权民营过渡转化，就不能产生独立的民间实体，吸引容纳以天下己任为抱负的学生，为他们提供施展才华的机会和场所，从而改变其职业取向。

民初数年间，在北京和各省出现了一批数以百万计"日费精神以谋得官"② 的"高等游民"③，其中相当一部分是毕业学生。由于青年子弟求官者众，各种类型的法政学校异常兴旺，成为新的仕进之阶。当时任江苏教育司长的黄炎培曾撰文指出："光复以来，教育事业，凡百废弛。而独一日千里，足令人瞿然惊者，厥惟政法专门教育。尝静验之，戚党友朋驰书为子弟觅学校，何校？则法政学校也；旧尝授业之生徒，求为介绍入学校，入何校？则法政学校也；报章募集生徒之广告，则十七八法政学校也；行政机关呈请立宪之公文，则十七八法政学校也。"据他调查，江宁、苏州、上海、镇江、清江五处的法政学

---

① 梁启超：《莅北京大学校欢迎会演说辞》，见《饮冰室合集·文集二十九》，41 页。

② 梁启超：《作官与谋生》，见《饮冰室合集·文集十二》，45～47 页。梁将当时为谋生而求官者分为两种四类，其中第二种甲类为"留学生归国及国内学校卒业者"，"因一时求业颇难，不如求官之可以幸获，且亦见其前辈之以此途进者，若甚尊荣安富焉，歆美而踵其武"。于是"几于驱全国稍稍读书识字略有艺能之辈，而悉集于作官之一途"。

③ 杜师业：《高等游民问题》，载《中华杂志》第 1 卷第 10 号。

校在校生竟达 4742 人。① 其他地方也不例外。例如，四川成都竟有四
五十座私立法政学校，"三月速成，六月速成，愈快的班数，学生也愈见
多"②。青年学子在权势魔力驱使下，变成奔竞于官场之上的政治投机商。

同时，学生所学知识不适应社会新需求。清季普通中学偏重文科，
实科较弱，更有文实分科的主张，学生普遍缺乏科学知识和技能。工
商界人士曾抱怨毕业生不称其职，认为："国家教育的宗旨，是在造就
一班普通的人民，教给他养身养家的能耐，并非是教全国的人，全成
了大人物大英雄。"而学堂教学内容如出一辙，学生仅仅"会些个光线
力点的新名词，别的全不会"，因此工商界"全都无法位置"③，蔡元
培后来更把这类学生称为"不适于科学万能之新时代"的"变相的举
子"④。形势逼迫与习惯惰性，都促使人们将对权势的追求置于优先地
位。社会权力本位和政治集权结构不打破，不仅畸形人才过剩无法消
除，而且对社会民主化进程遗患无穷。学生的权势意识，成为导致夺
权之前要求民主，执政以后恣意独裁的恶性循环的重要原因。

学生对社会的影响在冲击、抵拒、同化的漩流中划出高低起伏的
曲线。异体前驱性使学生的要求与社会变化不能同步，难以被有效吸
收和有机结合。这种不相容在旧士人自负风气的因袭作用下，糅合演
化成近代知识分子的社会游离性，主体自觉不足而孤傲自负有余。学生
时代萌发的主体意识磨去棱角锋芒，形成外圆内方的双重性格，保全个
人以社会滞缓为代价，逆向融合以自我独立为牺牲。这种缺乏自立精神
而充满清高气质的群体变态人格，可谓中国近代化难产的一大症结。

1911 年 5 月，国内局势已是山雨欲来风满楼，金陵大学一位学生
撰文论述《今日中国学生的责任》，满怀自豪地说："尽管存在导致中
国灭亡的种种不幸原因，仍有一线日益增长的希望，这是每个爱国的
中国人渴望了解和认识的。这希望不在于商人或官僚的财富，而在于
年轻气盛的学生。他们遍布全国，为数众多，是唯一能够制定明智计

---

① 《教育前途危险之现象》，载《民立报》，1913 年 4 月 30 日。
② 郭沫若：《少年时代》，296 页。
③ 《论国民教育》，载《爱国报》第 262 期，1907 年 8 月 15 日。
④ 《德国分科中学之说明》，载《新青年》第 5 卷第 5 期，1918 年 10 月 5 日。

划，使国家在一切领域进步的人。他们能够成为卓有成效、富于能力的未来改革的领导者，使中国复兴到强国的辉煌地位。"①

然而，历史只是为青年学生提供了一次表现机会，而不是必胜的条件。他们亲手创造的新社会反而要将他们抛弃，所面临的仍是继续开辟漫长而曲折的通向光明之路。

三、开风气之先

学生的崛起，在少数先驱之后形成一个传播实践新思想的群体，对社会产生广泛震动，促进民族文化心理的调适，道德标准、伦理规范、价值取向、思维行为方式都在加速更新重建。学生的社会联系依次表现为学校、家庭、社会三个层次，与此相应，其开风气之先的作用形成了逻辑链条。

从群体特性考察，学生最直接的社会联系是学堂内部的人际关系和校内活动的客观影响。学堂与旧学书院私塾在课程设置、学制体系、教学内容和方法目的上明显不同，用他们自己的话说："旧教育把学生限制在书斋和故纸堆里，新教育制度则不同，学生活动于教室、校园和体操场上。"为了破除旧观念规范的束缚，学生们自办杂志，"要把学生从昏睡中唤醒，影响他们参加各种活动"②。除积极投身于爱国民主运动外，学生们还广泛开展其他形式的活动，显示出崭新的精神风貌。主要有以下几类。

第一，积极开展体育运动，努力改善和增强国民的生理心理素质。学生们对于"东亚病夫"的蔑称深以为侮，决心以实际行动改变民族形象，强国健种，因而尤其注重体育的效用。许多学校组织了体操会、健身会，上海学界还成立了学堂健身联合会。除一般体育课程和日常锻炼外，各地学界经常举行不同形式和规模的运动会，有的由一校单独组织，有的为几所学堂联合发起。江西、江苏、四川、直隶、陕西、广西、奉天和北京等地，举行过地方性学生运动会。上海每年秋季的

---

① 《今日中国学生的责任》，载《金陵光》第3卷第3期，1911年5月。
② 《金陵光》第1卷第1期，1909年12月。

学生运动会且已常规化。由天津南开、上海南洋、苏州东吴等校发起，不定期举行过全国名义的学生运动会。开始多属表演性质，随着技术水平的提高，竞技色彩逐渐增浓。届时每校"各简魁杰，互相较赛，或跑或跃"①。在1911年天津租界的"万国运动大会"上，南开、普通和官立三所中学成绩优异。② 不仅男儿争强斗胜，巾帼也不让须眉，一洗柔弱娇风，在竞技场上大展英姿。

召开运动会的主要目的不在胜负名次的争夺，除强健体魄外，一则各校同学会聚一处，相互交流思想，联络感情，增进团结，再则养成尚武强身、竞争进取的意识风气。会场上青年们放声高歌："大风泱泱，十里运动场，世无文弱国，男儿当自强。""各努力兮勿旁皇，今兹盛会兮异日国防。""我同学，共勉旃，及今小试冲天翮。念祺重强权，物竞而天择。推兹进取心，奚忧外患迫。"他们希望借此召已逝之国魂，起将死之人心，"振国民之精神兮，合群力而驱驰"。③ 运动会这一洋新事物产生了广泛吸引力，每会来观者成千上万。1906年北京学界第二次运动会，27校学生列队而至，各界群众也络绎前来。上年度首届运动会时，"不限入场券，来宾到者尚少。此次限以入场券，而来宾至数千人"④。上海学界运动会盛况空前，"观者如堵，不下数千人"，还获得不少门票收入。⑤ 南昌学生联合运动会的观众更多达万余。⑥ 有的运动会允许来宾同场竞技，场上龙腾虎跃，场外欢声雷动，出席者无不精神振奋。他们纷纷发表观感，盛赞学生的壮举，指出，"我国数千年之积弊，莫患于右文而轻武"，"国家之盛由于兵，强兵之道由于国民尚武，而尚武之风，实始于学堂运动会焉"⑦，把运动会视为"振起我国学生尚武之风"的"药石"和"近年我国学生进步之速"

---

① 《健身令》，载《东吴月报》第1期，1906年。
② 《运动进步》，载《大公报》，1911年5月29日。
③ 《高等学堂冬季运动开会歌闭会歌》，载《关陇》第1号，1908年2月2日。
④ 无我生：《京师大学堂运动会记》，载《大公报》，1906年5月3—6日。
⑤ 《健身会》，载《东吴月报》第1期，1906年。
⑥ 《赣省商学界尚武之精神》，载《时报》，1911年6月4日。
⑦ 《运动会盛观》，载《盛京时报》，1906年11月17日。

的有力证据①，并且满怀信心地预言："使吾国事事能如此进化，则二十年后其犹不能与东西各国并驾齐驱，吾不信也。"② 一些激进之士及革命党人还将此看成是破除旧习的具体行动。

有人从运动场上争雄斗勇的情景中受到启迪，认为中国事事效法古人，循规蹈矩，结果连古人本意亦失，日益退化，"演成今日不痛不痒之老大帝国"，西人则事事欲胜前人，不断创新，所以"国势蒸蒸，日益进化"③，从新行为中萌发新思维。陕西留日学生风闻西安学生运动会"数百健儿一副上马杀贼下马作露布之气概"，"不禁跃喜欲狂，击筑悲歌"，感慨道："秦人以强悍著闻天下，驷铁雄风，尤足代表吾族。"然而，"一摧于外族马足之蹂躏，再摧于专制君主之愚柔"，武毅强健精神消蚀殆尽，致使国弱民孱。运动会一扫柔弱风气，"可为秦人士活动舞台之初出也，可为恢我祖宗名誉之始机也，可为三秦起死回生之万灵丹也"。④ 师生中的革命志士更借提倡体育培养学生对军事生活的适应力，为武装起义做准备。

此外，运动会还为学生提供了锻炼组织能力，培养集体精神和遵纪品行的良机。《泰晤士报》驻华记者莫理循出席了京师大学堂1907年的运动会后，对于前一年"外籍教师们组织和指导各项体育运动"，而"今年中国人独立地干起来了"的情形十分赞赏，他在给朋友的信中这样描绘当时的情景："我估计至少有五千名学生参加。他们身穿制服，旌旗飘扬，乐鼓齐鸣，秩序井然地排队走向运动场。这些品学兼优的年轻人顺序停在运动场上，观看外国式的运动项目：赛跑、跳高、跳远、举重、掷链球等等。这里全是中国人，中国人维持秩序，中国人充当干事，中国人散发中文节目单，参加竞赛的全是中国人，裁判员都是中国人，只有竞赛的项目是纯粹外国式的。"并且，他以此作为中国正在发生变化的例证，批评英国报界对待中国仍像义和团事件以

---

① 《学堂异彩》，载《汇报》第8年第80号，1905年11月5日。

② 无我生：《京师大学堂运动会记》，载《大公报》，1906年5月3—6日。

③ 无我生：《京师大学堂运动会记》，载《大公报》，1906年5月3—6日。

④ 剑：《陕西高等师范两校第一次运动会记事》，载《关陇》第1号，1908年2月2日。

前一样，动辄诋毁训斥的错误趋向。①

第二，改革教育形式，依据教学内容和要求，走出书斋、校园，进入社会和大自然，以社会为教本，以天地为课堂，接触体验乡俗民情，"探古人之胜迹，仰先贤之遗教"②，并对动植物、地质、地理情况进行实地勘查。学生们在教师带领下，"亲负采集器具，短衣芒鞋，步行数十里，虽清晨薄暮，未尝稍辞劳苦"，一扫闭门死读的迂腐羸弱，令人"不禁为中国前途额手称庆"。③ 通过这类活动，学生们不仅开阔了眼界，增长了见识，也更加广泛地体察到社会的落后黑暗，激发了爱国革新热忱。龙门师范学生到龙华塔远足，一路上"军乐洋洋，步伐整齐，勇气百倍。及过斜桥，则各人壮气消灭，乐声肃静，面带怒容。究其故，则因行经法界，法捕房不准擅奏军乐也"。同学们愤然表示："呜呼！此为我国之地，而吾华人不得自主，名为租地，实为割地。"又见路旁乞丐众多，老弱女幼皆有，"衣衫褴褛，饮食不完"，而且动辄被乘车经过的洋人嗤笑鞭挞，"此等耻辱，惟中国有之，可叹也"。④ 这种集体列队行进间对周围环境及事件现场的体验反应，远比个人或自由结伴漫游时的感受更加强烈。当时任教于浦东中学的黄炎培，曾作《致学生家长远足之趣旨书》，指出集体旅行可"借活泼之天机，得自然之发育"，于德智体三项"收神速圆满之效果"，具有激发爱国、爱乡、爱校、敬师、爱群之心，体察民情生计，扩充知识见闻，锻炼习苦耐劳、坚忍强毅之品质，养成独立自治之精神与绵密之思想等十二大效益。⑤ 不少女校学生也组织远足参观，由闺阁步入学堂，又从学堂走向社会，环境的变换对于女性心理生理发育起了良好的促

① 《致姬乐尔函》（1907 年 5 月 14 日），见［澳］骆惠敏编：《清末民初政情内幕——〈泰晤士报〉驻北京记者、袁世凯政治顾问乔·厄·莫理循书信集》上卷，498 页。

② 《贵阳达德学校五十年大事记》，载《贵州教育志通讯》1984 年第 2 期。

③ 《何观察热心教育》，载《大公报》，1905 年 5 月 16 日。

④ 高等三年级姚元鑫：《龙华远足记》，载《龙门师范学校附属小学校杂志》第 1 期。

⑤ 黄炎培：《致学生家长远足之趣旨书》，载《浦东中学校杂志》第 1 期，1909 年。

进作用。

各类实业学堂学生根据教学需要到相应部门实习，开始扭转士人只会书本知识，缺乏动手能力的偏向。学生们还举办各种游艺会、工艺会、学艺会、观摩会，向社会各界展示自制工艺品、动植物标本以及各种图片模型，介绍祖国大好河山，鼓吹兴办实业，以期"联络情谊，鼓舞学风，而尤重在开通社会"①。会场内"风琴三奏，军歌合唱"，参观者闻听之下，"恨不得跨上马背上枪，出关去打仗"。②

当然，专制统治不加触动，教育难以根本改观。所以，革命一旦爆发，学生革新教育的呼声更加高亢。上海光复刚两天，南洋大学学生就集会要求增设学科，以科学与体育并重，学习"折冲御侮之方"，并且宣称："本校改革即为全国学校改革之机。"③ 有人更明确提出改变教育方针的根本大政，认为古代教育用个人主义，养成"忠君之奴隶"，近世教育用国民主义，培养"共和之国民"。教育专制比政治专制更为残酷狠毒，后者"一时杀人民之身而已"，前者"则塞其聪，窒其明，深其奴隶根性，绝其自立思想，以令其永劫不复"。光复告成，"政治既放光明，教育尤宜改革"，培养造就一代新人，"俾他日国基巩固，国势发展"，其功"决不在革命健儿之下"。④ 一些学校已着手将宗旨变革贯彻于教学实践，推动其他领域的革新。只是战事紧迫于前，奸雄篡权于后，教育革新无法继续进行。

第三，提倡女学和男女同校。随着男女平权和国民思想的兴起，人们对于女子教育日趋重视，认为女子是国民之母，只有普及女学，才能为国民教育奠定良好基础。青年们对此尤为积极，女性踊跃入学，男生则热情支持，鼓动姊妹、妻女、亲友走出闺阁，跨入校门，有助于改变歧视女性的旧观念。女学堂校歌唱道，"茫茫吾神州，女教衰微四千载，我侪出求学，誓将教育救国屠"，呼吁同胞姊妹"努力竞争教

---

① 黄炎培：《浦东中学校大事记》，载《浦东中学校杂志》第 2 期，1909 年。

② 《顺天时报》白话记者稿：《参观学界观摩会纪略》，载《盛京时报》，1907 年 1 月 31 日。

③ 《中国南洋大学开幕大会记》，载《民立报》，1911 年 11 月 8 日。

④ 何振武：《敬告民国办学诸君》，载《申报》，1912 年 2 月 23 日。

育权"。① 虽然 1907 年以前女学受到官方压制，却仍然有所发展。1906 年年底，北京女学界集会，各校师生到会者 800 余人。② 到 1909 年，全国在校女生已达 78376 人。同时，学生们还试图打破男女授受不亲的界限，极力倡导同校上学，合堂上课。此倡议虽未能广泛实践，但是推动了女子教育，冲击了旧礼教习俗。在校内外各种活动中，许多地方的男女学生同时聚会、同台演说、同场竞技表演。这些今人司空见惯的行为，在当时却是惊世骇俗之举，引起了强烈的社会反响。

学生与家庭的关系是其社会联系的又一层次。家庭为社会细胞，其结构形态对社会变革的深度速度有着深刻的制约力。学生对家庭的影响表现在三方面。首先，改变家庭成员的封闭落后意识，输入新思想。学生假期回里的任务之一，就是"变化家庭"。他们认识到，"家者国之本，身者家之基"，"一家之智识既开，即地方之文明起点也"，因此要向家人"语以保家自保国着手，务名从务实成功，与夫兴学校务实业种种爱国救时之事功"。③ 他们还经常采用通信、邮寄书刊等形式传递信息。在风气闭塞的集镇乡村，有子弟在城市读书的学生家庭往往成为当地的文明扩散中心。由这样无数个星罗棋布的中心点联结成近代中国文明传播的基层网络，打破了千百年来田园生活的宁静，使人们越来越强地感受到外部世界日新月异的变化。

其次，破除陈腐观念，要求变革传统家庭的结构与内在关系。尽管中国的实际家庭形态以小家庭最为普遍，但士绅阶层中盛行的家长制大家庭却具有规范导向作用，这乃是君主专制的重要社会基础。向往民主平权的学生，不满于旧式血缘纽带形成的等级秩序，以自由平等反对三纲五常。他们认为："家庭是近代社会生活的重要部分……但中国家庭带来的不是爱情、喜悦与平和，而是仇恨、不幸和争吵。"④ 有人将中西方家庭进行全面比较，指出：中国的大家族家庭与西方一夫一妻家庭存在着五大差别，后者"易养成国民独立性"，"可以发达

---

① 《本校师范毕业歌》，载《女学生杂志》第 1 期，1910 年 4 月。
② 《京师女学界第一次盛会》，载《大公报》，1906 年 11 月 30 日。
③ 《论暑假归里之学生》，载《盛京时报》，1907 年 7 月 4 日。
④ 《中国革命与社会革命》，载《金陵光》第 3 卷第 1 期，1912 年 2 月。

国民之国家观念"，有利于"强种"，"发展国民生计"，"高尚国民之品性"，而前者则养成依赖性，使人们桎梏于家庭主义之下，不知国家为何物，结果人种日趋孱弱，国民日趋贫乏，人醴齰至死。① 学生们冲破孝悌观念的禁锢，反抗家长压制之事时有发生。一些卫道士见此如丧考妣，惊呼自由平等之风"遍于家肆于乡，及其结果，必至子弟既不宗仰其父兄，父兄亦不顾恋其子弟，而亲戚宗族更无论矣"②。平心而论，矫枉过正的负面作用并非没有，但学生们正是在家长制这个核心问题上对传统家庭的冲击最为猛烈，开始改变社会取向。家长制家庭主导地位的动摇，必然引起专制宗法政治制度的瓦解。

最后，改革婚嫁陋俗，提高妇女地位。专制社会如同地狱，女性则处于最底层，三纲五常、四大绳索，剥夺了她们的一切权利。用民主精神武装起来的学生，对此进行了猛烈抨击。他们在变革家庭方面提倡最力、呼声最急的就是主张男女平等，婚姻自主，认为包办婚姻是侵夺女权，践踏人性。学生所编《自由结婚歌》唱道："世界新，男女重平等，文明国，自由结婚乐。我中华，旧俗真堪嗟，抑女权，九州铁铸错。想当初，妇道主三从，依赖性，养成种劣弱。到如今，二亿女同胞，颠不刺，黑狱终沦落。最可怜，淘汰听天然，难怪他，红颜多命薄。想起来，惨酷真非常，吁嗟乎，仁圣何不作。""破题儿，革命自婚姻，当头棒，风光气恢拓。廿世纪，祖国新文明，有心人，毅力来开幕。我同志，为社会牺牲，自由神，呵护脱束缚。曾记得，交换指环时，最快意，爱敬莫人若。"③ "美雨欧云，剑胆琴心，婚姻革命。而今指环交换，文明结婚，果然自由国魂。罗马少年，罗兰夫人，一般独立精神。皇汉国民，河岳精英，风流快意前程。"④ 在他们看来，礼教圣贤念动禁锢身心的咒语，自由女神才会带来妇女解放的福音，甚至在形式上也将交换戒指看作文明的象征。在这种全新意识

---

① 《家庭改良论》，载《民立报》，1912 年 5 月 8 日。
② 《痛论颁行新刑律之宜慎》，载《刍言报》第 2 号，1910 年。
③ 《自由结婚纪念歌》，载《复报》第 5 号，1905 年 8 月 25 日。
④ 复哉：《自由结婚》，载《复报》第 6 号，1905 年 9 月 25 日。

的主导下，江西女学界由留日女生带领，创设"自由结婚演说会"①。贵州一位任姓女生因争取婚恋自由"被父母驱逐，官长拘押"，仍然"不屈不挠，当众声明男女平权、自由结婚之真理，言誓不受男子压抑、媒妁结婚之野蛮拘束"，偏僻封闭的社会"为之震动"。② 学生们还主动身体力行地变革婚嫁形式，以开风气。他们举行文明婚礼，"不过嫁妆，免去俗礼"，或邀请志同道合者开茶话会③，或把婚礼变成演说会，向来宾"说婚姻之事，是家政的根本，非从根本改良，家不能治，国不能强"，并破除旧规，完婚次日即返校上课。④

学生对社会的影响，在学校、家庭两级已有客观效应，同时他们还明确认识到自己肩负的社会使命与责任，开展各种活动，直接推动社会改造。由学生主办的报刊公开宣布以"改良社会"为宗旨，各种演说会也以启迪民智、开通风气、破除迷信、改良陈规陋俗为要务。他们踊跃参加启蒙宣传。天津南开中学举办通俗演说会，学生利用晚上主讲，每讲听众几及千人。北京学生则课余到社会人士所办演说会助讲。他们着重致力于如下几方面变革。

其一，革除蓄辫、缠足、赌博、吸毒以及风水迷信等劣习恶俗。兴利必先除弊，各地学生一次次掀起剪发易服浪潮，力争改变耻辱愚昧的外观形象和由此产生的压抑心理。他们痛斥缠足为摧残妇女的手段、民族衰微的征兆，女生带头解缠不缠，男生亦力劝其妻女姊妹亲属放足。未婚者立志不娶缠足女子，已聘定者必待对方解缠后方许完姻。鸦片是列强掠夺和毒害中国人民的重炮，学生们对此深恶痛绝，愤然表示："我同胞何辜？生尽为吸食鸦片之人，死尽为吸食鸦片之鬼！"1910 年，京津学界趁海牙国际禁烟大会召开在即，发起大规模禁烟活动。天津学生一面联名致函英国各界及其主张禁烟的知名人士，要求废止《天津条约》中的有关条款，正式归还中国禁烟主权，一面组织"恢复禁烟主权会"，计划"由学界而商界而绅界而报界，由天津

① 《饬禁演说自由结婚》，载《大公报》，1909 年 6 月 12 日。
② 《淑女遭冤》，载《民立报》，1911 年 8 月 25 日。
③ 《办喜事开演说会》，载《爱国报》第 50 期，1906 年。
④ 《文明结婚》，载《大公报》，1910 年 10 月 3 日。

联络各省，联络华侨，同声相应"①，敦促清政府派遣代表出席会议，力争废约归权。北京由汇文大学发起"学界禁烟会"，邀集各大中小学堂举行会议，准备发起大请愿，"俾宿毒尽除，得有强种强国之一日"②。各女校还联合组织了女子戒食纸烟社，宣称："凡为我们女界争光荣的一切义举，就从此发轫罢。"③ 在一些地方，学生不满于官府对禁烟明紧暗松的暧昧态度，自行组织起来巡查访拿烟贩烟客。学生们十分热衷于破除鬼神迷信，四处捣毁神像神物，因此经常与旧势力发生冲突。广东连州学生相约击杀左道惑人的"神灵怪蛇"后，庙祝散布谣言，谎称杀蛇者暴卒。无知愚民附和相传，拜祭更盛。不料学生聚众重来，将神像和其余二蛇打毁杀死，戳穿了庙祝的谰言诡计。④ 在这方面，学生远较一般人开通。《爱国报》的一则消息说：北京花市的一位算命先生被赶走后，居民们还有些怀念，唯独一位十四五岁的小学生力排众议，认为算命是江湖骗术，若能从此改行，倒是两全其美。记者对此赞叹不已。⑤

其二，洗刷陈腐观念，改变旧的思维行为方式。学生们猛烈抨击懒惰、妄想、苟安、依赖、繁文、诈伪、偏私、推诿、涣散等不良观念行为，特别对纲常名教大张挞伐，不遗余力，深刻揭露宗法专制是造成民族劣根性的万恶之源，希望以批判为更新开辟通道，变反顾的习惯为前瞻的进取。中国公学主办的《竞业旬报》尤著特色，全部41期所发83篇社说中，鼓吹改良社会、增进道德的占38篇，力图通过深刻的反省剖析，"养成高尚人格"⑥，真正树立国民形象。学生们对各种恶习劣行的尖锐批判，与统治者的因循守旧形成鲜明对照，新旧道德冲突在民众眼中变成道德与腐败的对抗。由一己私利作祟，无力坚守公德的清政府成了腐朽的化身，而学生则化作道德象征。新文明

---

① 刘果：《敬告学界同志速赞成恢复禁烟主权会》，载《大公报》，1910 年11 月 17 日。

② 《京师学界之禁烟热》，载《大公报》，1911 年 3 月 26 日。

③ 《女子戒食纸烟社开会勉词》，载《大公报》，1911 年 3 月 26 日。

④ 《连州学生破神权之举动》，载《中国日报》，1908 年 1 月 4 日。

⑤ 《学生妙论》，载《爱国报》第 547 号，1908 年 6 月 6 日。

⑥ 《竞业旬报》章程》，载《竞业旬报》第 2 期。

公德的建立，成为恢复社会正气的希望所在。

其三，大力倡导新思想新风尚。破与立相辅相成，但除旧不等于布新。由于学生在各方面无不标新立异，学堂成为社会风气变动的重要发源地。文化心理的震颤反映到了外观表象之上。清末以后，学生服饰成为世人竞相模仿的时髦装束。而文明戏红极一时，也主要是津沪等地师生和留日学生共同倡导的结果。早在1902年（一说1899年），上海圣约翰书院学生为庆祝圣诞节，就排演过滑稽新剧《官场丑史》。前来观看的徐汇公学、南洋公学、民立中学等校学生受此影响，也在本校庆祝孔诞时演出时事新剧。1906年（一说1905年）元宵节，民立中学学生汪仲贤（优游）组织了文友会，假昼锦牌坊陈宅大厅公演《捉拿安得海》《江西教案》和一出滑稽剧，送票请人观看。虽因演技欠佳，惨遭失败，却是上海文明戏和中国话剧的首次公演。同年夏，上海学生联合会又假座宝善街春仙茶园开游艺会，公演时事新剧《沭阳女士》，引发上海戏园上演时事新剧的热潮。① 此后几年间，各地学界陆续涌现出开明演剧会、春阳社、一社、乐社、天义社、仁社、余时学会、演剧联合会、亦社、世界新剧团、醒世新剧团、社会教育团等一大批半专业化艺术团体，活动于长江流域的无锡、南京、苏州、镇江、芜湖、常州、九江、安庆、汉口和京津沪地区，形成天知、钟声南北两大派。在西南和华南，学生也以文明戏为重要宣传形式，他们自编自演，鼓吹变革，鞭挞黑暗，受到各阶层民众的热烈欢迎。

国内学生在话剧的创作、演技、程序、规范化等方面，虽不同程度地受到留学生的影响和指导，却是新话剧运动在中国展开的基础。中国第一个职业话剧团——进化团的成立，清楚地说明了这一点。该团组建于1910年，此前各团体的演出多为业余活动，进化团能够由业余转为职业，重要原因之一在于当时一般爱好戏剧的学生毕业后找不到出路，非常苦闷，而且一些学生家庭以倡优皂卒不齿于士类，一旦发现其子弟参加演戏活动，便以为有辱门庭，万难容忍，将其逐出。

---

① 杨邨人：《现代中国戏剧史》，见李朴园、李树化、梁得所等：《中国现代艺术史》，上海，良友图书印刷公司，1936。

进化团的成立，使得有志此道者得其所哉，被逐者也有了下海之处。①

该团 1911 年赴汉口演出时共 26 人，其成员详情参表 9-10②：

表 9-10　进化团 1911 年的成员详情

姓名	年龄	籍贯	身份
任文毅	41	原籍北京镶黄旗汉军二甲喇宝常佐领下，其时隶台湾台南市	原日本西京法政大学讲师
文杰	33	江宁驻防镶黄旗满洲一甲喇印成佐领下	记名骁骑校正前锋，四川陆地测绘学堂毕业生
崇光	24	北京镶白旗满洲五甲喇柏阶佐领下	江南蚕桑学堂毕业生
松绅	28	北京正白旗满洲二甲喇福佑佐领下	江南陆军速成科骑兵学堂毕业生
汪效曾	23	安徽婺源县	南洋水师学堂毕业生
王惠声	21	江苏上海县	上海邮传部高等实业学堂中学科学生
顾翼胞	22	浙江会稽县	日本大学学生
钱逢新	23	安徽怀宁县	日本早稻田大学法学士，其时任上海新技术专修学校干事长
郝梗人	29	安徽怀宁县	日本宏文师范毕业生
何德培	26	浙江钱塘县	杭州法政学堂学生
萧春霆	26	湖北汉阳县	上海守贞书院学生
朱安侯	30	浙江仁和县	江南蚕桑学堂毕业生
陈桂林	25	江苏上海县	上海守贞书院学生

①　林道源：《上海职业话剧的起源》，见上海市文史馆、上海市人民政府参事室文史资料工作委员会编：《上海地方史资料》（五），148 页，上海，上海社会科学院出版社，1986。

②　《进化团人物志》，载《民立报》，1911 年 8 月 5 日。该史料所记进化团成员情况与流行说法多有不同。创始人任文毅即任天知，甲午战争期间曾随刘永福援台，军败不得归，按《马关条约》规定，隶籍日本。该团到汉口时已改名为醒世联合社。

续表

姓名	年龄	籍贯	氨愉
陈风翔	26	江苏上海县	上海中国体操学校毕业生
葛人龙	28	浙江鄞县	日本高等海警务学校毕业生
陈月波	25	江苏上元县	上海体操专修学校毕业生
甘泽民	22	湖南长沙县	湖南公学毕业生
黄惟宝	27	江苏江宁县	陆军第九镇随营学堂学生
黄振	18	浙江会稽县	浙江旅宁公学毕业生
沈仲颖	18	浙江山阴县	浙江旅宁公学毕业生
莫华艮	24	江苏泰州	两江陆军警察学堂毕业生
涂光烈	23	山东历城县	江西陆军随营学堂毕业生
张锡侯	30	江苏上元县	南洋将弁学堂讲武堂毕业生
李俊	22	江苏上海县	上海通鉴学校毕业生
王凤麟	24	山西太原县	上海新技术专修学校学生
袁虎生	18	湖南长沙县	湖南铁路学堂学生，日本矿业学堂毕业生

其中国内学堂毕业肄业者占 20 人。该团在南京、芜湖等地演出后，当地产生了晨钟社、智群剧团等戏剧团体。由此可见，中国话剧走上职业化轨道并得以普及，一批热爱新剧的学生是重要的社会基础。他们一方面以献身精神和行动打破传统对艺术的偏见歧视，引导知识分子对各种新兴艺术日趋重视，另一方面使艺术逐渐走向近代化，由雕虫小技步入大雅之堂，为艺术在现代社会生活中取得应有地位披荆斩棘。进化团上演的剧目主要有《血蓑衣》《东亚风云》《尚武鉴》《新茶花女》《安重根刺伊藤》《恨海》《血泪碑》《共和万岁》《黄鹤楼》《鬼士官》《新加官》等，内容重在鞭挞黑暗，启迪民智，激发爱国精神，形式上吸取外国戏剧分幕及中国传统手法，形成"幕表戏"流派。① 内

① 高黎痕：《谈解放前上海的话剧》，见上海市文史馆、上海市人民政府参事室文史资料工作委员会编：《上海地方史资料》（五），129～130 页。

容形式的改进变更，使演剧真正做到了寓教于乐。据说辛亥后该团在上海演出时，孙中山曾在台幕上题写"是亦学校也"五字。1912 年 4 月，丁文江在容纳 2000 观众、"每天晚场都上演几幕完全现代形式的短戏"的新新舞台观看了天知派上演的一出戏，印象极为深刻，特意在致友人信中陈述剧情和观感。这出戏描写一年轻女子奉父母之命与人订婚，而对方将全部家产在上海挥霍一空，沦为乞丐小偷。以悲剧结尾的故事把姑娘的选择作为问题留给观众。剧情所反映的社会问题复杂而真实，表演也非常细腻。丁文江评价道："他们致力于使舞台成为我们国民生活的一面镜子，他们的努力非常成功。"[①] 风尚所趋，同步兴起的电影后来竟一度成了文明戏的翻版。在社会转型期发生的艺术地位的升降，对于改变世风习俗，推动社会生活向近代演化，有着重要作用。

学生的言行使中国内部自觉能动的生机活力日趋强劲，扭转了对外来冲击被动反应的局面。其中成效最著的是倡导妇女解放。传统社会的女子被禁锢于闺阁绣房之中，很少与社会政治结缘。而这时一批又一批的女子通过学校走向社会，参与各种活动。在 1910 年的天津失城十周年国耻纪念会上，以女学生为主的女界与会者竟达数万之众，高等、普育等校女生争相登台演说。她们不仅单独召开会议，还常常与男子共同集会，决心"洗去我二万万女同胞四千年来奴颜之辱、分利之羞"[②]。在清末的各种政治性社会性集会以及博览会、演说会、运动会中，都可以看到女学生的身影。1905 年《字林西报》记者参加了务本女校一次集会后评论道："二百多名妇女参加了有男子参加的公共集会，仅仅这一点就表明：中国确已觉醒。"[③] "当一个国家的妇女也开始对涉及公共福利的事情产生兴趣的时候，这个国家便处于向一个

①《丁文江来致莫理循函》（1912 年 5 月 2 日），见［澳］骆惠敏编：《清末民初政情内幕——〈泰晤士报〉驻北京记者、袁世凯政治顾问乔·厄·莫理循书信集》上卷，941 页。

②《女子戒食纸烟社开会勉词》，载《大公报》，1911 年 3 月 26 日。

③《国内时事述评》，载《字林西报》，载《字林西报》，1905 年 7 月 29 日。

更高目标进军的顺利阶段。"① 女学生们闪现于清末爱国民主和除旧布新活动中的飒爽英姿，成为中华民族觉醒与新生的重要标志。如果考虑到这是一个连姑娘们天足上街、乘有轨电车和在饭馆就餐也可视为十年间翻天覆地变化象征的国度②，那么上述活动的确有石破天惊的意义。随着视野和活动范围的扩展，女学生们产生了强烈的自尊自豪感，对女性的权利声誉倍加珍惜爱护。1906年，《杭州白话报》刊出一篇题为《人道与妇女》的译文，污蔑女子只比猫狗略高一等，不配讲人道。女学生深以为侮，再三去函辩驳。③ 冲击变化引起了摩擦对抗，来自学校、家庭和社会的压力使青年学生不突破强大的传统习惯势力就难以有所作为。在学堂灌了满脑子新思想的学生回家议论天足小脚的文野之别，不料激怒了并不顽固的父亲，痛斥"这文明人，把祖先八辈都骂成蛮子去了"④。梦想实现一个"没有国家，没有家庭，没有金钱"的"三无社会"的青年，被百般疼爱孙儿的老祖母严词质问："既经没有家庭，把我放在哪里？"而"请你住在养老院"的答对，则招致勃然大怒。⑤ 青年们的梦幻世界本来就充满浪漫情调，与现实的冷漠无情格格不入，变革时期日趋明显的代沟，更增大了彼此理解交流的难度，增加了冲突斗争的火药味。鼓吹破旧立新的学生被视为离经叛道的罪人，遭到学堂惩治、家庭压抑和社会歧视。例如，清末学生从事话剧活动，崇尚洋新艺术固然是动机之一，但更主要的是希望推动社会改良。上海学生的开明演剧会提出政治、军事、僧道、社会、家庭、教育六大改良主张，并分别写成剧本，到处上演。⑥ 可是

---

① 《国内时事述评》，载《字林西报》，1905年7月21日。

② 《丁文江来函》（1912年5月2日），见［澳］骆惠敏编：《清末民初政情内幕——〈泰晤士报〉驻北京记者、袁世凯政治顾问乔·厄·莫理循书信集》上卷，941页。

③ 君剑：《女子之责任》，载《竞业旬报》第6期，1906年12月16日。

④ 郭沫若：《少年时代》，44页。

⑤ 顾颉刚：《中国社会党和陈翼龙的死》，见中国人民政治协商会议全国委员会文史资料研究委员会编：《辛亥革命回忆录》第6集，499页。

⑥ 高黎痕：《谈解放前上海的话剧》，见上海市文史馆、上海市人民政府参事室文史资料工作委员会编：《上海地方史资料》（五），126页。

该会在南京、无锡等地演出时，却遭到当局的压制禁止。进化团在南京、芜湖、安庆、九江、汉口等地演出，更被地方当道指为"词多荒谬"，"肆意诋毁政治，毫无忌惮"，"专以怒骂政界为主义"，分别遭到禁演驱逐的迫害，甚至被军警围捕。统治者将自己与丑恶、腐朽、落后、愚昧联系在一起，自然就站到了改良进化的对立面。学生因演剧而不能见容于家庭，又因演剧而触怒当道。清政府还将进化团成员的姓名及其毕业学堂详细列单，要各学堂查明其曾否毕业，"分别酌量革退及追回文凭"①。

风尚的缓慢变化以汩汩青春热血为牺牲，代价未免过于沉重。特别是主张男女平等的女学生，受到多重压力打击，留下难以治愈的身心创伤。1907 年以前，清政府排斥女子教育，认为"中国男女之辨甚谨，少年女子断不宜令其结队入学，游行街市；且不宜多读西书，误学外国习俗，致开自行择配之渐，长蔑视父母夫婿之风"②。之后虽然设立女子小学和初级师范，但仍不准女子进入中学大学，同时规定，女子教育的宗旨首重传统为妇为母之道，不得违背礼教习俗，摒除一切放纵自由之谈，以维风化。③ 各地女校经常因"倡言自由"被官府勒令停闭。④ 对于男女合校、同堂上课之议，清政府再三推诿，后来干脆断然否决。⑤ 男女学生同开茶话会，也被官府以"男女混杂，观听骇然"为由，严令禁止。⑥ 以守旧著称的江宁提学使劳乃宣甚至将女校放假日期改为星期五，与男校错开，"于剔嫌明微之中，隐寓杜渐防微之意"⑦。青年学生倡行恋爱自由，婚姻自主，要求突破礼教大防，危及专制制度的精神防线，更使统治者心惊胆战，亟令查封宣传自由婚恋的书刊团体。一些自命开明之士在这方面也不免故态复萌，

---

① 《进化团人物志》，载《民立报》，1911 年 8 月 5 日。
② 张之洞：《蒙养院及家庭教育法章程》，《奏定学堂章程》，6 页。
③ 《学部奏定女子师范学堂章程折（附章程）》，见舒新城编：《中国近代教育史资料》下册，802～810 页，北京，人民教育出版社，1981。
④ 《饬停铁铮女学》，载《广州总商会报》，1907 年 2 月 18 日。
⑤ 《学部饬禁男女合校》，载《大公报》，1911 年 8 月 8 日。
⑥ 《示禁男女学生同开茶话会》，载《盛京时报》，1907 年 8 月 14 日。
⑦ 《劳学使之异想天开》，载《大公报》，1911 年 8 月 30 日。

声称：环球各国"凡所设经天纬地之事业，皆以男子为之，女子不过为内助而已，岂有借口平权自由，而可以置家事于不顾者哉"？① 尤其令人痛心的是，中华民国告成，为革命流血牺牲的女学生却未能改变命运。风行一时的女权参政运动很快为官场角逐的浊流所淹没，昔日的巾帼英豪、北伐女杰或蜕变为投机政客，或交际于权贵豪门，或消极避世，遁入空门，或忧郁清苦，潦倒一生。原来想以变革社会来提高妇女地位的人，只能借婚嫁改善个人境遇，而物质生活的变化并不意味着社会地位的上升。

光复前革命党人曾批评"今者女子家庭革命之说，固嚣然遍国中矣，而求其实行跃出家庭范围者，则未之闻也"②。可是光复政权却把敢于挣脱枷锁者驱回牢笼。湖南衡粹女校学生周永祺倡设女子剪发会，民政司刘人熙批示道，"女子剪发之制，实中外古今之所无"，此风一开，"将来必至酿成一种不女不男不中不西之怪状，不独女界前途之忧，实民国风俗之忧"，下令取缔，并迫使该生"仍旧蓄发"。③ 云南一位名叫刘宇岐的女学生，因"受学有年，深明大义"，加以时代变换，"宣布共和，人人自由，天下皆知，而婚姻大事，尤为自愿"，反对家庭包办，与滇军大队长黄临庆自由恋爱，不料遭到父母的百般压制。她本想以死抗命，念及"适逢共和机会，文明发达；满奴尚未灭尽，死不瞑目"，遂向民政司投诉，大胆表白内心情感。她说："黄君热心国事，同胞皆知，钦慕久殷，生死何计，祸福不问。"如果家庭一味野蛮压制，"誓以死报，必不生还。我二万万同胞能有家庭改革及自由主权思想者，必能为我申冤"。其字里行间充满对旧礼教的愤懑、对新时代的憧憬和对革命情侣的无限深情，表现了新女性对个人幸福的大胆追求和理想情操，令人同情感奋。然而，她所殷殷期望的共和政府却俨然以卫道者自居，声称："查各国通例，女子虽准自由结婚，然亦有须禀承祖父母或父母之条"，"未有不能共和于所生之父母，而能

① 黄国祥：《论传习女生实业为今日之急务》，载《广州总商会报》，1907年4月27日。

② PC生：《纪杨寿梅女士事》，载《复报》第6号。

③ 《女子剪发之狂热》，载《民立报》，1912年4月6日。

共和四万万人者"。① 夺权之前以批判礼教制造动荡氛围，掌权后却借重礼教维护秩序，这种纯功利化的取舍，成了近代社会变革翻云覆雨的重要症结。

皇权专制的精神支柱绝不可能成为民主政治的道德屏障，思想上与传统观念"共和"，政治上必然与封建势力共存。旧礼教不单为专制皇权所倚重，也是一切集权独裁者维护个人权势地位，束缚民众精神的法宝。旧礼教的复活，标志着新生共和政权蜕化的肇始。原香港实践女校的许多学生因反抗包办婚姻而"出家革命"，但光复后工作生活均无着落，返回家中，又备受奚落，并继续以前约相逼，迫使她们再度出走避难。颠沛流离之际，她们不禁悲从中来，喟然长叹："家庭专制，无可革命，只可远离，以避其锋！"最终以死为归宿，发誓身后化为厉鬼，抗议和报复黑暗现世。② 青年学生用生命换来了共和政府，却得不到本来属于自己的自由权利，严酷的现实迫使他们普遍进行深刻反省，开始新的探索。

四、近代社会变革思辨

青年学生变革社会的一波三折，值得反思。近代中国社会风尚的变化由西学东渐潮流引发的西俗东移趋势推动，既是中西文化融合的重要内容和近代化进程的重要方面，又是民族文化心理变动的表象反映。鸦片战争以来，中华民族在漫长的历史进程中第一次遇上了文明程度优于自我的西方列强，本位文化的物质与精神堤防在欧风美雨的冲击下渐形崩溃，西化趋势层层浸淫，步步深入。而专制保守主义与民族传统相扭结，且战且退。从西器西艺，到西制西俗，社会每前进一步，都要激起一场舆论大战。甚至剪发易服也引起轩然大波，成为重大社会问题。想阻止西化洪水猛兽的人并非都在卫道，的确有人是

① 《文明结婚之罪人》，载《民立报》，1912 年 3 月 27 日。
② 赵连城：《同盟会在港澳的活动和广东妇女界参加革命的回忆》，见中国人民政治协商会议全国委员会文史资料研究委员会编：《辛亥革命回忆录》第 2集，321 页。

出于保存国粹、维护传统的善良愿望。他们把民族文化的更新重建误认作悠久文明的没落衰亡。辛亥革命时期，学生们回顾历史进程，面对民族危亡、国家衰败的现实，展望世界风云和未来前景，羡慕崇尚西方文明蔚然成风。为了更多更好地掌握西方先进科学和思想，他们特别重视学习外国语言文字，而对正统文化多持鄙弃态度。"中学为体，西学为用"说已为学生所普遍厌倦，醉心欧化者不乏其人①，开了近代全面学习西方的先河。

以西学东渐、西制东行和西俗东移为内容的整体近代化倾向，是在继承与发展鸦片战争以来先进中国人向西方学习的基础上，对社会趋势和国情重新认识的产物。其尽管带有某种直观、本能和片面，却与世界潮流相吻合。欧化只是文化融合流向改变的一种表现形式，其意义不在于选择哪一种外来文化，而是中国千百年来的天朝意识最终全面崩溃。所谓中体西用，不仅目的在于维护专制统治，而且幻想在社会基本结构不加改造的前提下实现工业、军事、教育等具体领域的更新，事实上消除了近代化成功的条件。否定中体西用观，承认近代化需要全面协调的整体变动，从最直观的发型装束，到抽象的道德伦理，都必须触动贯彻于其中的专制宗法之体，这是中国人向西方学习的一大跃进。没有思维方式上体用关系的根本转变，就不能全面正视世界和自我。因此，这时的欧化倾向乃是进步的必然，它对新文化运动时的全盘反传统倾向有所影响，但不能与全盘西化观相提并论。

异质文化间的交流融合，是一个主观能动与客观规律相互矛盾的运动过程，大体可分为传播、冲突、融合、更新四个阶段，或简化为接触与变迁两期。近代以来在中西文化关系上的夷夏之辨、体用之争，以及全盘西化、本位文化观，等等，既未区分阶段，又把主观愿望与实际进程相混淆。从接触层面看，本位文化与外来文化的传播交汇必然由局部走向全面，正确取舍只是过程的结果，无法事先人为规定。从变迁层面看，全面接触作为顺态融合的前提，并不导致全面移植或单向同化，而是互补涵化与自我更新。欧化倾向主观上不免有全面移

① 高一涵：《辛亥革命前后安徽青年学生思想转变的概况》，见中国人民政治协商会议全国委员会文史资料研究委员会编：《辛亥革命回忆录》第4集，436页。

植的躁进，但客观作用却是突破中体西用的有限接触与先验取舍，实现文化接触由局部到全面的认识飞跃。中国对待外部文化的基本态势从此由被动接收转向主动汲取，不仅容纳外来文化，而且力图全面了解外来文化，为本位文化的更新重构开辟通道。

以欧化为表现的民族自觉，形式上是本位中心掾转，内容上是传统文化更新，这与民族虚无主义没有必然联系。欧化倾向强的社会集团，往往对传统有深刻认识，而且经过全面比较和认真思索，他们既是中华民族清醒的革新者，又是民族情绪最为强烈、救亡行动最为坚定的爱国者，学生在历次爱国运动中的表现就是明证。① 一个值得注意的现象是，与一般学生醉心欧化形成鲜明对照的是，在教会学校读书的中国学生反而对此表示异议。他们说："中国学生往往钦佩西学的精深博大，而对本民族的文学、哲学予以蔑视，被西方文明的光辉所迷惑，看不到中国文明的价值。应当认识到，新旧学虽发生冲突，但在许多方面有其共性，如国家、教育、道德观念等。我们应对旧学进行仔细的选择取舍，把新旧学最好的因素结合起来，形成一个有机体，以满足处于过渡时期的中国的需要。摆在我们学生面前的任务，就是融合中西文化的精华。"② 他们对"抬高英文贬低中文"的倾向提出批评，认为学生将成为教师和政治家，拥有更多的机会和更大的责任，必须学好中文，才能在讲台和政坛上更有效地影响民众③，并为增加和改善国学课程多次发动斗争。而一般学堂中此类事件闻所未闻，相反，每每因为要求增加和改进西学课程而发生骚动。

人们常常认为教会学堂是最容易产生全盘西化和崇洋媚外倾向的

---

① 在后发展国家的近代化过程中，通常的情形是：前期民族情绪强烈，对本位文化的否定倾向也明显；既发展后，民族情绪趋于平和，而复兴本位文化的要求则急剧上升。原因在于，前期人们主要关注如何进入世界即发展问题，后期则转向如何确立本民族在世界上的位置。从文化角度看，在有全面接触愿望而尚未达到全面了解时，对外部文化的期望评价过高；当已获得全面接触和有效吸收时，则更注意消除由此带来的弊端，增强外部文化与本位文化的协调性。

② 《编者的话》，载《金陵光》第 2 卷第 2 期，1911 年 3 月。

③ 《学习中文对于中国学生的重要性》，载《金陵光》第 1 卷第 2 期，1910 年 1 月。

温床，但事实上这里的学生大都以救亡振兴为己任，满怀对古老文明的崇尚仰慕之情。这种看似矛盾的现象蕴含着深刻的哲理，一般学生醉心欧化与教会学生珍视传统，表面上是对待中西文化态度的分歧，实质上双方基点一致，目的相同，其差异决定于各自的具体文化环境不同。推崇传统的教会学生并不否认欧化，他们对待民族文化的崭新价值观，本身就是欧风美雨荡激的结果。而一般学生醉心欧化也不一概排斥传统，对那些启迪民族意识、批评君主专制的文献古籍，以及与近代观念合拍的文学作品等被统治者视为异端邪说的传统文化，学生们兴趣盎然。教会学生不满于侵略势力的奴化教育，一般学生则反感专制政府的奴隶教育，他们倾向相对而立意相通，所向往追求的，都是自身的缺憾补偿。二者相辅相成，而不是相互否定，我们不能脱离具体背景，以其中一方的意见作为否定另一方态度的依据。在文化的冲突融合中，无论人们主观意向如何，真正的精华都会被吸收涵化。青年学生批判甚至摒弃传统的偏激，并不会导致民族古老文化的沦落，而是在加强中外文化全面接触的基础上促进民族文化的更新重建，使之再放异彩。

西学东渐和西俗东移由外力强制的客观进程内化为主观能动意识，有助于打破僵化的旧道德。作为维护与巩固专制统治的精神支柱，传统凝聚力与道德约束力相结合，不仅使封建阶级振振有词，也绊住了不少进步开明之士走向近代化的脚步。为了抑止青年学生的西化倾向，维护固有传统而鼓噪一时的国粹派由中兴到末路的历程，值得每一位有志革新的中国人深刻反省。周而复始的循环产生一种怪象，经过长期冲突才为国人所接纳认可的洋新事物，很快又被心安理得地当作国粹去抵制新的舶来品，文化融合走着一段盲目痛苦的艰难历程。历史进步必然伴随着旧道德的沦丧，这不是民族精神的衰落，而是复苏振兴的开端。

使学生陷入角色矛盾的指责不仅来自本国的旧势力，也来自域外的殖民主义者。英国报界指责中国学生的运动中"有一种毋庸置疑的趋势，它不仅对英国的利益而且对中国自身孕育着危险"。对此中国留英学生曾写专函予以驳斥，指出："当学生们尚未接受新的或西方的知识，仅仅满足于历史悠久的古典文学时，他们就被讥之为'古香古色发了霉的老古董'。而当他们认真地致力于掌握新的知识，以期有所成就，因而有时迫不得已对旧的知识略有忽视时，又说他们过于'感情用事'，'歇斯底里'，并且全然抛弃了儒家学说的有益的克制和修养。"① 其实，正如清政府的攻讦是为了维护其统治一样，列强的态度决定于他们害怕中国学生的觉醒引起殖民体系的动摇崩溃。因为他们知道，中国学生的"大部分精力是用来在所有这些殖民地中削弱我们的权利，这些殖民地乃是英国贸易和英国利益的支柱"②。一位在东京中国基督教青年会任职的英国人对留日中国学生的评论，有一定的借鉴意义。这位与20多名中国学生同住一个宿舍、很有正义感的宗教人士说：留日学生的形象常常被人们歪曲，他们并不是"一伙浮躁和轻举妄动的人"，"大多数是认真思考的爱国者，他们对中国的需要有着异常清楚的见解，并且热切盼望为祖国服务"。中国学生的躁动，在他看来正是列强瓜分掠夺造成险象环生所引起的强烈反应。③ 学生对世界潮流和西方先进思想事物了解得越多，民族意识和民族情绪就越加敏锐激昂，爱国救亡的行动就越急促。醉心欧化与追求独立自强的焦躁情绪，不过是学生群体强烈爱国热情不同侧面的体现。在分析此类倾向时，应十分警惕与封建道德礼法紧密相连的传统保守主义的侵蚀影响。

　　然而，令人遗憾的是，学生们自己也不由自主地受到旧道德的制约，对待新事物显出几分叶公好龙的习性。1907年，一桩在北京引起满城风雨的学生恋爱纠葛，很有剖析价值。是年年初，中国妇人会在

---

　　① 《致查·弗·莫伯利·贝尔函》（1911年1月25日），见［澳］骆惠敏编：《清末民初政情内幕——〈泰晤士报〉驻北京记者、袁世凯政治顾问乔·厄·莫理循书信集》上卷，683页。

　　② 《瓦·姬乐尔致查·弗·莫伯利·贝尔函》（1911年1月26日），见［澳］骆惠敏编：《清末民初政情内幕——〈泰晤士报〉驻北京记者、袁世凯政治顾问乔·厄·莫理循书信集》上卷，689页。

　　③ 《詹·赫·华莱士来信》（1911年5月10日），见［澳］骆惠敏编：《清末民初政情内幕——〈泰晤士报〉驻北京记者、袁世凯政治顾问乔·厄·莫理循书信集》上卷，722页。

厂甸为江北灾民募捐，一些女学生前往演说，其中任该会书记的四川女学堂学生杜成淑表现出色，使在场的译学馆学生屈疆一见倾心，会后托人转交一函，表达爱慕之情，并约期一晤。这在提倡恋爱自由者而言本属文明举动，但革新先锋一旦面对现实，却不知不觉地流于习俗。杜氏接信后如蒙大辱，一面四处投诉，一面公诸舆论，痛责屈生"私信传递"，"行同狗彘，心如鬼蜮"。诚然，屈疆此举在当时确有些惊世骇俗，顽固守旧势力的非议攻讪不足为奇。但杜氏明知"现在世界开通，人人讲求学问，交换知识"，即"女友"之说"亦文明之通例"，却无端指责"世上浮薄子号称自由者，大都野蛮之自由，非法律上之自由，满口卢梭，居心盗跖"，削足适履地把新意识纳入旧秩序。如果说这还情有可原，那么她声称经人介绍者可，大庭广众之下交结者可，唯私传信柬不可，依据何在？冠冕堂皇的理由是，"此风一启，顽固者得以借口"，"女子世界从此复处于黑暗，无复有拨云见天之一日"，内心却认为："中国女界尚在萌芽，循礼守义，国粹在斯。"而根源在于"淑家世以孔教为尊，最不取自由之说"。其"落落大方，光明磊落"① 之类的漂亮言辞及关于各种文明结交方式的讨论，不过是遁词而已。以传统礼义为女界萌芽的保障，无异于南辕北辙。哄闹之下，舆论哗然，口诛笔伐，声讨屈疆。一些开明之士也随声附和，一派道学遗风。其实，屈疆并非拈花惹草、鼠窃狗偷之辈，在校中西学皆优，"每逢考试，必取第二"，平素品行亦佳。报纸指其私柬"颇涉猥薄"，但据杜氏本人披露，无非夹有"天假之缘"及"自由"等词句。② 惜才的译学馆监督迫于社会压力，只得将屈开革，然后送他出洋留学。追求自由的学生反被同道送上祭坛，做了牺牲。译学馆同学均抱不平，说："屈君因慕杜女士为人之正派，故有此举。女学生之名誉固然要紧，而男学生之名誉更不可轻弃。"③ 屈疆本人倒也坦然，当被问以

① 《四川女学堂学生中国妇人会书记杜成淑答译学馆学生屈疆密书》，载《大公报》，1907 年 2 月 27 日。

② 《屈疆致中国妇人会书记杜成淑女士私函被革之丑行》，载《大公报》，1907 年 2 月 27 日。

③ 《屈疆得病》，载《爱国报》第 97 期，1907 年。

"既有人陷害你，你何不图报呢?"，他答道："有人攻害，正是我出洋求学的好机会。设若没有此举，一时还不能出洋呢?"① 自由界定须随时空变动，但毕竟有一以贯之的原则，不能以旧道德作为新行为的准绳规范。旧礼教压抑人性纵容野性，道学伪善与蛮霸放荡都能各得其所，只有情欲合一的人性追求备受摧残。而人性不从旧理性的桎梏中解放出来，就只能畸变为奴性和兽性。

在社会过渡时代，新道德规范尚在重建，旧伦理标准又失其所据，面对日新月异的社会变迁和层出不穷的洋新事物，人们不免感到彷徨。但以个性解放必不可免地派生衍化若干流弊为由，把人们驱回旧樊笼，同样只能产生奴性而无法消除兽性。《中国日报》批评清政府压制女学时说的一番话，既深刻又富有哲理："今日之女学界者，于新旧智识过渡之时代，举五千年女界专制之毒焰而扫除之。使一但文明装束，放脱其平日外言不入内言不出之旧道范，兰艾之杂投，在所不免。而世之仇视女学者，遂因而中伤之；一般之附和随声者，更得任意诋毁之。"虽然"防微杜渐，固所应尔，然使因噎废食，则中国女学不兴，即女权不振，二万万女同胞之脂粉生活，徒供男子玩弄之苦地狱，将何日而超脱也"。所以，"适际群疑众谤之时……不得不扶翼使进"。②历史进步只有在与既定道德规范的冲突中才能实现。

学生是推动社会近代化的重要动力，但他们自身并没有完成近代化。学生们对传统观念的否定批判，明显受到儒家文化意识决定论的制约影响，他们反对专制，向往自由平等，但权威崇拜心理依然根深蒂固。对此来自异文化环境的人感觉更加明显。当时上海海关的报告指出："中国的古老体制完全是建立在权威上的，而只有权威才能真正影响年轻的学生们。""中国教育的实质可以用'权威'这一词语来概括。"学生的不安与躁动，在某种程度上是旧权威失去光彩，新权威尚未树立，心理失衡所致，这在本质上是权威崇拜的翻版。趋重实学的新风逐渐上升，而重理论轻技艺的旧习仍然普遍。学生们对课堂实验兴致勃勃，对实地见习则反应冷淡，"因为知识界的传统是把手工劳动

①　《屈疆出京》，载《爱国报》第98期，1907年。
②　《学界宜速设法以保全女学生名誉》，载《中国日报》，1907年10月10日。

看作是卑贱的，因之常有高贵阶级出身的青年学生极其严重地忽视劳动的情况"。另外，虽然学生认识到通晓外语是直接接触世界已取得的全部成果的关键，但"许多学生急于求成，他们在学习过程中没有完全精通他们所期望的知识所赖以传播的语言工具"。①

更为重要的是，近代以来西学的传入至此时仍集中在社会政治层面，而学理部分还处于介绍引进阶段，况且重在结论，轻视历史和逻辑的发展过程。尽管教育领域已出现模仿西学的各种近代学科，实际上却尚未消化吸收，形成独立的学术体系，更没有产生本土化的成果。像蔡元培所说追求学术文化的学生虽不乏其人，但他们的努力见效较慢，还不能引起社会的重视。因此，人们对于西学的接纳缺少学理的严谨，未能真正贴近西方近代思想的科学精神。

处于新旧学交替过渡时期的青年学生，由于未经系统严格的科学训练，对社会政治层面西学的接触（或是从社会政治角度来接受西学）又缺乏牢固的学术基础，对新知识新观念的理解把握往往受本位文化既有观念的影响，不免模糊偏差甚至错解，由此形成综合缺乏症，表现于：其一，认识上抽象认同多于具体理解，加上文化背景隔膜和习惯因袭作用，产生不少似是而非的倒错意识；其二，观念行为上偏重于知识型的外观模仿，缺少智能型的创新改造，本能的反应与理性的指导相混杂，在政治制度等较高层次上，便显得力不从心；其三，知识结构存在严重缺陷。

社会变迁与公众文化素质的改善提高、科学思想的普及发展密切相关，学生对西学的了解能够促其产生反对专制的冲动，却不足以建立完备的新学体系，适应社会各方面协调发展的需要。他们破除迷信，移风易俗，然而掌握的科技知识却过于浅薄。批判求雨者承认由于人多地气蒸腾和敲锣打鼓震动空气就会下雨，介绍世界之最者说喜马拉雅山高二万九千英尺，"一英尺抵中国三尺三分"，解释灵魂者用科学

---

① 《海关十年报告之二》，见徐雪筠、陈曾年、许维雍等译编：《上海近代社会经济发展概况（1882～1931）》，164～165 页。

语汇大谈玄学，令人啼笑皆非。① 鼓吹发展实业之声如雷贯耳，懂得经营管理和工程技术者却寥寥无几。空疏浮华之风为学生所抨击，但要做到切实致用，并非轻而易举。病因虽不在学生，病态却妨碍其活动的社会效应，削弱他们的影响力和自信心。在改造社会的同时提高学生的自身素质，使人的近代化与社会变迁同步甚至突前进行，在近代中国具有迫切重要的意义。

① 丁守和主编：《辛亥革命时期期刊介绍》第 3 集，297～300 页，北京，人民出版社，1983。

征引书目举要

一、书籍文献

（一）中文

学部总务司编：《光绪三十三年份第一次教育统计图表》《光绪三十四年份第二次教育统计图表》《宣统元年份教育统计图表》

教育部编：《中华民国第四次教育统计图表》

直隶学务处编：《宣统元年直隶教育统计图表》

舒新城编：《近代中国教育史料》，上海，中华书局，1928 年

舒新城编：《近代中国教育史资料》，北京，人民教育出版社，1961 年

朱有瓛主编：《中国近代学制史料》第 1 辑上下册，第 2 辑上下册，上海，华东师范大学出版社，1983—1989 年

李楚材辑：《帝国主义侵华教育史资料——教会教育》，北京，教育科学出版社，1987 年

广东学务公所编印：《清季学务文牍》第 1—7 册

商务印书馆编印：《大清教育新法令》，上海，商务印书馆，光绪三十二年（1906）

广东学务公所编印：《畿辅通志》，上海，商务印书馆影印，1934 年

广东学务公所编印：《广东通志》，上海，商务印书馆影印，1934 年

广东学务公所编印：《浙江通志》，上海，商务印书馆影印，1934 年

广东学务公所编印：《湖北通志》，上海，商务印书馆影印，1934 年

广东学务公所编印：《湖南通志》，上海，商务印书馆影印，1934 年

广东学务公所编印：《山东通志》，上海，商务印书馆影印，1934 年

陈寿祺等编：《福建通志》，同治十年重刊本

斌椿：《乘槎笔记（外一种)》，长沙，湖南人民出版社，1981 年

志刚：《初使泰西记》，长沙，湖南人民出版社，1981 年

张德彝：《航海述奇》，长沙，湖南人民出版社，1981 年

张德彝：《欧美环游记》，长沙，湖南人民出版社，1981 年

张德彝：《随使法国记》，长沙，湖南人民出版社，1981 年

容闳：《西学东渐记》，徐凤石、恽铁憔原译，张叔方补译，长沙，湖南人民出版社，1981 年

郭嵩焘：《伦敦与巴黎日记》，长沙，岳麓书社，1984 年

中国海关税务司编：《海关中外条约》，上海，1917 年

文庆、贾桢、宝鋆等纂修：《筹办夷务始末》，咸丰朝 80 卷、同治朝 100 卷，北京，故宫博物院影印本，1930 年

朱寿朋编：《光绪朝东华录》（一）至（五），北京，中华书局，1958 年

刘锦藻编：《清朝续文献通考》400 卷，上海，商务印书馆，1936 年

陈忠倚编：《皇朝经世文三编》80 卷，杭州，浙省书局，光绪二十四年（1898）

于宝轩纂：《皇朝蓄艾文编》80 卷，上海，上海官书局，光绪二十九年（1903）

沈桐生辑：《光绪政要》，上海，崇义堂刊本，1909 年

王亮编：《清季外交史料》，台北，文海出版社影印，1963 年

中国史学会主编：《洋务运动》）（一）至（八），上海，上海人民出版社，1961 年。

中国史学会主编：《戊戌变法》（一）至（四），上海，神州国光社，1953 年

中国史学会主编：《辛亥革命》（一）至（四），上海，上海人民出版社，1957 年

“中央研究院”近代史研究所编：《海防档》，台北，“中央研究院”近代史研究所，1957 年

“中央研究院”近代史研究所编：《四国新档》，台北，“中央研究院”近代史研究所，1966 年

杨家骆：《洋务运动文献汇编》，台北，世界书局，1963 年

国家档案局明清档案馆编：《戊戌变法档案史料》，北京，中华书局，1958 年

故宫博物院明清档案部编：《清末筹备立宪档案史料》上下册，北京，中华书局，1979 年

中国第一历史档案馆：《清代档案史料丛编》第 8 辑，北京，中华书局，1982 年

丁守和主编：《辛亥革命时期期刊介绍》第 1～4 集，北京，人民出版社，1982—1986 年

丘权政、杜春和选编：《辛亥革命史料选辑》上下册、续编，长沙，湖南人民出版社，1981—1983 年

中国人民政治协商会议全国委员会文史资料研究委员会编：《辛亥革命回忆录》第 1～8 集，北京，文史资料出版社，1961—1982 年

中国人民政治协商会议湖北省委员会文史资料研究委员会编：《辛亥首义回忆录》第 1～4 辑，武汉，湖北人民出版社，1957—1961 年

戴执礼编：《四川保路运动史料》，北京，科学出版社，1959 年

四川省档案馆编：《四川保路运动档案选编》，成都，四川人民出版社，1981 年

中国第一历史档案馆、北京师范大学历史系编选：《辛亥革命前十年间民变档案史料》上下册，北京，中华书局，1985 年

张侠、杨志本、罗澍伟等合编：《清末海军史料》（上、下），北京，海洋出版社，1982 年

杨天石、王学庄编：《拒俄运动（1901—1905）》，北京，中国社会科学出版社，1979 年

陆保璿辑：《满清稗史》，上海，新中国图书局，1913 年

广东中山图书馆翻印：《广东 1905 年反美爱国运动资料辑》1—4 辑

中国史学会济南分会编：《山东近代史资料》，济南，山东人民出版社，1958 年

扬州师范学院历史系编：《辛亥革命江苏地区史料》，南京，江苏

人民出版社，1961 年

上海社会科学院历史研究所编：《辛亥革命在上海史料选辑》，上海，上海人民出版社，1966 年

隗瀛涛、赵清主编：《四川辛亥革命史料》，成都，四川人民出版社，1981 年

武汉大学历史系中国近代史教研室编：《辛亥革命在湖北史料选辑》，武汉，湖北人民出版社，1981 年

浙江省辛亥革命史研究会、浙江省图书馆编：《辛亥革命浙江史料选辑》，杭州，浙江人民出版社，1981 年

郭孝成编：《中国革命纪事本末》，上海，商务印书馆，1912 年

魏源：《海国图志》一百卷，咸丰二年（1852）古微堂重刊本

姚莹：《康𬨎纪行》卷五，3 页，《中复堂全集东溟文集外集》，沈云龙主编：《近代中国史料丛刊续编》第 6 辑，台北，文海出版社，1974

翁同龢：《翁文恭公日记》，上海，商务印书馆影印本，1926 年

刘坤一：《刘坤一遗集》第 1～6 册，北京，中华书局，1959 年

中国科学院历史研究所第三所主编：《锡良遗稿》，北京，中华书局，1959 年

吴汝纶编：《李文忠公全书》165 卷，光绪三十四年（1908）印行

陈澹然编：《刘壮肃公奏议》10 卷，光绪三十二年（1906）排印本

许同莘编：《张文襄公公牍稿》3 册 28 卷，1920 年排印本

许同莘编：《张文襄公奏稿》26 册 50 卷，1920 年排印本

林志钧编：《饮冰室合集》，上海，中华书局，1936 年

丁文江、赵丰田编：《梁启超年谱长编》，上海，上海人民出版社，1983 年

高平叔编：《蔡元培全集》，北京，中华书局，1984—1989 年

蒋维乔：《鹪居日记》，稿本，上海图书馆藏

赵滨彦：《湘藩案牍钞存》，台北，文海出版社影印本，1976 年

徐一士：《一士谭荟》，台北，文海出版社影印本，1966 年

陈新宪、禹问樵、禹靖寰等编：《禹之谟史料》，长沙，湖南人民出版社，1981 年

爱国青年：《教育界之风潮》，上海，1903 年

刘士骥：《刘征君演说汇编》，广东，1905 年

《湖北陆军同官录》，光绪三十四年（1908）八月刊

广东岭南学堂学生筹饷队文件，中山大学孙中山研究所藏

黄藻编：《黄帝魂》，台北，1968 年影印

郭沫若：《少年时代》，北京，人民文学出版社，1979 年

陈夔龙：《梦蕉亭杂记》，北京，北京古籍出版社，1985 年

李伯元：《南亭笔记》，上海，上海古籍书店，1983 年

蒋炯棠编：《浙江高等学堂年谱》，油印本

庄俞等编：《最近三十五年之中国教育》，上海，商务印书馆，1931 年

陈景磐编：《中国近代教育史》上下编，北京，人民教育出版社，1979 年

顾长声：《传教士与近代中国》，上海，上海人民出版社，1981 年

苏精：《清季同文馆及其师生》，台北，作者自印，1985 年

苏云峰：《张之洞与湖北教育改革》，台北，"中央研究院"近代史研究所，1976 年

张存武：《光绪卅一年中美工约风潮》，台北，"中央研究院"近代史研究所，1966 年

李恩涵：《晚清的收回矿权运动》，台北，"中央研究院"近代史研究所，1978 年

刘伯骥：《广东书院制度沿革》，上海，商务印书馆，1939 年

戈公振：《中国报学史》，上海，商务印书馆，1935 年

商衍鎏：《清代科举考试述录》，北京，生活·读书·新知三联书店，1958 年

王德昭：《清代科举制度研究》，北京，中华书局，1984 年

汪向荣：《日本教习》，北京，生活·读书·新知三联书店，1988 年

萧超然等编：《北京大学校史（1898—1949 年）》，上海，上海教

育出版社，1981 年

《交通大学校史》编写组编：《交通大学校史（1896—1949 年）》，上海教育出版社，1986 年

四川大学校史编写组编：《四川大学史稿》，成都，四川大学出版社，1985 年

李朴园等撰：《近代中国艺术发展史》，上海，良友图书印刷公司，1936 年

程季华主编：《中国电影发展史》，北京，中国电影出版社，1980 年

苏云峰：《中国现代化的区域研究·湖北省　1860——1916》，台北，"中央研究院"近代史研究所，1981 年

张玉法：《中国现代化的区域研究·山东省　1860——1916》，台北，"中央研究院"近代史研究所，1982 年

李国祁：《中国现代化的区域研究·闽浙台　1860——1916》，台北，"中央研究院"近代史研究所，1982 年

张朋园：《中国现代化的区域研究·湖南省　1860——1916》，台北，"中央研究院"近代史研究所，1983 年

王树槐：《中国现代化的区域研究·江苏省　1860——1916》，台北，"中央研究院"近代史研究所，1984 年

（二）外文

1. 已译

［美］杰西·格·卢茨：《中国教会大学史（1850—1950 年）》，曾钜生译，杭州，浙江教育出版社，1987 年

徐雪筠、陈曾年、许维雍等译编：《上海近代社会经济发展概况（1882~1931）》，上海，上海社会科学院出版社，1985 年

青岛市档案馆编：《帝国主义与胶海关》，北京，档案出版社，1986 年

中国近代经济史资料丛刊编辑委员会主编：《中国海关与辛亥革命》，北京，中华书局，1983 年

［美］拉尔夫·尔·鲍威尔：《1895—1912 年中国军事力量的兴起》，陈泽宪、陈霞飞译，北京，中国社会科学出版社，1979 年

邹念之编译：《日本外交文书选译——关于辛亥革命》，北京，中国社会科学出版社，1980 年

［澳］骆惠敏编：《清末民初政情内幕——〈泰晤士报〉驻北京记者、袁世凯政治顾问乔·厄·莫理循书信集》上、下卷，刘桂梁、邹霞、张广学等译，北京，知识出版社，1986 年

［日］小岛淑男：《中国国民会与辛亥革命》，见《辛亥革命史丛刊》编辑组编：《辛亥革命史丛刊》，第 6 辑，北京，中华书局，1986 年

［日］荫山雅博：《清末教育的近代化过程与日本教习》，见中国社会科学院近代史研究所《国外中国近代史研究》编辑部编：《国外中国近代史研究》第 10 辑，北京，中国社会科学出版社，1988 年

2. 未译

Don. C. Price, *Russia and the Roots of the Chinese Revolution*：1896—1911, Harvard Harvard University Press, 1974

P. W. Kuo, *The Chinese System of Public Education*, New York, Teachers College of Columbia Vniversity, 1915

Alice H. Cregg, *China and Education Autonomy：the Changing Role of the Protestant Education Missionary in China*, 1807—1937, New York, Syracuse Vniversity Press, 1946

Arthur Brown, *China Revolution*, *Student Volunter Movement for Foreign Missions Copyright*, 1912

Chung-li Chang, *The Chinese Gentry*, Washington University, 1974

J. C. Keyte, *The Passing of the Dragon：The Story of the Shen-si Revolution and Relief Expedition*, London, New York, Toronto, 1913

K. Biggerstuff, *The Earliest Modem Govermert Schools in China*, New York, Comell University Press, 1961

The China Mission Hand-book, Shanghai, 1898

Records of the General Conference of the Protestant Missionaries of China Held at Shanghai, May 7—20, 1890

［日］中村义：《辛亥革命史研究》，东京，未来社，1979 年

二、报刊

（一）中文

《教会新报》，上海，1968 年

《中西教会报》，上海，1892—1896 年

《格致汇编》，上海，1892—1898 年

《万国公报》，上海，1889—1907 年

《知新报》，澳门，1897—1901 年

《湘报》，长沙，1898 年

《清议报》，横滨，1898—1901 年

《中国旬报》，香港，1900—1901 年

《游学译编》，东京，1902—1903 年

《新世界学报》，上海，1902—1903 年

《选报》，上海，1902—1903 年

《文言报》，广州，1902—1905 年

《大陆》，上海，1902—1906 年

《湖南官报》，长沙，1902—1907 年

《新民丛报》，横滨，1902—1907 年

《政艺通报》，上海，1902—1908 年

《中外日报》，上海，1902—1909 年

《外交报》，上海，1902—1911 年

《大公报》，天津，1902—1912 年

《苏报》，上海，1903 年

《国民日日报》，上海，1903 年

《童子世界》，上海，1903 年

《岭东日报》，汕头，1903 年

《湖南演说通俗报》，长沙，1903 年

《政法学报》，东京，1903 年

《浙江潮》，东京，1903—1904 年

《湖北学生界》，东京，1903—1904 年

《新白话报》，东京，1903—1904 年

《江苏》，东京，1903—1904 年

《江西官报》，南昌，1903—1905 年

《北洋官报》，天津，1903—1906 年

《广益丛报》，重庆，1903—1912 年

《中国白话报》，上海，1903—1904 年

《科学世界》，上海，1903—1904 年

《俄事警闻》，上海，1904 年

《萃新报》，金华，1904 年

《东浙杂志》，金华，1904 年

《女子世界》，上海，1904—1906 年

《警钟日报》，上海，1904—1905 年

《武备杂志》，保定，1904—1906 年

《南洋官报》，南京，1904—1906 年

《湖北官报》，武汉，1904—1906 年

《广东日报》，香港，1904—1907 年

《中国日报》，香港，1904—1908 年

《四川官报》，成都，1904—1911 年

《东方杂志》，上海，1904—1925 年

《二十世纪之支那》，东京，1905 年

《有所谓报》，香港，1905 年

《拒约报》，广州，1905 年

《复报》，上海—东京，1905—1907 年

《四川学报》，成都，1905—1907 年

《民报》，东京，1905—1910 年

《直隶教育杂志》，天津，1905—1909 年

《国粹学报》，上海，1905—1911 年

《时报》，上海，1905—1911 年

《新闻报》，上海，1905—1911 年

《申报》，上海，1898—1911 年

《云南》，东京，1906—1911 年

《豫报》，东京，1906—1907 年

《竞业旬报》，上海，1906—1909 年

《爱国报》，北京，1906—1909 年

《东吴月报》，苏州，1906—1910 年

《学部官报》，北京，1906—1910 年

《盛京时报》，奉天，1906—1912 年

《振华五日大事记》，广州，1907 年

《政论》，东京，1907 年

《江浙铁路风潮》，上海，1907 年

《中国新女界杂志》，东京，1907 年

《天义报》，东京—上海，1907—1908 年

《广州总商会报》，广州，1907—1908 年

《粤西》，东京，1907—1908 年

《学桴》，苏州，1907—1908 年

《河南》，东京，1907—1908 年

《四川教育官报》，成都，1907—1909 年

《夏声》，东京，1908 年

《江西》，东京，1908 年

《关陇》，东京，1908 年

《武学》，东京，1908 年

《四川》，东京，1908 年

《半星期报》，广州，1908 年

《现世史》，广州，1908—1909 年

《浦东中学校杂志》，上海，1908—1909 年

《龙门师范学校附属小学校杂志》，上海，1909 年

《女报》，上海，1909 年

《民呼日报》，上海，1909 年

《民吁日报》，上海，1909 年。

《中国萃报》，天津，1909 年

《趣报》，上海，1909 年

《中兴日报》，新加坡，1909 年

《砭群丛报》，广州，1909—1910 年

《教育杂志》，上海，1909—1911 年

《湘路新志》，长沙，1909—1911 年

《女学生杂志》，上海，1909—1910 年

《蜀报》，重庆，1910 年

《石梅公校杂志》，1910 年

《京津时报》，天津，1910 年

《国风报》，上海，1910—1911 年

《刍言报》，北京，1910—1911 年

《四川保路同志会报告》，成都，1911 年

《西顾报》，成都，1911 年

《中华民国公报》，武昌，1911 年

《灌根年报》，广东，1912 年

《中华杂志》，北京，1914—1915 年

《甲寅》，东京—上海，1914—1915 年

《新青年》，北京，1916—1918 年

《新教育》，上海，1918—1922 年

《教育季刊》，上海，1925—1926 年

《中华基督教教育季刊》，上海，1925—1929 年

《近代史资料》，北京，1956—1988 年

《国史馆馆刊》，南京，1948 年

《湖南历史资料》，长沙，湖南人民出版社，1959—1980 年

《文史资料选辑》，北京，中国文史出版社

《广州文史资料》

《上海地方史资料》，上海，上海社会科学出版社

《四川文史资料选集》，成都，四川人民出版社

《甘肃文史资料选辑》，兰州，甘肃人民出版社

《福建文史资料》

（二）外文

The Chinese Repository，1832—1851

The North China Herald，1865

The North China Daily News，1905

《金陵光》（英文），1909—1912

跋

　　就近代中国国内学堂学生的历史而论，对五四以前的 80 年，迄今只有寥寥数笔轻描淡抹。其实，正如五四运动造就了一代英才一样，经历过辛亥风云变幻的伟人名士们，大都以各种身份与当时席卷神州的学界风潮结下不解之缘。而辛亥以前的风平浪静中，也涌现出不少呼风唤雨的展翅鲲鹏。

　　名人的历史固然不应忘怀，但名人初出道时并无后来的显赫辉煌，他们与数以十万百万计的青少年一样，是莘莘学子中的一员。那些名不见经传者曾用血与火、笔与剑在历史长卷上刻下深深的印记，却在史家的笔下逐渐隐去。人与事有着某种联系，民众在社会遽变时期的创造力虽然充分涌流，但如果目光仅仅集中在对更显英雄光辉的重大事件进行过程性描述上，民众永远只能成为背景和陪衬，而淡化他们有血有肉的生动群像。尽管我们提倡唯物史观，习惯的笔触还是浓墨重彩地落在大事要人之上，或者说写英雄伟业轻车熟路，写凡人琐事却艰涩滞碍。对芸芸众生聚合而成的群体，特别是一般成员常态的思维行为，缺少恰当的表现方式。为此，我尝试在名人大事编织而成的经纬图之外，或是在凸现的浮雕之后，进一步展现底色与基座的丰富内涵，揭示那个时期青年学生普遍常规的心境情绪、向往思索以及行为言论。自然，概括群体的心态行为与剖析精英的意识举止在方法视角上不能不有所区别，这种努力的艰辛与成功并不一定成正比。我所遵循的原则是，尽力将要处理的人与事作为类型化的研究对象，从而约束自己的主观任意性，并且摆脱描述史学与文学的混淆。

　　这部习作是以我的硕士论文和博士论文为基础写成，导师陈锡祺教授、章开沅教授为此付出了大量心血，陈胜粦教授也曾给予极大帮助。没有他们的教诲、鼓励与扶持，在十年磨一剑般史海钩沉的漫漫光阴里，我也许永远难以踏上荆棘丛生的治学之路。同时，由于他们的恩惠，我得以结识众多同窗好友，与不同专业、见识的同龄人每日聚会畅谈，从各种角度反复思考所面对的问题，开阔视野，丰富思想。这使我意外地置身于产生创造性思维的有益氛围之中。虽然我无力将所得到的一切完整地转化为文字，却已是受益匪浅。师友们为我打开学术殿堂大门所展示的奇妙世界，远远不是这部习作所能反映和表现的。谨此向他们以及每一位给过我帮助的前辈同人致以诚挚的谢忱。

一九九二年十月于康乐园

图书在版编目（CIP）数据

晚清学堂学生与社会变迁/桑兵著. —北京：北京师范大学出版社，2020.5
（中华学人丛书）
ISBN 978-7-303-25202-2

Ⅰ. ①晚… Ⅱ. ①桑… Ⅲ. ①封建社会学校－研究－中国－清后期 ②教育史－史料－中国－清后期 Ⅳ. ①G529.52

中国版本图书馆 CIP 数据核字（2019）第 221193 号

营　销　中　心　电　话　010-57654738　57654736
北京师范大学出版社谭徐锋工作室　　http://xueda.bnup.com

WANQING XUETANG XUESHENG YU SHEHUI BIANQIAN
出版发行：北京师范大学出版社　www.bnup.com
　　　　　北京市西城区新街口外大街 12-3 号
　　　　　邮政编码：100088
印　　刷：北京盛通印刷股份有限公司
经　　销：全国新华书店
开　　本：730 mm×980 mm　1/16
印　　张：25.5
字　　数：392 千字
版　　次：2020 年 5 月第 1 版
印　　次：2020 年 5 月第 1 次印刷
定　　价：85.00 元

策划编辑：谭徐锋　　　　　　　　责任编辑：曹欣欣
美术编辑：王齐云　　　　　　　　装帧设计：王齐云
责任校对：段立超　　　　　　　　责任印制：马　洁